René John · Anna Henkel · Jana Rückert-John (Hrsg.)

Die Methodologien des Systems

D1718274

René John · Anna Henkel
Jana Rückert-John (Hrsg.)

Die Methodologien des Systems

Wie kommt man zum Fall und wie dahinter?

VS VERLAG

Bibliografische Information der Deutschen Nationalbibliothek
Die Deutsche Nationalbibliothek verzeichnet diese Publikation in der
Deutschen Nationalbibliografie; detaillierte bibliografische Daten sind im Internet über
<http://dnb.d-nb.de> abrufbar.

1. Auflage 2010

Alle Rechte vorbehalten
© VS Verlag für Sozialwissenschaften | Springer Fachmedien Wiesbaden GmbH 2010

Lektorat: Dorothee Koch / Sabine Schöller

VS Verlag für Sozialwissenschaften ist eine Marke von Springer Fachmedien.
Springer Fachmedien ist Teil der Fachverlagsgruppe Springer Science+Business Media.
www.vs-verlag.de

Umschlaggestaltung: KünkelLopka Medienentwicklung, Heidelberg
Gedruckt auf säurefreiem und chlorfrei gebleichtem Papier
Printed in Germany

ISBN 978-3-531-16874-6

Inhaltsverzeichnis

Methodologie und Systemtheorie – ein Problemaufriss

René John, Anna Henkel und Jana Rückert-John

Nur die Sozialwissenschaften können mit ihren langfristigen Darstellungen auf unterschiedlichen Abstraktionsniveaus jenseits der themengenerierenden Nachrichten der Massenmedien Auskunft über den Zustand der Gesellschaft geben, was diese zur Selbststeuerung befähigt. Sozialwissenschaftliche Darstellungen reichen von allgemeinen theoriegenerierenden Beschreibungen bis zu konkreten Beratungen in den verschiedenen Funktionsfeldern der Gesellschaft, vor allem von Politik und Wirtschaft. Sie bewegen sich also im traditionellen Feld zwischen Theorie und Praxis: Die Theorie der Gesellschaft als konsistente Wahrheitsaussage nimmt immer die Form der Abstraktion an. Hingegen scheint in der Praxis der Gesellschaft in ihren jeweiligen Zusammenhängen immer wieder konkrete Wahrheit anzufallen. Dabei ist grundsätzlich keine Vorrangstellung zwischen den Polen der Reflexion und Performanz zu begründen, denn beide hängen mittelbar zusammen.[1] Insofern ist jede Theorie praktisch und jede Praxis theoretisch. Für eine produktive Sozialwissenschaft aber wird dieses alltagstauglich zu einer Seite hin aufgelöste Paradox zum Problem methodologischer Vermittlung. Aus dem paradoxen und gleichrangigen Verhältnis von Theorie und Praxis wird ein hierarchisches von praxisbestimmter Theorie oder theoriebestimmter Praxis.

Der Wirklichkeitszugang moderner Wissenschaft und so auch der Sozialwissenschaften erfolgt durch die empirisch beobachtete gesellschaftliche Praxis. Mittels dieser regelgeleiteten Beobachtung fertigt sie Theorien über die Gesellschaft an, wie auch über die Regeln der Beobachtung. Der Wahrheitsgehalt der Beobachtungen lässt sich so mit der zugrundegelegten Empirie rechtfertigen. Weil aber mit Empirie immer nur partielle Ausschnitte eines Gegenstandes, wie der Gesellschaft, erfasst werden können, müssen sich die generierten Theorien gegenüber weiterer Empirie bewähren. Ebenso aber lässt sich ausgehend von Theorien der empirische Zugriff auf den jeweilig relevanten Gegenstand selbst beurteilen und gegebenenfalls verändern. Das Verhältnis von Theorie und Empirie wurde von Stichweh (1996) darum als eines der gegenseitigen Kritik dargestellt, die zu einer zunehmenden Komplexität der Theorien wie auch der empirischen Beobachtungsmittel, den Methoden, führt. Mit dieser selbst erzeugten Komplexität der So-

---

zialwissenschaften lässt sich die zunehmend komplexe Realität der Gesellschaft abbilden.[2]

Die Systemtheorie ist eine der heute einflussreichsten sozialwissenschaftlichen Theorien, nicht zuletzt, weil sie für vielfältige Impulse, wie aus der Biologie und Kybernetik, offen ist und in andere wissenschaftliche Disziplinen, wie Betriebswirtschaftslehre, Verwaltungswissenschaft oder Sozialpädagogik, ausstrahlt. Dadurch kann sich die Theorie weiter mit Komplexität anreichern und erreicht so ihr hohes Auflösevermögen gesellschaftlicher Phänomene, was wiederum zum hohen Abstraktionsgrad ihrer Beschreibungen führt. Wegen dieser Eigenschaft braucht sie sich nicht auf bestimmte Ausschnitte gesellschaftlicher Praxis zu beschränken, sondern kann den Anspruch einer universalen Gesellschaftstheorie erfüllen. Erst so ist überhaupt die Voraussetzung für umfassende Einsichten in gesellschaftliche Zusammenhänge gegeben. Von dieser Warte aus kann die Systemtheorie der empirisch beobachtenden Sozialwissenschaft leistungsfähige Werkzeuge an die Hand geben, um ein adäquates Bild der modernen Gesellschaft zu erzeugen, ihren Zustand und ihre Zukunft abschätzen und beeinflussen zu können. Aber welche Werkzeuge sind das und wie können diese mit den eingeführten empirischen Methoden kombiniert werden?

Trotz ihrer Leistungsfähigkeit bei der Beschreibung gesellschaftlicher Realität wird der Systemtheorie allzu häufig Empirieblindheit vorgeworfen. Auch wenn dieser Vorwurf weit über das Ziel hinausschießt – denn auch die systemtheoretischen Beschreibungen entstammen unweigerlich der Praxis der Gesellschaft – darf er doch nicht nur als schlichte Ignoranz sozialwissenschaftlicher Konkurrenzunternehmungen zurückgewiesen werden. Hinter der empiristischen Kritik taucht vielmehr die epistemologische Frage nach den Zugriffsmöglichkeiten auf die Welt auf, die das methodologische Problem der Vermittlung von Theorie und Empirie begründen.[3] Geht die oft einem statistischen Weltmodell verpflichtete Sozialforschung von binärer Logik aus, deren Ziel eine zumindest indirekt erreichbare absolute Wahrheit ist, so ist die moderne Systemtheorie im Konzert mit anderen Wissenschaften von der Konstruiertheit des Weltzugriffs durch Beobachter geprägt.[4] Die Beobachtungen und deren kommunikative Bewältigung durch Beobachter können nicht mehr von einer absoluten Wahrheit ausgehen, sondern nur noch die relative Geltung von Wahrheitsansprüchen hinsichtlich auszuzeichnender Referenzen in kontingenten Formen feststellen. Dabei kommt es für die Soziologie vor

---

2   Wobei es zu einer Autonomisierung der Soziologie als Wissenschaft und innerhalb dieser der Systemtheorie kommt. Erst hinsichtlich dieser Autonomie muss nun das Spannungsfeld zu ihrer wissenschaftlichen und gesellschaftlichen Umwelt bestimmt werden (Luhmann 1993a).

3   So brachte sich Luhmann (1997: 36 ff.) mit seinem Theorieentwurf explizit jenseits der üblichen (und hier stark pauschalisierten) empirischen Sozialforschung in Stellung.

4   Zur fundamentalen Bedeutung der „Beobachtung" siehe Fuchs (2004), zur Wissenschaft und deren Prozessierung in Kommunikation siehe Baecker (2005).

allem darauf an, sich ihres eigenen Beitrags bei der Erzeugung von Daten bewusst zu sein.[5] Darum muss die Frage nach dem Verhältnis empirischer Beschreibung zur theoretischen Abstraktion nach Luhmann (1993b) anders formuliert werden, so dass die Soziologie nicht irrelevante Wolkengebilde quasi extramundaner Art oder redundante Kopien der von den Funktionssystemen ohnehin angefertigten Selbstbeschreibungen produziert. Die Soziologie kann sich bei ihrer Reflexion der Gesellschaft nur an sich selbst orientieren, um originäre Beiträge für deren Reflexion zu leisten.

Mit der von Luhmann ausgearbeiteten Systemtheorie liegt eine komplexe Theorie vor, mit der die von der Gesellschaft aufgeworfenen Begriffe soziologisch so umgearbeitet werden können, dass sie wieder in die gesellschaftliche Kommunikation informativ einzuführen sind und so ihr Reflexionsvermögen steigern. Diese Theorie kann als Arbeitsgrundlage komplexer empirischer Beobachtungen der Gesellschaft dienen. Jedoch blieb der Weg vom gesellschaftlichen Phänomen bis zu den eigenwillig soziologischen Beschreibungen in der Systemtheorie weitestgehend im Verborgenen. In der mangelnden Explizierung der Arbeitsweise aber findet der Vorwurf der Empirievergessenheit seinen Anlass. Weil es der Bezugnahme empirischer Sozialforschung und systemtheoretischer Gesellschaftstheorie an Offenheit und Offenlegung mangelt, bleibt wichtiges Potenzial ungenutzt – sowohl für die Weiterentwicklung der Methoden und Methodologien der empirischen Sozialforschung als auch für die Anwendungsbereiche und die empirische Reichhaltigkeit der Systemtheorie. Damit entgehen der Soziologie aber auch Möglichkeiten, ihre Relevanz bei der Beschreibung aktueller gesellschaftlicher Probleme aufzuzeigen. Zunächst aber geht es um eine weitere Bestimmung des Platzes der Systemtheorie innerhalb der Sozialwissenschaften, indem in der angestrebten methodologischen Debatte die Leistungsfähigkeit des systemtheoretischen Rahmens für die empirische Beobachtung verhandelt wird.

Dafür soll ein theorieübergreifender Dialog zur systemtheoretischen Konzeption empirischer Beobachtung eröffnet werden, so dass dieser nicht so einfach als gescheitert erklärt und beendet werden kann.[6] Auf diese Weise können sich durch gegenseitige Kritik neue Möglichkeiten zunächst für die Soziologie als Wissenschaft, aber schließlich auch für ihre Beiträge hinsichtlich der Gesellschaft ergeben. Die wesentliche Schwierigkeit eines solchen Dialogs, das überwiegende Schweigen systemtheoretischer Arbeiten über den Weg zu ihren Ergebnissen, gilt es darum zu überwinden. Erst in der Offenlegung, *wie* aus einem Phänomen ein zu beobachten-

---

5   Um die Sichtbarmachung von Kontingenz geht es aus systemtheoretischer Sicht Nassehi und Saake (2002) in ihrem Beitrag zur Erhebung und Auswertung von Interviews.

6   Das legt jedenfalls Essers Reaktion (2007) auf einen Versuche einer solchen Diskussion nahe. Ohne Frage muss man nicht an dieser Diskussion teilnehmen, schon gar nicht vom steilen Gipfel eigener Wahrheitüberzeugung. Hingegen sind kollegialer Zu- und Widerspruch das geeignete Mittel, um lernen zu können.

der „Fall" wurde und *wie* es zu dessen systemtheoretischer Beschreibung kam, finden sich Anlässe für solche kritische Kommunikation als gegenseitige Rechtfertigung von Theorie und Empirie.
Der vorliegende Band soll die schon begonnenen Diskussionen fortführen. Es geht dabei um die Möglichkeiten methodologischer Offenlegung und Ausarbeitung der methodischen Vorgehensweise soziologischen Arbeitens, um die damit verbundenen Probleme und deren Lösungen. Ausgangspunkt einer Verbindung von empirischer Sozialforschung und Systemtheorie muss die Frage nach der Methodologie der Systemtheorie als dem Bindeglied zwischen Theorie und Methode sein. Dies führt zu folgenden Fragen, die von den Autoren dieses Bandes auf ihre je eigene Weise erörtert werden: Welche Methodologie und Methoden werden in systemtheoretischen Arbeiten implizit verwendet? Welche methodologischen Folgen haben systemtheoretische Prämissen empirischer Fragestellungen für die eingesetzten Methoden? Welche Brücken lassen sich von der Systemtheorie und ihren methodologischen Implikation zu Methoden und zu anderen soziologischen Theorien schlagen? Welche Widerstände und Inkompatibilitäten lassen sich dabei ausmachen?

Die Diskussion zum Verhältnis von Systemtheorie, Methodologie und empirischen Methoden schließt unter anderem an bereits geführte Debatten im Arbeitskreis Funktionale Analyse an, der im Jahre 2007 gegründet wurde, um eine Schnittstelle zwischen empirischer Forschung und Systemtheorie zu besetzen (Siri 2009).[7] Die von der DFG geförderte internationale Tagung des Arbeitskreises zum Thema „Methodologien des Systems – Wie kommt man zum Fall und wie dahinter?", die vom 4. bis 6. September 2008 an der Universität Hohenheim stattfand, bot eine Bestandsaufnahme systemtheoretisch informierter empirischer Forschung und stellte eine wesentliche Grundlage für die Weiterführung der Diskussion in diesem Band dar.

Die oben aufgeworfenen Leitfragen werden im Folgenden von Sozialwissenschaftlern unterschiedlicher theoretischer Provinienz diskutiert. Im ersten Teil des Bandes „Methodologie der Systemtheorie" geht es darum, den methodologischen Kern der Systemtheorie herauszuarbeiten. Mit unterschiedlichen Foki beobachten die Autoren Rudolf Stichweh, René John, Irmhild Saake, Stephan Fuchs und Niels Åkerstrøm Andersen die Luhmann'sche Systemtheorie auf ihre methodologischen Leitfragen hin. Trotz eines Kernbestandes ergeben sich dabei durchaus unterschiedliche Lesarten, die als alternative Zugänge zur empirischen Operationalisierung der Systemtheorie verstanden werden können. Die Beiträge des zweiten Teils „Methodologische Brückenschläge. Systemtheorie in empirischer Anwendung" re-

---

7   Der Arbeitskreis Funktionale Analyse veranstaltet Workshops, in deren Rahmen systemtheoretisch informierte empirische Projekte diskutiert werden (siehe dazu http://www.funktionale-analyse.isinova.org/).

flektieren die Systemtheorie im Kontext ihrer empirischen Anwendung. An den Beiträgen von Werner Vogd, Thomas Scheffer, Niels Åkerstrøm Andersen und Anna Henkel wird das Potenzial der Theoriebildung durch empirische Forschung ebenso deutlich wie die Potenziale systemtheoretischer Methodologie für die Empirie. Die Verwendung bestimmter Methoden der empirischen Sozialforschung machen Anschlüsse für systemtheoretische Prämissen, aber auch Inkompatibilitäten und methodologische Probleme deutlich. Gerade für diesen Teil des Bandes gilt, dass die gewählten Beiträge lediglich eine exemplarische Auswahl möglicher Zugänge und Reflexionen bilden. Die Fragestellung der methodologischen Kombinationsmöglichkeiten von Systemtheorie und Methoden aber berührt das Selbstverständnis anderer Theorien, etwa der Diskursanalyse, phänomenologischer, dekonstruktiver und dokumentarischer Ansätze. Deren Verhältnis zu den Bausteinen einer methodologischen Brücke der Systemtheorie wird im dritten Teil „Möglichkeit und Grenzen methodologischer Vermittlung von Theorie" in den Beiträgen von Wolfgang Ludwig Schneider, Urs Stäheli, Rainer Keller, Hubert Knoblauch und Ralf Bohnsack kontrastiert und reflektiert. Aus dem Vergleich mit diesen, aus anderen theoretisch-methodischen Zusammenhängen generierten Problemzuschnitten und methodologischen Konsequenzen ist die Chance auf fruchtbare Perspektiven für die Verwendung und Weiterentwicklung systemtheoretischer Methodologie abzuschätzen.

Bereits an dieser Stelle lässt sich resümieren, dass der hier vorgelegte Austausch zwischen empirisch unter systemtheoretischen und anderen theoretischen Annahmen arbeitenden Sozialwissenschaftlern Anschlüsse, aber auch Grenzen von Theorie und Empirie für die Systemtheorie aufzeigt. Beides sind Herausforderungen mindestens an die Systemtheorie, denen sie sich stellen muss. In jedem Fall kann die soziologische Forschungsarbeit dadurch fruchtbarer und anschlussfähiger für die Selbstbeschreibung der Gesellschaft hinsichtlich ihres Zustandes und ihrer Entwicklungsmöglichkeiten werden.

Literatur

Baecker, Dirk (2005): Form und Formen der Kommunikation. Frankfurt (Main): Suhrkamp

Esser, Hartmut (2007): Soll das denn alles (gewesen) sein? Anmerkungen zur soziologischen Umsetzung der soziologischen Systemtheorie in empirische Forschung. In: Soziale Welt 58: 351-358

Fuchs, Peter (2004): Sinn der Beobachtung. Weilerswist: Velbrück

Kromka, Franz (1984): Sozialwissenschaftliche Methodologie. Paderborn, München, Wien, Zürich: Schöningh

Luhmann, Niklas (1993a): Wie ist soziale Ordnung möglich? In: Ders.: Gesellschaftsstruktur und Semantik 2. Frankfurt (Main): Suhrkamp: 195-285

Luhmann, Niklas (1993b): „Was ist der Fall?" und „Was steckt dahinter?" In: Zeitschrift für Soziologie 22: 245-260

Luhmann, Niklas (1997): Gesellschaft der Gesellschaft. Frankfurt (Main): Suhrkamp

Nassehi, Arnim; Saake, Irmhild (2002): Kontingenz: Methodisch verhindert oder beobachtet? Ein Bei-
    trag zur Methodologie der qualitativen Sozialforschung. In: Zeitschrift für Soziologie 31: 66-86
Siri, Jasmin (2009): Tagungsbericht: „Methodologien des Systems – Wie kommt man zum Fall und wie
    dahinter?" [28 Absätze]. Forum Qualitative Sozialforschung / Forum: Qualitative Social Research,
    10(2), Art. 22, http://nbn-resolving.de/urn:nbn:de:0114-fqs0902223
Stichweh, Rudolf (1996): Variationsmechanismen im Wissenschaftssystem der Moderne. In: Soziale
    Systeme 2: 73-89

Teil I

Methodologie der Systemtheorie

Theorie und Methode in der Systemtheorie

Rudolf Stichweh

I. „Theorie" und „Forschung" als Leitbegriffe der zweiten wissenschaftlichen Revolution

Die kognitiven und sozialen Strukturen des Wissenschaftssystems, die die Wissenschaft unserer Tage bestimmen, sind zu einem erheblichen Teil in jener Epoche zwischen 1750 und 1850 entstanden, die einige Beobachter mit Blick auf die „wissenschaftliche Revolution" des 17. Jahrhunderts eine „zweite wissenschaftliche Revolution" genannt haben.[1] Mit Bezug auf die Fragestellung dieses Aufsatzes möchte ich zwei sich in dieser Phase vollziehende Umbrüche hervorheben: die Genese des Theoriebegriffs der modernen Wissenschaft und die Institutionalisierung der Erwartung, dass Wissenschaft auf Forschung ruht.

Der Theoretiker ist in der griechischen Ausgangssituation jener Beobachter, der in das von ihm beobachtete Geschehen (beispielsweise die Wettkämpfe bei den Olympischen Spielen) nicht eingreift (Burnyeat 2006). Aber bereits bei Aristoteles taucht das Verständnis von Theorie auf, das eine zentrale Komponente auch unseres heutigen Theorieverständnisses enthält: Theorie ist demnach die Erkenntnis der Wirklichkeit von ihren Erklärungsgründen her. Eine ähnliche Auffassung dominiert erneut im 17. und 18. Jahrhundert. „Theorie" und „Philosophie" sind in dieser Zeit begrifflich nahe miteinander verwandt. In beiden Fällen geht es um jene Leistungsfähigkeit eines Denkens, das nicht bei einzelnen Tatsachenfeststellungen stehenbleibt, sondern eine Vielfalt von Sachverhalten unter Erklärungen zu subsumieren versteht (in der deutschen Tradition prototypisch bei Christian Wolff formuliert).

Eine Konjunktur des Theoriebegriffs und seine Pluralisierung zeichnen sich seit cirka 1750 ab. Während die explizite Verwendung des Begriffs vor diesem Zeitpunkt selten gewesen war, schulbezogene Begriffe wie „Dogma" und „Doctrina" deutlich häufiger sind,[2] erscheint jetzt eine grosse Zahl von Werken auf den verschiedensten Gebieten, die den Theoriebegriff im Titel tragen – so zum Beispiel: A. G. Baumgarten, Theorie der freien Künste (1750); I. Kant, Allgemeine

---

1 So insbesondere Brush (1976, 1987).

2 Siehe dazu Ong (1958: 161-2), mit Bezug auf das 16. und 17. Jahrhundert: "The notion of theory (theoria) ... will not make half so good a showing ... as the far more frequent *doctrina* which Ramists use for a general descriptive term for knowledge ... enmeshed inextricably with the notion of person-to-person communication."

Naturgeschichte und Theorie des Himmels (1755); C. R. Hausen, Von der Theorie der Geschichte (1766).[3] Offensichtlich eignen sich jetzt fast beliebige Gegenstände dafür, eine Theorie über sie zu formulieren, und es wird andererseits genau dieser Sachverhalt der Formulierung einer Theorie zum Ausweis für die Leistung, um die es in der Wissenschaft vor allem geht.

Für diesen Aufstieg der Theorie in der Wissenschaft des 18. und 19. Jahrhunderts gibt es vermutlich komplexe Gründe, die in diesem Text nicht hinreichend geklärt werden können. Drei knappe Bemerkungen müssen an dieser Stelle genügen. Zu vermuten ist erstens ein Zusammenhang mit einer stärkeren Ausdifferenzierung von Wissenschaft gegenüber jeder Art von Schule. Wenn dies der Fall ist, tritt der Bedarf für das dogmatisch-lehrhafte Moment von Theorie zurück. Theorie dient nicht mehr der normativen Stabilisierung vorhandenen Wissens; sie wird eher eine innerwissenschaftlich motivierte Risikostrategie der Gewinnung neuen Wissens. Zweitens ist Theorie in der modernen Welt nicht mehr Anschauung von Natur und Geschichte. Stattdessen tritt das konstruktive Moment an Theorien hervor, die als ein Mittel aufgefasst werden, dessen man sich als konstruktives Mittel bedient, so dass in der Moderne Theorie*bildung* eine typische und legitime Arbeitsform der Wissenschaft wird.[4] Drittens beschränken sich Theorien in der Wissenschaft der Moderne nicht mehr auf die Repräsentation des Daseienden und des Wahrgenommen, sie riskieren vielmehr Durch- und Vorgriffe auf (Noch-) Nichtwahrnehmbares (beispielsweise Atome in der Physik des 19. Jahrhunderts) und auf Zukünftiges (die Ergebnisse erst noch durchzuführender Experimente). Theorien können bewusst auf lückenlose Repräsentation des Beobachteten verzichten, weil man Grund zu der Vermutung hat, dass die vorliegenden Beobachtungen meist unvollständig sind und deshalb ihre unmittelbare ‚Repräsentation' eine falsche Theorie hervorbringen würde.[5]

Bereits diese Überlegungen zum Theoriebegriff machen sichtbar, dass die moderne Wissenschaft sich durch ihre Arbeitsformen beschreibt und dass Theoriebildung eine dieser Arbeitsformen ist. Eine zweite Hinsicht, in der Wissenschaft sich als Arbeit und als produktive Tätigkeit auffasst, wird durch den Begriff der „Forschung" artikuliert, der im gleichen Zeitraum zwischen 1750 und 1790, in dem wir den Aufstieg des Theoriebegriffs verortet haben, langsam an Profil gewinnt, auch

---

3   Siehe näher König und Pulte (1998: 1135-8).

4   Siehe Gadamer (1975: 430): „Was in der modernen Wissenschaft Theorie heisst, hat, wie es scheint, mit jener Haltung des Schauens und Wissens, in der der Grieche die Ordnung der Welt hinnahm, kaum noch etwas zu tun. Die moderne Theorie ist ein Konstruktionsmittel, durch das man Erfahrungen einheitlich zusammenfasst und ihre Beherrschung ermöglicht. Wie die Sprache sagt, 'bildet' man Theorien. Darin liegt bereits, dass eine Theorie die andere ablöst, und jede von vornherein nur bedingte Geltung verlangt, nämlich soweit nicht die fortschreitende Erfahrung eines Besseren belehrt. Die antike Theoria ist nicht im gleichen Sinne ein Mittel, sondern der Zweck selbst, die höchste Weise des Menschseins."

5   So Gould (1977: 21) am Beispiel von fehlenden Strata in der Geologie, et passim.

wenn das Substantiv „Forschung" erst am Ende dieses Zeitraums vorkommt. Forschung ist eng mit „Kritik" und mit „Fortschritt" verknüpft, weil Forschung einerseits voraussetzt, dass man kein Wissen mehr unbefragt übernimmt, sondern es solange befragt und kritisch untersucht, bis man es gleichsam selbst neu hervorgebracht hat. Diese unablässige kritische Haltung gegenüber bestehendem Wissen ist dann der Garant dafür, dass es Fortschritte im Wissen gibt. Diese Fortschritte können kleine Fortschritte sein, auch das ist ein Spezifikum der Moderne. Wir beobachten eine Elementarisierung der Basiseinheit des wissenschaftlichen Fortschritts, die einzelne neue Antworten auf einzelne relativ spezifische Fragen als Fortschritt der Wissenschaft akzeptiert und die das Moment wissenschaftlicher Entwicklung in der Kumulation vieler solcher einzelner Fortschritte sieht. Forschung und Theorie als zwei Leitbegriffe der zweiten wissenschaftlichen Revolution verbinden sich dann in der Form, dass auch Theoriebildung als Forschung gedacht werden kann und Theoriebildung in der Form theoretischer Forschung eine normale wissenschaftliche Tätigkeit wird.

II. Die Genese der Systemtheorie

Vor dem Hintergrund der skizzierten modernen wissenschaftlichen Konstellation kommt es zwischen 1890 und 1914 zur Genese jener Soziologie, die wir auch heute noch als klassischen Bestandteil unserer disziplinären Tradition empfinden, und es kommt zwanzig bis dreißig Jahre später, seit den ersten Schriften von Talcott Parsons und Robert K. Merton, zur Entstehung der soziologischen Systemtheorie. Systemtheorie tritt von vornherein als Theorie und als Methode auf, als synthetische Theorie des Handelns und der sozialen Systeme, die im ersten Zugriff auf der Basis einer Exegese zentraler Autoren der soziologischen und ökonomischen Tradition von Talcott Parsons (1937) entworfen worden ist, und außerdem als Methode des systematischen Vergleichs funktionaler Alternativen (oder: funktionaler Äquivalente) in der Strukturbildung sozialer Systeme bei Robert K. Merton (1968). In der weiteren Ausarbeitung der Systemtheorie, für die Talcott Parsons nach der „Structure of Social Action" noch vierzig Jahre zur Verfügung standen, lassen sich eine Reihe von methodischen Zugangsweisen erschließen, auf die sich Talcott Parsons gestützt hat. Immer wieder tritt Parsons in einen Dialog mit den für ihn bestimmenden Autoren der soziologischen Tradition, die er im Prinzip nie historisch las, sondern kontinuierlich als intellektuelle Gesprächspartner bei der Entwicklung systematischer soziologischer Theorie auffasste. Ein zweiter methodischer Zugriff auf Wirklichkeit verdankt sich den seit der Mitte der vierziger Jahre immer deutlicher und umfassender hervortretenden interdisziplinären Interessen Parsons' (Kybernetik, Biologie, Ökonomie, Sozialpsychologie), die den Import und die Reinterpretation von Begrifflichkeiten und Theoriestücken aus anderen Disziplinen zu einem der bestimmenden Arbeitsmittel in der Entwicklung der Systemtheorie werden ließen. Schließlich nimmt auf der Basis der vielfältigen Kooperationsbeziehungen, die Talcott Parsons unterhielt und auch im Zusammenhang mit der Etablierung des „Department of Social Relations" in Harvard (1946) der Einfluss empirisch-sozialwissenschaftlicher Forschungen auf die Ausformulierung der Systemtheorie zu. So ist beispielsweise das AGIL-Schema, die wichtigste analytische Folie für das Spätwerk Parsons' zwischen cirka 1960 und 1979, eine abstrakte Ausdeutung von Rollenunterscheidungen, die als Beobachtungsschemata für die sozialpsychologische Kleingruppenforschung erfunden worden waren.[6] Von den hier angedeuteten Ausgangskonstellationen der systemtheoretischen Tradition ist vor allem das Moment der Systemtheorie als einer Soziologie, die sich auf den systematischen (eventuell funktionalen) Vergleich extrem verschiedenartiger Systeme und Systemtypen konzentriert und die für ihre Vergleichsstrategien in grossem Umfang Begriffe und Theorien aus interdisziplinären Diskussionszusammenhängen zu importieren bereit ist, ein dauerhaftes Identitätsmerkmal systemtheoretischen Forschens geworden.

III. Die epistemologische Gestalt der Systemtheorie

Eine weitreichende epistemologische Transformation hat die Systemtheorie nach Parsons durch das Werk Niklas Luhmanns (1927-1998) erfahren.[7] Ich möchte zunächst die Umrisse dieses Umbruchs skizzieren. Diese Transformation hat – und die Systemtheorie optiert hier ähnlich wie andere zeitgenössische Sozialtheorien – damit zu tun, dass die Distanz, die den wissenschaftlichen Beobachter von der Selbstbeobachtung der Gesellschaft trennt, eingeebnet wird.

Ein erster Schritt in der Vorbereitung dieser Umorientierung besteht darin, dass die elementaren Einheiten, aus denen soziale Systeme bestehen, als ereignishafte Elemente aufgefasst werden. Sie sind damit nicht nur in sachlicher Hinsicht sehr einfache Bestandteile des Sozialen, aus denen durch Vernetzung dieser Elemente komplexere Ordnungen aufgebaut werden können. Dasselbe gilt jetzt auch im Hinblick auf Zeit. Sie sind, wie dies für Ereignisse gilt, von minimaler zeitlicher Extension und sie erzeugen als temporalisierte Elemente Anschlusszwänge. Sozialsysteme sind dann nicht mehr relative stabile Ordnungen von Elementen; sie produzieren sich vielmehr selbst durch die operative Hervorbringung und Verknüpfung temporalisierter Elemente. Einige oder viele dieser Operationen – und das ist der in epistemologischer Hinsicht entscheidende Schritt – können jetzt auch als Beobachtungen verstanden werden. Beobachtungen ruhen auf Unterscheidungs-

---

6   Siehe Parsons/Bales/Shils (1953, insbesondere Kapitel IV und V).
7   Vergleiche zum Folgenden Luhmann (1990).

gebrauch. Sie benutzen beobachtungsleitende Unterscheidungen, mit deren Hilfe sie die Realität abtasten und abhängig von Beobachtungsresultaten Folgeoperationen anschließen.

Beobachtung kommt als Selbstbeobachtung und als Fremdbeobachtung vor. Ihre Zentralstellung führt dazu, dass Systeme generell als erkennende Systeme aufgefasst werden, die hinsichtlich der Qualität und der Typik ihrer Erkenntnisoperationen miteinander verglichen werden. Man kann dann beispielsweise psychische Systeme, soziale Systeme, Immunsysteme und Gehirne als erkennende Systeme vergleichend untersuchen, und der Beobachter, der sich einen solchen Vergleich als Aufgabe stellt, ist selbst ein erkennnendes (soziales) System, beispielsweise eine interdisziplinär orientierte Systemtheorie, die, wenn man sie als Sozialsystem analysiert, als „wissenschaftliche Community" und als Zusammenhang von Kommunikationen beschrieben werden kann. In diesem Argument erkennt man die Symmetrisierung der Beobachter gut. Die Systemtheorie, wenn sie einen Erkenntnisvorteil für sich reklamiert, muss sich diesen – beispielsweise auf der Basis der Vergleichsleistungen, auf die sie sich spezialisiert – immer erst und immer erneut erarbeiten.

Erkenntnis ist insofern real und unbestreitbar, als sie eine empirisch vollzogene Operation ist. Der Zweifel, dem sie sich unablässig selbst aussetzt – und zwar, wenn auch je verschieden, in allen Typen beobachtender Operationen –, wird dadurch bearbeitet und temporär behoben, dass sie unablässig Beobachtungen auf Beobachtungen bezieht und Beobachtungen mit Beobachtungen vergleicht. Diese Rekursivität des Beobachtens und die methodischen und theoretischen Kontrollen, die wir in sie einbauen, ist der beste Garant für die Realitätshaftigkeit des Beobachtens, den wir je erlangen werden.

IV. Wer sind die Beobachter, die die Systemtheorie informieren?

Jedes auf erkennendes Beobachten spezialisierte System muss sich der Beobachter vergewissern, deren Erkenntnisleistungen es in seinen Systemprozess inkorporieren will, und es muss die Erkenntnisoperationen vergleichen, die es als zulässig oder als unzulässig erachtet. Prozesse der Ausdifferenzierung wissenschaftlicher Disziplinen gehen oft mit einer Schließung auf der Ebene der zugelassenen Beobachter einher, die zum Beispiel in der Weise erfolgt, dass man nur noch Kommunikationen von professionellen Wissenschaftlern ernsthaft in Betracht zieht und verlangt, dass diese bestimmte Untersuchungstechniken angewandt haben, die man für das Fach als konstitutiv erachtet. Fortschritte der Chemie sollen sich dann beispielsweise nur noch chemischen Beobachtungen im Labor verdanken und nicht akzidentellen Beobachtungen, die als Nebeneffekte beruflicher Tätigkeiten angefallen sind.[8]

---

8   Vergleiche dazu Stichweh (1984, Kapitel 2).

Eine derart strikte Schließung des Raums der Beobachter hat aber in der Disziplin Soziologie nicht stattgefunden und sie wäre auch nicht sinnvoll. Insofern tut die Systemtheorie gut daran, der Empfehlung, die ihr oft angetragen wird, sie möge die empirischen Beobachtungen, auf die sie sich stützt, primär im institutionellen Bereich der „empirischen Sozialforschung" suchen, nicht zu folgen. Zu registrieren ist demgegenüber die Realität der Wissensgesellschaft, in der wir in der Gegenwart leben, und die Pluralisierung der relevanten Kategorien von Beobachtern, die mit der Durchsetzung der Wissensgesellschaft einhergeht.[9]

Zu den Beobachtern sind zunächst einmal alle in die jeweiligen Systeme inkludierten kommunikativen Adressen zu zählen, die an der Selbstbeobachtung der Systeme teilnehmen und Kommunikationen beisteuern, die beispielsweise an der Reproduktion gesellschaftlicher Semantik mitwirken, die für soziologische und historische Beobachter eine Quelle allerersten Ranges ist. Die Wirkungschance dieser unzähligen einzelnen kommunikativen Adressen wird heute durch internetbasierte Formen der Kommunikation immens verstärkt. Jeder „Blogger", jeder „Twitterer" kann unbeachtet bleiben, aber auch Tausende von „Followers" auf sich ziehen. Für die Sozialwissenschaft gibt es keinen Grund, diese Beobachtungschancen außer Acht zu lassen. Neben der Produktion von Semantik ist auch die Produktion von Statistik zu nennen, die in manchen Systemen – der Sport und die Finanzmärkte sind gute Beispiele dafür – als hochgradig relevante Form der Selbstbeobachtung der Systeme vorkommt und nicht an wissenschaftliche Beobachter des jeweiligen Systems abgetreten ist. Zu den Produzenten statistischer Selbstbeobachtungen des Systems gehören selbstverständlich auch alle Formen amtlicher Statistik, die zwar von Leuten mit wissenschaftlicher Ausbildung betrieben wird, die aber der Absicht nach nicht zuerst als Forschung durchgeführt wird, vielmehr als Versorgung operativer Vollzüge in der Gesellschaft mit Daten als Entscheidungsgrundlage.

Eine weitere Kategorie von Beobachtern, die in der Sozialwissenschaft zu berücksichtigen ist, sind Journalisten, Intellektuelle, Schriftsteller, Mitglieder von Nichtregierungsorganisationen, also professionelle Beobachter der Gesellschaft, die auch die Sozialwissenschaft mit Wissen und mit Daten versorgen, ohne deshalb als empirische Forscher aufzutreten. Ein interessantes Beispiel ist die Beobachtung von Nordkorea, ein wichtiges und zugleich schwer beobachtbares Land, wo ein Grossteil des Wissens, über das wir heute verfügen, sich Journalisten, die an der chinesischen Grenze über Jahre Interviews mit Flüchtlingen durchführen, Mitgliedern von humanitären Organisationen und zu Schriftstellern gewordenen Flüchtlingen verdankt.[10]

Eine letzte Wissensquelle, die ich erwähnen möchte, sind Kommunikationen interdisziplinären Ursprungs. Dabei handelt es sich vielfach um Theorien und Me-

---

9   Siehe dazu Stichweh (2004, 2010).
10   Interessant hierzu Caryl (2008).

thoden, die man in den disziplinären Prozess zu inkorporieren versucht, aber andererseits auch um Forschungsergebnisse, die man nicht mittels soziologischer Untersuchungsverfahren neu zu erzeugen beabsichtigt, vielmehr als verfügbares und anderswo bestätigtes Wissen zu einer Grundlage soziologischer Argumentation macht.

V. Systemtheorie als Netzwerk soziologischer Theorien

Die Frage nach dem Zusammenspiel von Theorie und Methode in der soziologischen Systemtheorie sollte, bevor ich Elemente einer Methodologie skizziere, noch einmal als Frage nach der Einheit der Systemtheorie gestellt werden. Ist dies eine einzige Theorie, der sich ein kohärenter *set* von Methoden zuordnen lässt? Talcott Parsons hatte das Wort „Theorie" an dieser Stelle vermieden und mit Bezug auf die für ihn allgemeinste Ebene der Theoriebildung von „action frame of reference" gesprochen, was vermutlich besagt, dass ein solcher „frame of reference" in sich verschiedene Theorien inkorporiert.

Anschaulicher und treffender scheint mir eine andere Beschreibung, die gleichermassen hervorhebt, dass wir es bei Systemtheorie nicht mit einer einzigen Theorie zu tun haben, vielmehr mit einem komplexen Netzwerk von Theorien, das sich in der Form der Verknüpfung der einzelnen Teile zudem durch die Eigentümlichkeit eines „loose coupling" der Theorien auszeichnet. „Loose coupling" ist bekanntlich ein Begriff aus der Organisationstheorie, der aber von Anfang an auch in einer epistemologischen Zweitbedeutung verwendet wurde. In diesem epistemologischen Sinn meint „loose coupling" eine Strategie, die mit verschiedenartigen und nicht streng untereinander verbundenen Erkenntnismodulen arbeitet und die diese Pluralität von Zugängen bewusst benutzt, weil es ihr eher um deskriptive Adäquatheit in der Erfassung der Wirklichkeit als um deduktive Strenge und konzeptuelle Einfachheit der Begriffsstrategien geht.[11] Das lose gekoppelte Netzwerk von Theorien ist dann das systemtheoretische Äquivalent zum methodologischen Konzept der Triangulation.[12]

Welches sind die wesentlichen Bestandteile einer so verstandenen und auf „loose coupling" ihrer Teiltheorien ruhenden Systemtheorie? Zu nennen ist zunächst einmal der Komplex, der aus allgemeiner Systemtheorie und aus der aus ihr hervorgehenden Theorie sozialer Systeme besteht. Diese bilden den Ausgangspunkt systemtheoretischen Denkens, als am Ende der vierziger Jahre des 20. Jahrhunderts Talcott Parsons aus der Netzwerktheorie der Verknüpfung von ‚unit acts', die er in „The Structure of Social Action" vorgetragen hatte (Parsons 1937),

---

11   So ungefähr auch Weick (1976).
12   Siehe dazu Campbell (1988).

unter dem Einfluss von Kybernetik, Informationstheorie und der allgemeinen Systemtheorie Bertalanffys, eine soziologische Systemtheorie formt, deren Bild der Sozialwelt nicht mehr auf Ziel/Mittel-Verknüpfungen, sondern auf System/Umwelt-Unterscheidungen ruht. Bei Niklas Luhmann (1984) tritt in der Folge immer deutlicher hervor, dass die (soziologische) Theorie sozialer Systeme der Ort ist, an den ein erheblicher Teil der grundbegrifflichen Arbeit der Systemtheorie ausgelagert wird (Arbeit an Begriffen wie Kommunikation, Beobachtung, Struktur, Widerspruch, Autopoiesis, Form etc.).

Die Theorie sozialer Systeme hat es mit Milliarden sozialer Systeme zu tun, die parallel zueinander operieren. Unter diesen zeichnet die Systemtheorie als Gesellschaftstheorie ein System besonders aus, das Gesellschaftssystem, das alle diese diversen Sozialsysteme inkorporiert und ihnen eine geordnete, andererseits fluktuierende und evoluierende Umwelt sichert. Gesellschaftstheorie ist die Theorie dieses umfassenden Makrosystems. In der soziologischen Tradition ist dies eine durchaus ungewöhnliche Option. Der Gesellschaftsbegriff wird auch in der Soziologie eher implizit mitgeführt. Ausdrückliche Behandlungen und gar Theoretisierungen finden sich in der Literatur selten.

Als Teil der Gesellschaftstheorie wiederum fasst Niklas Luhmann vier Theorien auf, an denen erneut ihre relative Autonomie und das ‚loose coupling‘ im Verhältnis zueinander auffällt. Dies sind die Differenzierungstheorie, die seit ihrer Entstehung in den Arbeitsteilungslehren des 18. Jahrhunderts und der Embryologie des 19. Jahrhunderts auf dem langen Denkweg von Spencer, über Durkheim, Weber und Simmel, zu Parsons, Eisenstadt und Luhmann vermutlich den am stärksten ausgearbeiteten und am deutlichsten paradigmaübergreifenden Kern der soziologischen Tradition bildet;[13] zweitens die Theorie soziokultureller Evolution – im Ursprung ein Produkt des 19. Jahrhunderts –, die auf der Basis von Vorläufern in der ersten Hälfte des 20. Jahrhunderts (insbesondere Chicago-Soziologie, „institutional economics") erst in den letzten fünfzig Jahren in einer Reihe von Disziplinen Formulierungen erhält, die sie als eine Theorie des zufallsabhängigen, prinzipiell gradualisierten und auf Populationen verteilten Wandels von Systemen konkurrenzfähig werden lässt;[14] drittens die Kommunikationstheorie, insbesondere die Theorie der Kommunikationsmedien, die im Repertoire der soziologischen Theorien der „Newcomer" ist, weil sie auf Entwicklungen zurückgeht (Theorien der Information und Kommunikation seit cirka 1945), die sich erst in den letzten 60 Jahren vollzogen haben, und die im Fall der Theorie der symbolisch generalisierten Kommunikationsmedien eine in diesem Grad der Neuheit seltene Innova-

---

13   Siehe Beschreibungen dieser Tradition in Stichweh (1988) und Tyrell (1998).
14   Rekonstruktionen dieses Denkwegs in Stichweh/Reyer/Uszkoreit (1999) sowie Wortmann (2009).

tion und Erweiterung des begrifflichen Repertoires der Disziplin bedeuten.[15] Das vierte Element unter den eigenständigen Teiltheorien der Gesellschaftstheorie ist die Theorie der Selbstbeobachtung von Systemen oder auch historische Semantik, die nie als Theorie ausformuliert worden ist, vielmehr in der Form von einzelnen Untersuchungen präsent ist. Diese Theorie nimmt im systemtheoretischen Repertoire insofern eine Sonderstellung ein (und wir haben das oben bereits formuliert), weil sie nicht nur Gegenstandstheorie ist, sondern auch epistemologische Selbstreflexion der Systemtheorie, weil Systemtheorie offensichtlich zu den Formen der Selbstbeobachtung von Gesellschaft zählt.

Abschließend sind mindestens zwei weitere hinreichend autonome Theoriekorpora zu nennen. Dies sind einerseits die Interaktionstheorie, in der wir die systemtheoretische Variante von Mikrosoziologie vorfinden, und die Organisationstheorie, die die intermediäre Ebene der Systembildung zwischen Interaktion und Gesellschaft theoretisiert. Gerade an Interaktionstheorie und Organisationstheorie fällt auf, wie inklusiv sie sich zu scheinbar konkurrierenden Traditionen des soziologischen Denkens und zu anderen Disziplinen (beispielsweise Ökonomie im Fall der Organisationstheorie) verhalten. Das Netzwerk von Teiltheorien, aus dem sich Systemtheorie aufbaut, hat offensichtlich nicht nur die Funktion, eine möglichst flexible Abbildung und Mehrfachabbildung gesellschaftlicher Realitäten zu leisten. Es eignet sich auch zur Inkorporation einer Vielzahl von Theorien und Methoden, die zunächst unabhängig von oder konkurrierend zu Systemtheorie formuliert worden sind, und es dementiert damit verbreitete Annahmen, die Systemtheorie beziehe sich dogmatisch-desinteressiert auf ihre intellektuell-wissenschaftliche Umwelt. Natürlich steht Systemtheorie wie jedes wissenschaftliche Unterfangen und wie jedes Sozialsystem überhaupt unter dem doppelten Imperativ, eine angemessene Mischung von Lernfähigkeit im Verhältnis zur wissenschaftlichen Umwelt und Kontinuitäts- und Konsistenzsicherung in der Weiterentwicklung der eigenen wissenschaftlichen Tradition zu finden.

VI. Bausteine einer Methodologie der Systemtheorie

Im letzten Schritt unseres Arguments wird es darum gehen, aus der Beschreibung und Analyse der Systemtheorie, die wir in diesem Text vorgelegt haben, einige Gesichtspunkte herauszulösen, die für die Formulierung einer Methodologie der Systemtheorie bestimmend sein sollten.

---

15 Der Startpunkt ist hier Parsons' bemerkenswertes Papier, ‚On the Concept of Influence' von 1969, zuerst veröffentlicht in „Public Opinion Quarterly" (1963), dort mit einem hochinteressanten Kommentar von James Coleman (1963).

In einer ersten Hinsicht ist die Formulierung einer *Methodologie interdisziplinären Lernens* erforderlich. Die interdisziplinäre Neugierde und Lernbereitschaft ist seit dem Beginn bei Talcott Parsons eines der auffälligsten Attribute der Systemtheorie, und sie wirkt auch als Anziehungspunkt für systemtheoretisches Denken, weil sie in Aussicht stellt, dass man sich mit der Systemtheorie ungeachtet eines disziplinären Fokus nicht gleichzeitig eine disziplinäre Blickverengung einhandelt, vielmehr mit einem kognitiven Instrument zu tun hat, dass sich in besonderem Masse für die Integration interdisziplinären Wissens eignet. Ein entscheidender Grund für die interdisziplinäre Lernfähigkeit der Systemtheorie besteht darin, dass theoretische Arbeit im Fall der Systemtheorie Arbeit mit und Arbeit an Begriffen ist. In dieser Fokussierung auf Begriffe ähnelt die Systemtheorie dem evolutionstheoretischen Denken in der Biologie[16] und unterscheidet sich von Disziplinen, die stärker an Gesetzmässigkeiten orientiert sind, wie dies überwiegend in der Physik der Fall ist. Begriffe können interdisziplinäre Austauschprozesse anregen und vorantreiben, und es bedarf methodologischer Standards hinsichtlich der Frage, wie dieser Transfer von Begriffen kontrolliert werden kann. Ein wichtiges und plausibles Prinzip ist die von Niklas Luhmann wiederholt vorgetragene Überlegung,[17] dass unmittelbare Analogien zu vermeiden seien (also beispielsweise die Übertragung organismischer Vorstellungen auf Gesellschaft). An die Stelle direkter Analogien müsse ein kontrollierter Prozess der Generalisierung des Ausgangsbegriffs treten, der diesen aus dem Herkunftskontext, in dem er zunächst entstand, durch schrittweise Abstraktion herauslöst. Diesem ersten Schritt folgt dann eine Respezifikation, die Spezifika einführt, die dem Zielkontext (einem sozialen System) eigen sind und dadurch den Begriff in eine Anwendungslage schiebt, wo er dem Gegenstand nicht mehr fremdartig gegenübersteht.

Ein zweiter wichtiger Gesichtspunkt ist, dass Systemtheorie in der Unterscheidung von Erklären und Verstehen keine Position bezieht und auch nicht beziehen muss.[18] Systemtheorie ruht demgegenüber vor allem auf einer *Methodologie des Vergleichs*. Sie führt Unterscheidungen zwischen Systemen und eine Analytik der Beschreibung von Systemen deshalb ein, um systematische Gesichtspunkte zu gewinnen, die einen Vergleich zwischen Systemen erlauben und instruktiv werden lassen. Darin liegt auch der Reiz der Theorie funktionaler Differenzierung, die im ersten Schritt – in der Unterscheidung einer grösseren Zahl von Funktionssystemen – ein

---

16 Auf diese wissenschaftstheoretische Sonderstellung der evolutionären Biologie hat Ernst Mayr immer wieder eindringlich hingewiesen (siehe zuletzt Mayr 2004).

17 Siehe z. B. Luhmann (1984: 15-18).

18 Man könnte sagen, dass diese Indifferenz gegenüber einer als Alternative gedachten Unterscheidung von Erklären und Verstehen ein Spezifikum von Sozialwissenschaft überhaupt ist. Sie ist gewissermaßen eine Eigentümlichkeit der „dritten Kultur", die mit der Sozialwissenschaft in die Welt kommt (siehe dazu Stichweh 2008a). Siehe zu der Unterscheidung von Verstehen und Erklären aus systemtheoretischer Perspektive Fuchs und Marshall (1998).

komplexeres Bild der Gesellschaft entwirft, als dies konkurrierende Theorien tun, im zweiten Schritt die Unterscheidung der Funktionssysteme mit anderen Theorien kreuzt (z. B. mit der Frage nach Mechanismen der Evolution in den jeweiligen Systemen) und daraus dann im dritten Schritt Möglichkeiten des Vergleichs zwischen den Funktionssystemen gewinnt. Es ist offensichtlich, dass dies empirische Forschung ist, weil es Sammlung quantitativer Daten und qualitative Sachverhaltsbeschreibungen verlangt, aber es ist eine komplexere Empirie als das, was viele Beteiligte unter „empirischer Sozialforschung" verstehen.

Der Primat des Vergleichs als methodische Vorgehensweise der Systemtheorie ist bereits am Anfang des Unterfangens präsent, weil Robert K. Merton (1968) bekanntlich den Funktionalismus der Sozialwissenschaften als Äquivalenzfunktionalismus neu begründet hat und damit an die Stelle des „Essentialismus" einer Funktionsbestimmung eine viel flexiblere Vergleichstechnik gesetzt hat, die sich nicht zuerst für „Identifikationen" (= Funktionsbestimmungen) interessiert, sondern für den Vergleich von Verschiedenartigem unter dem Gesichtspunkt der relativen Gleichheit einer Funktionserfüllung. Damit wird der Funktionalismus in der Systemtheorie – wie dies auch in der Evolutionsbiologie der Fall ist – zu einer historischen Wissenschaft, die untersucht, wie verschiedene Trajektorien verschiedener Systeme dazu führen, dass ungleichartige Institutionen in ähnliche Funktionsstellen einwandern.[19]

Drittens – und das ist in diesem Text bereits wiederholt betont worden – analysiert Systemtheorie *soziale Wirklichkeiten als zur Selbstbeobachtung und zur Selbstbeschreibung fähige Systeme*[20] und interessiert sich deshalb für historische Semantik als eine prominente Form gesellschaftlicher Selbstbeschreibung. Methodisch kann sie dabei an vielfältige Vorentwicklungen anknüpfen – an die Begriffsgeschichte Otto Brunners mit ihrer Präferenz für „einheimische Begriffe", an die historische Semantik Reinhart Kosellecks, an das Postulat, dass gerade auch Autoren zweiten Rangs in historischen Studien zu berücksichtigen seien, weil diese vielfach repräsentative Erwartungslagen in sozialen Systemen verkörpern.[21] Für die Systemtheorie verbindet sich die historische Semantik auf zwingende Weise mit der differenztheoretischen Grundlegung der Systemtheorie, die Begriffe auf Gegenbegriffe verweisen lässt, von denen die ersteren Begriffe sich unterscheiden, und die im Sachverhalt des Austauschs solcher Gegenbegriffe (Antonymsubstitution) einen wichtigen Indikator weitreichenden sozialen Wandels wahrnimmt.[22]

In einer vierten Hinsicht ist die Systemtheorie auf eine *Methodologie der Komplexität* angewiesen. Komplexität im Sinne einer selektiven Relationierung von Ele-

---

19   Sehr interessant hierzu Millikan (1984) und zur Evolutionsbiologie als historischer Wissenschaft Mayr (2004).
20   Vergleiche Stichweh (2008b).
21   So zum Beispiel Mornet (1933).
22   Vergleiche dazu Holmes (1987).

menten des Systems war seit den sechziger Jahren ein zentraler Begriff systemtheoretischen Denkens. Insofern gab es immer zwei Fassungen des Systembegriffs. Die
eine Fassung bestimmte Systeme über die Selektivität der Relationierung von Elementen; die andere über die System/Umwelt-Differenz, die über Differenzbildung
dasjenige, was zum System gehört, von nichtzugehörigen Sachverhalten trennt. Die
Methodologie der Komplexität erfuhr eine in den sechziger Jahren noch nicht erwartbare Konkretisierung und Operationalisierung durch den Aufstieg der Netzwerkforschung (als Methode und schließlich auch als Theorie), die insofern eine
ideale Passung zur Systemtheorie aufweist.[23] Die hauptsächliche Differenz zwischen Netzwerktheorie und Systemtheorie besteht dann möglicherweise darin, dass
in Termini des Netzwerkdenkens die doppelte begriffliche Bestimmung des Sys-
temcharakters nicht nachgebildet wird. Die Vorstellung der Schließung des Systems
über Nichtintegration fremdartiger, nichtzugehöriger Elemente und über die sys-
temweite Verfügbarkeit einer systemkonstituierenden (und vielleicht in Semantik
repräsentierten) System/Umwelt-Differenz scheint bisher im Netzwerkdenken
nicht angemessen nachkonstruiert worden zu sein.

Schließlich hat fünftens die Systemtheorie mit der *Verzeitlichung des Element-
begriffs und damit der „Temporalisierung von Komplexität"*[24] ein neues methodisches Erfordernis hinzugewonnen. Während die Netzwerkforschung für die Beschreibung
und Analyse von Komplexität ein reiches Instrumentarium verfügbar gemacht hat,
trifft dies für temporalisierte Komplexität nicht zu. Ereignissequenzen, Ereignisab-
folgen, die Organisation von Anschlussfähigkeit im Nacheinander werfen methodische Fragen eigener Art auf. Ein interessantes Instrumentarium ist die ethno-
methodologische Konversationsanalyse, die aus gut nachvollziehbaren Gründen
viel systemtheoretisches Interesse auf sich gezogen hat.[25] Konversationsanalyse
grenzt aber allenfalls kurze interaktionelle Episoden aus und unterzieht diese inten-
siven und strukturbewussten Analysen. Die sequentielle Organisation in grösseren
Systemen und über längere Zeiträume hinweg ist bisher kaum Gegenstand von systemtheoretischen Überlegungen gewesen. Fragen der Abgrenzung und der Verknüpfung von Episoden in einem System,[26] eines Begriffs von „Karriere", der soziale Systeme und nicht einzelne Personen meint,[27] und Fragen zu Wendepunkten,
Diskontinuitäten und Pfadabhängigkeiten in der Geschichte sozialer Systeme haben bisher in der Systemtheorie – außer in Ansätzen in Luhmanns Überlegungen

---

23   Siehe White (2008) und zur Small-World Theorie, die wegen ihrer Nähe zu Vorstellungen der
     Schließung von Sozialsystemen und wegen Möglichkeit auf ihrer Grundlage eine Theorie funktio-
     naler Differenzierung zu formulieren, für die Systemtheorie besonders interessant ist, Barabási
     (2003) sowie Newman/Barabási/Watts (2006).
24   Siehe dazu Luhmann (1980).
25   Siehe dazu Schneider (2008) und Messmer (2003).
26   Vergleiche Teubner (1987).
27   Vergleiche Abbott (1999), zu „area careers" in der Tradition der „Chicago School".

zum Prozessbegriff[28] – noch nicht sehr viel Aufmerksamkeit gefunden.[29] Der Ort für Überlegungen, die diesen letzten hier erwähnten Baustein einer Methodologie der Systemtheorie betreffen, wird ein ausformulierter Entwurf einer Evolutionstheorie unter systemtheoretischen Prämissen sein.

VII. Literatur

Abbott, Andrew (1999): The Continuing Relevance of the Chicago School. In: Ders.: Department & Discipline. Chicago Sociology at One Hundred. Chicago: University of Chicago Press: 193-222

Abbott, Andrew (2001): Time Matters. On Theory and Method. Chicago, London: University of Chicago Press

Baberowski, Jörg/Kaelble, Hartmut/Schriewer, Jürgen (Hrsg.) (2008): Selbstbilder und Fremdbilder. Repräsentationen sozialer Ordnung im Wandel. Frankfurt a. M.: Campus

Baecker, Dirk/Markowitz, Jürgen/Stichweh, Rudolf/Tyrell, Hartmann/Willke, Helmut (Hrsg.) (1987): Theorie als Passion. Frankfurt a. M.: Suhrkamp

Barabási, Albert-László (2003): Linked. How Everything Is Connected to Everything Else and What It Means for Business, Science and Everyday Life. New York: Plume

Brush, Stephen G. (1976): The Kind of Motion We Call Heat. A History of the Kinetic Theory of Gases in the 19th Century. Vol. 1 - 2. Amsterdam: North Holland

Brush, Stephen G. (1987): Die Temperatur der Geschichte: Wissenschaftliche und kulturelle Phasen im 19. Jahrhundert. Braunschweig: Vieweg

Burnyeat, Myles F. (2006): Long Walk to Wisdom. Times Literary Supplement 5369. 9

Campbell, Donald T. (1988): Methodology and Epistemology for Social Science. Chicago: University of Chicago Press

Caryl, Christian (2008): The Other North Korea. In: New York Review of Books 55 - 13

Coleman, James S. (1963): Comment on "On the Concept of Influence". In: Public Opinion Quarterly 27(1). 63-82

Fuchs, Stephan/Marshall, Doug (1998): Across the Great (and Small) Divides. In: Soziale Systeme 4. 5-30

Gadamer, Hans-Georg (1975): Wahrheit und Methode. Grundzüge einer philosophischen Hermeneutik. Tübingen: J.C.B. Mohr

Gould, Stephen Jay. (1977): Ontogeny and Phylogeny. Cambridge/Mass.: Harvard University Press

Holmes, Stephen (1987): Poesie der Indifferenz. In: Baecker (1987): 15-45

Kalthoff, Herbert/Hirschauer, Stefan/Lindemann, Gesa (Hrsg.) (2008): Theoretische Empirie. Zur Relevanz qualitativer Forschung. Frankfurt a. M.: Suhrkamp

König, Gert/Pulte, Helmut (1998): Theorie. In: Ritter (1998): 1128-1154

Luhmann, Niklas (1980): Temporalisierung von Komplexität. Zur Semantik neuzeitlicher Zeitbegriffe. In: Ders.: Gesellschaftsstruktur und Semantik. Studien zur Wissenssoziologie der modernen Gesellschaft. Frankfurt a. M.: Suhrkamp: 235-300

Luhmann, Niklas (1984): Soziale Systeme: Grundriß einer allgemeinen Theorie. Frankfurt a. M.: Suhrkamp

Luhmann, Niklas (1990): Die Wissenschaft der Gesellschaft. Frankfurt am Main: Suhrkamp

Mayntz, Renate (Hrsg.) (1988): Differenzierung und Verselbständigung. Zur Entwicklung gesellschaftlicher Teilsysteme. Frankfurt a. M./New York: Campus

---

28 Zum Beispiel in Luhmann (1984: 482-7).
29 Siehe dazu immer wieder interessant Abbott (2001).

Mayr, Ernst (2004): What Makes Biology Unique? Considerations on the Autonomy of a Scientific Discipline. Cambridge: Cambridge U.P

Merton, Robert King (1968): Manifest and Latent Functions. In: Ders. Social Theory and Social Structure. New York: The Free Press: 73-138

Messmer, Heinz (2003): Der soziale Konflikt. Kommunikative Emergenz und systemische Reproduktion. Stuttgart: Lucius & Lucius

Millikan, Ruth Garrett (1984): Language, Thought, and Other Biological Categories. New Foundations for Realism. Cambridge/Mass.: MIT-Press

Mornet, Daniel (1933): Les origines intellectuelles de la Révolution francaise. Lyon: Éditions La Manufacture 1989

Newman, Mark/Barabási, Albert-László/Watts, Duncan J. (eds.) (2006): The Structure and Dynamics of Networks. Princeton: Princeton, U.P.

Ong, Walter J. (1958): Ramus, Method, and the Decay of Dialogue. Cambridge/Mass.: Harvard University Press

Parsons, Talcott (1937): The Structure of Social Action. New York: Free Press of Glencoe

Parsons, Talcott (1969): On the Concept of Influence. In: Ders.: Politics and Social Structure. New York: Free Press: 405-438

Parsons, Talcott/Bales, Robert F./Shils, Edward A. (1953): Working Papers in the Theory of Action. Glencoe, Ill.: Free Press

Ritter, Joachim (Hrsg.) (1998): Historisches Wörterbuch der Philosophie. Vol. 10. Basel: Schwabe

Schneider, Wolfgang Ludwig (2008): Systemtheorie und sequenzanalytische Forschungsmethoden. In: Kalthoff et. al. (2008): 129-162

Stichweh, Rudolf (1984): Zur Entstehung des modernen Systems wissenschaftlicher Disziplinen. Physik in Deutschland 1740-1890. Frankfurt a. M.: Suhrkamp

Stichweh, Rudolf (1988): Differenzierung des Wissenschaftssystems. In Mayntz (1988): 45-115

Stichweh, Rudolf (2004): Wissensgesellschaft und Wissenschaftssystem. In: Schweizerische Zeitschrift für Soziologie 30-2. 147-165

Stichweh, Rudolf (2008a): Die zwei Kulturen? Gegenwärtige Beziehungen von Natur und Humanwissenschaften. Luzerner Universitätsreden 18: 7-21, http://www.unilu.ch/files/luzerner_unireden_18.pdf

Stichweh, Rudolf (2008b): Selbstbeschreibung der Weltgesellschaft. In: Baberowski et. al. (2008): 21-53

Stichweh, Rudolf (2010): Die Wissensordnung der Moderne. Ms. Luzern

Stichweh, Rudolf/Reyer, Heinz-Ulrich/Uszkoreit, Hans (1999): Memorandum zu einem Institut für Evolutionswissenschaft. Heft 1. Schriftenreihe der Werner Reimers Konferenzen. Bad Homburg: Werner Reimers Stiftung

Teubner, Gunther (1987): Episodenverknüpfung. Zur Steigerung von Selbstreferenz im Recht. In: Baecker et. al. (1987): 423-446

Tyrell, Hartmann (1998): Zur Diversität der Differenzierungstheorie. Soziologiehistorische Anmerkungen. In: Soziale Systeme 4(1). 119-149

Weick, Karl E. (1976): Educational Organizations as Loosely Coupled Systems. In: Administrative Science Quarterly 21. 1-19

White, Harrison C. (2008): Identity and Control. How Social Formations Emerge. Princeton and Oxford: Princeton U.P.

Wortmann, Hendrik (2009): Zum Desiderat einer soziologischen Evolutionstheorie (Ph.D. Dissertation). Luzern: Universität Luzern

Funktionale Analyse – Erinnerungen an eine Methodologie zwischen Fixierung und Überraschung

René John

Problemgesichtspunkte

Empirie findet die Welt nicht vor, sondern erzeugt diese Welt. Diese heute konstruktivistisch informierte Einsicht zerstört jene naive Unbefangenheit, mit der sich die Welt zergliedernd und ordnend anzueignen war. Als Möglichkeit mindestens bekannt, ist diese Einsicht doch nicht banal. Denn diese Sicht geht im Alltag empirischer Studien leicht verloren, sieht man sich als Forscher der Welt dauernd gegenüber: man beobachtet, fragt, notiert, konstatiert. Der empirische Forscher reibt sich an den Wirklichkeiten der Anderen und sammelt dabei Daten auf seine regelhafte Art und Weise, als hätte er es mit einer Realität zu tun, die er bloß vorfindet. Der Empiriker beobachtet scheinbar vom archimedischen Punkt.

Unter dem Stichwort Beobachtung wird diese extramundane Selbstpositionierung seit längerem als Illusion herausgestellt (Foerster 1993). Beobachten erfolgt immer in der Gesellschaft,[1] und zwar als Unterscheidung des Beobachtenden. Für deren hinreichende Resistenz sorgt dann ihre Regelhaftigkeit, die einem bestimmten theoretisch abgeleiteten Methodenapparat folgt. Unerwünschte Überraschungen, die sich bei Erwartungsenttäuschungen einstellen, sind hier im Grunde ausgeschlossen: denn die Fragen stimulieren nicht nur, sie spezifizieren auch Antworten.[2] Der Beobachtende erzeugt so mittels Regeln ein Bild von der Welt, fixiert sie entsprechend seiner Unterscheidungsschemata, damit er als Empiriker wiederum über ihre Regelhaftigkeit Auskunft geben kann. Die Regelhaftigkeit der Welt muss also regelhaft entworfen werden, erst dann kann die Aussage methodischen und somit wissenschaftlichen Charakter behaupten.[3] Dieses Problem war ein Ausgangspunkt

---

1   Oder wenn man diesen Begriff als Annahme einer unzulässigen Entität ablehnen möchte (z. B. Tenbruck 1981; Urry 2000; Schwinn 2003), wird man doch nicht umhinkommen, sich als Beobachter der sozialen Phänomene in deren sozialem Milieu einfangen zu lassen. Soziologie jenseits der Gesellschaft stellt sich dann als Illusion heraus, stattdessen sollte man besser seinen Gesellschaftsbegriff bearbeiten als dessen Abschaffung zu fordern.

2   Ansonsten kann man sich noch mit „ceteris paribus" weiterhelfen.

3   Das wurde von Cassirer (2000) schon 1910 herausgestellt, wenngleich er gerade nicht am Anfang der funktionalen Methode steht. Er tauchte anfangs schlicht nicht im sozialwissenschaftlichen Funktionsdiskurs auf, sondern wurde erst später rezipiert. Doch sind seine Einsichten für diesen von einiger Konsequenz.

für die Erfindung der funktionalen Methode oder Analyse, die inzwischen seit nahezu einem Jahrhundert Gegenstand von Debatten ist.

Von der gleichen methodologischen Intention getrieben, wurde die funktionale Analyse von ihrem Beginn durch unterschiedliche Autoren mit ganz eigenen theoretischen Entwürfen geprägt. Die sich daraus ergebende Divergenz sorgte für eine gegenseitige kritische Beobachtung derjenigen, die ihre Analyse an Funktionen ausrichteten. Kontroverse Debatten begleiteten dann auch den raschen Erfolg der funktionalen Analyse in der angelsächsischen Anthropologie. Trotz der offensichtlichen Differenzen aber wurden die Protagonisten durch ihre Gegner unter einheitlichen Bezeichnungen wie Funktionalismus, Strukturfunktionalismus bis hin zum funktionalen Strukturalismus subsumiert. So war die Debatte zur funktionalen Analyse von einer Dynamik der internen Differenzierung ihrer Verfechter und der externen Vereinheitlichung durch ihre Verächter geprägt. Das abklingende Interesse an den funktionalistischen und strukturalistischen Autoren und den gesellschaftstheoretischen Absichten zugunsten kleinteiliger, weniger weitreichender Theorien führte auch die funktionale Analyse an den Rand methodischer und methodologischer Erörterungen: funktionale Analyse erscheint bloß noch als Marginalie.

Fällt jedoch die wissenschaftliche Aufmerksamkeit darauf, wird der funktionalen Analyse überwiegend mit Kritik und Skepsis begegnet. Dafür gibt es Gründe, aber es gibt auch Gründe, diese beiseitezulegen und die Ideen, die unter dem Titel funktionale Analyse firmieren, wieder aufzunehmen. Heute erscheint diese im sozialwissenschaftlichen Kontext vor allem als eine Art der Forschung unter systemtheoretischer Perspektive, was als Hinweis auf die Erbschaft des Strukturfunktionalismus gedeutet wird. Die Verbindung zur funktionalen Analyse ist darum auch aus Sicht der Systemtheorie nicht zufällig. Aus Sicht der funktionalen Analyse aber ist der Bezug auf Systemtheorie nicht notwendig. Das lässt sich mit einem knappen historischen Überblick zeigen, mit dem hervorzuheben ist, dass funktionale Analyse keiner bestimmten Theorie verpflichtet ist. Hingegen basiert die funktionale Analyse in ihrer heutigen Form auf einer konstruktivistischen Epistemologie. Diese ermöglicht einerseits, die Welt ergebnisorientiert im Sinne einer notwendigen Ontologie zu fixieren. Aber dabei kann sie andererseits über den forschungseigenen Beitrag bei der Erfindung der Welt reflektieren. Sie ist sich darum immer klar über die Kontingenz der erzeugten ontologischen Form und ihrer Folgen und kann dann schließlich mehr sehen als bloß ihre tautologischen Beobachtungskonstruktionen.

Anthropologische Anfänge

Die Diskussion um die hier behandelte Art empirischer Weltbeobachtung wird seit Malinowski unter dem Titel funktionale Analyse oder Funktionalismus geführt.[4] Malinowski (1975a) wies – wie auch Radcliffe-Brown – auf zahlreiche Vorgänger in den Sozialwissenschaften (insbesondere Durkheim) hin, denen gegenüber er seine Rolle als eine kodifizierende ansah. Malinowskis Ausgangsproblem bestand darin, divergente soziale Phänomene wie Handlungsmuster, Artefakte, Einrichtungen und Institutionen als Ausdruck menschlicher Kultur zu analysieren.[5] Allein die formale Beschreibung reichte nicht aus, um die Ursachen dieser Phänomene zu erklären. Stattdessen bleiben sie fremd und entziehen sich dem allgemeinen Verständnis. Für ihre sinnvolle Erklärung musste das Fremde als vertraut behandelt werden, und zwar unter der Prämisse, dass die exotischen Phänomene einen Zweck erfüllen, der hinsichtlich Gesellschaft als universal anzunehmen ist. Alle Kulturphänomene sind nach Malinowski darum als verschiedene Lösungen bestimmter Probleme zu verstehen, die sich als Zwecke gegenseitig bedingen. Diese lassen sich als in Institutionen wie Familien, Bünde oder Riten zusammengefasste Aufgabenbündel betrachten. Die ihnen zugrundeliegenden universalen Probleme leitete Malinowski aber von organischen Bedürfnissen ab. Sind diese Bedürfnisse (Nahrung, Kleidung, Behausung, Welterklärung) prinzipiell als gleich anzunehmen, werden sie mit der Zeit hinsichtlich der Umweltanforderungen kulturell unterschiedlich überformt und sind darum nur als abgeleitet transformiert vorzustellen. Erst daraus ergibt sich auch die Exotik der so genannten primitiven Kulturen, die die basalen Probleme nur aus westlicher Sicht ungewöhnlich lösen. Die funktionale Analyse Malinowskis fokussierte auf die Zwecke der Phänomene, das heißt auf die Bedürfnisse, die sie befriedigen. Diese Orientierungsleistung der Forschung machte die funktionale Analyse schon hier mehr zu einer Heuristik denn zu einem konkreten Verfahren. Ausgehend von divergenten Formen kultureller Lösungen soll auf gleiche Proble-

---

4   Allein schon dieser Terminus sorgte neben der Kritik der Opponenten für Kontroversen unter den Protagonisten. Dabei war die Debatte von Beginn an durch die Differenzen zwischen Malinowski und Radcliffe-Brown geprägt, der sich von Malinowskis Begriff des Funktionalismus wie von dessen Vorstellungen zur Funktion (Radcliffe-Brown 1952: 200 f.) wiederholt distanzierte. Srinivas (1958: xvii) terminierte den offenkundigen Unterschied zwischen beiden auf den Anfang der 1940er Jahre.

5   Im Gegensatz zum Begriff der Gesellschaft bot Kultur eine Differenzierung, die für die Anthropologie vor dem Hintergrund des abendländischen Naturdiskurses entscheidend war: Auch die Primitiven hatten Kultur und waren darum vergleichbar mit der modernen Gesellschaft hinsichtlich ihres Entwicklungsgrades. Das gilt auch für Radcliffe-Brown. Er lehnte den Kulturbegriff lediglich als konstituierend für die Anthropologie ab. Als Gegenstand für anthropologische Untersuchungen galt Kultur ihm gleichwohl, nämlich als Basis ähnlichen Verhaltens in einer Gesellschaft und so als eine ihrer Charakteristiken (Radcliffe-Brown 1957: 106).

me geschlossen werden, wobei die Annahme prinzipiell gleicher Probleme konstituierend für die Analyse ist.

Später transformierte Malinowski seine empirischen Überlegungen in eine
„wissenschaftliche Theorie der Kultur" (1975b). Damit wurde die funktionale Analyse zu mehr als eine bloße Orientierung für die Ausrichtung von Fragestellungen,
Datenerhebungen und -interpretationen; sie wurde an dieser Stelle theoriekon-
stituierend. Nunmehr galt Malinowski die Funktionsanalyse als Begründungszusammenhang für das Phänomen der Kultur überhaupt und damit der Gesellschaft.
Dabei waren die Kulturverfassung im Sinne von Wertungssystemen und die dadurch determinierte Struktur des Personals sowie die Regeln und Normen als er-
worbene technische Fertigkeiten zu beobachten (Malinowski 1975b: 89). Die Analyse ist dann als Gegenüberstellung der bedürfniserzeugenden biologischen Mechanismen mit den Kulturreaktionen zu betreiben, woran sich induktive Folgerungen anschlossen, die in ihrer letzten Verallgemeinerung Universalität beanspruchen.
Die biologische Begründung der Kulturphänomene führte Malinowski schließlich
zu seiner Theorie der Kultur als „adäquate Anpassung [an die Umweltbedingun-
gen] zur Befriedigung der Grundbedürfnisse" (1975b: 172). Mit der Beschreibung
von Institutionen und deren Veränderungen ging es ihm um die Aufdeckung der
treibenden Bedürfnisse, die zur Kultur führten, wodurch sich Kultur und Gesellschaft letztlich als Extension des Bios darstellt. Das widerspricht nicht zuletzt dem
Credo Durkheims, auf den sich Malinowski ja berief, nämlich Soziales durch Soziales zu erklären.

Der andere frühe Protagonist, der die funktionale Analyse vorantrieb, war
Radcliffe-Brown. Anders als Malinowski wird er heute kaum noch erinnert. Wie
jenem ging es auch Radcliffe-Brown um die Konsolidierung der Anthropologie als
Wissenschaft. Dabei orientierte er sich wie schon so viele Wissenschaftler vor ihm
an den Naturwissenschaften. Anders aber als deren Gegenstände erschienen ihm
die der Sozialwissenschaften und auch der Anthropologie prekär. Darin sah er ihren Status als Wissenschaft tendenziell als problematisch an. Radcliffe-Brown ging
es neben seinen eigentlichen Feldstudien darum, den Nachweis zu erbringen, dass
Anthropologie und andere Sozialwissenschaften denselben Status behaupten können wie die etablierten Naturwissenschaften. Ihr konstituierendes Moment finden
die Disziplinen in der exklusiven Benennung ihrer Gegenstände, die für Radcliffe-
Brown (1957: 19) im Anschluss an antike Vorstellungen als Systeme zu verstehen
sind. Diese sind anhand ihrer ereignishaften Elemente und deren Beziehungen bestimmt und gegenüber einer Umwelt abzugrenzen.[6] Dabei können einfache Sys-

---

6   Die Abgrenzung des konkreten Untersuchungsgegenstandes lässt Radcliffe-Brown (1957: 60 ff.)
    allerdings etwas im Dunkeln, wenn er dafür lediglich auf die „art of science" verweist. Die damit
    angestellte Abstraktion sollte jedenfalls angemessen bezüglich der Aussicht auf positive Ergebnis-
    se der Untersuchung sein, was freilich einer empirischen Tautologie zuzuarbeiten scheint, jedoch
    Nähe zum Kuhn'schen Begriff des Paradigmas aufweist.

teme auch Bestandteile komplexer sein, so dass zum Beispiel ein Kaufakt als Teilsystem der Ökonomie zu verstehen ist. Die differenzierende Beschreibung von Systemen gegenüber der restlichen Umwelt ist ihm damit der analytische Ausgangspunkt aller wissenschaftlichen Probleme[7], womit die Frage der Methodologie aufgeworfen ist.

Die analytischen Beobachtungen haben nach Radcliffe-Brown die Aufgabe, Gründe und Regelmäßigkeiten für die Beziehungen der Elemente zueinander und im Bezug auf ihre soziale Umwelt aufzuklären. Dabei kommt es darauf an, diese mit ähnlichen Lösungen zu vergleichen, um allgemeine Aussagen treffen zu können (Radcliffe-Brown 1958: 128). Unter der jeweils spezifischen Perspektive einer Wissenschaft aber kommen nur spezifische Gründe in den Blick, andernfalls „we could never exhaust the cause of anything" (Radcliffe-Brown 1957: 41). Die disziplinäre Beschreibung von Phänomenen in-formiert das Beschriebene bereits auf bestimmte Weise, indem die relevanten Aspekte bei der Frageformulierung im Sinne empirischer Erwartungen schon vorgegeben sind.

Drei Beobachtungsprobleme, die Klassifizierung, der Erhalt und der Wandel der Struktur der Gegenstände treiben die Sozialwissenschaft an (Radcliffe-Brown 1957: 86). Soziale sind wie organische Systeme morphologisch auf ihre Struktur, physiologisch auf das Funktionieren der Struktur, das heißt auf ihren Erhalt, und evolutionär auf Variation und Wandel hin zu untersuchen. Allein die Struktur sozialer Systeme ist nur in ihrem Funktionieren anhand von Handlungen beobachtbar, so dass die morphologische mit der physiologischen Analyse einhergeht. Des Weiteren bleibt der Strukturwandel bei Organismen anders als bei sozialen Systemen unbeobachtbar (Radcliffe-Brown 1952: 180 f.). Die Analogie zwischen organischen und sozialen Systemen[8] hat also Grenzen. Dazu führt Radcliffe-Brown an anderer Stelle aus, dass komplexe soziale Systeme wie Gesellschaften nicht absterben, sondern ihren Typ ändern.[9] Jedoch enden einfache soziale Systeme dann, wenn die Beziehungen zwischen ihren Einheiten, den Menschen, enden.[10] So wie diese einfachen Sozialsysteme andauernd beginnen und vergehen, leisten sie einen Beitrag zum Erhalt der übergeordneten komplexeren Sozialstruktur. Deren Identität ist

---

7   Auch Radcliffe-Brown bezieht sich auf Natur als Grundlage des Realitätsgehalts wissenschaftlicher Konstruktionen. So sind Systeme natürlich, insofern sie als besondere kohärente Einheiten einer beobachtbaren Realität angesehen werden können (Radcliffe-Brown 1957: 20). Und so findet man hier wie bei Malinowski ontologische Vorstellungen am Werk, die glauben machen, die funktionale Analyse sozialer Phänomene könne auf eine vermeintliche Substanz gründen. Aber das teilen diese mit den meisten heute gängigen epistemologischen Begründungen wissenschaftlicher Methoden.

8   Dafür beruft sich Radcliffe-Brown (1952: 178) ausdrücklich auf Durkheim.

9   Das heißt wohl, dass z. B. Staatsformen wie das Römische Imperium untergehen, aber die sozialen Beziehungen, die die Gesellschaft ausmachen, weiterhin kontinuiert werden und sich später in feudalen Staaten wiederfinden.

10   Dies beschreibt Radcliffe-Brown (1957: 59) eingängig anhand eines Hutkaufs.

weder vom Verlauf der einfachen Handlungen noch von den sich so in Beziehung setzenden wandelnden Einheiten betroffen, sondern von der Art der sie konstituierenden Beziehungen. Es geht bei der Beobachtung sozialer Systeme nicht bloß um die Beschreibung ihrer Form, sondern um ihre „dynamic of continuity" oder „the way in which it manages to persist", wie Radcliffe-Brown (1957: 85) hervorhebt. Darauf zielt nun der Begriff, der vor allem in der nachfolgenden Rezeption einen zentralen Stellenwert bekam – die Funktion. Diese versteht Radcliffe-Brown zunächst als „the total set of relation that a single social activity or usage or belief has to the total social system" (ebd.). Dabei geht es nicht darum, sämtliche Funktionen in einem System darzustellen oder für jeden beobachtbaren Aspekt eine Funktion nachzuweisen (Radcliffe-Brown 1952: 184). Durch Vergleiche von ähnlichen Aktivitäten in verschiedenen Kontexten anhand der vorher bestimmten signifikanten Aspekte gilt es vielmehr, deren gemeinsame Funktion herauszuarbeiten, und zwar hinsichtlich ihres Beitrags zum Bestand des übergeordneten Systems. Unter Funktion wollte Radcliffe-Brown also die Beiträge der Einheiten zum Erhalt sozialer Systeme verstanden wissen, wie sie sich in ihrem wiederholten und andauernden In-Beziehung-Treten realisieren. Darin drückt sich die gegenseitige Bedingtheit von Sozialstruktur und Lebensprozess aus (Radcliffe-Brown 1952: 12). Die Phänomene sind hinsichtlich der übergeordneten Struktur als (funktional) geeignet zu verstehen, wenn sie auf nicht-zufälliger Weise für Anpassung und Integration sorgen. Dabei war Radcliffe-Brown jedoch nicht allein auf Konsens aus. So betont er, dass auch Konflikte als soziale Phänomene zu verstehen sind, selbst wenn dadurch die Existenz des Systems untergraben wird. Auch dies muss als Systemaspekt verstanden werden (Radcliffe-Brown 1957: 44). Die Beurteilung der Beiträge kann jedoch nicht hinsichtlich des Erhalts der Ordnung des übergeordneten Systems geschehen. Darum lehnt Radcliffe-Brown Durkheims Begriff der Anomie ab. Alle Ordnungsbegriffe sind „essential relative terms" und keinesfalls Grundlage für die Beurteilung von Gesellschaften als gute oder schlechte (Radcliffe-Brown 1952: 182-183).[11] Da eine Gesellschaft nicht einfach sterben könne, zielen die Beiträge entweder auf den Bestand oder die Veränderung der Struktur als Anpassung oder Wandel des Gesellschaftstyps – in jedem Fall aber bleibt das System gegenüber seinen Einheiten in seiner Umwelt relativ stabil.

In Auseinandersetzung mit Kritikern und Kollegen bemerkte auch Radcliffe-Brown die Popularität des Begriffs Funktion. Dieser wurde seiner Meinung nach schon für verschiedenste andere Bedeutungen ge- und missbraucht. Insofern zögerte er sogar den Begriff zu gebrauchen und betonte, diesen anders zu verstehen als Malinowski oder Lowie (Radcliffe-Brown 1952: 201), eben als Beitrag eines Phänomens zur Fortsetzung eines übergeordneten Systems. Malinowski hingegen

---

11   Doch genau diese normative Implikation wurde den Funktionaltheoretikern später pauschal vorgeworfen (Dahrendorf 1974).

bezeichnete mit der Funktion eines Phänomens sein Lösungspotenzial hinsichtlich bestimmter Probleme, die letztlich aus biologisch zu bestimmenden Bedürfnissen erwuchsen.[12]

Trotz aller Unterschiede zeichnet beide funktionalistische Perspektiven aus, dass der Sinn der beobachteten Phänomene nicht essentiell aus deren Formen heraus bestimmt wird, sondern sich dieser nur in Bezug auf den Kontext zu erkennen gibt. Insofern kommt den Phänomenen eine Funktion zu, denn ihr Sinn ist ein abgeleiteter. Der Funktionalismus oder besser die funktionale Analyse konzentriert sich darum nicht auf die Phänomene selbst, sondern auf deren Beziehung zu ihrer relevanten Umwelt. Dabei kommt es sowohl Malinowski als auch Radcliffe-Brown nicht so sehr auf die Form der Phänomene an, wiewohl ihre Beschreibung unumgänglich ist. Den Autoren der funktionalen Analyse ist ein Interesse an sozialen Phänomenen eigen, das sich auf dessen Leistung oder Funktion für die Gesellschaft orientiert, was sich jedoch erst durch Vergleich mit ähnlichen Phänomenen offenbart. Beide Perspektiven unterstellen den von ihnen beobachteten Phänomenen eine letztlich für das Gesamtsystem positive Sinnhaftigkeit. Tragen sie bei Radcliffe-Brown durch Integration, Anpassung und Typenwandel zum fortdauernden Erhalt des Systems bei, so besteht ihre Leistung in der Interpretation Malinowskis ebenfalls in der Bestandssicherung der Gesellschaft als an die Umweltbedingungen kulturell angepassten Lösungen basaler Bedürfnisse.[13] Mit diesem Fokus treten ihre relativierenden Überlegungen zur Dynamik und Konflikthaftigkeit der Gesellschaft in den Hintergrund, und die aus Problemlösung, Integration und Stabilität resultierende Harmoniesuggestion konnte zum Streitpunkt späterer Sozialwissenschaftler werden.

Kontroverse Aufnahme

Unschwer sind die Parallelen zwischen Parsons' Theorie und den Ideen Radcliffe-Browns zu erkennen, wobei sich Parsons ebenso an Malinowski orientierte. Integration, Anpassung und fortdauernder Vollzug von Handlungssystemen und Gesellschaften sind auch bei Parsons zentrale Begriffe. Wie Radcliffe-Brown beginnt

---

12   Nassehi (2006: 453) bemerkt dazu, dass es sich bei Malinowski und Radcliffe-Brown um zwei Varianten des Funktionalismus handelt, den biologischen und den normativen, wobei letzterer – auch als „orthodoxer" bezeichnet – vor allem auf eine Achse Durkheim-Parsons gebracht wird (z. B. Giddens 1993). Beide implizieren – trotz der Reflexionen über Leistungsfähigkeit und Grenzen der funktionalen Analyse – stark verkürzte Betrachtungen. Und so war wohl eher die einseitige Rezeption der Nachfolger der Grund des späteren Misskredits. Ein vergleichender Überblick zu den Theorien beider Protagonisten findet sich auch bei Girtler (2006: 157 f.).

13   Luhmann (2005b: 49, Fußnote 27) vermutet hinter der prominenten Orientierung auf Integration und Stabilität die ähnliche Umgebung der von beiden Autoren durchgeführten Forschung, nämlich das soziale Geschehen auf Inseln mit wenig Außenkontakten und ohne Grenzkonflikte.

auch Parsons 1939 in seinem „Essay" (1986), das parallel zur Ausarbeitung der „Theory of Social Action" entstand, bei der Betrachtung von Organismen, um von hier aus den funktionalen Problemzuschnitt für soziale Systeme abzuleiten.

Die analoge Bezugnahme auf den Organismus als lebendes System eignet sich für Parsons, weil dieser wie soziale Systeme beobachtbare Eigenschaften und Formmuster hat. Beide Systemarten erscheinen darüber hinaus als „Dauerproblem" (Parsons 1986: 64). Organismen sind für die Fortsetzung ihres Lebens oder ihrer Funktionen umfassend von der Umwelt abhängig, an die sie deshalb hinreichend angepasst sein müssen. Darin besteht nach Parsons die Funktion der beobachtbaren Lösungen für das Problem des Selbsterhalts gegenüber den Bedingungen.

Ausgehend von diesem Schema wendet sich Parsons dem Handeln als soziales System zu. Das Dauerproblem sozialer Systeme verdichtet sich für ihn im Akteur. Für den Erhalt sozialer Systeme kommt es darauf an, dass dessen Eigenschaften anhand von Normen hinsichtlich der jeweiligen Situation abgestimmt sind. Solchermaßen funktionale Orientierung von Akteuren sind nach Parsons überwiegend zu erwarten, woran mit der Beobachtung von Initiative oder Unterlassung anzuschließen ist. Diese Modi in ihrer funktionalen Bedingtheit, also ihrer normativen Adäquanz aufzudecken heißt, Handlungen mittels funktionaler Analyse unter einem „,funktionalen' Gesichtspunkt" (Parsons 1986: 71) zu beobachten. Dabei sind insbesondere kognitive von nicht-kognitiven Aspekten der Handlung zu unterscheiden. Parsons weist aber darauf hin, dass diese Unterscheidungen nur von analytischem Wert sind und keinesfalls einen ontologischen Status beanspruchen können. Mit seiner Skepsis gegenüber der „unmittelbare[n] ontologische[n] Bedeutung" (ebd.) wissenschaftlicher und vor allem funktionaler Untersuchungen verortet Parsons deren Wahrheitswert bewusst jenseits wesenhafter Realitätsabbildungen. Parsons leitet so ganz klar aus seinem theoretischen Entwurf eine funktionale Perspektive der Weltbeschreibung ab. Die damit gewonnenen Beschreibungen dienen wiederum allein seinem theoretischen Entwurf und erheben nur hier als Analysen Anspruch auf Wahrheit.

Das heißt dann, dass im Spannungsverhältnis von Wahrnehmung und normativer Erwartung nach Parsons die Bewältigung der jeweiligen Situationen hinsichtlich der Fortführung des übergeordneten Systems erfolgen muss, indem zwischen Wahrnehmung und Norm ein Gleichgewicht hergestellt wird. Dabei kommen nicht zuletzt auch nicht-logische Mechanismen zur Geltung.[14] Mit Bezug auf Malinowski nimmt Parsons darum auch an, dass alle Elemente einer Handlung positiven Sinn

---

14   So erläutert er den nicht-destruktiven Umgang mit dem Spannungsverhältnis anhand eines Beispiels zur Compliance im Fall einer unheilbaren Krankheit (Parsons 1986: 124): Man legt nicht Hand an sich, sondern erträgt es.

haben. Diesen zu analysieren offenbart letztlich den funktionalen Zusammenhang dieser Elemente des Handlungssystems.

Die „Funktion" ist bei Parsons offensichtlich eine Perspektive der Beobachtung, die bestimmten, angebbaren Intentionen folgt. Die Voraussetzung dieser Perspektive aber ist wie bei Radcliffe-Brown die Annahme der andauernden Existenz der Systeme, allein schon, um sie überhaupt beobachten zu können. Von dieser Prämisse aus ist dann auch Parsons' Insistieren auf funktionale Notwendigkeiten des Situationsarrangements zu verstehen. Dabei erschließen sich diese Notwendigkeiten jedoch nicht immer als ein Ziel von Handlungen. Sind keine spezifischen Ziele einer Handlung zu erkennen, ist im Unterschied zu einer sich bei der Beobachtung manifestierenden Funktion anzunehmen, dass sie eine latente Funktion zum Gleichgewichtserhalt des Systems hat.[15]

Da in jedem Handlungssystem die Akteure bestimmte Rollen übernehmen, erfüllen sie spezifische Funktionen für andere. Damit einher geht die Spezialisierung und Leistungssteigerung, aber auch eine größere Abhängigkeit von den Leistungen anderer. Auf diese Weise führt Parsons die funktionale Differenzierung sozialer Systeme mit der funktionalen Analyse zusammen. Die Klammer dafür bildet der Funktionsbegriff, der einerseits empirischer Fokus, andererseits theoretische Norm des Systemerhalts ist. Die Funktion bezeichnet darum das konstitutive Erfordernis der Integrität des Systems. Das Handeln der Akteure folgt dann in jedem fortdauernden Fall den „funktionalen Bedürfnissen nach Integration" (Parsons 1986: 227).

Wenngleich der Fokus der funktionalen Analyse auf den Bestandserhalt sozialer Systeme bei Parsons' Ausführungen keinen ontologischen Status, sondern lediglich einen analytischen, aus der Theorie abgeleiteten beansprucht, richtete sich die Kritik vor allem gegen diese Prämisse. Der Bestandserhalt galt den Kritikern der funktionalen Analyse und funktionaler Theoriederivate als Erbsünde eines konservativen Holismus, der den sozialen Wandel weder sehen noch akzeptieren kann. Alle beobachtbaren sozialen Phänomene galten Befürwortern wie Kritikern fortan als notwendig zum Erhalt vorhandener Systemzustände und waren so als deren funktionale Elemente zu interpretieren. Diese Radikalisierung des Funktionalismus war dann selbst nicht fortzuführen.[16]

Merton (1995: 23) fasste die bis Ende der 1950er Jahre aufgelaufene Kritik als drei Postulate des Funktionalismus unter soziologischer, auf Gesellschaft zielender

---

15   Parsons (1986: 190, Fußnote 17) schließt sich unter Bezugnahme auf ein von Merton noch unveröffentlichtes Manuskript dessen zum Zeitpunkt der Niederschrift des „Essays" noch unbekannten Unterscheidung von latenten und manifesten Funktionen an.

16   Auch oder gerade der viel bemerkte, beschwichtigende Einwand des Präsidenten der American Sociological Association, Davis, von 1959, dass sich letztlich jeder Sozialwissenschaftler gewissermaßen funktionale Prämissen bedient, die daran entstandenen theoretischen Perspektiven eines Funktionalismus aber in den Hintergrund treten sollten, verfing da nicht mehr (dazu z. B. Jetzkowitz/Stark 2003a: 7; Girtler 2006: 187 ff.).

Perspektive zusammen, nämlich als Postulate der einheitlichen, universalen und unvermeidlichen Funktionalität. All diese Postulate wies Merton zurück: Funktionalität sei aufgrund gesellschaftlicher Differenziertheit nur spezifisch und darum hinsichtlich eines Problems als vielfältig zu konstatieren. Mertons Beitrag zur Entwicklung der funktionalen Analyse besteht vor allem darin, Lösungen für die Kritik angeboten zu haben, die die Analyse entscheidend erweiterten. Soziale Phänomene haben demnach nicht grundsätzlich positive, das heißt funktionale Wirkungen, sondern können auch dysfunktional erfahren werden.[17] Diese Wirkungen können sowohl offensichtlich als manifeste wie auch nichtbeabsichtigt und unbeobachtet als latente Funktionen auftreten. Schließlich lassen sich in unterschiedlichen Kontexten für die gleiche Art von Problemen verschiedene Lösungen feststellen, die Merton als funktionale Äquivalente beschrieb. Die Unterscheidungen von Funktionalität und Dysfunktionalität, von Manifestation und Latenz sowie der Begriff der funktionalen Äquivalente öffneten die strikte Determination von Handlung und Funktion. Jetzt konnte dem schon von Malinowski (1975a: 38) bemerkten Vorwurf, mittels funktionaler Analyse sei bloß tautologische Beschreibung möglich, begegnet werden. Für Merton stellte im Anschluss an seine Begriffsvorschläge zur Funktionalität die Aufdeckung der funktionalen Latenz den Kern der funktionalen Analyse und die Hauptaufgabe der Soziologie dar.

Aus anthropologischer Perspektive entwirft Lévi-Strauss (1977) in der Auseinandersetzung um den Funktionalismus einen anderen Problemzuschnitt und wird damit zum Begründer des Strukturalismus. Die sozialen Phänomene selbst erscheinen ihm nicht als Rätsel, denn sie sind in ihrer Form als Systeme leicht zu beschreiben, womit auch deren spezifische Aufgaben, ihre Funktionen schon erfasst sind. Der Systemcharakter leitet sich von der deterministischen Verknüpfung der Strukturelemente und einem als typisch zu beschreibenden Wandel ab, der das Verhalten des Systems voraussagbar macht. Woran es fehlt, sind die Beschreibungen des Funktionierens dieser Strukturen, der Art und Weise ihrer Aufgabenerfüllung bei der Problemlösung. Bleibt die Beschreibung auf die Angabe der Funktionen beschränkt, erscheint nach Lévi-Strauss die Prämisse der Analyse nur wieder tautologisch als deren Ergebnis. Es gilt darum, Strukturanalyse als vergleichende Beobachtung der Strukturierungsprozesse anhand von „Sitten, Institutionen und der von Gruppen sanktionierten Verhaltensweisen" (Lévi-Strauss 1977: 71) zu betreiben, um grundlegende Analogien zu verstehen. Die Einsichten in die sozialen Strukturen sind dabei als konkrete Abstraktionen aufgrund der beobachteten sozialen Beziehungen zu erlangen. Nur so kann man sehen, wie sich die deterministischen Verhältnisse der Systemelemente herstellen und wandeln und dabei die universalen Strukturen als Grundlage für die beobachteten Funktionen ausbilden.

---

17   Wobei die Kriterienwahl zur Bilanzierung der Wirkung von Merton (1995: 48) nur nebenbei bemerkt und darum willkürlich erscheint.

Beim Vergleich der unterschiedlichen Formen miteinander werden deren Strukturen aufeinander bezogen, so dass sich neben den Differenzen homologe Muster abzeichnen. Solch einen Vergleich nennt Lévi-Strauss eine Methode, „die das Gesetz der konkomitanten Variation zu bestimmen sucht" (Lévi-Strauss 1977: 327, Fußnote 20). Dabei sieht er sich im Unterschied zu Radcliffe-Brown. Die Intention des Vergleichs ist nicht die Rückführung der Unterschiede auf eine allgemeine Ordnung, sondern die modellhafte Feststellung von konkomitanten, also ähnlichen, Lösungspotenzialen der unterschiedlichen Strukturformen. Und so kann ihm dann auch nicht der Systemerhalt als Richtschnur für die Analyse des Sinns sozialer Strukturen genügen. Strukturen sind für ihn nicht das Resultat sozialer Beziehungen, sondern deren Voraussetzungen.

Wie Merton nimmt auch Lévi-Strauss verschiedenartige, aber gleichwertige Lösungen für ähnliche Probleme an. Schließlich ging es ihm darum, letzte Gründe aufzusuchen, indem er versuchte, zu universalen Prinzipien vorzudringen, wenngleich sein Streben sich nicht auf eine begründende Natur, sondern allein auf das soziale Prozessieren der Struktur verließ.

Gegen den Erfolg und die Radikalität der funktionalistischen Theorie, vor allem im Anschluss an Parsons' umfassende Ausarbeitung einer soziologischen Systemtheorie, formierte sich seit den 1950er Jahren bekanntlich eine scharfe Kritik aus unterschiedlichen Theorieströmungen. Im Folgenden interessiert anhand dreier prominenter Beispiele dieser Kritik, ob es mit dieser gelingt, die Allianz der funktionalen Analyse als empirische Heuristik mit verschiedenen Formen des Funktionalismus als korrespondierende Theorien aufzulösen. Kann die funktionale Analyse fortgeführt werden, indem die normative Implikation der Theorie bloßgestellt und neutralisiert wird?

Aus einer am Konflikt interessierten Perspektive kritisierte Dahrendorf (1969) die Orientierung des Funktionalismus an gesellschaftlicher Stabilität, das primäre Interesse an den strukturerhaltenden Funktionen. Er stellt fest, dass der funktionalen Theorie die Gesellschaft in ihrer Modellierung als ein stabiles System erscheint. Das sei zwar auch unter den Protagonisten umstritten, aber für Dahrendorf ist das „bloß Deklaration" (Dahrendorf 1969: 112, Fußnote 9), wie auch die Relativierungen mittels funktionaler und dysfunktionaler, manifester und latenter Unterscheidungen fruchtlos blieben (Dahrendorf 1974: 269). Die Funktionalisten beharren auf Gleichgewicht, denn Systeme setzen Stabilität voraus im Sinne einer Analytik, die auf die Vorannahme eines stabilisierenden Prozesses aufbaut. Bei Konflikt wird nur die Dysfunktionalität der entsprechenden Prozesse festgestellt, was aber noch keine Auskunft über dessen Sinn gibt. So wird der Konflikt lediglich von der Theorie entsorgt. Darum kann der Funktionalismus auch nicht das letzte Ziel von Gesellschaftstheorie nach Dahrendorf erfüllen, nämlich sozialen Wandel erklären. Die Beschäftigung mit sozialem Wandel aus funktionalistischer Perspek-

tive weise vielmehr deren „Armseligkeit" (Dahrendorf 1974: 272) diesem Phänomen gegenüber nach.

Homans (1969) bemerkt ebenfalls im Hinblick auf den sozialen Wandel, dass
die von ihm zum Zweck allgemeiner Kritik so genannte Schule des Funktionalismus sich allein auf die Deskription für die Gesellschaft angeblich notwendiger Institutionen konzentriere, ohne über deren Ursachen Auskunft zu geben. Der Wandel wird nur verkürzt wahrgenommen, wenn allein die Leistungen der entstandenen Institutionen nach deren Funktionalität oder Dysfunktionalität hinsichtlich Integration und Systemstabilität beurteilt werden. Dem von Davis vorgebrachten Argument, nachdem letztlich alle Sozialwissenschaftler Funktionalisten seien, stimmt
Homans insofern zu, als sich das Argument auf eine funktionale Analyse bezieht,
die die Konsequenzen der Veränderungen von Institutionen für die Sozialstruktur
untersucht. Homans aber vermisst mit einem Hinweis auf Malinowski hinter den
Beschreibungen die Erklärungsabsichten. Erst durch deduktive Erklärungen erwei-
se sich jedoch die Leistungsfähigkeit einer Theorie. Die funktionale Theorie kons-
tatiere bloß notwendige Institutionen für das Überleben der Gesellschaft und ferti-
ge dann induktiv Hypostasierung und Redeskriptionen als Übersetzung des Offensichtlichen ins theorieeigene Vokabular an. Dabei wusste schon Malinowski, dass
Verhalten nicht einfach Normen oder Regeln folgt, sondern dieses den Lebenser-
fordernissen angepasst wird in Hinsicht auf Belohnung und Strafe.

Auch Lockwood (1969) nimmt Davis' Versöhnungsversuch der Kritiker mit
dem Funktionalismus als Ausgangspunkt seiner Überlegungen und kennzeichnet
diesen als zu oberflächlich. Für seine Diskussion des soziologischen Theorie-
problems unterscheidet er bekanntlich zwischen generellem und normativem
Funktionalismus oder System- und Sozialintegration. Dabei wird erster von ihm
mit Merton und zweiter mit Parsons markiert. Die Kritiker konzentrierten sich
nach Lockwood allein auf die normative Variante und das Problem der sozialen
Integration im Sinne einer Stabilitätsgarantie. Dabei aber beachteten sie nicht den
für sozialen Wandel wichtigen Aspekt der Systemintegration. Darum erscheint ihm
die Kritik Dahrendorfs beispielsweise überzogen, wenn der normative Funktionalismus nur als Zwangs- oder Integrationstheorie bezeichnet wird. Hingegen sollte
man sich wieder Marx'schen Kategorien wie Basis und Überbau für eine Wand-
lungstheorie zuwenden. Von dort aus wird klar, dass die normativen Funktionen
sich auf „moralische Aspekte der sozialen Integration" (Lockwood 1969: 135) unter Vernachlässigung des funktionalen Widerspruchs zwischen institutioneller
Ordnung und materieller Basis beschränken. Von den Konflikttheoretikern wurde
aber ebenfalls der Wandel und damit auch der systemische Widerspruch zu wenig
beachtet, weil sie sich auf den Integrationsaspekt in ihrer Kritik des normativen
Funktionalismus konzentrierten, statt Systemintegration beim Wandel zu beobachten.

Neben aller Heterogenität und interner Kontroversen der Kritik am funktionalistischen Theoriepostulat fokussiert sie auf das Problem des Wandels, wie an Dahrendorf, Homans und Lockwood deutlich wurde. Weder die relativierenden Bemerkungen Parsons' zum nicht-ontischen, analytischen Status des Funktionsbegriffs, auch nicht der von Merton eingeführte Variationsspielraum der Funktion noch die, von Lévi-Strauss betonte Suche nach Äquivalenten sowie die schon bei ihm anklingende Umstellung von der quantitativen Frage nach der Substanz der Struktur zur qualitativen Frage der Art der Strukturprozesse änderten etwas an der vehementen und letztlich obsiegenden Ablehnung der funktionalen Analyse mitsamt des Funktionalismus.[18] Unter der Prämisse einer Funktionsdefinition als Strukturerhaltung wird nur deren Stabilitätspostulat sozialer Systeme rezipiert. Trotz der Modifizierungen der funktionalen Theorieelemente hielt sich die Kritik an den Vorwürfen einer vermeintlichen funktionalen Totalperspektivierung. Weil diese sich alle Phänomene zu Eigen macht, können die Funktionalisten die Verwerfungen und Konflikte hinter der Prämisse der Stabilität nicht sehen. Und das auch nicht, wenn die Idee des sozialen Wandels gewürdigt wird. Mit der Kritik an einem solchermaßen konservativen Funktionalismus, der den sozialen Konflikten gegenüber blind bleibt und lediglich überraschungsfreie Empirie einer theoretischen Stabilitätssuggestion betreibt, verschwand auch die funktionale Analyse als eine Heuristik aus dem Blick. Mit der Reduktion der funktionalen Analyse auf das Normalprogramm sozialwissenschaftlicher Empirie wie im Argument Davis', der sich die meisten Kritiker anschließen konnten, und des Funktionalismus auf die Prämisse der Systemstabilität, wurde implizit einer Trennung beider Elemente Vorschub geleistet. Konnte man den Funktionalismus so ad acta legen, war die funktionale Analyse aber ebenfalls leicht zu vergessen.

Damit bietet sich aber auch eine Chance, sich der funktionalen Analyse erneut und unbefangener zu nähern. Denn die funktionale Analyse hat als ein spezifischer und systematischer Zugriff auf die Phänomene der sozialen Welt bedenkenswerte Werkzeuge für die Perspektivierung empirischer Beobachtung hervorgebracht, wie sich mit der normalisierenden Kontinuierung zeigt. Divergente Phänomene als Ausdruck für Lösungen werden zum Gegenstand der Beobachtung ähnlicher sozialer Probleme. Von hier aus können dann alle sozialen Phänomene im Modus der Fremdheit beobachtet und auf Vertrautes zurückgeführt werden. Deren Konzipierung wurde dabei schon als analytisches Problem erkannt und kann damit offengelegt werden. Dabei geraten die Beziehungen der Phänomene zur sozialen Umwelt und Ordnung in den Blick. Die Frage nach der Möglichkeit sozialer Ordnung schien unter der Perspektive des Funktionalismus vor allem hinsichtlich Stabilität

---

18 Wobei auch Lévi-Strauss' Strukturalismus und die anschließende Theorietradition immer wieder dem Vorwurf einer statischen Orientierung und bloßen Beschreibung ausgesetzt ist, siehe nur Mennell (1996: 6 ff.).

beantwortet, so dass Wandel sich allenfalls als deren Teilaspekt darstellte. Jedoch war daraus noch lange keine Option für die Fixierung gesellschaftlicher Zustände abzuleiten, sondern ein analytisches Interesse an struktureller Fortführung im Wandel markiert. Die Ideologiekritik schlug darum nur kurzfristig gegen den Funktionalismus an. Die funktionale Perspektivierung der Analyse des Strukturerhalts durch den Vollzug der Struktur erscheint dann als eine mögliche, aber nicht notwendige Orientierung. Als analytischen Gesichtspunkt haben das sowohl Radcliffe-Brown als auch Parsons betont. Jedoch wurde dies kaum wahrgenommen, wohl weil sich an der funktionalen Analyse die Absicht zur systematischen Theorie anschloss, mit der auf Faktizität und Geltung geschlossen wurde.

Diese Art Berührungsängste wirken bis in die aktuellen Debatten nach. Ruft die Verknüpfung der Vorstellung gesellschaftlicher Differenzierung mit funktionaler Spezifizierung von Leistungen auf Deskriptionsebene kaum mehr Widerspruch hervor, wird die Orientierung auf eine systemisch gedachte Ordnung der Gesellschaft ob eines unterstellten Determinismus abgelehnt. Die funktionalistische Analyse hat sich implizit im Windschatten der Kritik mit ihren relativierenden Unterscheidungen und die Umorientierung auf latente Strukturen, Strukturprozessierung und Suche nach Äquivalenten durchaus als empiriefähig erwiesen. Hinweise auf Funktionalität der Struktur aber gilt es dann zu vermeiden, rufen diese sofort wieder Abwehrreflexe gegen eine vermeintlich strikte Bedingtheit von Theorie und Empirie auf, gegen einen umgekehrten, ideologischen Kausalismus von Zweck auf Ursache.

Der Verdacht drängt sich auf, dass aus einer auf Zwecke als Funktionen fixierte Methodologie eine Theorie erwachsen ist, deren funktionalistische Form notwendig aus erster folgte, und zwar nicht als Verallgemeinerung der Erkenntnisse, sondern der Prämissen. Der Funktionalismus erscheint dann weniger als Ergebnis von Empirie denn als Konsequenz der analytischen Vorannahmen. Mit diesem theoretischen Überbau hätte sich lediglich die funktionalistische Perspektive legitimiert. Hängen Perspektivierung der Empirie und Theorie jedoch derart normativ determinierend zusammen, schließen sie sich zu einem Zirkel, entsteht daraufhin nur Tautologie.

Jedoch ist das noch kein ausreichender Grund die funktionale Analyse zu verabschieden. Vielmehr gilt es, diesen tautologischen Zusammenhang zu bearbeiten, den Zirkel zu öffnen. Denn jede Methode steht am Ende der methodologischen Brücke vor dem Problem, sich ihrer theoretischen Implikationen mit ausreichender Freiheit zu versichern. Nur so kann sich Forschung von der Empirie im gesetzten Rahmen überraschen lassen. Die Relativierungen, die einer funktionalen Orientierung der Beobachtungsmethoden diese Freiheit verschaffen sollten, reichten offensichtlich nicht hin. Denn was ist mit der Aufdeckung von Latenz gewonnen, wenn zum Beispiel die Kriterien zur Bilanzierung von Funktionalität im Unklaren bleiben. Gerade hier konnte die Ideologiekritik am Konservatismus der funktionalen Analyse und dem Funktionalismus erneut ansetzen.[19]

Kontroverse Übernahme

In zwei frühen Arbeiten suchte Luhmann (2005a, 2005b) auf die kritischen Implikationen der funktionalen Analyse Antworten zu geben. Dabei ging es ihm im Kern um die Loslösung von den kausalanalytischen Vorgaben. Schon Merton hatte die Eindeutigkeit des Zusammenhangs von Problem und Problemlösung im Sinne eines strikten Ursache-Wirkung-Zusammenhangs aufgehoben, aber sich nicht von Kausalität als Grundorientierung verabschiedet. Allerdings zeigten die von ihm eingeführten Unterscheidungen von Funktion und Dysfunktion, von Manifestation und Latenz sowie die Erwartung von funktionalen Äquivalenzen schon auf eine polykontextuelle Vorstellung von Welt, deren Komplexität zum Problem der Beobachtung geworden war. Vor diesem Hintergrund muss sich nach Luhmann die funktionale Analyse anders begreifen und im Umgang mit dieser Komplexität die eigentlichen Aufgaben entdecken. Das erst ermöglicht es auch, den Ideologievorwurf, in konservativer Weise allein auf Strukturerhalt zu setzen, zu entkräften.

Die kausalen Zusammenhänge, auf die sich funktionale Analyse bis dahin kaprizierte, waren Feststellungen invarianter Relationen zwischen bestimmten Ursachen und bestimmten Wirkungen. Jedoch sind die empirischen Objekte nicht auf eine einzige Möglichkeit hin determiniert, sondern es bieten sich immer weitere Möglichkeiten. Diese zu vergleichen, eröffnet der funktionalen Analyse einen von strikter Kausalität unabhängigen Geltungsbereich. Es kommt dann auf die Feststellung der funktionalen Äquivalenz mehrerer möglicher Ursachen unter dem Gesichtspunkt einer problematisierten Wirkung an (Luhmann 2005a: 16). Die Funktion ist dann keine zu bewirkende Wirkung, sondern ein regulatives Sinnschema, das einen Vergleichsbereich äquivalenter Leistungen organisiert. Ausgehend von Störungen des allgemeinen Ablaufes, bei dem Alternativen irritierend Fehlleistungen kompensieren oder Normalerwartungen erschüttern, sind Problemzusammenhänge zu konstruieren und als Bezugsgesichtspunkte zu differenzieren. Dabei ist empirisch an der Struktur zur Reduktion der relativen Zweck/Mittel-Charakterisierung aufgrund vielfältigen Ursache/Wirkung-Zusammenhänge durch die gestuften Entscheidungsprogramme anzuknüpfen, mit denen die doppelte Selektion von möglichen Zwecken und Mitteln gesteuert wird (dazu Luhmann 1973: 257 ff.). Die

---

19 Gerade hier setzt die Ideologiekritik am Konservatismus der funktionalen Analyse und dem Funktionalismus immer wieder an. Dabei bleibt sie ganz unberührt von Mertons Rückweisung (1995: 34-42), nach dessen Meinung die funktionale Analyse nur ein Gefäß darstellt, das ad hoc mit ideologischen Implikationen gefüllt werden kann. Heute aber kann man wissen, dass keine Theorie vor ihrer Ideologisierung gefeit ist.

abzuleitende Funktion bezeichnet dabei den speziellen Gesichtspunkt, von dem aus verschiedene Möglichkeiten in einem einheitlichen Aspekt erfasst werden können.[20] Von diesem Blickwinkel aus erscheinen die einzelnen Leistungen dann als gleichwertig, gegeneinander austauschbar, fungibel, letztlich also kontingent und vergleichbar (Luhmann 1984: 83), auch wenn sie als konkrete Vorgänge unvergleichbar, weil verschieden sind.

Für den Vergleich sind darum konstante Bezugsgesichtspunkte zu definieren, mit denen die funktionale Analyse intraperspektivisch auf Reproduktionsprozesse oder aber auch interperspektivisch auf verschiedene Objekte gerichtet werden kann. Bezugsgesichtspunkte sind sowohl an der Sache orientiert wie auch durch Theorie angeleitete empirische Beobachtung bestimmt. Auf diese Weise limitierten sie Problemzusammenhänge, die weiter differenziert werden können. Diese Art von Problemdefinition ist eine Antwort auf das Beobachtungsparadox, durch die beobachtungsermöglichende Definition der Welt etwas Informatives über diese Welt zu erfahren, um Wissen zu erzeugen. Die kausalistische Differenzierung des Problems in sachlicher und zeitlicher Hinsicht als Ursache/Wirkung oder Problem/Lösung und vorher/nachher erzeugt eine Problemstufenordnung (Luhmann 1992: 420 ff.), die sich mit dieser sichtbaren Konstruktion gegenüber der Komplexität der Welt hinreichend behaupten kann, um Beobachtungen anzustellen.[21] Der Äquivalenzbereich einer Funktion hängt damit von der Definition des funktionalen Bezugsgesichtspunkts ab. Dieser lässt sich allein durch seine Ordnungsleistung gegenüber dem Beobachteten rechtfertigen. Der Funktionsbegriff ist also nur noch als Regulativ zur Beobachtung von Äquivalenzen zu begreifen, nicht aber als ein irgendwie objektiver Fakt. Das heißt, dass von einer vorgefundenen Leistung, die ja lediglich in der problemorientierten Konstatierung des Falls besteht, nicht mehr auf ein Bedürfnis als deren Funktionsbegründung geschlossen wird. Vom Bezugsgeschichtspunkt werden vielmehr die äquivalenten Möglichkeiten von Lösungen wie auch von Ursachen hinsichtlich der Austauschmöglichkeiten als auch Ergänzungen beobachtet und verglichen. Diese markieren den Gewinn dieses Vorgehens, wenn vom Bezugsgesichtspunkt mittels funktionaler Analyse Wirkungen hinsichtlich eines bestimmten Ursachenfeldes zugeordnet werden. Dabei ist eine Seite dieser Relation konstant zu halten. Es gilt dann, entweder eine Ursache nach mehreren Wirkungen oder eine Wirkung nach mehreren Ursachen zu analysieren, wobei mittels

---

20   Die Beobachtung kann dabei als Selbstbeobachtung anhand vorhandener Programme erfolgen oder aber mittels wissenschaftlicher oder anderer Fremdbeobachtung, die jedoch eigenen Programmen folgt. Ziel der Fremdbeobachtung kann dabei allerdings die Aufdeckung und Dynamik der Entscheidungsprogramme im beobachteten System sein.

21   Weil so nämlich kontrolliert Limitierungen des Möglichen eingeführt werden, die eine Lösung der Fragestellung wahrscheinlich machen. So trifft für die funktionale Analyse selbst zu, was für Funktionen zutrifft, dass eine gute Problemlösung nur eine solche ist, die die Lösungsmöglichkeiten einschränkt (Luhmann 1992: 424).

der Bezugsgesichtspunkte über die Äquivalenz bestimmter beobachteter Phänomene zu entscheiden ist. Der Bereich der Möglichkeiten ist also nicht beliebig, sondern limitiert.

Aber Ursachen weisen als Wirkungen auf weitere Ursachen, Wirkungen haben wiederum Wirkungen zur Folge. Die Komplexität dieses Verweisungszusammenhanges erzeugt dann nicht nur für die Analyse komplexe Zusammenhänge, sondern auch zum Beispiel Zielkonflikte unterschiedlicher Abteilungen in einer Organisation. Diese sind jedoch nicht nur als dysfunktionale, unlösbare Folgen abzutun (Luhmann 1973: 281). Es gilt, diese mittels Re-Konstruktion von Problemstufenordnungen zu beobachten, wobei diese Folgeprobleme in funktionale Bezugsprobleme für weitere funktionale Analysen umformuliert werden können. Dabei zeigt sich, dass die Problemstufenordnung selbst empirisches Resultat ist. Funktionale Analyse lässt sich also einmal mehr als Perspektivierung, als Methodologie verstehen, führt sie doch zu „expansiven Fragestellungen" (Luhmann 2005a: 28). Anstatt sich von finalisierenden Hypothesen bestimmen zu lassen, werden der Verlauf und das Ende vom Forschungsprozess selbst bestimmt. Bei aller Offenheit und dem zugrunde gelegten konstruktivistischen Bewusstsein ist festzuhalten, dass die funktionale Analyse in dieser Form nicht beliebig ist: Die auf ihr ruhenden Untersuchungen werden begründet durch die gewählten Bezugsgesichtspunkte, von ihren Themen und zugrunde gelegten Theorien, für die Luhmann (2005b: 50) die Systemtheorie wählt, aber andere möglich sind.

Joas (1992) sieht in diesem frühen Angebot Luhmanns weiterhin nur einen unzureichenden Ausweg aus dem deterministischen Dilemma von Funktion und Struktur, wobei die Funktionsannahme die theoretischen Implikationen bloß gegen mögliche empirische, aber auch andere theoretische Irritationen abschottet.[22] Durchgängige Rationalisierung meint Habermas (1988: 462) als Prämisse der Luhmann'schen Systemtheorie zu erkennen. Jedoch gilt es für Habermas, diesen Prozess gesellschaftlichen Wandels anhand der Effekte der Kolonialisierung der Lebenswelt erst noch zu beobachten und nicht schon vorauszusetzen. So richtet sich der Vorwurf hier ebenfalls gegen ein theoretisches Vorurteil, das die Empirie behindert, gegen eine „methodische Schwäche" (ebd.). Ohne die funktionalistische Theorieimplikation aber eignet sich funktionalistische Analyse für Habermas als ein methodisches Vorgehen, um die Rationalisierung der Gesellschaft im Ausgang des Mittelalters hinsichtlich der Entstehung von Problemlösungen kausalen Erklärungen zuzuführen. Den Sinn der funktionalen Analyse für den Übergang zur Moderne hat gerade Luhmann aber in zahlreichen Studien deutlich gemacht.

---

22 Und so bleibt Luhmann für Joas nur ein „extremer" Funktionalist (1999: 17) und „neokonservativer Autor" (1992: 109), der der Kritik begegnet, indem er ihr den Stachel durch Übersetzung in seine Theoriesprache nimmt; er kann dann nichts lernen. Doch wie die Ideologiekritik schlägt diese Art Polemik in beide Richtungen aus und birgt keinerlei Information.

Die Möglichkeit empirischen Arbeitens unter der Prämisse der funktionalen Analyse demonstrierte auch schon Schneider (1992) am Beispiel einer hermeneutisch vorgehenden Untersuchung. Dabei wurde der Einzelfall als komplexe in seinem Kontext optimale Problemlösung rekonstruiert. Mittels problemzentrierter Vergleiche, die sich an einer rekonstruierten Problemstufenordnung ausrichteten, wurden Latenz und Äquivalenz der beobachteten Fälle bestimmt. Auch Pollack (2003) bedient sich der funktionalen Analyse für sein Thema „Säkularisierung" in pragmatischer Weise. Dafür benennt er aus systemtheoretischer Sicht in empirischer Absicht Probleme der funktionalen Analyse. Ihm erscheinen diese Probleme lösbar, wenn diese als integrale Schritte der Analyse und nicht als vermeidungsbedürftige Schwierigkeiten angegangen werden. Für Pollack kommt hier erstens die zum Gegenstandsbereich tendenziell inkongruente Perspektive zum Tragen. Dies hat den Effekt einer entzaubernden Aufklärung durch differente und profanisierende Deutungen als alternative Sinnerzeugung. Das wird durch historische und soziale Ferne der Analyse noch verstärkt. Fremdheit und Perspektivenferne erscheinen Pollack hinsichtlich der Datenerhebung allerdings von Vorteil, geraten hier doch auch Kontexte in den Blick, denen im Normalvollzug kaum Bedeutung beigemessen wird und im Sinne eines reibungslosen Ablaufes auch nicht beigemessen werden kann. Die Wahl des Bezugspunktes, der ja als Problemdefinition über den Vergleichsbereich und so über die Form der empirischen Analyse entscheidet, erscheint zweitens zunächst willkürlich. Aber gerade das zwingt dazu, den Angelpunkt der Analyse durch Reflexion theoretisch zu begründen und so der Kontrolle überhaupt erst zugänglich zu machen. Der zentrale Vergleich provoziert drittens eine Ausweitung der empirischen Perspektive und des Materials, was einer Unspezifik der Analyse Vorschub leistet. Hier aber hilft der über Problemstufenordnungen differenzierte und an die konkreten empirischen Gegenstände anpassbare Vergleichsgesichtspunkt, die Analyse entscheidend und wiederum kontrolliert zu bündeln, weil die Analyse auf eine mit diesem Angelpunkt verbundene Fragestellung fokussiert wird. Daraufhin muss jedes der beobachteten Phänomene analysiert werden – alles andere ist irrelevant. Zum Vierten scheint die funktionale Analyse häufig den vorhandenen Zustand nur ahistorisch in den Blick zu nehmen. Der strukturelle Wandel des Gegenstandes und dessen kontingente Darstellung aber sind ja selbst Möglichkeiten der Problemstufenordnung sowie der Gewinnung alternativer Daten desselben Falls. Jedoch bedarf es hier einer, wie schon bei der Fixierung des Vergleichsgesichtspunktes und seiner Differenzierung, geeigneten theoretischen Modellierung und Begründung.

Das empirische Vorgehen Schneiders und Pollacks orientiert sich durchaus an den schon vorgegebenen Elementen der kybernetisch informierten, multiplen Problem-Lösungsbezug betonenden Umformung der funktionalen Analyse durch Luhmann. Die Analyse begegnet der Komplexität ihrer Gegenstände mit auf die Sache bezogenen, theoretisch begründeten Bezugsgesichtspunkten. Die Beobach-

tungsposition wurde so nach eigenem Ermessen fixiert. Die damit etablierte Ordnung begrenzt die Überkomplexität des Objekts. Diese Abschließung wird aber
wieder mit der Orientierung auf funktionale Äquivalente geöffnet, wodurch die
Komplexität des Gegenstandes erneut in den Erwartungsbereich eingeführt wird.
Es geht dann bei der empirischen Beobachtung nicht allein um eine Lösung oder
Ursache, sondern um deren Möglichkeitsbereiche. Hier setzt der Vergleich hinsichtlich des Bezugspunktes an und lässt durch Induktion den Reproduktionspro-
zess und den identitätsstiftenden Sinn der Lösungen (re)konstruieren, nämlich wie
und wozu etwas funktioniert. Die sachliche und temporale Problemstufung führt
zur Differenzierung des Problems und zu einer informativen Strukuranreicherung
der Aussagen. Diese Art begründete Fixierung eröffnet dem Vergleich auf eine Art
Freiheitsgrade, die den verdeckten Kontext sowie Querverweise und damit den
Blick auf weitere Möglichkeiten öffnet.

Wurde auf diese Weise eine Antwort auf den im klassischen Funktionalismus
angelegten normativen Determinismus gefunden? Indem Luhmann die strikte
Kausalität von Ursache und Wirkung zurückweist, und stattdessen deren Relationierung mittels Problemstufenordnungen dem Vergleich von Äquivalenten zuführt,
scheint dem so zu sein. Praktischer Nutzen für die methodologische Ausrichtung
empirischer Untersuchungen lässt sich offensichtlich daraus ziehen. Jedoch läuft
die Relationierung multipler Ursachen und Wirkungen immer noch auf eine Kausalität hinaus, deren Universalität zu Recht bestritten werden kann. Erst in späteren
Überlegungen Luhmanns finden sich Ideen, die die funktionale Analyse in die Lage
versetzt, Kontingenz zu beobachten und einen funktionalen Determinismus zu
vermeiden.

Kontingente Beobachtungen kontingenter Konstruktionen

Die Unbestimmtheit der Ursachen-Wirkungen-Relation und die dabei aufzu-
deckende Latenz dieses Funktionszusammenhangs deuten bei Luhmann auf die
Kontingenz der Struktur. Aber diese sind in seinen frühen Texten immer noch aus
der Binnenperspektive eines Systems thematisiert und leiten dann leicht über zu
Organisation. Erst die Erweiterung der Perspektive auf die System-Umwelt-Bezie-
hung, struktureller Kopplung und Evolution verlässt den Rahmen des Kausalismus
von Funktion und Struktur. Dies beobachtet Reckwitz (2003) als einen Schritt der
Umstellung normativer Zweckhaftigkeit zur Kontingenz, die sich in unintendierten
Resultaten ausdrückt. Dabei ist ihm die Kritik Giddens am Funktionalismus eine
Richtschnur, an der sich Luhmanns Überlegungen und – so muss man aufgrund
dessen zentraler Stellung in der Diskussion folgern – überhaupt funktionale Analyse messen lassen muss.

Giddens bringt die schon zahlreich vorgebrachten Argumente gegen den Parson'schen Strukturfunktionalismus erneut an. Darüber hinaus aber deutet er die Funktionalisierung von Handlungen als Ignoranz gegenüber unbeabsichtigten Handlungsfolgen aufgrund des funktionalistischen Vorurteils (Giddens 1997: 348 f.). Jeder Handlung, jedem Arrangement von Elementen käme dann eine Funktion im Sinne eines Beitrags zum Strukturerhalt zu. Damit würde aber die Struktur alles Handeln determinieren. Stattdessen ermögliche Struktur nur das zweckhafte Handeln, ohne die Resultate sichern zu können (Giddens 1993: 196). Die Annahme von Latenzen stabilisiert dieses Vorurteil noch. Doch, so Giddens, führt die Verfolgung bestimmter Zwecke immer auch zu nichtbeabsichtigten Folgen, die sich aufgrund des strukturellen Wandels, den er als Globalisierung diskutiert, noch als Risiken verschärfen. Handeln ist nicht mehr länger an den zeitlich und räumlich nahen Kontext gebunden, sondern hat ungeahnte Folgen zu anderen Zeitpunkten und an anderen Orten. Das „disembedding" sozialer Beziehungen stellt eine Konsequenz des Auseinandertretens von zeitlichen und räumlichen Bezügen im Modernisierungsprozess dar (Giddens 1990). Als Konsequenz kann also eine Ursache räumlich und zeitlich weitreichende Folgen haben, die zum Zeitpunkt ihrer Entstehung nicht abzuschätzen sind.

Diese Differenzierung der Kontexte sozialen Geschehens ist für Reckwitz (2003) vor allem von einer kulturtheoretischen Warte aus thematisiert worden. Mit Giddens' Globalisierungsfigur der Zeit-Raum-Distanzierung schließt die soziologische Diskussion dazu auf und gibt für die Analyse das Bezugspunktproblem vor. Dieses muss sich sowohl auf die Kontingenz der Ursachen als auch auf die der Folgen einlassen. Die Beachtung räumlicher und zeitlicher Differenzen eröffnet auch dem Funktionalismus diese radikalisierte Perspektive. Bei Nassehi (2006) findet das seinen Niederschlag als zeitliche und räumliche Multiplexität der Gegenwarten. Die Analyse von Phänomenen muss sich nach Reckwitz (2003: 77) auf die räumlichen und zeitlichen Bezüge der Rezeption von Umweltirritationen als Ursachen und Wirkungen einlassen. Als soziale Resonanz auf die Ursachen erscheint die Wirkung dann unintendiert und unkalkulierbar. Denn Wirkung ist immer nur eine eigenwillige, von Entstehungszeit und -ort abgelöste Interpretation von Umwelt-Ereignissen. Daraus leitet Reckwitz (2003: 80) eine Verschiebung der Aufgabe der funktionalen Analyse ab. Ihr Augenmerk richtet sich nicht mehr länger auf gesellschaftliche Reproduktion und Integration, sondern auf die Rekonstruktion nicht-determinierter Sinnverschiebungen, wie sie sich bei den nicht-intendierten Folgen einstellen, die schließlich selbst wieder zu Ursachen werden.

Anhaltspunkte für diese Verschiebung findet Reckwitz bei Luhmanns späteren Arbeiten, die auf seine früheren Überlegungen zur funktionalen Analyse, zur multiplen Ursachen-Wirkungen-Relation und zum Zweckbegriff folgten. Bei Luhmann ist für ihn die Multiplität der Weltperspektiven in der Figur der strukturellen Kopplung aufgehoben. Mit dieser ging bekanntlich die Modifizierung und Einführung einiger wesentlicher Theorieelemente einher. Dazu gehört die Konzeption sozialer Systeme als informativ geschlossene, sich nur autopoietisch reproduzierende, die sich durch doppelte Schließung gegen die Umwelt abgrenzen und so ihre Identität aufrecht erhalten und eigene Komplexität aufbauen. Die damit aufgeworfene Frage des Umweltkontaktes fand eine qualitative Antwort in der Überführung der Figur der Interpenetration zur strukturellen Kopplung. Die besondere gegenseitige Inanspruchnahme von Leistungen kann dabei nicht als ein Transfer verstanden werden, sondern als andauernde Informationsanregung. Aber Reckwitz' Fokussierung auf strukturelle Kopplungen muss noch erweitert werden. Denn Impulse aus der Umwelt sind nicht allein geleitet von den durch strukturelle Kopplungen prädestinierten Aufmerksamkeitsbündelungen. Unter evolutionstheoretischer Perspektive stellt sich radikaler die Frage, wie das ununterbrochene Umweltrauschen hinreichend zur Irritation wird, aus der durch systemisch geleistete Interpretation Informationen gewonnen werden können, die Folgen im System und für dessen Umweltverhältnis haben (Luhmann 1997: 454). Das durch Penetranz zur störenden Irritation gerinnende Umweltrauschen wirft immer das Entscheidungsproblem auf, wie diese weiter behandelt werden soll, nämlich als Abweichung abgewiesen oder als Neuheit weiter behandelt (Luhmann 1999). Es kommt also darauf an, einen Informationswert zu bestimmen, was Reckwitz (2003: 77) im Anschluss an Gadamer „hermeneutische sinnverschiebende Applikation" nennt. Jede Sinnbestimmung aber ist als Selektion der Ausschluss anderer Möglichkeiten und so der faktische Ausschluss von Kontingenz, wobei die Selektion letztlich in ihrer Form selbst kontingent ist: Kontingenz wird kontingent als ontisches Faktum mit Referenz auf Realität oder Welt beseitigt und damit die Kontingenz der Formbestimmung selbst invisibilisiert. Solange Realität als Widerstand gegen die darauf aufbauenden Operationen nicht auftritt, ist diese Bestimmung gültig.

Auf diesen Umstand der Kontingenzauflösung durch Sinnbestimmung weisen auch Nassehi und Saake (2002) hin. Aus empirischer Sicht aber erscheint ihnen der methodische Umgang mit der Kontingenz der beobachteten Gegenstandsbestimmung als ungenügend. Alle Analysetechniken sind als regelgeleitetes Beobachten primär auf die Beherrschung und damit auf den Ausschluss von Kontingenz gerichtet.[23]

Bei der Datenerhebung geht es darum, mittels Frage- und Beobachtungstechniken Kommunikation anzustrengen und damit die Darstellungen von Sinn zu provozieren. Jeder Sinngebrauch aber ist eine weitere Möglichkeiten negierende Auswahl. Anders wäre Kommunikation – unter Maßgabe des Verstehens – nicht möglich. Es kommt in jeder Sequenz zur Schließung von Kontingenz durch spezifische Sinnbestimmung für den weiteren (fragenden) Anschluss. Kontingenz wird

---

23   Die Überlegungen der Autoren beziehen sich zwar vor allem auf Narrationsinterviews, lassen sich aber mindestens für nichtstandardisierte Erhebungstechniken verallgemeinern.

so dauernd durch Fixierungen verhindert; darüber hinaus erfolgt bei der Datenerhebung eine weitere Fixierung durch die Protokolltechniken. Aber erst durch die
Aufdeckung der Möglichkeitsbereiche, der Sichtbarmachung der (überraschenden)
Kontingenz vorgefundener Gegenstandsformen sind die Gründe für ihre Herstel-
lungsweise zu erfassen. Das passt nun durchaus zum Anliegen der nach Reckwitz
(2003) „kontingenztheoretisch" gewendeten funktionalen Analyse.

Die Probleme der Empirie im Umgang mit Kontingenz beruhen für Nassehi
(2006) auf dem Umstand, dass bei der Beobachtung von Praxis oder Handlung deren Potenzialität, Kontingenz und Selektivität unsichtbar bleiben. Da nur die sele-
gierte Seite der beobachteten Unterscheidungen in den Blick kommt, ist die Empirie in paradoxer Weise auf die ihre Gegenstände umgebende Fiktion ontologischer
Sicherheit verwiesen, die immer kommunikativ hergestellt und deren Herstellung
gleichzeitig verleugnet wird.[24] Die Art und Weise der Selektionen gilt es anhand der
Beschreibung von Problemen und Problemlösungskontexten aufzuklären. Im Anschluss an die Funktionalismuskritik betont Nassehi, dass diese Beschreibung nicht
auf oberste oder letzte, stabile Bezugsprobleme orientiert sein darf, denn diese
schaltet Kontingenz aus. Damit, so ist nochmals hinzuzufügen, kann an Luhmanns
frühe Bemerkung, wonach eine Seite der Problem-Lösung-Relation fixiert sein
müsse, nicht mehr festgehalten werden. Aber schließlich hat er selbst sich später
ohnehin von dieser Vorstellung getrennt. Der Bezugsgesichtspunkt erschließt sich
aus der Problemdefinition und gibt dann den fixen Angelpunkt für den Problem-
wie den Lösungsbereich ab. Diese theoretisch angeleitete Problemkonstruktion ist
die eigentliche Leistung der empirischen Beobachtung (Luhmann 1984: 86).

Mit dem Fokus der Beobachtung auf die sinnbestimmende Selektion aus den
Möglichkeitsbereichen von Problemursachen und Problemlösungen ist für Nassehi
die weitere Umstellung der funktionalen Analyse auf Operation geknüpft, geht es
nun nicht mehr nur um Äquivalente, sondern um deren kontingente Herstellung
durch Sinnbestimmung. Insofern bezeichnet er den von Reckwitz (2003) so genannten „kontigenztheoretischen Funktionalismus" hier als „operativen Funktionalismus" (Nassehi 2006: 457). Dabei geht es um die Bedingungen der Fortführung
der Operationen, die aufgrund der Problematisierung durch die empirische Beobachtung sichtbar werden. Im Fokus steht der Vergleich der beobachteten Lösungen für zu analysierende Probleme anhand der Bezugsgesichtspunkte, die auch bei
Nassehi (ebd.: 459) die „eigentliche Forschungsleistung" ausmachen. Damit tritt

---

24   Für Nasschi (2006: 450) konstituierte die Einsicht in dieses Paradox den Funktionalismus. Viel-
     leicht greift diese Interpretation der Bemühungen Malinowskis und Radcliffe-Browns um gute
     Gründe für eine geordnete Beobachtung sozialer Phänomene aber zu weit. Denn diese mündeten
     ja noch in eine an Naturwissenschaft orientierte, ontologisierende Lösung, mit der das Paradox
     nicht entfaltet, sondern invisibilisierend perpetuiert wurde. Die damit implizierte Möglichkeit der
     Aufdeckung bildete dann die Treibsätze für die nachfolgende Kritik.

die Erzeugung von sozialer Ordnung in ihrem kontingenzeinschränkenden und -
erzeugenden Vollzug hervor.

Aber schon Luhmann hat auf die Konsequenzen der Umstellung der Systemtheorie auf System-Umwelt-Differenz und selbstreferenzielle Operation für die
funktionale Analyse hingewiesen (Luhmann 1984: 89 f.). Indem die Analyse durch
die theoretische Bestimmung von Problembezugspunkten im Bezug auf den jeweiligen Gegenstand diesen gegenüber einer eigenen Realität bestimmt, eröffnet sich
die Perspektive auf weitere Möglichkeiten und somit auf die Kontingenz der aktuellen Selektion. Luhmann nahm das allerdings als Anlass, die unterschiedlichen
Komplexitätsniveaus der Selbstbeobachtung und der Analyse zu thematisieren, die
bekanntlich in der Überforderung des Gegenstandes münden. Neu ist bei Nassehi
daher, dass er Komplexität in den Mittelpunkt stellt, wenngleich die Intention auf
die Fortsetzung des operativen Vollzuges angesichts der übermäßigen Möglichkeiten auch bei Luhmann anklingt. Nicht zuletzt wies er verschiedentlich darauf hin,
dass von den Fragen nach der Substanz, worin letztlich das Bestandsproblem vorkommt, auf die nach der Bedingungen der andauernden Herstellung gegenüber einer überkomplexen Umwelt umgestellt werden muss. Bei der kontingenzsensiblen
Beobachtung der Verfahrensweisen der Operationen aber verlieren sich weder die
empirischen Gegenstände noch die Analyse in Beliebigkeit der Äquivalenzen, denn
die Möglichkeiten sind durch die theoretisch begründete Wahl der Problembezugs-
punkte zwar einerseits eröffnet, aber andererseits dadurch auch beschränkt. Funktion ist eben darum eine beobachterabhängige, aber begründbare und so kontrollierbare Perspektivierung des Vergleichens, des Inbeziehungsetzens von allen möglichen, vorgefundenen Problem-Lösung-Relationen hinsichtlich eines bestimmten
Vergleichsgesichtspunktes.

Auf diese Weise entsteht ein Doppel der Relationen. Dabei steht die vom Gegenstand praktisch gebildete einer theoretisch begründeten der Analyse gegenüber.
Solange sich die analytische Realität gegenüber der anderen, beobachteten bewährt,
können die gewonnenen Informationen mit Wahrheitsanspruch ausgestattet werden. Dabei wird die funktionale Analyse auch der analytischen Eigenkonstruktio-
nen gewahr und ist deshalb mehr als nur eine Regel der Beobachtung, mehr als eine
Technik und Methode. Die funktionale Analyse in ihrer kontingenztheoretischen
oder operativen Form ist eine konstruktivistische Methodologie, mit der über die
empirischen Beiträge zur problemkonstituierenden Theorie wie über die Leistung
der Theorie für die Problembeobachtung reflektiert werden kann, mit der die methodischen Beobachtungstechniken gegenüber der Theorie begründet in Relation
gebracht werden.[25]

---

25 Dass es sich bei der funktionalen Analyse nicht mehr um eine bloße Technik handelt, zeigt Luh-
    mann (1984) schrittweise bei seinem methodologischen Einstieg. Insofern könnte man die funkti-
    onale Analyse mit ihrer Orientierungsleistung zu Andersens analytischen Strategien (2003: XIII)

Funktion von Substanz und Ordnung

Nach dem historischen Überblick stellt sich die Frage, was von den ursprünglichen Bemühungen um die funktionale Analyse geblieben ist. Reckwitz (2003) schließt seine Überlegungen lakonisch mit der Bemerkung, dass die geistigen Väter sich gegen die unintendierten Folgen ihrer Idee nicht wehren können. Wesentliche Elemente, wie induktiver Problembezug und Vergleich, wurden ohne Frage fortgeführt, doch sind diese heute größtenteils allgemeine Grundlagen methodischen Forschens.

Angesichts einer Methodologie, die als funktionale Analyse bezeichnet wird, kommt man nicht umhin, die Frage nach der Fortführung des Attributes „funktional" jenseits bloßer Traditionsbehauptung zu beantworten. Die Antwort kann nur im Bezug auf den Funktionsbegriff gegeben werden. Deutlich zeigt sich ein Wechsel der Bedeutung des Funktionsbegriffs selbst in den Bemühungen um die Analyse. Die Funktion der Phänomene bezeichnete dabei anfangs die Referenz auf begründende Probleme. Die Bedeutung der Phänomene leitete sich als Funktion von dort ab. Damit waren die Probleme schon als Grundordnung der sozialen Welt, als ontologische Letztverweise konzipiert. Dieser Funktionsbegriff hatte schon einige Tradition in der Philosophie angehäuft und war auch alltagssprachlich zugänglich. Von dieser ontologischen Verankerung in der beständigen Substanz der Phänomene löste die Mathematik den Funktionsbegriff aus, was schließlich von Cassirer (2000) philosophisch reflektiert über die Mathematik hinaus in die Erkenntnistheorie überführt wurde.

Im Funktionsbegriff als einem abstrakten Prinzip der Ordnung von Elementen, die sich gegenüber der konkreten Ordnung der Phänomene bewährt, kündigt sich eine konstruktivistische Epistemologie an. Von hier aus kann Funktion nicht mehr als eine auf Grundproblemen aufruhende substanzielle Ableitung von Sinn verstanden werden. Funktion ist dann, wie Luhmann zeigte, eine mögliche Perspektive auf Problem-Lösung-Relationen. Mit ihrer theoretisch begründeten Selektion hat sie immer schon begrenzte Folgen für die Beobachtung. Dadurch wird sie aber mit Freiheitsgraden an weiteren Möglichkeiten versorgt, deren Selektion wiederum kontingent erscheint. Das solcherart beobachtete Funktionieren erfolgt als Fortsetzung der Operation aufgrund von Problemdefinition und Lösungserzeugung. Funktion ist dann nichts, was man realiter als Substanz der Bezüge aufsuchen kann, sondern im Sinne Cassirers ist Funktion das ordnende Prinzip der Problem-Lösung-Relationierung, die bei der eigenwilligen Sinnbestimmung ausfällt. Die Beobachtung kann dies nur durch eine eigene Relationierung in den Blick bekommen, nämlich durch den Widerstand gegen ihre präjudizierenden Problemstellungen.

---

zählen. Jedoch findet man sie nicht erwähnt, sei es wegen der Fokussierung auf Diskurs, sei es wegen der eigentümlichen und doch typischen Konvergenz von Methode und Methodologie.

Darauf richtet die funktionale Analyse als eine konsequent auf konstruktivistischer Epistemologie basierte Methodologie die zum Einsatz gebrachten Beobachtungstechniken aus, mit der sich systemtheoretisch inspirierte Empirieprojekte eines prüfbaren Übergangs zwischen Theorie und Methoden versichern können. Das bewahrt davor, dass man ins Nirgendwo eines radikalkonstruktivistischen Solipsismus gerät, denn die funktionale Analyse versetzt den Beobachter in die Lage, gute Gründe für seine informativ unterscheidenden Beobachtungen gesellschaftlichen Geschehens anzugeben.

Literatur

Anderson, Niels Åkerstrøm (2003): Discoursive Analytical Strategies. Bristol: Policy Press

Cassirer, Ernst (2000): Substanzbegriff und Funktionsbegriff. ECW 6. Hamburg: Felix Meiner

Dahrendorf, Ralf (1969): Zu einer Theorie des sozialen Konflikts. In: Zapf (1969): 108-123

Dahrendorf, Ralf (1974): Pfade aus Utopia. Zur Theorie und Methode der Soziologie. München: Pieper

Foerster, Heinz von (1993): Über das Konstruieren von Wirklichkeit. In: Ders.: Wissen und Gewissen. Versuch einer Brücke. Frankfurt (Main): Suhrkamp: 25-45

Giddens, Anthony (1990): The consequences of Modernity. Stanford: Stanford University Press

Giddens, Anthony (1993): New Rules of Sociological Method. Cambridge: Polity Press

Giddens, Anthony (1997): Die Konstitution der Gesellschaft. Frankfurt (Main): Campus

Girtler, Roland (2006): Kulturanthropologie. Wien, Münster: LIT-Verlag

Habermas, Jürgen (1988): Theorie kommunikativen Handelns. Zweiter Band. Frankfurt (Main): Suhrkamp

Hoffmeyer-Zlotnik, Jürgen H. P. (Hrsg.) (1992): Analyse verbaler Daten. Über den Umgang mit qualitativen Daten. Opladen: Westdeutscher Verlag

Homans, George C. (1969): Funktionalismus, Verhaltenstheorie und sozialer Wandel. In: Zapf (1969): 95-107

Jetzkowitz, Jens/Stark, Carsten (2003a): Zur Einführung: Der Funktionalismus und die Frage nach der Methodologie. In: Jetzkowitz et.al. (2003b): 7-16

Jetzkowski, Jens/Stark, Carsten (Hrsg.) (2003b): Soziologischer Funktionalismus. Zur Methodologie einer Theorietradition. Opladen: Leske+Budrich

Joas, Hans (1992): Die Kreativität des Handelns. Frankfurt (Main): Suhrkamp

Joas, Hans (1999): Die Entstehung der Werte. Frankfurt (Main): Suhrkamp

Lévi-Strauss, Claude (1977): Strukturale Anthropologie, Bd. 1. Frankfurt (Main): Suhrkamp

Lockwood, David (1969): Soziale Integration und Systemintegration. In: Zapf (1969): 124-137

Luhmann, Niklas (1973): Zweckbegriff und Systemrationalität. Frankfurt (Main): Suhrkamp

Luhmann, Niklas (1984): Soziale Systeme. Grundriß einer allgemeinen Theorie. Frankfurt (Main): Suhrkamp

Luhmann, Niklas (1992): Die Wissenschaft der Gesellschaft. Frankfurt (Main): Suhrkamp

Luhmann, Niklas (1997): Die Gesellschaft der Gesellschaft. Frankfurt (Main): Suhrkamp

Luhmann, Niklas (1999): Behandlung von Irritation: Abweichung oder Neuheit. In: Ders.: Gesellschaftsstruktur und Semantik 4. Frankfurt (Main): Suhrkamp: 55-100

Luhmann, Niklas (2005a): Funktion und Kausalität. In: Ders.: Soziologische Aufklärung 1. Aufsätze zur Theorie sozialer Systeme. Wiesbaden: VS Verlag für Sozialwissenschaften: 11-38

Luhmann, Niklas (2005b): Funktionale Methode und Systemtheorie. In: Ders.: Soziologische Aufklärung 1. Aufsätze zur Theorie sozialer Systeme. Wiesbaden: VS Verlag für Sozialwissenschaften: 39-67

Malinowski, Bronislaw (1975a): Die Funktionaltheorie. In: Ders.: Eine wissenschaftliche Theorie der Kultur. Frankfurt (Main): Suhrkamp: 19-44

Malinowski, Bronislaw (1975b): Eine wissenschaftliche Theorie der Kultur. In: Ders.: Eine wissenschaftliche Theorie der Kultur. Frankfurt (Main): Suhrkamp: 45-172

Mennell, Stephen (1996): All Manners of Food. Eating and Taste in England and France from the Middle Age to the Present. Urbana, Chicago: The University of Illinois Press

Merton, Robert K. (1995): Soziologische Theorie und soziale Struktur. Berlin: de Gruyter

Nassehi, Armin (2006): Der soziologische Diskurs der Moderne. Frankfurt (Main): Suhrkamp

Nassehi, Arnim/Saake, Irmhild (2002): Kontingenz: Methodisch verhindert oder beobachtet? Ein Beitrag zur Methodologie der qualitativen Sozialforschung. In: Zeitschrift für Soziologie 31. 66-86

Parsons, Talcott (1986): Aktor, Situation und normative Muster. Ein Essay zur Theorie des Handels. Frankfurt (Main): Suhrkamp

Pollack, Detlef (2003): Säkularisierung – ein moderner Mythos?: Studien zum religiösen Wandel in Deutschland. Tübingen: Mohr Siebeck

Radcliffe-Brown, Alfred R. (1952): Structure and Function of Primitve Society. London: Cohen & West

Radcliffe-Brown, Alfred R. (1957): A Natural Science of Society. Glencoe, Ill.: The free press & The Falcon's Wing Press

Radcliffe-Brown, Alfred R. (1958): Method in Social Anthropology. Chicago: The University of Chicago Press

Reckwitz, Andreas (2003): Der verschobene Problemzusammenhang des Funktionalismus: Von der Ontologie der sozialen Zweckhaftigkeit zu den Raum-Zeit-Distanzierungen. In: Jetzkowski et.al. (2003b): 57-81

Schneider, Wolfgang Ludwig (1992): Hermeneutische Einzelfallrekonstruktion und funktionalanalytische Theoriebildung – Ein Versuch ihrer Verknüpfung, dargestellt am Beispiel der Interpretation eines Interviewprotokolls. In: Hoffmeyer-Zlotnik (1992): 168-215

Schwinn, Thomas (2003): Makrosoziologie jenseits von Gesellschaftstheorie. Funktionalismuskritik nach Max Weber. In: Jetzkowski et.al. (2003b): 111-140

Srinivas, Mysore N. (1958): Introduction. In: Radcliffe-Brown (1958): ix-xxi

Tenbruck, Friedrich (1981): Emile Durkheim oder die Geburt der Gesellschaft aus dem Geist der Soziologie. In: Zeitschrift für Soziologie 10. 333-350

Urry, John (2000): Sociology Beyond Society. Mobilities for the Twentyfirst Century. London, New York: Routledge

Zapf, Wolfgang (Hrsg.) (1969): Theorien des sozialen Wandels. Köln, Berlin: Kiepenheuer & Witsch

Bedeutungen und ihre Borniertheit. Zur systemtheoretischen Methodologie

Irmhild Saake

Die Frage danach, wie man systemtheoretisch forscht, erzeugt eine Erwartungshaltung, die mit einer exakten Methodologie rechnet. Zu denken wäre hier an eine ausgearbeitete Form der qualitativen Sozialforschung, der es gelingen würde, die voraussetzungsreichen theoretischen Sätze der Luhmann'schen Systemtheorie mit einer vermutlich komplizierten Anwendungspraxis zu verknüpfen, um auf diese Weise einen Algorithmus zu schaffen, der dann systemtheoretische Wahrheiten erzeugen kann. Schon wenn man dies so ausformuliert, wird deutlich, dass dies nicht gelingen kann. Es wäre darüber hinaus aber auch aus forschungspraktischen Gründen und aus theorieimmanenten Gründen nicht wünschenswert und plausibel. Zunächst einmal existieren ja tatsächlich bereits Forschungsergebnisse, die mit anderen Methodologien hergestellt wurden und von denen man nur schlecht behaupten könnte, sie seien alle im systemtheoretischen Sinne falsch. Es sind zunächst Ergebnisse der Forschungsarbeiten zu einem bestimmten Thema und als solche gehören sie zu den zeitgenössischen Versuchen, mit wissenschaftlichen Methoden Plausibilität zu schaffen.[1] Darüber hinaus zeigt jedoch auch ein detaillierter Blick auf die vorhandenen Methodologien, wie wenig es ihnen darum zu tun ist, nachzuzeichnen, wie in konkreten Kontexten eine eigenlogische Ordnungsbildung entsteht. Stattdessen scheint es zumeist darum zu gehen, nicht die Kontingenz des Sozialen und seine Auflösungsformen abzubilden, sondern diese Kontingenz selbst zu domestizieren. Es wird dann nicht nur über richtige Methoden, sondern auch über richtige Daten und richtige Erhebungsformen gestritten, das eine erscheint authentischer als das andere, biographische Daten stehen dann im Verdacht, nachträgliche Rationalisierungen zu sein, während vielleicht Videoaufzeichnung die Ga-

---

[1] Dass die soziologische Praxis des Wahrheiten-Produzierens mit Methoden der quantitativen Forschung ihre Verfahren nicht in jedem Moment als solche der sozialen Herstellung von Plausibilitäten rekonstruieren muss, versteht sich aus forschungspraktischen Gründen von selbst. Ebenso sollte sich jedoch auch von selbst verstehen, dass zu dieser Praxis auch die Reflexion dieser Praxis dazu gehört. Exakt dies ist ja das Spezifikum der soziologischen Forschung: Die Soziologie kommt selbst in ihren Forschungen vor. Vergleiche dazu die ausführliche Diskussion von Norman Braun, Karl-Siegbert Rehberg und Michael Schmid in der Zeitschrift „Soziale Welt" (Braun 2008; Braun 2009; Rehberg 2009; Schmid 2009).

rantie der Echtheit mit sich führen.[2] In vielen dieser methodischen Versuche findet sich auch der Hinweis darauf, dass das eigentliche Verfahren eine Kunst ist, sie also nicht zu operationalisieren sei. Herbert Willems (1996: 440) hat in einer Studie zu diesem Thema überzeugend gezeigt, wie sich dieses Virtuositätsargument durch die gesamte internationale Literatur zum Thema qualitative Sozialforschung zieht. Von der „Sicherheit des Auges", „überlegtem Nachdenken", „Geduld und Augenmaß" bis zu „Phantasie und Intuition" wird alles aufgeboten, um zu zeigen, dass sich jene Forschungstechniken und -methoden nicht schlicht technisch erlernen lassen.

Was also lässt sich sinnvollerweise zu diesem Thema sagen? Im Folgenden soll der Versuch unternommen werden, jenseits von konkreten Fragen der Methodologie zu einer – wie oben beschriebenen – Form des „überlegten Nachdenkens" oder auch der „Intuition" etwas beizutragen, also zu zeigen, was das eigene Denken für möglich halten sollte, um Ergebnisse zu erzeugen, die soziale Wirklichkeit erklären können. Dieser Versuch ist in diesem Falle systemtheoretisch inspiriert insofern, als es der Systemtheorie gelingt, viele kontraintuitive Argumente der Soziologie zusammenzufassen. Denkbar wären jedoch auch andere theoretische Zugänge.[3] Um zu verstehen, mit welchen Konsequenzen zentrale systemtheoretische Sätze verbunden sind, werde ich meine Argumentation über den – zu ihren Entstehungszeiten – großen Gegenspieler der Systemtheorie laufen lassen: über die Theorie des kommunikativen Handelns von Habermas. Die Freiheiten, die die Luhmann'sche Vorgehensweise sich in ihrer Argumentation nimmt,[4] kann man vielleicht viel bes-

---

2   Vergleiche hierzu die ausführliche Diskussion in der „Zeitschrift für Soziologie" (Nassehi/Saake 2002a; Hirschauer/Bergmann 2002; Nassehi/Saake 2002b).

3   Sehr interessant sind hier die theoretischen und empirischen Studien der von Thomas Luckmann inspirierten Forschung zu Moralkommunikation. Jörg Bergmann und Thomas Luckmann skizzieren ein theoretisches Vorhaben, das an vielen Stellen sehr systemtheoretisch klingt, wenn sie etwa schreiben: „Es gibt gar keine moralischen Phänomene, sondern nur eine moralische Kommunikation über Phänomene" (Bergmann/Luckmann 1999: 22). Im weiteren Verlauf geht es dann jedoch darum, „Schicht für Schicht den Aufbau der moralischen Ordnung abzutragen, um auf diese Weise die invariante Kernstruktur aller empirischen Variablen der Moral freizulegen" (ebd.: 25). Gefunden werden soll eine Protomoral, die „als die Vorform jeglicher empirischer Formen von Achtungskommunikation" gelten kann, was dann im Folgenden nur insofern gelingt, als exakt dies bereits vorausgesetzt wird. Der theoretische Anspruch der kompletten Empirisierung des Themas wird also dann doch recht bald wieder aufgegeben, was für die in mehreren Bänden versammelten Forschungsergebnisse aber auch nicht weiter relevant ist. Hier finden sich interessante Studien zu unterschiedlichen Kontexten moralischer Kommunikation, die unbeschadet der theoretischen Vorannahmen funktionieren. Die Theorie der Empirie ist also nicht immer auch die Praxis der Empirie, was wiederum den Blick von starken theoretischen Sätzen weg zur Praxis der Forschung lenkt.

4   Sehr informativ hierzu ist das Interview, das Theodor Bardmann mit Niklas Luhmann zum Thema Konstruktivismus geführt hat. Luhmann fasst hier zusammen, wofür sich eine kluge Lektüre eigentlich interessieren müsste: „Man muss lernen zu erkennen, wo derjenige, der geschrieben hat, eine Option hatte, und wo er nur gleichsam die Sätze füllen musste, um weiter zu machen" (Luhmann 1997a: 77).

ser verstehen, wenn man sich genauer anschaut, mit welchen Mitteln eine ähnliche Theorie, die mit ihrem Anspruch, Gesellschaftstheorie zu sein, auf Augenhöhe operiert, die gleichen Probleme gelöst hat.[5]

Eigentlich könnte man sich diese langen theoretischen Ausführungen sparen und direkt mit den kurzen Handreichungen hantieren, mit denen ich jeweils ein Kapitel abschließe. Aber zuvor muss man verstehen können, was jeweils mit diesen Sätzen gemeint ist, um dann auch in der Forschungsarbeit einen solchen Horizont über dem empirischen Material aufspannen zu können. Vieles ließe sich einfacher verstehen, wenn unsere Tradition der theoretischen Soziologie nicht so viele voraussetzungsreiche Annahmen in ihre Idee von Sozialität einbauen würde – siehe hierzu noch einmal die Fußnote 3 zu den Forschungsarbeiten von Jörg Bergmann. Aber immerhin werden diese Annahmen in dieser Tradition der Theorie ausgearbeitet und lassen sich auch kritisieren – wie dies im Folgenden geschieht, wenn ich die Habermas'sche Argumentation als ein Gegenbeispiel für die Luhmann'schen Sätze anführen werde.[6]

1. Paradoxer Sinn: Geschlossenheit

Im Mittelpunkt der Systemtheorie und ihren Forschungen steht immer wieder der Begriff des Sinns, von dem angekündigt wird, dass er ein anderer sei als in anderen Theorien. Das ist zunächst gut gesagt, aber es erschließt sich doch nur schwer, inwiefern dieser Sinn ein anderer sein könnte. Und exakt diese Situation ist schon eine, in der man damit anfangen kann, die Systemtheorie und ihre Prämissen zu verstehen. Dass es so schwerfällt, sich einen anderen Sinnbegriff vorzustellen, liegt darin begründet, dass man ja bereits mit Sinn hantieren muss, wenn man über Sinn reden will. Es gibt keine Möglichkeit, sich außerhalb von sinnhaften Prozessen zu bewegen, um zu klären, was Sinn eigentlich ist. Für die meisten wissenschaftlichen Fragestellungen wird dies im Alltag interessanterweise nicht zum Problem. Man hantiert dort mit Fragestellungen und klärt methodologische Prämissen oder setzt logische Operationen und eine mathematische Zahlenwelt als entscheidende Referenz voraus, ohne sich zu fragen, wie man denn das Instrument selbst, mit dessen Hilfe man logisch operieren kann, kontrollieren kann: den Sinn. Die Begründung dafür ist einfach: Es geht nicht. Man kann nicht über Sinn reden, ohne Sinn zu verwenden. Diese Situation bezeichnet Luhmann als paradox und es wird nun auch

---

5   Hieraus ergibt sich gleichzeitig auch eine andere Lesart der Habermas'schen Theorie (vgl. Saake/Kunz 2006; Saake/Nassehi 2004).

6   Dass es auch ohne gehen könnte, wie es in der angelsächsischen Debatte praktiziert wird, ist nicht plausibel, denn gerade hier werden normative Elemente des besseren Verstehens und der moralischen Integration oft unangekündigt in die Debatte eingeführt und zum Thema der Auswertung gemacht. Siehe hierzu als Beispiel die Debatte um Klinische Ethikkomitees (Sulilatu 2008).

klar, warum diese Diagnose der Paradoxie eine so große Bedeutung in der Systemtheorie einnimmt: Sie steht bereits am Anfang jeder Überlegung und relativiert
damit jede unserer Denkbewegungen. Können wir tatsächlich etwas über Sinn aussagen, wenn wir dazu Sinn verwenden?[7] Oder um ein anderes Beispiel zu nehmen:
Kann man etwas über die Richtigkeit einer bestimmten kulturellen Praxis sagen als
Mitglied einer anderen Kultur? Oder als Mitglied der diese Praxis ausübenden Kultur? Beides ist schwierig und bei beidem würde schlicht darauf verweisen, dass jede
Beschreibung solcher Phänomene wiederum selbst an kulturelle Prägungen des Beschreibenden gebunden ist und dass man dies berücksichtigen müsse.

Als Hintergrund solcher Überlegungen könnte man die Theorie der Logik
verwenden, aber man kann das gleiche auch mit Habermas gesellschaftstheoretisch
als Theorie der Moderne beschreiben. Wer mit Marx gelernt hat, dass sich gesellschaftliche Verhältnisse über die jeweilige Form ihrer Borniertheit erklären lassen,
dass eben typischerweise der Fronarbeiter und der Handwerker sich in ihrem Tag-
werk in Form von Naturalleistungen wiederfinden oder – mit Marx – verge-
genständlichen und dass die Bürger einer kapitalistischen Gesellschaft sich als Wa-
renbesitzer und als Verkäufer ihrer Ware Arbeitskraft beschreiben (vgl. Marx 1988
[1890]: 91 f.), der wird sich dafür interessieren, wie man solche Borniertheiten[8]
überwinden kann. Wenn man die Habermas'sche Theorie als Kulturgut einer bestimmten Epoche versteht, dann erkennt man exakt hierin ihr großes Potential. Sie
rekonstruiert eine Gesellschaft, in der solche Borniertheiten „kommunikativ ver-
flüssigt" werden, in der normative Grundannahmen darüber, wie man etwas richtig
macht, wie man sich anzieht und wie man sich zueinander verhält, in begründete
Diskurse überführt werden. Habermas entdeckt als stabiles Muster der Entwicklung einer modernen Gesellschaft, „dass die sozialintegrativen und expressiven
Funktionen, die zunächst von der rituellen Praxis erfüllt werden, auf das kommunikative Handeln übergehen, wobei die Autorität des Heiligen sukzessive durch die
Autorität eines jeweils für begründet gehaltenen Konsenses ersetzt wird. Das be-

---

7   Die Sozialphänomenologie fasst diese Besonderheit als Unterscheidung von Konstruktionen 1.
    und 2. Ordnung, womit gemeint ist, dass die Beobachtungen und Erklärungsleistungen der Wis-
    senschaftler gleichermaßen Interpretationen sind, die letzteren nur eben zum Ziel haben, die ers-
    teren verständlicher zu machen (vgl. Schütz 1971; Hitzler 1999: 142). Als Besonderheit der Sozio-
    logie wird nun angegeben, dass sie im Unterschied zur Naturwissenschaft ein Objekt zum Ge-
    genstand ihrer Forschung hat, das sie selbst ist. Daraus resultiert als Konsequenz eine Privilegie-
    rung qualitativer Methoden, in denen das Verstehen als hermeneutische Handlung in den Mittel-
    punkt rückt (vgl. Luckmann 1989). Anstatt diese Besonderheit zu reflektieren, wird hieraus eine
    anthropologische Konstante gemacht, die im weiteren Verlauf empirischer Forschungen unsicht-
    bar gemacht wird, wenn der gemeinsame Bezug der Konstruktionen 1. und 2. Ordnung rekon-
    struiert wird. Das Paradox wird damit empirisch entfaltet, aber nicht theoretisch.
8   Marx und Engels erklären in der „Deutschen Ideologie" das Bewusstsein als Produkt des gesell-
    schaftlichen Seins: „… so ist dies wiederum eine Folge ihrer bornierten materiellen Betätigungs-
    weise und ihrer daraus entspringenden bornierten gesellschaftlichen Verhältnisse" (Marx/Engels
    1969: 25 f.).

deutet eine Freisetzung des kommunikativen Handelns von sakral geschützten normativen Kontexten. Die Entzauberung und Entmächtigung des sakralen Bereichs vollzieht sich auf dem Wege einer Versprachlichung des rituell gesicherten normativen Grundeinverständnisses; und damit geht die Entbindung des im kommunikativen Handeln angelegten Rationalitätspotentials einher. Die Aura des Entzückens und Erschreckens, die vom Sakralen ausstrahlt, die bannende Kraft des Heiligen wird zur bindenden Kraft kritisierbarer Geltungsansprüche zugleich sublimiert und veralltäglicht" (Habermas 1981a: 118 f.).

Was so schön klingt, wenn man sich zunächst nur darauf bezieht, dass eine kommunikative Entfesselung unseres Alltagswissens stattfindet, handelt letztlich davon, dass sich diese Entwicklung auf all jene lebensweltlich schlicht als gut vorausgesetzten Vorurteile richtet und damit auch auf eine Bevölkerung, die man im besten Sinne als fähig zur Kommunikation beschreibt und damit auch als aufklärbar, im schlechten Sinne jedoch als borniert und damit an schlichten Konventionen orientiert. Mit Habermas lässt man einen großen Anteil des alltäglichen Lebens, in dem Menschen tun, was sie tun, weil sie es immer so getan haben, hinter sich und interessiert sich dafür, wie Licht in dieses Dunkel der unbegründeten Routinen kommen kann. Nicht von den Betroffenen selbst erwartet Habermas eine Besserung der Verhältnisse, sondern von der Sprache, die – so seine Argumentation – von Haus aus an Verständigung orientiert ist. Mit Habermas' Worten klingt dies so: „Argumentationsteilnehmer können der Voraussetzung nicht ausweichen, dass die Struktur ihrer Kommunikation, aufgrund formal zu beschreibender Merkmale, jeden von außen auf den Verständigungsprozess einwirkenden oder aus ihm selbst hervorgehenden Zwang, außer dem des besseren Arguments, ausschließt und damit auch alle Motive außer dem der kooperativen Wahrheitssuche neutralisiert" (Habermas 1983a: 99).

Die Zurückweisung jeder Form von Borniertheit im Blick auf das gute Argument ist das Programm einer modernen Gesellschaft, die sich auf eine Wahrheit verständigt, die außerhalb ihrer gesellschaftlichen Praxis entsteht, nämlich in der Sprache. Gelesen wird die Habermas'sche Theorie zumeist im Hinblick auf dieses positive Element einer nicht nur möglichen, sondern auch erwartbaren Verständigung. Dass sich im Hintergrund dieser Theorie das Bild einer Gesellschaft entfaltet, die das kommunikative Rüstzeug dieser Verständigung erst noch erlernen muss, die also zunächst noch weit entfernt davon ist, sich über ihre Borniertheiten hinwegzusetzen, bleibt damit meist unsichtbar. Vielversprechend ist jedoch die Idee, dass irgend etwas über die bornierten Verhältnisse hinausweist – bei Marx die Produktionsverhältnisse, bei Habermas die Sprache –, denn als zu bedrohlich erscheint die Beobachtung, dass wir schlicht das Produkt eines Kontextes beziehungsweise der Verhältnisse sind und dass sich – mit Horkheimer und Adorno – eine Totalität der Vermittlungsverhältnisse diagnostizieren ließe: „In der Tat ist es der Zirkel von

Manipulation und rückwirkendem Bedürfnis, in dem die Einheit des Systems immer dichter zusammenschießt" (Horkheimer/Adorno 1975: 142).[9]
     Als empirische Einsicht bleibt an dieser Stelle zunächst nur die Beobachtung, dass theoretische Anstrengungen typischerweise unternommen werden, um die Befürchtung, man klebe an den eigenen Borniertheiten, durch eine Perspektive ihrer Überwindung zu ersetzen. Und je näher man nun diesem Befund rückt, umso plausibler wird es, sich zu fragen, ob dieser Befund der kontextuellen Festlegung nicht doch im Sinne einer wissenschaftlichen Beschreibung formulierbar ist. Luhmann beginnt seine Ausführungen zur Erkenntnistheorie mit Kant und dem Kant'schen Problem: „Wie ist Erkenntnis möglich, *obwohl* sie keinen von ihr unabhängigen Zugang zur Realität außer ihr hat" (Luhmann 1988a: 8). Wie kann man etwas erkennen, wo doch alles Erkennen immer Erkenntnisleistungen voraussetzt? Die Annahme der grundsätzlichen Bedingtheit, eben nicht der Unabhängigkeit, sondern der Geschlossenheit von Kontexten, ist bereits lange eine philosophische Fragestellung (Leibniz, Husserl), bis sie zu einer soziologischen Erklärung werden kann. Luhmann formuliert in diesem Zusammenhang, dass, gerade weil das Erkennen nicht unabhängig vom Erkennen ist, es überhaupt erkennen kann. Geschlossenheit erscheint nun als Voraussetzung dafür, dass nicht alles möglich ist, dass im Rahmen begrenzter Anschlussmöglichkeiten Spezialisierungen entstehen können. Der Begriff des Systems findet in diesen Phänomenen seine Plausibilität und sollte nicht einfach technizistisch mit Luhmann'schen Begrifflichkeiten vorausgesetzt werden. Am Anfang steht die Überlegung, dass es Systeme gibt, dass es Geschlossenheiten gibt, die nur auf sich verweisen, aber deshalb überhaupt auf etwas verweisen können.[10] Man muss sich unter dieser Figur des Systems zunächst etwas vorstellen können, was nicht nur auf eine negative Zeitdiagnose verweist, sondern was vor allem empirisch eine Situation beschreibt.[11]
     Plausibel wird diese Diagnose nun vor allem, wenn man sich das Problem der paradoxen Bestimmung von Sinn noch einmal vor Augen führt. Die Begriffe Sinn, Welt und Realität werden von Luhmann als differenzlose paradoxe Begriffe einge-

---

9   Die Parallelen zur Systemtheorie sind bereits oft genug beschrieben worden (vgl. Nassehi 2003: 49 ff.). Typischerweise findet bei Adorno jedoch ein Begriff des Systems Anwendung, der nur negativ konzipiert werden kann. „Die Verselbständigung des Systems gegenüber allen, auch den Verfügenden, hat einen Grenzwert erreicht ..." (Adorno 1997: 369). Die Parallele zwischen Systemtheorie und Dialektik möchte ich an dieser Stelle nicht überstrapazieren, denn die Dialektik vermag zwar wie keine andere Theorie Borniertheiten sichtbar zu machen, aber doch nur, um sie dann zu überwinden.

10   Der entscheidende Satz von Niklas Luhmann lautet: „Die folgenden Überlegungen gehen davon aus, dass es Systeme gibt" (Luhmann 1988b: 30).

11   Ein gewichtigerer Anlass als die Erkenntnistheorie werden für Luhmann naturwissenschaftliche Theorien der Kognition und der Kybernetik gewesen sein. Auch hier lässt sich eine positive Anwendung der Selbstbegrenzung eines Kontextes darstellen, den man anschließend als System beschreiben kann, da er operativ nur aus seinen eigenen Elementen besteht (vgl. Luhmann 1997a: 70 f.).

führt. „Von Welt soll die Rede sein, um die Einheit der Differenz von System und Umwelt zu bezeichnen. Von Realität soll die Rede sein, um die Einheit der Differenz von Erkenntnis und Gegenstand zu bezeichnen. Von Sinn soll die Rede sein, um die Einheit der Differenz von Aktualität und Possibilität zu bezeichnen. Alle diese Begriffe sind differenzlos in dem Sinne, dass sie ihre eigene Negation einschließen" (Luhmann 1988a: 42). Die Negation von Welt findet in der Welt statt, die Negation von Sinn ist sinnvoll und die Negation von Realität schafft wiederum Realität.[12]

Hier zeigt sich nun wieder, wie paradox offenbar unser Alltag ist, wie sehr er darauf aufbaut, dass wir an die Mittel gebunden sind, die uns zur Verfügung stehen. Zum Problem wird dies im Alltag jedoch nie. Luhmann beschreibt in einer Auseinandersetzung mit dem „Sozialsystem Familie", dass wir typischerweise dort über unsere Beziehungen untereinander reden. Wir stehen nicht außerhalb eines Kontextes, um ihn dann zum Thema zu machen, sondern wir reden als Mitglieder einer Beziehung über diese Beziehung (vgl. Luhmann 1990: 205).[13] Das fällt nur auf, wenn man Borniertheit für ein Problem hält, wenn man nach etwas sucht, was über die Beschränkung auf einen Kontext hinausweist, was das Versprechen einer unbedingten Wahrheit jenseits von Betroffenheiten nährt.

Um nun noch einmal zusammenzufassen: Der wissenssoziologische Blick auf die Habermas'sche Theorie soll an dieser Stelle nur zeigen, wie plausibel für die soziologische Theorie jede Form von Ablehnung einer Idee des Systems ist, gerade weil sie nach Wegen sucht, um über die Geschlossenheit eines Kontextes hinauszugelangen. Mit Habermas kann man sehen, wie sich die Idee einer nicht an Borniertheiten gebundenen Perspektive plausibilisiert. Was zu Anfang angesprochen wurde, nämlich das Problem eines soziologischen Instrumentariums, des Sinns, das sich selbst in Anspruch nehmen muss, um sich reflektieren zu können, wird nun zu einem Phänomen, von dem man zumindest vermuten muss, dass es unseren Alltag häufiger prägt, als wir annehmen wollen. Die Luhmann'sche Annahme, dass es Systeme gibt, erscheint nun in einem anderen Licht.

In diesem zentralen Satz geht es jedoch auch darum – und so wird dieser Satz typischerweise interpretiert –, die Paradoxie, die Anlass für diese theoretische Annahme ist, noch einmal vorzuführen. Genau so wie man in der Systemtheorie be-

---

12 Mit George Spencer Brown lässt sich dieser Fall der Wiedereinführung der Unterscheidung ins Unterschiedene als *re-entry* beschreiben. Mit anderen Worten: Das, was thematisiert wird, wird im Thematisieren hergestellt und verwendet (vgl. Luhmann 2001).

13 Mit Habermas könnte man hier einwenden, dass es Luhmann hier um die entscheidende Voraussetzung der Teilnahme im Unterschied zur reinen Beobachtung geht (vgl. Habermas 1983b). Aber in Bezug auf die Habermas'sche Argumentation ist der Begriff der Teilnahme selbst nur entscheidend dafür, dass Sprache als Instrument der Verständigung funktionieren kann. Habermas geht es nicht darum, eine Soziologie aus der Perspektive der Teilnehmer zu entwerfen. Eben dies kritisiert er am Beispiel der Phänomenologie, der er vorwirft, sich auf eine kulturalisierende Perspektive zu beschränken (vgl. Habermas 1999: 211).

liebig anzunehmen scheint, dass es Systeme gibt, hantieren wir im Alltag mit Begriffen. Es gibt Kunst und es gibt Wissenschaft und es gibt Liebe und es gibt Diskurse, schon bevor wir erklären können, was das eigentlich ist. Für eine Theorie, die sich für die theoretische Nachzeichnung dieses Phänomens interessiert, bedeutet es, zu erklären, wie sich Kommunikationen als wissenschaftliche, als künstlerische, als liebende Kommunikationen selbst verstehen. Luhmann spricht an dieser Stelle davon, dass Kommunikationen kommunizieren. Sie werden selbst zu bornierten Akteuren, die nur anschließen können, weil sie etwas bestätigen, weil sie etwas wiederholen, weil sie sich auf die vorangegangenen Kommunikationen beziehen lassen. Auf diese Weise definieren sie in ihrer Geschlossenheit mit jedem Anschluss neu, was Kunst ist, was Wissenschaft ist und was Liebe ist.

Für den konkreten Alltag der empirischen Forschung bedeutet dies, zunächst zu verstehen, dass die Definitionen, die man als Wissenschaftler geben will, gar nicht so spannend sind. Viel interessanter ist es nachzuzeichnen, wie sich die Wirklichkeit selbst definiert. Methodisch heißt dies, dass man eigentlich gar nicht viel falsch machen kann. Überall kann man Anschlussfähigkeit nachzeichnen. Entscheidend ist zunächst nur, dass man sich einen Zugang zu Kommunikationen verschafft, die sich auf einen gemeinsamen Kontext beziehen. Dabei muss nicht ein gesamtes Feld in den Blick genommen werden. Es reicht, wenn im Hinblick auf eine Fragestellung ein Bereich herausgegriffen wird, dessen Spezialisierung im Weiteren untersucht wird. Zentral hierfür ist zunächst eigentlich nur, dass die untersuchten Kommunikationen Redundanz produzieren, dass sich in ihnen typische Anschlussmöglichkeiten zeigen können, was nur funktioniert, wenn genügend ähnliches Material vorhanden ist. Der erste Auswertungsschritt besteht also fast immer darin, das Material einer quantifizierenden Analyse zu unterziehen, um herauszufinden, welche Kommunikationen immer wieder auftauchen. So einfach lässt sich der paradoxe Weg der Selbstdefinition von sozialen Phänomenen nachvollziehen.

Wenn man diese Form der Geschlossenheit akzeptieren kann, dann kann man sich vorstellen, wie sich unterschiedliche Kontexte jeweils selbst begrenzen und wie unterschiedlich die Voraussetzungen sind, mit denen im jeweiligen Kontext hantiert wird. Überall im Krankenhaus geht es um den Umgang mit Krankheiten, aber nicht in jeder Situation wird eine Krankheit geheilt. Mit Luhmann kann man lernen zu sehen, wie voraussetzungsreich auch schon einfachste Routine-Interaktionen mit der Verwaltung bei der Aufnahme ins Krankenhaus sind und als Patient kann man wissen, wie unwichtig sie einem selbst erscheinen, wenn man als Patient in ein Krankenhaus kommt. Während die frühere funktionalistische Theorie hier behauptet hätte, dass sich das Verwaltungshandeln als funktional und damit als unersetzbar für das Krankenhaus darstellt, würde man heute mit Luhmann beschreiben, wie sich Handeln in bestimmten Kontexten verselbstständigt. Was kann ein Angestellter der Verwaltung schon tun, wenn jemand mit Schmerzen vor ihm steht. Die Idee einer guten Arbeit in dieser Situation rückt die Konzentration auf die Ver-

waltung in den Mittelpunkt. Luhmann rekonstruiert in diesem Zusammenhang Normen als Produkte ihrer zeitlichen Ressourcen. Um diese Denkfigur soll es im nächsten Kapitel gehen.

2. Verzeitlichte Normen: Bedeutungen

In der Verzeitlichung seiner Soziologie findet sich bei Luhmann eigentlich das Herzstück seiner Argumentation. Wer sich die Geschlossenheit von Kommunikation vorstellen kann, der kann sich auch vorstellen, dass viele zentrale Fragen unseres Alltags zwar in vielen Situationen auftauchen, aber dort jeweils unterschiedlich beantwortet werden. Verstehen muss man an dieser Stelle, dass das, was an Kommunikationen in einem bestimmten Kontext anschließt, tatsächlich auch eine Antwort ist. Ein zentrales Zitat von Luhmann zu dieser Fragestellung lautet: „Im Unterschied zu anderen Autoren legen wir den Normbegriff in eine andere, nämlich die zeitliche Dimension und unterscheiden als Gesichtspunkte der sachlichen Identifikation von Erwartungszusammenhängen Personen, Rollen, Programme und Werte. Erwartungen, die durch solche Identitäten gebündelt werden, können mehr oder weniger normiert werden, je nachdem, wie eine etwaige Enttäuschung behandelt wird" (Luhmann 1988b: 429).

Was hier so leicht klingt, ist zentral für die empirische Analyse von Texten und kann am besten verstanden werden, wenn man sich Kontexte als geschlossen vor Augen führt. Die Banalität eines alltäglichen Gesprächs zwischen Käufer und Verkäufer über das Wetter findet sich dann wieder neben der Banalität eines verwaltungstechnischen Problems der Einsortierung von Patientendaten. Die Banalität des Popmusik-Hörens findet sich wieder neben der Banalität des Klassische-Musik-Hörens. Und das Konsumieren ist nichts anderes als das Schreiben von wissenschaftlichen Texten. Jeder Bereich für sich genommen entfaltet Bedeutungen und exakt hierüber lässt sich auch eine Soziologie des Alltags rechtfertigen, die sich in der Form von *cultural studies* für die Buntheit des alltäglichen Lebens interessiert, für all das, was uns im Allgemeinen als zu unwichtig erscheint, um es einer empirischen Analyse zu unterziehen. Die Normen und Werte,[14] die hierbei geschaffen

---

14 Typischerweise hat sich die Soziologie klassisch als Wissenschaft der Normen und Werte verstanden. Vergleiche hierzu die Einführung von Bernhard Schäfers (1992) und von Horst Reimann (1991). Zentral war dabei, den Abstraktionsgrad der Begriffe Institutionen, Normen und Werte zu unterscheiden und alles unter einem gemeinsamen Dach wiederzufinden. Gefragt wurde jedoch nicht, wie denn so etwas Allgemeines wie ein Wert in einer empirischen Situation erreicht werden kann. Dass es – wie Luhmann vorschlägt – stattdessen um mehr oder weniger abstrakt gehaltene Erwartungsstrukturen und die damit verbundenen Freiräume geht, kann man erst sehen, wenn man Werte tatsächlich als Produkt einer Kommunikation sieht, in der es vielleicht nur darum geht, über den Verweis auf Werte ein Problem zu vertagen oder einem anderen Priorität zuzuweisen (vgl. hierzu Luhmann 1968).

werden, sind uns im Allgemeinen zu vorläufig, zu unbedeutend, zu unsichtbar, um sie als Ansatzpunkt für eine empirische Analyse zu verstehen. Aber in der Form von Lösungen, von Beschreibungen dessen, was in einer Situation funktionieren kann, entsteht ihre Bedeutung.

Die Gesellschaftstheorie, wie sie Talcott Parsons und Jürgen Habermas betrieben haben, hat in der Erklärung von Normen ihren zentralen Gegenstand gefunden. Bezugnehmen möchte ich an dieser Stelle zunächst wiederum auf die Theorie des kommunikativen Handelns von Habermas, um zu zeigen, wie mit dem Problem der Normen und Werte in der Soziologie umgegangen wird. Verstanden werden sie üblicherweise als zeitlich überdauernd und seinen Ausdruck findet dies bei Habermas in der Figur der symmetrischen Kommunikation.

Mit Hilfe der Theorie des kommunikativen Handelns kann man lernen, dass Einverständnis nicht asymmetrisch ist. Inwiefern ist das eigentlich so? Einverständnis zu erreichen erscheint als Lösung, wenn man bis dahin als andere Seite der Verständigung nur Hinderungsgründe für gute Argumente sieht. Alles, was sich als Uneindeutigkeit abweichender Meinungen beschreiben lässt, hebt Habermas in der Idee des Diskurses auf und erklärt es als Vorläufigkeit. Zunächst zum Einverständnis: „Einverständnis bedeutet, dass die Beteiligten ein Wissen als gültig, das heißt als intersubjektiv verbindlich akzeptieren" (Habermas 1978: 574). Dieser Satz kann als soziologische Antwort auf die Frage danach, inwiefern Wissen für moralische Fragen entscheidend ist, verstanden werden. Habermas geht davon aus, dass es so etwas wie Bedeutungsidentität gibt. Bedeutungsidentität lässt sich aus der Perspektive einer sprachphilosophisch aufgeklärten Theorie nicht mehr korrespondenztheoretisch – als Entsprechung von Gegenstand und Wahrnehmung – beschreiben, sondern nur noch als Kommunikation der Identität. Entsprechend weist Habermas darauf hin, dass es nur noch um Geltungsansprüche gehen kann, die es ermöglichen, Propositionen aufeinander zu beziehen. Vom Resultat her muss dies jedoch eine Praxis produzieren, an der sich die Identität der Bedeutungen ablesen lässt. In Habermas' Worten: Jemand, der Sprache verwendet, „muss unter anderem davon ausgehen, dass die Beteiligten ihre illokutionären Ziele ohne Vorbehalte verfolgen, ihr Einverständnis an die intersubjektive Anerkennung von kritisierbaren Geltungsansprüchen binden und die Bereitschaft zeigen, interaktionsrelevante Verbindlichkeiten, die sich aus einem Konsens ergeben, zu übernehmen" (Habermas 1997: 18, Herv. I. S.).

Nicht die Wahrheit an sich ist hier wichtig, sondern die Konsequenz, die daraus resultiert: Handeln mit Bezug auf ein kritisierbares Motiv. Dem Handelnden wird das, was er getan hat, zurechenbar. Wenn man sich diese Form der Herstellung von Motivation und Handlung als Ideal des kommunikativen Handelns vorstellt, wird deutlich, inwiefern die Lebenswelt im Unterschied dazu als Kontrast funktioniert. Im Rahmen dessen, was Habermas als Lebenswelt beschreibt, geht es viel um eine Gegenwart, in der gerade nicht hinterfragt wird: „Die Lebenswelt ist im Modus von Selbstverständlichkeiten gegenwärtig, mit denen die kommunikativ Handelnden intuitiv so vertraut sind, dass sie nicht einmal mit der Möglichkeit ihrer Problematisierung rechnen" (Habermas 1978: 591). Im Hinblick auf Argumentationen bedeutet dies, dass ein sozusagen geschlossener Zusammenhang der Variation von bereits bekannten Sätzen möglich ist. „Die Bewältigung von Situationen stellt sich als ein Kreisprozess dar, in dem der Aktor beides zugleich ist – der Initiator zurechenbarer Handlungen und das Produkt von Überlieferungen, in denen er steht, von solidarischen Gruppen, denen er angehört, von Sozialisations- und Lernprozessen, denen er unterworfen ist" (ebd.: 593).

Was sich hier als Selbstverständlichkeit zeigt, wird von Habermas als kulturelles Hintergrundwissen beschrieben, das dafür sorgt, „dass die Kommunikationsteilnehmer den Zusammenhang zwischen objektiver, sozialer und subjektiver Welt bereits inhaltlich interpretiert vorfinden" (ebd.: 591). Das Gute an dieser Situation ist die Erfahrung der Verständigung in solchen Situationen. Das Schlechte ist das Niveau, auf dem diese Verständigung stattfindet: eines der Konventionen. Immerhin reicht die Erfahrung von Verständigung aus, um daran orientiert eine Intuition der „zwanglos einigenden, konsensstiftenden Kraft argumentativer Rede" (Habermas 1978: 605) abzuleiten. So harmonisch, wie es in lebensweltlichen Konversationen zugeht, sollte es auch eigentlich in Argumentationen ablaufen.[15]

Im Weiteren wird es nun darauf hinauslaufen, immer wieder herauszuarbeiten, dass sich alles, wofür sich Habermas interessiert, „spontan aus lebensweltlichen Quellen regeneriert" (Habermas 1990: 28). Die Grundlage für alles ist bereits „von Haus aus" (Habermas 1983a: 178) vorhanden und muss nun nur noch zur Entfaltung kommen. Mit dieser Grundlage entsteht ein Blick für einen lebensweltübergreifenden Rahmen. Unterschiede zwischen Kontexten werden sichtbar, aber zugleich wiederum unbedeutend. Als zentrales Zitat dieses Kapitels lassen sich prototypisch die folgenden Sätze anführen: „Die für Aussagen und Normen (auch für Erlebnissätze) beanspruchte Gültigkeit transzendiert ihrem Sinne nach Räume und Zeiten, während der aktuelle Anspruch jeweils hier und jetzt, innerhalb bestimmter Kontexte erhoben und – mit Fakten erzeugenden Handlungsfolgen – akzeptiert oder zurückgewiesen wird. Die beanspruchte Gültigkeit unserer Äußerungen und der Praktiken unserer Rechtfertigung unterscheidet sich von der sozialen Geltung faktisch eingespielter Standards und bloß eingewöhnter oder durch Sanktionsdrohungen stabilisierter Erwartungen. Das ideale Moment der Unbedingtheit ist tief in die faktischen Verständigungsprozesse eingelassen, weil Geltungsansprüche ein Janusgesicht zeigen: Als Ansprüche schießen sie über jeden Kontext hinaus; zugleich

---

15   Eine Gesellschaftstheorie, die – wie die Systemtheorie – nicht beim Lebensweltbegriff beginnt, erscheint aus dieser Perspektive selbst sozialpathologisch: „Nachdem der Systemfunktionalismus von den Schlacken der soziologischen Tradition gereinigt worden ist, ist er freilich für Sozialpathologien, die vor allem an strukturellen Merkmalen sozial integrierter Handlungsbereiche abgelesen werden können, unempfindlich" (Habermas 1981a: 522).

müssen sie hier und jetzt erhoben sowie akzeptiert werden, wenn sie ein koordinationswirksames Einverständnis tragen sollen – denn dafür gibt es keinen Null-Kontext. Die Universalität der behaupteten rationalen Akzeptabilität sprengt alle Kontexte, aber nur das verbindliche Akzeptieren vor Ort macht die Geltungsansprüche zu Schienen, über die eine kontextgebundene Alltagspraxis gleiten kann" (Habermas 1997: 36 f.).

Während es Habermas an dieser Stelle nur um die Unterscheidung von Faktizität und Geltung geht, wird gleichzeitig ein Zusammenhang von konkreten Kontexten und zeit- und raumübergreifenden Perspektiven eröffnet. Dass vor Ort Einverständnis hergestellt werden kann, liegt nur daran, dass der Ort auf andere Orte verweist und sich darüber rechtfertigt, weil er vom konkreten Ort abstrahiert. Das Einverständnis findet also zugleich im Hinblick auf ein größeres Publikum statt und vertieft damit das, was Habermas als Geltungsanspruch bezeichnet. Der Geltungsanspruch ist als solcher unbedingt und universal.

Wie ist eigentlich diese Idee der Universalität entstanden? Aus der Perspektive einer sich selbst problematisierenden Globalisierung erscheint sie oft nur noch als hegemonialer Diskurs einer westlichen Moderne. Entstanden ist diese Idee jedoch nicht als Globalisierungsperspektive, sondern als Einübung in eine spezielle Form der Rede: Eine Rede, die mit normfreien Kontexten rechnet, die damit rechnet, dass in anderen, nicht auf Sprache als Medium basierenden Kontexten – Systemen –, keine Fragen der Wahrheit, der Richtigkeit oder der Wahrhaftigkeit diskutiert werden. In dem, was Habermas als soziale Evolution bezeichnet, findet sich in der Form einer geschichtlichen Perspektive das aufgehoben, was mit Habermas als Entkopplung von System und Lebenswelt verhandelt wird und was eigentlich einen Zusammenhang beschreibt, in dem verschiedene Figurationen des Sozialen, verschiedene Kontexte sichtbar werden. Jenseits der Frage danach, ob sich solche oder andere historische Perspektiven eines Soziologen bewähren können oder nicht, fällt auf, dass evolutionstheoretische Beobachtungen ihre Bewährung vor allem in der Plausibilisierung unterschiedlicher Formen von Personschablonen finden. Was wir heute als Subjekt bezeichnen, war unter anderen Bedingungen – anderer Ort, andere Zeit – vielleicht kaum adressierbar? Können Kontexte so unterschiedlich sein?

Bevor wir jedoch genauer fragen, wie sich in einer typischerweise evolutionstheoretischen Perspektive Kontexte von einander unterscheiden lassen, soll hier noch einmal zusammengefasst werden, was dieser Vergleich mit einer Habermas'schen Perspektive für die methodische Analyse selbst bedeutet. Eigentlich muss man all dies gar nicht wissen, um empirische Forschung durchzuführen. Wichtig ist es nur deshalb, weil wir automatisch – wenn man sich den Hintergrund einer solchen wie der Habermas'schen Vorgehensweise nicht vor Augen führt – so vorgehen, dass wir Normen als überzeitliches Phänomen fassen, obwohl doch schon die gesamte Argumentation dazu darauf hindeutet, dass wir mit viel theoretischem Aufwand diese Überzeitlichkeit herstellen müssen. Die Habermas'sche Theorie lässt sich aus dieser Perspektive als großes Unternehmen rekonstruieren, das es sich zur Aufgabe gemacht hat, in den noch so unwichtigsten Situationen mit noch so ungebildeten Teilnehmern aus unwichtigen Themen den Kern einer Verständigung herauszulesen, um über die Alltäglichkeit dieser Bedeutungen hinauszugelangen. Sie erscheinen bei Habermas als Vorläufigkeiten, in der Systemtheorie sind sie jeweils Problemlösungen.

Entscheidend ist für eine an Luhmanns Systemtheorie orientierte Forschungsperspektive an dieser Stelle also zunächst nur der Schritt der Emanzipation von der Universalität von Normen, um den Blick für die jeweiligen normativen Produkte der Situation zu öffnen. Bedeutungen sind – aus dieser Perspektive betrachtet – verzeitlichte Normen. Wenn man das versteht, kann man sich für die Produkte eines sich selbst definierenden geschlossenen Kontextes interessieren, in dem gilt, was in ihm gilt – je nach dem, wie die Anschlüsse funktionieren.

Ein dritter zentraler methodischer Schritt besteht in der Vergleichsperspektive. Um verstehen zu können, wie sich ein geschlossener Kontext seine Bedeutung selbst schafft, ist es hilfreich, diesen Kontext mit anderen Kontexten zu vergleichen. Im folgenden Kapitel soll nun dies genauer dargestellt werden – auch hier wiederum mit Hilfe eines Rückgriffs auf die Habermas'sche Theorie der Evolution. In den großen Differenzierungstheorien ist die Idee unterschiedlicher Kontexte immer schon angelegt. Sie wird jedoch je nach Theorie wiederum zur Idee einer integrierten Gesellschaft zusammengefasst. Ganz besonders elegant gelingt dies bei der Habermas'schen Theorie.

3. Spezialisierte Kontexte: Vergleichbarkeiten

Die empirische Forschung auf der Grundlage der Systemtheorie interessiert sich für die geschlossene Entfaltung von Bedeutungen, die sich gerade deshalb bewährt, weil dem einen Kontext möglich ist, was in dem anderen nicht geht. Hier ist sogar von einem Steigerungszusammenhang auszugehen (vgl. Nassehi 2003), bei dem zum Beispiel die Erwartungen an Liebeskommunikation umso weniger ökonomisch klingen dürfen, je ökonomischer andere Kontexte werden. Es geht hier also um die Untersuchung von Kontexten oder „kommunikativen Gattungen" (Luckmann 1986) oder Lebenswelten (Hitzler/Honer 1997) und deren Strukturen.

Viele Forschungsrichtungen entscheiden sich an dieser Stelle für eine sequenzanalytische Vorgehensweise, um die Zentralität des Kontextes zu behaupten. Zu fragen ist aber zunächst, warum eigentlich der Kontext entscheidend ist. Weil darin die Bedeutung entsteht oder weil er selbst die Bedeutung schafft? Für eine systemtheoretische Analyse würde gelten, dass sie sich für die Schaffung von Bedeutung in einem Kontext interessiert, also dafür, wie der jeweilige Kontext mit seinen

Ressourcen – Interaktion: Bedingung von Anwesenheit; Organisation: Entscheidungsstrukturen; Gesellschaft: Anschlussfähigkeit – die Grundlage für Bedeutungen beziehungsweise verzeitlichte Normen schafft. Während die Sequenzanalyse fordert, dass Sätze nicht aus dem Zusammenhang gerissen werden dürfen (vgl. Vogd 2007), entsteht der Eindruck, dass über diesen Zusammenhang eine Bedeutung der Sätze für alle Zeiten festläge. Exakt dies würde man sich als Forscher auch wünschen, entspricht es doch dem Ideal einer Wissenschaft, die sich über die Borniertheit der Kontexte hinausbewegen will. Die Bedeutung liegt jedoch nicht in den konkreten Sätzen, sondern sie entsteht durch den Bezugspunkt des Kontextes. Sätze einer Interaktion können sowohl auf eine Kundenkommunikation verweisen, aber auch auf einen therapeutischen Kontext oder gar auf biographische Selbstbeschreibungen. Je nach dem, was der Forscher untersuchen will, produziert er entsprechende Redundanzen, die er als Hinweis auf Strukturen auswerten kann. Aber diese Strukturen stellen gerade nicht einen überzeitlichen Ablauf dar, sondern nur einen Kontext, dessen Voraussetzungen sich nicht ändern. Interaktionskontexte unterscheiden sich zum Beispiel in ihrer Episodenhaftigkeit typischerweise von Organisationskontexten und auch hier muss wiederum unterschieden werden, welches Ausmaß an Anwesenheit ein jeweiliger Organisationskontext voraussetzt. Jede beliebige Situation kann man auf diese Bedingungen ihres Kontextes hinterfragen und gelangt so zunächst zu einer Einschätzung der jeweiligen Möglichkeiten und auch dessen, was als Problem in so einem Kontext aufgrund der Ressourcen auftauchen kann.

Die großen Theorien, die Differenzierungstheorien, konnten so etwas schon immer leichter ansatzweise darstellen, aber auch dort stand immer die Frage im Vordergrund, warum es solche Unterschiede gibt. Im Alltag erleben wir die Disparatheit von Situationen, von Sätzen, die mal das eine, mal das andere behaupten, immer als Problem. Habermas beginnt seine evolutionstheoretische Perspektive mit dem, was man „Stammesgesellschaft" nennt. Der Blick in eine solchermaßen mit evolutionstheoretischen Begrifflichkeiten hergestellte Gegenwart der Vergangenheit ermöglicht einen Gewinn, der auf anderem Wege nicht zu haben ist: die Dezentrierung der modernen, sich subjektiv selbst verstehenden Perspektive. Was sich als Resultat einer langen Philosophiegeschichte rekonstruieren lässt – die Entstehung von Selbstbewusstsein –, wird auf diese Weise soziologisch plausibilisiert als Gedankenexperiment: Wie würde man von sich reden, wenn man sich nicht als individuiertes Selbstbewusstsein begreifen würde? Schon diese Fragestellung verdankt sich sprachlichen Voraussetzungen, die einen Blick in eine solche vergangene Welt uneinholbar an die Gegenwart binden dürfte. Die Erklärungsbedürftigkeit des Andersseins des Anderen lässt sich jedoch auch positiv nutzen, indem man diese Unterscheidung zu einer systematischen Kategorie macht. Die Frage würde dann lauten: Welche Möglichkeiten, mit Unterscheidungen umzugehen, gibt es eigentlich?

Habermas' Vorgehen kann man am einfachsten verstehen, wenn man es liest als Versuch, rückwärts die herausragende Bedeutung von Einflussnahme über Wissen und damit auch über Zurechnungsfähigkeit zu erklären. Wissen als Ressource gesellschaftlicher Macht ist für Habermas die legitime Form von Macht und sie, diese Form von Macht, entsteht erst am Ende einer langen Geschichte gesellschaftlicher Evolution. Was heute als Wissen verstanden wird, beginnt in einfachen Stammesgesellschaften schlicht mit Rollenvorgaben. An dieser Stelle sieht Habermas den soziologischen Begriff der Rolle am besten platziert. Während sich die soziologische Rollentheorie systematisch mit der Frage auseinandersetzt, wie in einer modernen Gesellschaft spezialisierte Verhaltensweisen auf Dauer gestellt werden können, rekonstruiert Habermas dieses Konzept schlicht über die Kombination der beiden entscheidenden Kategorien: Zweckrationalität und Kommunikation. Oder: Handlungskoordinierung und Handlungsorientierung. Die Rolle fungiert in einfachen Gesellschaften sowohl als koordinierendes als auch als orientierendes Konzept, da es jenseits der Rolle nichts gibt. Die Frage nach einem Jenseits der Rolle mündet automatisch in eine andere Rolle, markiert also eine Gesellschaftsform, die in Rollen aufgeht. Man ist Mann oder Frau, jung oder alt, und vielleicht noch Träger irgendeiner Sakralrolle. Alles, was es an Unterscheidungen innerhalb einer solchen Gesellschaft gibt, findet die Form von Rollen. Das Besondere an dieser Form der Gesellschaftsorganisation sieht Habermas in der Verschränkung von Sozial- und Systemintegration, also in der Kopplung von Rationalität und Funktionalität. „Eine solche Gesellschaft, die in den Dimensionen der Lebenswelt gewissermaßen aufgeht, ist omnipräsent; anders gesagt: sie reproduziert sich in jeder einzelnen Interaktion als ganze" (Habermas 1981b: 234). Omnipräsent ist diese Gesellschaft, weil die Sozialstruktur durch die Interaktion gebildet wird, die Gesellschaft also an den Grenzen der Interaktion aufhört.

Was bedeutet das eigentlich, wenn man solchermaßen Interaktion zum entscheidenden Merkmal einer Gesellschaft erklärt? Interessieren muss man sich dann eigentlich für eine veränderte Bedeutung, die Sprache selbst innehat. Während Sprache für einen Wissenschaftler typischerweise Informationswert beinhaltet, es also einen Unterschied ausmacht, ob er dies oder jenes meint, ist exakt dieser Befund in Interaktionsgesellschaften irrelevant. Es ist kein sprachlicher Sinn denkbar, der jenseits der Interaktionen noch Bedeutung entfalten könnte, weswegen die Anwesenheit selbst viel wichtiger ist als das gesprochene Wort. Noch mal: Die Sichtbarkeit des Anderen ist – während der andere redet – wichtiger als der Inhalt der Rede.[16]

---

16 Bernhard Giesen hat in seinen evolutionstheoretischen Studien diesen Sachverhalt als „Situativen Code" beschrieben: „Die enge Anbindung des symbolischen Codes an soziale und räumliche Differenzierungen bringt es mit sich, dass Symbole ihre Bedeutung – mehr als in späteren Vergesellschaftungsformen – aus konkreten Situationen beziehen. Personen und Dinge haben ihre Namen, über die sich nur schwer debattieren lässt. Der Name wiederum ergibt sich zumeist auch aus der

In Gesellschaften dieser Art sind System und Lebenswelt eins. Sehen kann man das – laut Habermas – daran, dass die Anthropologie als forschenden Zugang einen hermeneutischen wählt, der uns aber dann eigentümlich unzufrieden zurücklässt. „Die hermeneutischen Anstrengungen werden freilich dadurch provoziert, dass die Verschränkung von System- und Sozialintegration die gesellschaftlichen Vorgänge nicht nur transparent hält, sondern in anderer Hinsicht auch undurchsichtig macht. Diese zieht einerseits alle gesellschaftlichen Vorgänge in den Horizont der Lebenswelt hinein und verleiht ihnen den Anschein der Verständlichkeit – die Stammesgenossen wissen, was sie tun, wenn sie ihre Jagd-, Fruchtbarkeits-, Initiations- und Heiratsriten vollziehen. Andererseits ist die mythische Struktur der Erzählungen, mit denen sich die Angehörigen ihre Lebenswelt und die eigenen Handlungen plausibel machen, für uns gerade unverständlich" (Habermas 1981b: 245 f.). Die Kommunikation selbst entfaltet sich als Zwecktätigkeit und umgekehrt: Die Zwecktätigkeit entfaltet sich als Kommunikation. Gemeinsames Merkmal ist durchgehend die Verkörperung von Unterschieden in verwandtschaftlichen Strukturen. Eben dies ist nur in Stammesgesellschaften möglich, auf der Grundlage „vorgegebener" (ebd.: 249) Sozialstrukturen: Verwandtschaft und Abstammungsgruppen. Interessanterweise beschreibt Habermas als Grundlage dieser Differenzierungsmuster „ähnlich strukturierte Einheiten" (ebd.: 248), weil es sich beide Male – bei der egalitären und bei der hierarchisierten Stammesgesellschaft – um Familien als entscheidende soziale Einheiten handelt.[17]

Unterscheidungen gelten bis zu diesem Zeitpunkt einer familiären Sozialstruktur als maximal gerechtfertigt und genauer müsste man nun sagen: Von jedem Standpunkt der Gesellschaft aus. Was Habermas als „hermeneutisches Paradox" (Habermas 1981b: 246) dieser Gesellschaften beschreibt, müsste man nun genauer als erklärungsbedürftige Akzeptanz von Unterschieden und Ungleichheiten aller Beteiligten erklären. Was sich ändert, wenn auf der Grundlage des Mediums Macht eine „politisch stratifizierte Klassengesellschaft" entsteht, ist die Entstehung einer Semantik der ungerechtfertigten Unterscheidung. Während Habermas für den Fall der nach ähnlichen Einheiten unterscheidenden hierarchisierten Stammesgesell-

---

Stellung im Klassifikationssystem. ... Wenn sich Sprecher und Adressat in derselben konkreten Situation befinden, braucht Kommunikation nicht in demselben Maße auf allgemeine Bezeichnungen zurückzugreifen, wie dies bei dekontextualisierten Formen der Verständigung notwendig ist. Anwesenheit und Vorhandensein in konkreten Situationen erleichtern Verständigungsakte" (Giesen 1991: 26).

17   Bernhard Giesen beschreibt als Charakteristikum einer hierarchisierten Gesellschaft die Geltung eines Inklusionscodes über Situationen hinweg. „Akteure haben ihre soziale Position auch außerhalb der verwandtschaftlichen Ordnung und unabhängig von der persönlichen Begegnung unter Anwesenden, unabhängig von konkreter Reziprozität und individuellen Fähigkeiten" (Giesen 1991: 35). Mit anderen Evolutionstheoretikern unterscheidet er auf diese Weise stärker zwischen Strukturen und Verwandtschaft, als dies Habermas machen darf, wenn er die Funktionalität der Strukturen einer vormodernen Gesellschaft nicht voreilig als problematisch darstellen möchte.

schaft den Begriff des Status reserviert, weil „die Gesellschaft nach genau einer Dimension, eben der des Ansehens, den eine Familie dank ihrer Abstammung genießt, stratifiziert ist" (Habermas 1981b: 250), verwendet er für den Fall der beginnenden staatlichen Organisation den der Amtsautorität. Erklärungsbedürftig an diesem Phänomen ist die Losgelöstheit der Unterscheidung von Gruppen von verwandtschaftlichen Einheiten.

Folgerichtig spricht Habermas von unähnlichen Einheiten, deren Unähnlichkeit er aber nur sehr rudimentär erklärt. Er betont zunächst, dass es eigentlich erst in dieser Gesellschaft eine verselbständigte Ideologie, einen Überbau gibt. Während vorher Basis und Überbau, materielle Reproduktion und Legitimation eins waren, treten sie nun auseinander, indem tatsächlich ökonomische Produktionsverhältnisse entstehen. Erst für diese Gesellschaft spricht er von einer Sichtbarkeit von Interessenstrukturen (ebd.: 252) und von deutlich funktional eingesetzten Legitimationen. „Im Staat gewinnt eine Organisation, die die Handlungsfähigkeit des Kollektivs im Ganzen sichert, unmittelbar institutionelle Gestalt. Die Gesellschaft kann nun insgesamt als Organisation verstanden werden. Die soziale Zugehörigkeit zum Kollektiv wird mit Hilfe der Fiktion einer grundsätzlich kontingenten Mitgliedschaft, und zwar als Staatsangehörigkeit interpretiert" (Habermas 1981b: 255). Erst ab diesem Zeitpunkt – so könnte man nun formulieren – lohnt es sich von Hermeneutik zu reden. Erst jetzt muss der Sinn der Sätze rekonstruiert werden, denn er verweist auf Wahrheiten jenseits des propositionalen Gehalts der Sätze. Und erst jetzt kann eine hermeneutische Perspektive auch befriedigen, insofern sie einerseits auf Verständigungsleistungen, andererseits auf Interessenstrukturen verweist.[18]

Was nun beginnt – mit der Entstehung des kapitalistischen Wirtschaftssystems – ist die Entfaltung von Rationalisierungspotentialen. Rationalität gab es auch vorher schon, aber sie war in Interaktionen eingebunden, wurde also nicht als Handlung sichtbar. Handlungen werden erst sichtbar, wenn man mit Interessen rechnen muss – oder besser formuliert: Wenn es eine gesellschaftliche Semantik gibt, die mit Interessen rechnet. Interessen hat es im eigentlichen Sinn auch vorher schon gegeben, aber sie haben keine sozialstrukturelle Funktion übernommen. Dies ändert sich mit der Entstehung des Steuerungsmediums Geld. „Dieses Medium ist auf die vom Staat abgegebene gesamtgesellschaftliche Funktion des Wirtschaftens

---

18 Giesen spricht für diese Stufe der Evolution von einem „normativen Code" und von Universalisierungstendenzen: „Sowohl die normativen Voraussetzungen von Handeln, wie auch die Handlungssituation, werden dabei von personalen Bindungen gelöst; Recht gilt nicht mehr bloß, weil der König es gesetzt hat, sondern weil es eine universell gültige Orientierung von Handeln bleibt, und die Welt stellt sich nicht mehr als feindlich dar, sondern als ein Feld des Handelns, in dem knappe Mittel klug zu handhaben sind. Recht gilt ‚ohne Ansehen der Person', und Geld ‚riecht nicht'. An die Stelle einer Topologie individueller oder kollektiver Akteure tritt allmählich eine Struktur, die sich aus den abstrakten Handlungsprinzipien selbst zusammensetzt" (Giesen 1991: 42).

spezialisiert und bildet die Grundlage für ein normativen Kontexten entwachsenes Subsystem. Die kapitalistische Wirtschaft lässt sich nicht mehr wie der traditionale Staat als institutionelle Ordnung begreifen – institutionalisiert wird das Tauschmedium, während das über dieses Medium ausdifferenzierte Subsystem im ganzen ein Stück normfreier Sozialität darstellt" (Habermas 1981b: 256).

Diese Sätze sind insofern entscheidend, als man betonen muss, welche Konsequenzen dieser Begriff von Institution hat. Während Habermas für den Fall des politisch stratifizierten Staates noch von einem traditionalen Staat spricht, wird mit dem Medium Geld „die Klammer gelöst" und so etwas wie normfreie Kontexte sichtbar. Erst jetzt gibt es einerseits so etwas wie die Sittlichkeit der Lebenswelt, und andererseits davon losgelöste Institutionen, also das moderne positive Recht. Institutionalisierung bedeutet nun, dass alles, was als Ordnung gelten kann, rechtliche Grundlagen hat, die wiederum nur rechtlich geklärt werden können. Ab diesem Zeitpunkt sind Formen von interaktionsnaher Moralität zwar noch vorhanden, aber in ihrer Bedeutung nur noch in Klammern gesetzt. Integrativ funktioniert nur noch das Recht, insofern es zwischen normativen und normfreien Kontexten vermittelt.

Wenn man an dieser Stelle wiederum die Frage danach einbezieht, welche Bedeutung ein hermeneutischer Zugang haben kann, stößt man auf Habermas' Vorbehalte gegenüber einer Wissenssoziologie. „Kommunikative Handlungen sind nicht nur Interpretationsvorgänge, bei denen kulturelles Wissen einem ,Test an der Welt' ausgesetzt wird; sie bedeuten zugleich Vorgänge der sozialen Integration und der Vergesellschaftung" (Habermas 1981b: 211). Hiermit nimmt Habermas Bezug auf die drei Weltbezüge, die in einer modernen dezentrierten Weltsicht auseinander treten. Unter dem Stichwort ,Kultur' findet sich alles wieder, was sich als „Wissensvorrat für Interpretationen" beschreiben lässt. Von Interpretationen zu reden ist eigentlich nur an dieser Stelle sinnvoll, weil es hier um die Idee einer objektiven Welt geht, über die „Wahrheiten" erzählt werden. Unter dem Stichwort ,Gesellschaft' geht es um alles, was sich als legitime Ordnung bezeichnen lässt, die zu Zugehörigkeit und Solidarität führt (ebd.). Legitime Ordnung ist in einer modernen Gesellschaft nur noch das, was sich als rechtliche Verfassung einer Gesellschaft beschreiben lässt. Grundlage dafür ist wiederum die Befreiung der lebensweltlichen Einstellung aus dem konventionellen Rahmen und seine Emanzipation zu einem *moral point of view.* Dies lässt sich wiederum nicht anders als als Absage an die nur lebensweltlichen Deutungsmuster verstehen. Und unter dem Stichwort ,Persönlichkeit' kann man von nun an all das zusammenfassen, womit die Soziologie typischerweise beschäftigt ist: sprach- und handlungsfähige Identitäten. Auch diese werden bei dieser Unterscheidung von lebensweltlichen Ressourcen maximal eingeklammert. Es gibt sie nicht, diese Persönlichkeiten, sondern sie werden hergestellt! Das erzählende Subjekt als Grundlage all dessen, was die Soziologie so gerne interpretiert, ist nur eine Konstruktion einer spezifischen Gesellschaftsform. Wofür die Habermas'sche Soziologie diese Figur der Persönlichkeit braucht, liegt auf der Hand: für die „Tugenden" (ebd.: 270). Zurechnungsfähigkeit – als „Vertrauen in Autonomie" (Habermas 1981b: 271) – rekonstruiert Habermas folgendermaßen: „Darunter verstehe ich Willensstärke, Glaubwürdigkeit und Zuverlässigkeit, also kognitive, expressive und moralisch-praktische Tugenden eines an Geltungsansprüchen orientierten Handelns" (ebd.: 270).

Deutlich wird bei solchen Sätzen, wie uninteressiert eigentlich die Theorie des kommunikativen Handelns an all dem ist, was sie so systematisch rekonstruiert. Sie beschreibt die unterschiedlichsten Formen lebensweltlicher Integration, um zu erklären, warum so etwas heute keine Rolle mehr spielt. Rechtfertigung für diese Art von Radikalität ist die Behauptung, dass sich in allen früheren Formen von Sozialität bereits die entscheidende Art von postkonventioneller Moral vorbereitet habe. Die großen Habermas'schen Werke dienen aus dieser Perspektive eigentlich nur dazu, zu begründen, dass man all diese Formen der Vor-Persönlichkeit nicht mehr braucht. Habermas lässt, was er rekonstruiert, hinter sich. Die Rekonstruktion selbst rechtfertigt diese Form von Aufräumarbeit. Mit der Entstehung des autonomen Individuums ist jedoch nicht das eigentliche Ziel der Evolution erreicht, sondern ein Mittel, um zu diesem Ziel zu gelangen. Nicht das autonome Subjekt ist es, was Habermas interessiert, sondern die damit verbundene Rationalisierung.

Welche Art von gesellschaftlicher Wirklichkeit beschreibt Habermas eigentlich, wenn es ihm um Systeme geht. Typischerweise interessiert sich die Sekundärliteratur in Bezug auf die Theorie des kommunikativen Handelns vor allem für die kommunikative Rationalität. Sie gewinnt in den Darstellungen dann eine so prominente Bedeutung, dass kaum auffällt, wie weit sich Habermas von diesem Idealbild entfernt, wenn er neben sozialer Integration eine systemische behauptet. Die These des folgenden Abschnitts wird sein, Habermas – gegen seinen Willen – als Systemtheoretiker zu lesen, insofern er – weit entfernt von jeder Sozialromantik – von hermeneutisch uneinholbaren Kontexten ausgeht. Die folgenden Sätze zeigen, wie problematisch Habermas das einschätzt, was er unter dem Etikett System beschreibt. Mit seinen Worten: „Autonomie gewinnen Organisationen durch eine neutralisierende Abgrenzung gegen die symbolischen Strukturen der Lebenswelt; damit werden sie gegen Kultur, Gesellschaft und Persönlichkeit eigentümlich indifferent. ... Die soziale Realität scheint insgesamt auf eine versachlichte, von normativen Bindungen freigesetzte Organisationsrealität zusammenzuschrumpfen. Tatsächlich bedeutet ‚Dehumanisierung' aber nur die durch Steuerungsmedien ermöglichte Abspaltung formal organisierter Handlungsbereiche von der Lebenswelt ..." (Habermas 1981b: 455 f.).

Alles, was für die Lebenswelt gilt, wird in Organisationen außer Kraft gesetzt. „Weil dieser (der formell geregelte Interaktionsbereich, I. S.) durch rechtsförmige Organisation sittlich neutralisiert ist, verliert kommunikatives Handeln im Binnenraum von Organisationen seine Geltungsgrundlage" (ebd.: 460). Und später: „Die

Konstituierung von Handlungszusammenhängen, die nicht mehr sozial integriert sind, bedeutet ein Abtrennen sozialer Beziehungen von der Identität der handelnden Aktoren" (ebd.: 461). Die Welten, die Habermas voneinander unterscheidet, wenn er von einer Entkopplung von System und Lebenswelt spricht, stehen sich also tatsächlich komplett fremd gegenüber. Selbst Formen kommunikativen Handelns lassen sich im organisatorischen Kontext nicht mehr als solche interpretieren, weil sie den Zwecken der Organisation unterworfen werden. Sie werden zu schlichten Ideologien. Habermas wagt hier etwas, was eigentlich sehr spektakulär ist. An diesen Orten der Organisation wird eine Umgangsweise möglich, die allem widerspricht, was sich als Logik einer unversehrten Intersubjektivität beschreiben lässt. Auf diese Weise ist es ihm gelungen, das vernunftkritische Erbe der Adornitischen Tradition der Kritischen Theorie aufzunehmen – in der Tat gibt es also eine total verwaltete Welt –, aber sie ist beschränkt auf Organisationen, auf Orte, die von einem speziellen Steuerungsmedium – Geld – beeinflusst werden. Das gleiche Problem existiert nicht im Hinblick auf Macht, insofern hier das Medium selbst auf rechtliche Strukturen demokratischer Legitimation festgelegt ist. Beim Medium Geld gibt es dagegen ein Demokratiedefizit, bei dem nicht erkennbar ist, wie es aufgehoben werden soll. Stattdessen muss man laut Habermas damit rechnen, dass lebensweltliche Sicherheiten beschädigt werden. Was Habermas unter dem Titel „Kolonialisierung der Lebenswelt" verhandelt, ist letztlich nur eine Monetarisierung der Lebenswelt. Die Rationalität einer über Geld geregelten Interaktion setzt sich auch in anderen Zusammenhängen fest und beschädigt auf diese Weise all das, was sich eigentlich einer Verrechnung entzieht. „Die alternative Praxis richtet sich gegen die gewinnabhängige Instrumentalisierung der Berufsarbeit, gegen die marktabhängige Mobilisierung der Arbeitskraft, gegen die Verlängerung von Konkurrenz- und Leistungsdruck bis in die Grundschule. Sie zielt auch gegen die Monetarisierung von Diensten, Beziehungen und Zeiten, gegen die konsumistische Umdefinition von privaten Lebensbereichen und persönlichen Lebensstilen. Weiterhin soll das Verhältnis der Klienten zu den öffentlichen Dienstleistungsbetrieben aufgebrochen und partizipatorisch, nach dem Vorbild von Selbsthilfeorganisationen umfunktioniert werden" (Habermas 1981b: 581). Entscheidend ist nun jedoch: Nicht eine kapitalismusinhärente Problematik entfaltet sich hier, sondern eine lebensweltinhärente. Nicht Krisen des kapitalistischen Systems führen zu Protesten und revolutionären Veränderungen, sondern Krisen der Lebenswelt. „Kurz, die neuen Konflikte entzünden sich nicht an Verteilungsformen, sondern an Fragen der Grammatik von Lebensformen" (Habermas 1981b: 576).

Wenn man diese Diagnose zusammenfasst, ergibt sich daraus einerseits eine stärkere Dominanz dessen, was sich als Überbau einer Gesellschaft beschreiben lässt: Habermas spricht folgerichtig von Legitimationsproblemen (vgl. Habermas 1973). Andererseits zeigt sich aber auch, wie kritiklos diese Argumentation dem gegenübersteht, was sich als wirtschaftliche Logik beschreiben lässt. Geld als Steuerungsmedium ist an sich kein Problem. Problematisch ist es nur, wenn es steuernd in lebensweltliche Zusammenhänge eingreift – was es tut. Der eigentliche Ort der soziologischen Analyse bleibt damit die Lebenswelt, die es auf pathologische Strukturen zu untersuchen gilt. Der Vorwurf an die Systemtheorie bezieht sich folgerichtig nicht auf die Behauptung systemischer Zusammenhänge, sondern auf den Verlust einer „soziologischen Tradition": Was bleibt, ist eine rekonstruktive Analyse: „Die bestandswichtigen Strukturen, mit denen die Identität einer Gesellschaft steht und fällt, sind, weil es Strukturen einer Lebenswelt sind, ausschließlich einer am intuitiven Wissen der Angehörigen ansetzenden rekonstruktiven Analyse zugänglich" (Habermas 1981b: 227).

Wer auf diese Weise von der Identität einer Gesellschaft spricht, findet in der Unterschiedlichkeit von Kontexten etwas Integrierendes wieder, was über die Borniertheit der Situation hinausweist. Am Beispiel der Habermas'schen Evolutionstheorie[19] lässt sich wunderbar studieren, wie einer großen Differenzierungstheorie die Unterschiedlichkeit von Kontexten ansichtig wird, wie sie sich aber gleichzeitig gegen diese Wahrnehmung von Unterschiedlichkeit absichert. Immerhin werden dabei Kontexte denkbar, in denen Menschen sich selbst ganz anders beschreiben, als dies heute üblich ist. Es werden Kontexte denkbar, die nach ganz anderen Regeln funktionieren, gerade weil ihre Grundlage eine andere Ausstattung mit Ressourcen ist. Die jeweilige Form der gesellschaftlichen Integration schafft die Bedeutung der Situation; dies tun nicht die Teilnehmer selbst.

Wer sich für diese Art von Bornierung durch die Situation interessiert, könnte sich – dies tut Habermas nicht – auch für Kontingenz interessieren. Dieses Wort, das auf eine lange philosophische Tradition verweist, um zu erklären, dass etwas nicht notwendig so sein muss, wie es ist, aber auch nicht beliebig anders sein kann (vgl. Luhmann 1999: 187), öffnet in der Systemtheorie den Blick dafür, dass unter der Bedingung von Geschlossenheit verschiedene Kontexte entstehen können, die sich jeweils über ihre Spezialisierung rechtfertigen. Was im nächsten Moment entsteht, hängt nicht von der Identität einer Gesellschaft ab, sondern von der jeweiligen primären Differenzierungsform und dem Problem, auf das sich der nächste Anschluss als Bezugspunkt bezieht. Die Anschlussmöglichkeiten sind kontingent insofern, als unter der Bedingung von Geschlossenheit nicht alles möglich ist, aber doch eben möglich ist, was der Kontext ermöglicht. Gesellschaftliche Pathologien sind dann keine Pathologien mehr, sondern Problemlösungen, bei denen man sich fragen kann, auf welches Problem sie sich beziehen.

Methodisch bedeutet dies, im Forschungszusammenhang den einen Kontext gegen den anderen abzugrenzen, zu vergleichen und zu überlegen, welche Bedin-

---

19 Es ist hilfreich, als Vergleich hierzu die Luhmann'sche Evolutionstheorie zu lesen. Vieles klingt ähnlich, aber im Unterschied zur Habermas'schen Argumentation lässt die Luhmann'sche Theorie die vergangenen Kontexte nicht hinter sich. Sie unterscheidet nur nach primären Differenzierungsformen, die aber weitere Differenzierungsformen enthalten können (vgl. Luhmann 1997b).

gungen den einen Kontext ausmachen, welche den anderen charakterisieren. Warum kann man mit dem Bäcker nicht über Systemintegration reden? Was braucht man, um es im Seminar tun zu können? Was setzt man voraus, wenn man Bedeutungen verschriftlicht und wie anders funktionieren Erklärungen unter der Bedingung von Interaktion? So kann man immer weiterfragen und damit auch ansetzen an dem, was sich einer ersten Beobachtung eines Laien bereits zeigt, aber es ist auch hilfreich, diese Perspektive zu vertiefen und entsprechende Daten auszuwerten, in denen der Horizont dessen, was als Kommunikation hier jeweils möglich ist, durchscheint.

4. Schluss: Bornierte Bedeutungen

Um zu erklären, wie man systemtheoretisch forschen kann, muss man eigentlich nicht wissen, wie Habermas seine Gesellschaftstheorie gebaut hat. Man muss eigentlich auch nicht Luhmann lesen. Es würde reichen, anzunehmen, dass (1) Sinn paradox entsteht, dass (2) Bedeutungen verzeitlichte Normen sind und dass (3) Kontexte erst in ihrer Vergleichbarkeit sichtbar werden. Gute Forschungsarbeiten werden vielleicht sogar qua Intuition diese Regeln berücksichtigen und damit zu Ergebnissen gelangen, die für die weitere Diskussion des jeweiligen Forschungsgebietes sinnvoll sind. Ein wenig Ungebildetheit und Ignoranz kann manchmal auch nicht schaden, denn es macht den soziologischen Beobachter zu einem Fragensteller, der nicht weiß, wofür ein Kontext gut ist und der sich dann überraschen lassen kann, wie – einerseits – einfach die Anschlüsse in einem geschlossenen System, wie – andererseits – kunstvoll sie sind. Aber in den meisten Fällen ist es schwieriger als gedacht, sich die Bedeutung dieser drei Regeln wirklich vor Augen zu führen. Luhmann selbst formuliert in Bezug auf die funktionalistische Denkfigur und ihre Entstehung: „Der dafür nötige Problembezug überschreitet die Eigenexistenz der Sinnformen, gibt sich gleichgültig dagegen, ob diese wahr sind oder nicht, und gerät dadurch in Begründungsprobleme" (Luhmann 1980: 10). Die Begründungsprobleme der Neuzeit bestanden zum Beispiel in der Kritik, eine solche Vorgehensweise könne nicht wahre von falscher Religion unterscheiden und eben nicht aufklären über den Sinn guter Religion. Das gleiche Problem beschäftigt uns heute, wenn wir versuchen, der Eigenlogik einer Situation nachzugehen. Was eigentlich ganz plausibel klingt und tatsächlich methodisch auch einfach ist, scheitert oft an den Denkvoraussetzungen dieser Aufgabe.

Mein Vorschlag für eine systemtheoretische Methodologie lautet deshalb folgendermaßen: Man muss zunächst, um sie untersuchen zu können, eine Situation denken können als eine solche, die sich in ihrer Borniertheit bewährt. Erst dann lässt sich alles, was uns sonst als so banal erscheint, tatsächlich als strukturelles Element des Kontextes würdigen. Mit Luhmann kann man lernen, den Kontext als

System zu verstehen und danach zu fragen, wie er sich selbst reproduziert und seine eigenen Antworten findet. Kann es in einer Situation wirklich so banal um Körper gehen, wie es aussieht? Und – im Unterschied zu einer nicht an Kontexten interessierten Körpersoziologie – können Körper in bestimmten Situationen so irrelevant sein? Dieser Text soll eine Hilfe dabei sein, solche Banalitäten als Hinweis auf Eigenlogiken zu sehen und auszuwerten. Eigentlich ist die systemtheoretische Methodologie viel einfacher, als es ein 20 Seiten langer Text nahelegt. Es ginge auch ohne Habermas und Luhmann.

5. Literatur

Adorno, Theodor W. (1997): Spätkapitalismus oder Industriegesellschaft? In: Ders.: Soziologische Schriften I. Gesammelte Schriften 8. Frankfurt am Main: Suhrkamp [1966]: 354-370

Bardmann, Theodor M. (Hrsg.) (1997): Zirkuläre Positionen. Konstruktivismus als praktische Theorie. Opladen: Westdeutscher Verlag

Bergmann, Jörg/Luckmann, Thomas (1999): Moral und Kommunikation. In: Bergmann et. al. (1999): 13-38

Bergmann, Jörg/Luckmann, Thomas (Hrsg.) (1999): Kommunikative Konstruktion von Moral. Opladen: Westdeutscher Verlag

Braun, Norman (2008): Theorie in der Soziologie. In: Soziale Welt 59. 373-395

Braun, Norman (2009): Eine Antwort auf meine Kommentatoren. In: Soziale Welt 60. 223-232

Burkart, Günter/Runkel, Gunter (Hrsg.) (2004): Niklas Luhmann und die Kulturtheorie, Frankfurt am Main: Suhrkamp

Giesen, Bernhard (1991): Die Entdinglichung des Sozialen. Eine evolutionstheoretische Perspektive auf die Postmoderne. Frankfurt am Main: Suhrkamp

Habermas, Jürgen (1973): Legitimationsprobleme im Spätkapitalismus. Frankfurt am Main: Suhrkamp

Habermas, Jürgen (1978): Erläuterungen zum Begriff des kommunikativen Handelns. In: Ders.: Vorstudien und Ergänzungen zur Theorie des kommunikativen Handelns. Frankfurt am Main: Suhrkamp: 571-606

Habermas, Jürgen (1981a): Theorie des kommunikativen Handelns. Band 1. Frankfurt am Main: Suhrkamp

Habermas, Jürgen (1981b): Theorie des kommunikativen Handelns. Band 2. Frankfurt am Main: Suhrkamp

Habermas, Jürgen (1983a): Diskursethik – Notizen zu einem Begründungsprogramm. In: Ders.: Moralbewusstsein und kommunikatives Handeln. Frankfurt am Main: Suhrkamp

Habermas, Jürgen (1983b): Moralbewußtsein und kommunikatives Handeln. In: Ders.: Moralbewußtsein und kommunikatives Handeln. Frankfurt am Main: Suhrkamp: 127-205

Habermas, Jürgen (1990): Vorwort zur Neuauflage 1990. In: Ders.: Strukturwandel der Öffentlichkeit. Frankfurt am Main: Suhrkamp: 11-50

Habermas, Jürgen (1997): Recht als Kategorie der gesellschaftlichen Vermittlung zwischen Faktizität und Geltung. In: Ders.: Faktizität und Geltung. Frankfurt am Main: Suhrkamp: 15-60

Hirschauer, Stefan/Bergmann, Jörg (2002): Willkommen im Club! Eine Anregung zu mehr Kontingenzfreudigkeit in der qualitativen Sozialforschung – anlässlich des Aufsatzes von A. Nassehi und I. Saake, In: Zeitschrift für Soziologie 31. 332-336

Hitzler, Ronald (1999): Welten erkunden. Soziologie als (eine Art) Ethnologie der eigenen Gesellschaft. In: Soziale Welt 50. 473-483

Hitzler, Ronald/Honer, Anne (1997): Einleitung: Hermeneutik in der deutschsprachigen Soziologie heute. In: Dies. (Hrsg.): Sozialwissenschaftliche Hermeneutik. Opladen: Leske und Budrich: 7-30

Horkheimer, Max/Adorno, Theodor W. (1975): Kulturindustrie. Aufklärung als Massenbetrug. In: Dies.: Dialektik der Aufklärung. Frankfurt am Main: Fischer-Taschenbuch-Verlag [1947]: 141-191

Korte, Herrmann/Schäfers, Bernhard (Hrsg.) (1992): Einführung in Hauptbegriffe der Soziologie. Opladen: Leske und Budrich

Luckmann, Thomas (1986): Grundformen der gesellschaftlichen Vermittlung des Wissens: Kommunikative Gattungen. In: Kultur und Gesellschaft. Sonderheft 27: 200-209

Luckmann, Thomas (1989): Handlung und Handlungsdeutung in den Sozialwissenschaften. In: Rusterhol et. al. (1989): 65-76

Luhmann, Niklas (1968): Die Knappheit der Zeit und die Vordringlichkeit des Befristeten. In: Die Verwaltung 1. 3-30

Luhmann, Niklas (1980): Gesellschaftliche Struktur und semantische Tradition. In: Ders.: Gesellschaftsstruktur und Semantik. Studien zur Wissenssoziologie der modernen Gesellschaft. Bd.1. Frankfurt am Main: Suhrkamp: 9-71

Luhmann, Niklas (1988a): Erkenntnis als Konstruktion. Bern: Benteli

Luhmann, Niklas (1988b): Soziale Systeme. Grundriss einer allgemeinen Theorie. Frankfurt am Main: Suhrkamp

Luhmann, Niklas (1990): Sozialsystem Familie. In: Ders.: Soziologische Aufklärung 5. Konstruktivistische Perspektiven. Opladen: Westdeutscher Verlag: 196-218

Luhmann, Niklas (1997a): Wie konstruiert man in eine Welt, die so ist wie sie ist, Freiheiten hinein? In: Bardmann (1997): 67-83

Luhmann, Niklas (1997b): Die Gesellschaft der Gesellschaft. 2 Bände. Frankfurt am Main: Suhrkamp

Luhmann, Niklas (1999): Funktion der Religion. Frankfurt am Main: Suhrkamp

Luhmann, Niklas (2001): Die Form der Paradoxie. In: Ders.: Aufsätze und Reden. Stuttgart: Reclam: 243-261

Marx, Karl (1988): Der Fetischcharakter der Ware und sein Geheimnis. In: MEW 23. Berlin [1890]: 85-98

Marx, Karl/Engels, Friedrich (1969): Die deutsche Ideologie. In: MEW 3. Berlin [1845/46]: 9-77

Nassehi, Armin/Saake, Irmhild (2002a): Kontingenz: Methodisch verhindert oder beobachtet? Ein Beitrag zur Methodologie der qualitativen Sozialforschung. In: Zeitschrift für Soziologie 31. 66-86

Nassehi, Armin/Saake, Irmhild (2002b): Begriffsumstellungen und ihre Folgen – Antwort auf die Replik von Hirschauer/Bergmann. In: Zeitschrift für Soziologie 31. 337-343

Nassehi, Armin (2003): Dynamik der Geschlossenheit. In: Ders.: Geschlossenheit und Offenheit. Studien zu einer Theorie der modernen Gesellschaft. Frankfurt am Main: Suhrkamp: 27-88

Rehberg, Karl-Siegbert (2009): Theoretische Homogenitätssehnsucht als Dominanzanspruch. Ein Kommentar zu Norman Braun: „Theorie in der Soziologie". In: Soziale Welt 60. 215-222

Reimann, Horst (1991): Institutionen. In: Reimann et. al. (1991): 159-177

Reimann, Horst/Giesen, Bernhard/Goetze, Dieter/Kiefer, Klaus/Meyer, Peter/Mühlfeld, Klaus/Schmid, Michale (1991): Basale Soziologie. Hauptprobleme. Opladen: Westdeutscher Verlag

Rusterholz, Peter/Svilar, Maja (Hrsg.) (1989): Verstehen und Erklären. Bern: Berner Universitätsschriften

Saake, Irmhild/Kunz, Dominik (2006): Von Kommunikation über Ethik zu ‚ethischer Sensibilisierung': Symmetrisierungsprozesse in diskursiven Verfahren. In: Zeitschrift für Soziologie 35. 41-56

Saake, Irmhild/Nassehi, Armin (2004): Die Kulturalisierung der Ethik. Eine zeitdiagnostische Anwendung des Luhmann'schen Kulturbegriffs. In: Burkart et. al. (2004): 102-135

Saake, Irmhild/Vogd, Werner (Hrsg.) (2008): Moderne Mythen der Medizin. Studien zur organisierten Krankenbehandlung. Wiesbaden: VS Verlag für Sozialwissenschaften

Schäfers, Bernhard (1992): Die Grundlagen des Handelns: Sinn, Normen, Werte. In: Korte et. al. (1992): 17-34

Schmid, Michael (2009): Theoriebildung und Theoriepolitik in der Soziologie. Ein Kommentar zu Norman Braun: „Theorie in der Soziologie". In: Soziale Welt 60. 199-213

Schütz, Alfred (1971): Begriffs- und Theoriebildung in den Sozialwissenschaften. In: Ders.: Gesammelte Aufsätze Band 1: Das Problem der sozialen Wirklichkeit. Den Haag: Nijhoff: 55-67

Sulilatu, Saidi (2008): Klinische Ethik-Komitees als Verfahren der Entbürokratisierung. In: Saake et. al. (2008): 185-306

Vogd, Werner (2007): Empirie oder Theorie? Systemtheoretische Forschung jenseits einer vermeintlichen Alternative. In: Soziale Welt 58. 295-322

Willems, Herbert (1996): Goffmans qualitative Sozialforschung. Ein Vergleich mit Konversationsanalyse und Strukt;uraler Hermeneutik. In: Zeitschrift für Soziologie 25. 438-455

Kinds of Observers and Types of Distinctions

Stephan Fuchs

Who or what is an observer? An observer is anyone or anything to whom or which something matters and makes a difference. Observers need not be persons, though one can attribute observations to them, as in authorship and reputation (Luhmann 1997: 69). But an immune system is an observer as well, for example, since it distinguishes between harmless and harmful invaders of an organism. This distinction is the only one that matters to an immune system. It makes no other distinctions, and so cannot register anything that falls outside of the difference harmful/harmless. When it can draw this distinction no more, the immune system collapses and the organism dies. Organizations are observers as well; they continually gather observations about themselves and aggregate them into standard indices of performance. Organizations observe themselves and the other organizations in their niche, comparing themselves to each other, and ranking themselves into a stratified order.

An observer is a recursive and bounded network of observations. It is this network that observes. What is being observed, and how this is done, follows from the history and constraints of the network already in place. Observers can change, learn, and forget, but only in their own ways. How a science responds to anomalies, for example, is decided by that science, not its anomalies. No science, or any part thereof, disappears simply because of falsifications. An anomaly is an anomaly not by itself, but only for and to the science which acknowledges and recognizes it as anomalous. An anomaly has no straightforward or logical effect on a science; how it deals with it depends on the structure and signature of the entire network that is a science. A science will adapt to anomalies in such a way that it preserves itself, and especially its core or center, the institution of "normal" science (Quine 1964).

The limits of an observer are the limits of its distinctions and the limits of its world. What makes a difference to one observer is a matter of in-difference to another, to whom a different difference matters. What matters to an observer is not decided by the world, but by that observer itself. The world does not "cause" the observer or its observations, as is assumed in standard empiricist and causal theories of perception (Armstrong 1990). But how could a tree possibly "cause" a representation of itself? How trees are observed depends on their observers, and on the various ways and distinctive modes in which they are related to, and concerned about, trees, not trees themselves. How observers relate to the world, and how they perceive their niches within it, depends on what matters to the observer, and how it does so.

Observing is not a passive watching or copying of the world. Observing does not mirror but changes the world. A new distinction is a new way in which something matters in the world; it is a way of "worlding" or, when distinctions disappear, "un-worlding." To observe means to draw a distinction: "The basic cognitive operation that we perform as observers is the operation of distinction" (Maturana/ Varela 1980: XIX). This has to be done and accomplished in some way, or does not happen at all. The world itself is not an observer, and so draws no distinctions itself. Observers are observers *of* the world *in* the world, located in particular networks of self-similar and related observations (Collins 2003). The world as such and in itself cannot be observed, as it is the "horizon" within which observing, and all observing, occurs.

What matters to observers is, therefore, not the world as such or at large, but that segment or niche within it the observer calls home. No observer is at home in the world at large; all observers are very much limited in what they can, and cannot, observe. They also cannot observe everything they are, in fact, equipped to observe at the same time. Observing takes time, its own time. That which they cannot observe is vastly more or larger than that which observers can and do observe. An observer is mostly blindness, ignorance, and indifference to all that which matters or might matter elsewhere, to other observers in different niches or times, to which the same applies. No observer sees "everything," or "the" Truth, with a capital "T", though some observers, such as God and His successor, metaphysics, claim to do just that. But there are no otherworldly observers, at least not anymore. The truth of a science, for example, is and remains its own, and a science changes that truth as it changes itself and advances. A science can expand into another science, and claim that science's territory and turf for itself, but such disciplinary conquests happen rarely. They face resistance and opposition from those about to be colonized and subsumed, and will therefore rarely result in complete and total absorptions of one science by another. If such aggressive migrations do occur, they will likely be restricted and limited, for example, to "interdisciplinarity" and temporary joint ventures among specialties. Disciplinary conquests will occur along the lines of stratification among disciplines, with higher ranked fields invading and reducing lower ones (Ben-David/Collins 1966). Therefore, the most ambitious current reductionist program is physicalism.

Distinctions and their Outcomes

An observer is anything to which something makes a difference in some way. A difference is the outcome of a distinction. The distinction separates its opposite sides, one *and* the other. The "and" which relates the two sides is not the additive "plus" of an unstructured pile-up of things. Rather, the opposites are opposites of *each other*, and so belong together, as in "Romeo and Juliet." One is not and cannot be who he or she is without the other. They belong together and long to be with each other. When they are torn apart and separated, they become "unhappy" (Hegel) or "alienated" (Marx). The two different sides emerge as the result of one and the same distinction, and in this sense are the "same" as well. The distinction itself is one, a unity. Therefore, a distinction establishes the unity of a difference. Such a unity is not an empty form or mere tautology. For the two sides are different and opposite from each other, and not from the different sides of a different distinction. Realism and idealism are the "same," as two sides of the same distinction. Only because of this unity could Plato, for example, be a realist about ideas, so much so that ideas become the *only* reality, while the senses deliver shadows and illusions to the prisoners of their bodies.

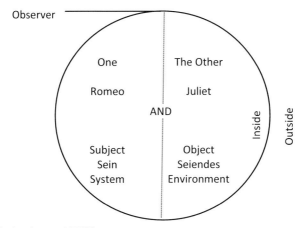

Figure 1: Distinction and Difference

Distinctions allow something in the world to matter in some way. What matters now (that the distinction has been drawn), but not before, is the difference between the two sides; e.g., the difference between true and false, us and them, sacred and profane, here and there. Once a distinction has been drawn, it makes a difference – and, within the distinction's distinctive realm, *all* the difference – whether something is true or false, or whether someone belongs to us or them. A distinction creates a difference that makes a difference.[1] But it makes the difference it does only within the bounded realm or region the distinction both opens and closes. Outside of this realm, and beyond a distinction's scope and jurisdiction, different distinctions make a different difference to different observers. The distinction true/false, for example, matters inside, but not outside, the realm it delineates and delimits. Mattering is therefore local, not global, although the difference local/global is one in degree, not kind. Local and global mark the opposite poles of a continuum of variation. That is, it is possible to get from one side to the other, from local to global, micro to macro, and vice versa.

Some observers, however, may be able to impose their distinctions and what matters to them on other observers. In such cases, an observer's distinction expands the realm wherein it matters. But this realm can also shrink, as happens when empires collapse or a science disappears. Observers appear and disappear all the time; an example is biological species. Observers disappear when their distinctions cease to matter and make a difference. As an observer dies, its core distinction, between self and other, disappears as well and forever. It cannot come back: "Since they observe across a boundary they have drawn themselves, observers are identical only with themselves. At most, different systems can observe how other observers observe, but they cannot participate in their observations" (Luhmann 1992: 79).

Where no distinctions are or can be drawn, nothing makes a difference there, and nothing matters (yet or anymore). Here, dust remains or reverts to dust. In a dense fog, orientation fails, since left and right, or near and far, are no longer distinct. What was home becomes strange and unfamiliar. This makes fogs scary, and a regular setting for the "gothic". Where nothing matters, the Nothing or desert grows. The corresponding moods are deep anxiety, despair, or boredom (Heidegger 1983: 236). The either/or of a distinction becomes the neither/nor of this distinction's impossibility. A distinction that used to matter once matters no more, and becomes an ex-tinction. Then, one may find oneself, for example, beyond good or evil, neither here nor there, suspended in in-decision, homelessly drifting in *and* out.

To make a difference, a distinction must be drawn, or else will not enter the world at all. The drawing of a distinction is "contingent," at least in its beginning. Novel distinctions are, on the face of it, unlikely to emerge and, if they do, likely to fail soon, succumbing to the "liability of newness" (Hannan/Freeman 1989). The liability of newness endangers a great many observers across a variety of ontological regions, from social movements to biological species and business start-ups. All of them are more likely to fail than not. If an observer does manage to consolidate

---

1   "The technical term 'information' may be succinctly defined as *any difference that makes a difference in some later event*" (Bateson 1972: 381).

itself, its distinctions will appear less and less contingent over time, at least to that observer itself, and within the realm the distinction opens and out-lines. As the observer settles into its niche and routinizes its operations through the recursive networking of its observations, its central distinctions become institutionalized and, eventually, a matter of common sense. However, an observer's common sense is the sense common to that observer, not to all observers at all times.

Common sense is the routine or default mode of operation at the deep and latent core of an observer as a network of related observations. In the closely coupled and redundant cores of such networks we find their basic analytical truths and obvious realities (Fuchs, forthcoming). In the core, necessity rules, not contingency, though one observer's a priori necessities are another's a posteriori contingencies. Once settled and consolidated, the core distinctions appear to have drawn themselves, reflecting how the world really is, without any "agency" on the part of the observer. In the core, the network condenses around its "substances," "essences," and "natural kinds". These are insulated and buffered by a "protective belt" around the core (Lakatos 1970). Some core distinctions appear ab-solute, as if they had been drawn by an unmoved mover or uncaused cause (God, the Subject).

In its common-sensical mode, an observer does what comes "naturally" – to that observer, and within its operational network, but not outside. For what comes "naturally" is due not to nature, but long and undisturbed practice and habit. Common sense cannot imagine the world to be any different from what it "naturally" and necessarily is. There is little or no room for contingency or alternative interpretations, and no place for irony and skeptical or playful distance from self. Some observers, such as fundamentalist religions or isolated sects, protect their cores as sacred totems by taboos and ritual prohibitions. Common sense has a lot of faith and confidence in itself. It is a robust and no-nonsense observer. Whatever it cannot accommodate within itself can therefore not be, or is sanctioned as dangerous abnormality and unbelievable moral offense. Common sense is slow to change or learn and highly resistant to disturbances and interruptions of its "normal" workings, such as anomalies, surprises, or inconsistencies. Any such evidence to the contrary of common sense is unthinkable and must therefore be banned, excluded, or ignored. With Luhmann (1984: 440-441), one could say that core expectations are normative rather than cognitive, though that distinction does not distinguish the different function systems of science and law. Rather, a normative mode of expecting is occurs in all network cores, regardless of differences in function.

Levels of Observing

Observers cannot see what they cannot see, and especially can they not see *this*. The core of an observational network houses its institutional invisibilities and blind spots. These concern the "hows" of observing, not so much its "whats". How an observer does what it does is not visible to that observer, particularly in the deep recesses and central clusters of an observational network, where its latencies reside. For example, the distinction sacred/profane is not experienced or lived as contingent and constructed *within* its dominion, or by those traveling inside the network of religious practice. An outside observer or ironist can, however, do just that; he can observe what appears as common sense inside as ethno-methodology and local accomplishment from the outside. Then, the inside appears not as natural but constructed and relative, as but one of many different possibilities (Berger 1995). Then, we get not religion, for example, but sociology of religion. The distinction sacred/profane is a topic, not resource, to that outside or second-order observer. A sociological theory of the sacred cannot consider itself sacred as well or, if it does so, becomes theology, not sociology. A sociology of art is not art, contributes nothing to it, and does not help make art "better" in any way. It is not equipped to say what makes good art good. Sociology can observe how a network of art draws this distinction, but it cannot draw it on its own. A sociology of art is fed into sociology, not art, and no art can do its work in sociological ways or by sociological means.

The situation is different for literary or aesthetic criticism. While they may produce no art or literature themselves, critics are not per se outside observers, since their observations may, to some degree, be fed into the networks that generate literature or art. The distinction between inside and outside is not fixed and absolute, and tends to change over time. Some criticism is located at the very boundary of a network, or at the intersections between different networks. Such overlaps occur more frequently when the network is still in formation and struggling to demarcate itself from rival or competitive networks in its vicinity. As networks become professionalized and regulate the distribution of reputational capital autonomously and internally, the inside/outside distinction becomes more pronounced and difficult to traverse. It is clear who is a physicist, less clear who is a sociologist, and there are few if any rules deciding who is, and is not, a poet. The more remote criticism is from that which it observes, the less difference it makes within the networks it observes. Such criticism is of "academic" interest only, as it is fed exclusively into the networks of academic criticism, while being ignored by art or literature itself, as well as by their audiences. The more this is so, the more "theoretical" such criticism becomes. The difference that makes the difference to criticism is the network into which it is fed, and which recognizes it as a contribution to itself. In some cases, this may be difficult to decide, as a contribution may be fed into different networks, such as "popular" or "activist" sociology. Of course, evidence from citation data (Price 1986) shows that, variations among fields and specialties notwithstanding, most contributions are not and never recognized by any network whatever. For the contributor himself, the key question is in which network his reputation originates and counts as reputation, and whether reputation is convertible across several reputational markets. The more specialized and differentiated the networks of cultural production, the more specialist the corresponding reputations, and the less can reputation be transferred across several specialties.

In contrast, some criticism makes a difference to how art or literature are being perceived and evaluated. This is possible when criticism adopts the codes and modes in which the target network operates. Then, criticism observes the network in its own basic terms, the terms of that network. For example, the networks of art and literature observe persons as the origin and source of themselves. It is creative persons who create creative art. In sharing this mode of attribution, criticism cements the foundational myth of the network – that the wellspring of art, music, or literature is the gifted artist. The attribution to person in the celebration of "genius" and "creativity" is the shared mode of operation in both art and art criticism, and this makes it possible for criticism to become part of the network of art. The observations of such criticism focus the attention of the network on what, thereby, is seen as deserving of critical attention. Criticism pays attention to what is deserving of art, and we know what is deserving of art from criticism. Such circularities signal shared codes and modes of net-work. This kind of criticism interprets what literature and art are, relates texts or artworks to other such texts and artworks, and so shapes their very production and appreciation. Through the work of criticism, a network makes sense of itself to itself. On this basis, praise can be given or withheld, prizes can be awarded, and reputations build up over time. An important part of this kind of criticism is the canonization and consecration of some works as exemplars for what art or literature is all about. Such paradigmatic works move into the core of the respective network, where their status hardens and consolidates over time, to the point of becoming undisputed and self-evident "classics".

Again, what matters is the network into which observations of the network are being fed. If these two networks are the same, or at least overlap to an extent, such observations are part of the network they observe. These are inside observations. If they belong to different networks without intersections, they are outside observations. If an outside observer is, in turn, being observed by the inside, there will be much mutual irritation, misunderstanding, and hostility. From the inside of a religion, and especially from within its sacred core, the outside observer appears as a dangerous and subversive heretic, not belonging to "us," and therefore diabolic and godless. And there is no way around this. The outside observer attributes the sacred not to the religion's God, but to the religion itself and maybe its carrier stratum, as in Max Weber. If an outside observer attributed the sacred to the reality of

the group's God, he would become an insider himself. A religion perceives sociology as claiming that its God is not real but a "construct". In turn, for the outside observer, the religion appears as but one possibility among many others, one
case in its set of historical, anthropological, or sociological comparisons. Such is
the suspicious mood of mutual ideological observing and unmasking (Fuchs 1996).

The observations made by a second-order observer are fed into the networks
that constitute that observer, not any other one, and especially not into the first-
order network of the observer being observed. Even if communication between
them occurred, which is unlikely because of ideological suspicion and hostility, this
first-order observer cannot do anything with such second-order observations of
itself. It cannot make them part of its ongoing work, and they do not connect to
anything inside. An ethnography, for example, is not fed into the tribe or culture it
observes, but into the network of related ethnographies, themselves part of a larger
network, the field of anthropology or ethnology. It is here that an ethnography will
make its difference, if any. An ethnography is not recognized as such within the
tribe or culture it has as its subject, but within the scientific and academic communities to whom such ethnographies are expected to matter. It is here that an ethnography may, or may not, be recognized as a contribution – not to tribal life, but
to academic anthropology. The "truth" of an ethnography is not decided by its reference, within the tribe, but by the network into which it is fed. If it ends up having any, its truth, therefore, is and remains its own.

A similar relationship obtains between the observers "neuroscience" and
"brain". The reality and truth of neuroscience reside within neuroscience, not
brains. What occurs in brains can either happen or not, but neural events cannot be
true (Churchland/Churchland 1998: 42). The brain observes what it observes; neuroscience observes not what but how brains observe, which brains themselves cannot ever see, at least not while they see what they see. No brain perceives itself,
least of all as a system of electrochemical wirings and firings. If we open a brain,
what we find in there is neurons, not neuroscience. To find neuroscience, we must
go to conferences and open books and articles about neuroscience, not brains. The
results of neuroscience are fed into its own networks, not the neural networks that
constitute brains. It is not brains who decide whether and which neuroscience is
true, but the communities and networks that make up the profession and discipline
of neuroscience. If brains did decide the truth of neuroscience, then one brain
would have to decide, first, which brains should decide this, how many, when, and
for how long. To be sure, there would be no neuroscience if no one had any
brains. But brains are a necessary, yet by no means sufficient, condition for neuroscience. It is not possible therefore to "reduce" neuroscience to brains, any more
than it is possible to reduce human beings to air just because they must breathe to
survive. Even if we knew everything that can be known about brains, we would still
know nothing about neuroscience. We have had brains for a long time, but not

neuroscience. Neuroscience can also not research itself neuroscientifically, even if it were inclined to study itself, which it is not, as no science is.

Official Observers

A special case of the inside observer is the official observer, usually affiliated with, or employed by, an organization. Official observers are spokespersons representing organizations to their various environments, audiences, clients, and superiors. Official observers enact the frontstage culture of an organization, drawing upon the rational myths and rituals that celebrate an organization's contributions to the common or larger good (Meyer/Rowan 1977). Public ceremonies are carefully rehearsed and staged displays of solidarity and virtue. On such occasions, the organization takes time out from its routine and everyday work, and presents itself as a defender or advocate of something much larger than itself.

Official self-observations of an organization condense and summarize an organization's achievements and accomplishments for the benefit of broader publics and audiences. The farther an observer of the organization is from the organization's informal practices, which become visible only on and from the inside, the more that observer must rely on the official self-presentations and formal-bureaucratic accounts an organization gives of itself. Observers at a distance, therefore, tend to overestimate the "rationality" and orderliness of an organization. Such observers take the official narratives more or less for granted, since they are not privy to the organization's messier and uncertain backstages.

A good example is science. Observers at a large distance from where science is actually being made observe "ready-made" science, not "science-in-the-making" (Latour 1987). They tend to attribute much more rationality and orderliness and certainty to science than observers closer to the sites and locales where science is actually being done. The closer one gets to these sites, the more complexity, uncertainty, and controversy become visible. More distant observers depend on the accounts a science gives of itself, as in "popular" or textbook science, or on philosophical rationalizations of scientific "logic" and "method" (Fleck 1935/80: 152). Much the same applies to observers of persons; the more remote an observer is from person, the more the observations depend on frontstage self-presentations and orderly narratives, such as biographical stories, which exaggerate the linearity and teleology of a life. The closer one gets to person, the more one can observe person-in-the-making and unmaking, rather than ready-made person. The shorter the distance, the more cracks in person become visible, together with efforts and failures at making and maintaining self.

Crossings and Passages

Distinctions generate two sides, not more. A science, for example, can (and must) distinguish between true and false, but not between these and, say, "promotes social justice and equality"[2]. If it is part of a science, a finding or result can either be true or false, but it cannot, at the same time, fall under a different distinction, and be false yet accepted because it is "critical" or "emancipatory" or "caring". If this does happen nevertheless, a science ceases being scientific, and turns into the ideology or ideological wing of a social movement or party. Such ideological fragmentation occurs in sciences that routinely question their status as sciences, as happens in sociology (Fuchs 1999).

The limits of a science are the limits of its distinctions. It cannot really apply its distinctions to itself, either; it stops a science dead in its tracks if it were to ask itself whether the distinction between true and false is itself true or false. As a result, no science can observe itself with its own means and in its own terms. Physics is nothing physical, and so not subject to its own physical experiments. Likewise, no experiment could ever settle the question of what an experiment is as such. It is possible, of course, to observe physics, but this is then done in the terms of an observer other than, and outside of, physics, such as philosophy of science. Philosophy of science, however, is not science, contributes nothing to science, and is usually ignored by the scientists themselves, which is to their benefit. At best, philosophy of science provides rational reconstructions of a science's alleged inner "logic" and frontstage justifications for its special cultural status, as the authoritative and binding spokesperson for physical and natural reality. The current version of this ideological wholesale celebration and endorsement of all and any science is "naturalism" and "physicalism". But both are not sciences; no scientist practices naturalism or physicalism. There are biologists, chemists, and physicists, but no naturalists or physicalists.

Distinctions remain bi-polar and invisible to themselves. Nevertheless, a distinction distinguishes *between* (its) two sides, and so opens up an inter-mediate zone across which the two sides are connected and related to each other. In between, there is a "crossing" or "passage" where movement occurs from one side to the other across a border. Much depends now on how penetrable that border is, how difficult it is to cross through the passage in between the two sides, how long this takes, and how far one might venture into the other side. In Hegel, it takes the entire history of metaphysics for the Subject to both draw and overcome the distinction between itself and the objectivity of the object. This occurs in and as "phe-

---

2   Increasing social equality, and not the truth of sociology, was the official theme of the American
     Sociological Association's annual meeting in 2007.

nomenology", and completes itself with the Subject becoming absolute, that is, absolved altogether from the object and objective world.

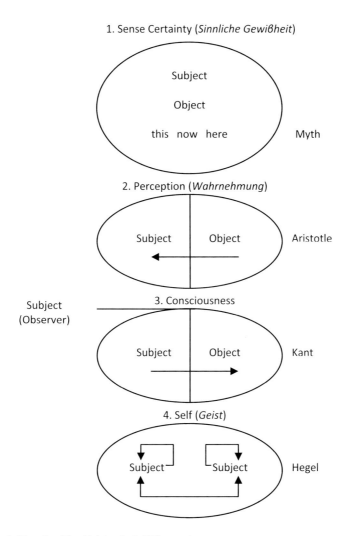

Figure 2: Hegel – The Subject's Self Becoming

In between the two sides, inside the passage or crossing, the clear difference between either/or is less distinct, more ambiguous, and uncertain or controversial, to the point of in-difference and in-decision. A science distinguishes between true and false, but when it cannot do this yet or anymore, it estimates probabilities or defers a decision to the future of itself, when more will be known in case extra and additional funding is being provided.

In between the two sides there reside dubious characters and chameleons of questionable origin, morals, and intent. In the passage one meets ironists, skeptics, relativists, and constructivists who look for and interrogate the observer who initially drew the distinction. The crossing is the place for paradox, contradiction, and dialectics. Formal logic fails, *tertium est datur*, and the middle, the in-between, can no longer be excluded. One encounters strangers here and creoles, not belonging on either side, not being one of us and not one of them. In between, the clear difference between light and dark, night and day, is obscured in a twi-light, a dusk in which the Gods appear, to Nietzsche, as Idols. The either/or of comfortably and confidently settling on the preferred side of the distinction – it is better to be good than bad; a true theory is preferable to a false one – may turn into the restless and anxious neither/nor of doubt (Zwei-fel) and despair (Ver-zwei-flung). The difference between doubt and despair is that doubt remains confident in the difference between the two sides, but is not sure toward which side to move and where to settle. In despair, the very difference and entire distinction become obsolete and suspicious, as happens when an institution crumbles together with its form of life. There is no way in and no way out. In the crossing, the observer grows unsure of itself and the viability of its distinctions. The possibility of the world being different from what it is according to the distinction suddenly emerges and becomes visible. At this time, the question, "who is the observer", is being raised, or raised more persistently. Once this question can be heard and heard more often and loudly, suspicion grows towards that observer's credentials, reliability, and hidden interests or provenience. Second-order turns into ideological observing.

At the crossroads, one can go either or neither way, suspended in the agonizing limbo of in-decision. At this time, the question, "who is the observer", is being raised, or raised more persistently. Once this question can be heard and heard more often and loudly, suspicion grows towards that observer's credentials, reliability, and hidden interests or provenience. Second-order turns into ideological observing. When one moves toward one side of the distinction, one ends up approaching the other, going around in circles. One is not who one is and is who one is not: "The sickness towards death is not being able to die, but not such that there were hope for life; no, hopelessness means that even the last hope, death, is gone" (Kierkegaard 1849/2005: 14).

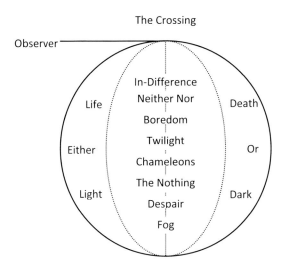

Figure 3: In-Between the Two Sides

Hierarchical Distinctions

There is a distinction between lateral and hierarchical distinctions. In lateral distinctions, the two sides are on the same ontological plane. While there may be a preferred side – good rather than bad, true rather than false – there is no indication that they belong to different levels or ranks of reality. This is different for hierarchical distinctions. A hierarchical distinction places one side above the other, allocating them to fundamentally different orders of being. In a hierarchy, all that matters and makes a difference is concentrated on top. All that is sacred, good, true, or just comes from above. Nothing of value orginates from below. It is from above that the sun or Platonic idea shines, salvation is granted, and the truth revealed. In a hierarchy, the truth is not found, least of all by following the rules of a method anyone can follow anywhere and at any time. Instead, the truth belongs to the top, and is issued, pronounced, or revealed from there. An example is the medieval distinction between ens increatum (God) and ens creatum (the world).

In a lateral true/false distinction, in contrast, the "true" side is still preferred, but is not concentrated or monopolized by a special and absolute authority, such as God or the Church. In modernity, there are no genuine hierarchies anymore. This does not mean modern society were without stratification at all, as talk about "functional differentiation" becoming the sole dimension of inequality in modernity might suggest. What is true, though, is that stratification in modern societies becomes a matter of degree, not kind. Position in the systems of inequality is therefore measured by various kinds and amounts of capital, not by intrinsic and qualitative divisions in hierarchical rank.

At the apex of a hierarchy thrones and rules the privileged observer. The privileged observer is one who creates and sees all, but cannot be seen in turn, much less second-guessed or doubted. God sees everything and in an instant, but observing Him is not possible, lest one be blinded by the light. It is possible to observe God indirectly, through His works and deeds, and under the strict patriarchical guidance of His appointed and anointed servants and virtuosos, who are competent and entitled to read His word and interpret His message. Still, observing God is fraught with difficulties and taboos and possibly dangerous and destructive to those who try, especially on their own.

A true hierarchy acknowledges no reality outside of itself. It sees itself as universal and all-encompassing. Nothing exists and can be that does not have its place somewhere inside the hierarchical order. If an outside does exist, then this is where the barbarians and the Devil live, not just in lower ranks, but outside of the hierarchy, world, or civilization altogether. In a genuine hierarchy, all "culture" resides firmly at the top, and the lower ranks have no culture of their own. "Society" is not the totality of all communication, but the "good" society at the top or in the center, such as a court. Whatever culture the lower ranks do have is granted and received from the grace above, and always remains dependent and inferior to it. The various ranks live in different degrees of distance from the top, and their rank is decided by how close they are to (the) God. The hierarchical difference between God and the world repeats itself, or re-enters, into the various orders of the world itself, such as the hierarchy of the Church, or the hierarchy among humans with souls and animals without. Such an *ordo* is a "great chain of Being", where everything is in its place, according to the Design. One's place is where one belongs, and it remains much the same.

Hierarchical distinctions make it much more difficult, if not altogether impossible, to cross the passage toward the top from the bottom. There is no zone of indifference and uncertainty, of not knowing to which side one belongs and where one stands in regard to the distinction top/bottom. It is possible for God to cross the passage and come into the world; this occurs as "Jesus Christ" and prophetic revelation or charismatic pronouncement. But the passage in the other direction, from bottom to top, is completely closed, at least in this world, though maybe not in the afterlife, for those who have been forgiven and saved.

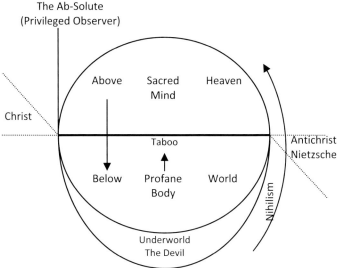

Figure 4: Hierarchy

Modernity enters the world when hierarchy and monopoly collapse and all distinctions become, in principle if not in fact, lateral and contingent. This happens as "Nietzsche". Nietzsche reverses the hierarchy of the Platonic-Christian tradition, placing body over mind, art above truth, will in control of Reason. The rational animal becomes more animalistic than rational, and the *Übermensch* dethrones the old God as a creation of losers. The traditional hierarchy rotates, so that bottom becomes top. But this rotation is so violent that the two sides break apart altogether, at the seams. Through the emerging rupture, at the crossing, the Nothing enters. The Nothing grows in the rupturing seams that used to distinguish and make the difference between God and world, true and false, good and evil. The difference becomes a matter of in-difference. For Nietzsche, such is the history of Nihilism or, better, history *as* the coming and spreading of the Nothing. For Nietzsche, the death of God is not simply the collapse of Christianity. Much less has it anything to do with declining church attendance, higher rates of secular marriages, fewer people praying less, or responding "yes" in polls asking whether they believe and to what extent. In fact, Nietzsche would have said that God is dead precisely when, and as a result of, being "measured" in this way, or at all. For a God in the head is a God already dead.

References

Armstrong, D. M. (1990): The Causal Theory of Mind. In: Lycan (1990): 37-47

Bateson, Gregory (1972): Steps to an Ecology of Mind. New York: Ballantine.

Ben-David, Joseph/Randall, Collins (1966): Social Factors in the Origins of a New Science: The Case of Psychology. In: American Sociological Review 31. 451-465

Berger, Bennett M. (1995): An Essay on Culture. Berkeley: University of California Press

Churchland, Paul M./Churchland, Patricia S. (1998): On the Contrary: Critical Essays, 1987-1997. Cambridge, Mass: MIT Press

Collins, Randall (2003): A Network-Location Theory of Culture. In: Sociological Theory 21. 69-73

Fleck, Ludwik (1935/1979): Genesis and Development of a Scientific Fact. Chicago: University of Chicago Press

Fuchs, Stephan (1996): The New Wars of Truth. In: Social Science Information 35. 307-326

Fuchs, Stephan (1999): Sociology and Social Movements. In: Contemporary Sociology 28. 271-277

Fuchs, Stephan (Forthcoming): The Behavior of Cultural Networks. In: Soziale Systeme

Hannan, Michael T./Freeman, John (1989): Organizational Ecology. Cambridge, Mass.: Harvard University Press

Heidegger, Martin (1983): Die Grundbegriffe der Metaphysik: Welt-Endlichkeit-Einsamkeit. Frankfurt, Main: Klostermann (Gesamtausgabe Bd. 29/30).

Kierkegaard, Soren (1849/2005): Die Krankheit zum Tode. Hamburg: Meiner

Lakatos, Imre (1970): Falsification and the Methodology of Scientific Research Programmes. In: Lakatos et. al. (1970): 91-196

Lakatos, Imre/Musgrave, Alan (eds) (1970): Criticism and the Growth of Knowledge. Cambridge: Cambridge University Press

Latour, Bruno (1987): Science in Action. Cambridge: Harvard University Press

Luhmann, Niklas (1984): Soziale Systeme: Grundriss einer allgemeinen Theorie. Frankfurt, Main: Suhrkamp

Luhmann, Niklas (1992): Die Wissenschaft der Gesellschaft. Frankfurt, Main: Suhrkamp

Luhmann, Niklas (1997): Die Kunst der Gesellschaft. Frankfurt, Main: Suhrkamp

Lycan, William G. (ed) (1990): Mind and Cognition: A Reader. Cambridge: Blackwell

Maturana, Humberto/Valera, Francisco (1980): Autopoiesis and Cognition. Dordrecht: Reidel

Meyer, John W./Rowan, Brian (1977): Institutionalized Organizations. Formal Structure as Myth and Ceremony. In: American Journal of Sociology 83. 340-363

Price, Derek J. de Solla (1986): Little Science, Big Science and Beyond. New York: Columbia University Press

Quine, Willard van Ornam (1964): From a Logical Point of View. Cambridge, Mass: Harvard University Press

Luhmann as Analytical Strategist

Niels Åkerstrøm Andersen

Why analytical strategy?

The Social Sciences currently exist in the light of constructivism. A number of Social scientists see themselves as different kinds of constructivists and the constructivist spectrum is broad, from Peter Berger and Thomas Luckmann via Pierre Bourdieu to Michel Foucault and Niklas Luhmann. Why does constructivism have its break through now? In my view it has simply become very difficult not to be a constructivist. Regardless of the field of social science one focuses on, the most noticeable thing is change and changes often touch upon and questions fundamental values, enquiring about the constituent character of what we see. If we look at politics, the European nations states are being integrated in the EEC and the WTO, a process that questions the value of the sovereign state. If we look at medicine, new technologies – e.g. prenatal diagnosis – question the value of individuality. The welfare state is experiencing a growing number of reforms based on New Public Management, which, for one thing, questions the value of solidarity. Companies experiment with new relations between work and play developing so called fun programs, questioning the category of work. We frequently experience that our categories do not suffice. They seem inadequate. They seem to point to a former order of society that no longer exists. That is the case with the notion of state sovereignty. We use the "conventional concept" to evaluate the concept's change. We evaluate the EEC integration by using categories belonging to a dated world order. We analyze the future by the standards of the past.

Our experiences with the insufficiency of categories encourage us to take a step back in order to look at the categories themselves, their construction, their history, and their position within the fields of our focus. Rather than analyzing the EEC integration through the category of "state sovereignty", we inquire about the concept of sovereignty and the historical conditions of its existence and transformation. We inquire about the way the idea of the sovereign state has been shaped and how that idea is possibly being jeopardized in the EEC, which new concepts might be emerging, which new meaning the old concept of sovereignty is given, how a new institutionalized frame work is built around a new understanding of sovereignty and so on. Rather than forming an immediate judgment of new technologies, we make inquiries about the evolution of technology and of the individual values. In what way do new technologies change our understanding of life, individuality, destiny, responsibility, and freedom and to what extent do new technologies not only create new ideas but also revive old ideas and reopen old questions, for example the question of social hygiene dating back to the social reforms of the 1920s and 1930s?

At the same time, knowledge has become an intricate part of the organization of society in a much more strategic way than before. Today we speak of the knowledge society. In the corporate community they talk about knowledge management. Generating knowledge is no longer exclusive to the independent scientific institutions like the universities. In the corporate community knowledge-intensive businesses have been established, such as for example the big international consulting businesses PLS Consult, Deloitte & Touche and McKinsey. They do not simply operate and utilize organization theories developed by the universities. They are themselves generators of theories and concepts and their concept development does not only serve the purpose of scientific knowledge, it also aims at seducing and selling. Within the government similar discursive institutions have been established in order to develop scientific discourses and to diagnose the condition of society with the intent to control the political agenda, define the framework for negotiation, and install a sense of responsibility in organizations, political parties, and individuals. In relation to these areas some people speak of knowledge politics. The researcher hence faces numerous investigations, concepts, problems, solutions, theories, descriptions, and explanations, immersed in a scientific aura, but with a scientific standing and political, strategic, and administrative function that remains obscure. Once again, this calls for a research that takes a step back and questions these investigations, concepts, problems, solutions, theories, descriptions, and explanations. How have they come into being? Which strategies and policies have shaped them?

Finally, it seems that the subdivision of the social sciences into branches of knowledge that are related to a particular function in society has become increasingly problematic. Economic science applies to economy, jurisprudence applies to the courts, media studies to the mass medias, and so on. Today more than ever, it is evident that the different fields are helping to invalidate each other. Each field has its own discourse and its own concepts, its own limited resonance. Each field can only communicate with itself without regard for the other fields. It becomes difficult to identify one's research with one area of research exclusively knowing that what looks like progress in that field might very well be detrimental to other fields. For example, the development of new genres within the mass media is enhanced in the combination of "hidden camera" with "political journalism" but this "new genre" fundamentally disturbs the political process. Methods have been developed in order to put a price on "care" and "unhealthy lives", but this produces totally unpredictable events within other fields, both positive and negative, possibly without anyone realizing it and consequently without the possibility for self-correction. Once again it seems obvious to take a step back and to question the evolution of the different fields, their communicative closure on their own functions, the limited reflective ability of the individual fields, and their attachment with and detachment from other fields.

Conclusively, we seem to see the outlines of a new form of questioning, which does not merely question actions within a field but which instead questions the way questions are asked in the field, questions the emergence of the categories, the problems, the arguments, the themes, and the interests. This form of questioning entails a theoretical shift from the primacy of ontology to the primacy of epistemology. From first order observations of "what is out there" to second order observations of where we are watching from when we observe "what is out there", from being to becoming.

When I speak of an *epistemologically over-determined thinking* I mean one which in its nature is of second order. It does not primarily ask what but how. It asks: in which forms and under which conditions has a certain system of meaning (e.g. a discourse, a semantic, or a system of communication) come into being? What are the obstacles to understanding the possibilities of thinking within – but also critically in relation to – an already established system of meaning? How and by which analytical strategies can we obtain knowledge critically different from the already established system of meaning? Whereas the ontologically over-determined thinking ontologises the object, epistemology *de-ontologises* its object.

Of course one cannot simply escape ontology by beginning in epistemology and pose the question as one of historical and social conditions of cognition. Every epistemology entails ontology. But when you give priority to epistemology you can work with an *empty ontology*. Empty ontology does not mean that you do not have ontology. It means precisely an ontological subscription of emptiness to being. It is an ontology, which is restricted, in its approach to reality as such, to only saying "reality is". The object is not presupposed. Epistemology in this version is precisely concerned with the observation of how the world comes into being as a direct result of the specific perspectives that individuals, organizations, or systems hold, and how this causes the world - in the broadest sense – to emerge in specific ways (while also the observers themselves emerge as individuals or organizations). Therefore an epistemological point of beginning poses not a question of method, but a question of analytical strategies. Analytical strategy does not consist in methodical rules but rather in a strategy that addresses how the epistemologist will construct the observations of others – organizations or systems - to be the object of his own observations in order to describe the space from which he describes. From an epistemological point of view the perspective constructs both the observer and the observed. Hence analytical *strategy* as a way to stress the deliberate *choice* and its implications and to point out that this choice could be made differently with different implications in respect to the emerging object. The problem of the epistemological restriction to *how-questions* and not what- or why-questions is that it constructs the researcher as a "purist", as one who is very principal about not assuming anything in advance about the object to be studied, but at the same time one needs to assume something in order to recognise and observe the object. This is the basis condition of working with analytical strategies. Simply put, the difference between method and analytical strategy can be viewed as follows:

Method	Analytical strategy
Observation of an object	Observation of observations as observations
The goal is to produce true knowledge about a given object	The goal is to question presuppositions, to de-ontologize
What are the needed rules and procedures to produce scientific knowledge?	Which analytical strategies will enable us to obtain knowledge, critically different from the already existing system of meaning?

Figure 1: Method versus analytical strategy

The distinction should not be understood as a normative regulation against the use of methods. The central question is whether a methodical or an analytical strategy perspective is primary in the research design. Naturally, within one analytical strategy different methods can be reintroduced which the analytical strategy then has to question. This shift from method to analytical strategy raises a number of questions that still have not been answered and possibly not even conceived of in a satisfactory manner. Within analytical strategy the question of scientific knowledge poses itself in a different way. Other questions appear and become essential whereas certain methodical questions become irrelevant. It is a problem that many constructivist studies including systems theorist do not realize this. The stringent methodical question often fades or disappears because it is not compatible with observations of second order, but far too often it is not superseded by analytical-strategic self-discipline. Instead of method we often see a pragmatic examination of procedures. The result is often sloppy and inept. Many constructivist studies lack scientific meticulousness in the shape of thorough accounts of their analytical strategies. Oftentimes it is extremely difficult to identify the premises of the scientific studies, and unfortunately more often than not the criticism raised by more mainstream-positivistic positions is well justified.

Let me provide just two examples of analytical-strategic difficulties raised by the epistemological turn. The first example looks at analyses directed at the construction of social identities, e. g. the construction of an administration, a social movement, or a new discourse. Here, the analytical-strategic question of when something can be seen as constructed promptly suggests itself. This is not a methodical problem. It cannot be solved using methodical standards. It is an analytical-strategic problem of the setting of the eye through which the evolution of a social movement can be seen. Without an accurate identification of the conditions necessary in order for a social movement to be seen as a social movement, and not just a group or an organization trying to present itself as a movement, it is virtually impossible to study the construction of a specific social movement and equally impossible to criticize the study of its construction. The more exact the identification the more sensitive to the empirical the analysis. Unfortunately it is not simply a question of choosing a definition, because "social movements", both in the shape of a social system and as a concept, have a historical evolution of their own that an analytical strategy has to be sensitive to.

The other example looks at studies of change. A methodical approach to change would generally be interested in explaining changes: organizational changes, political reforms etc. In the search for explanations and in the formulation of methods that can examine what causes change, change is typically ontologized. The way change occurs is a given. Whether or not change is seen at all or, if so, in what respect, is ignored. Studies of change within epistemology, on the other hand, formulate the question of when change can be considered a change. From an epistemological perspective one immediately stumbles across the analytical-strategic difficulty that any formulation of change is based on the observers' construction. Change can only be characterized within the framework of specific differences: a change must have a beginning and an end. Prior to a beginning one must assume an end – whether or not the end provides actual closure. Thus the nature of any formulation of change is teleological, and the analytical strategy of the epistemological observer has to reflect this fact through inquiries and analytical-strategic decisions about the position from which one describes change, and consequently also the distinctions that determine what appears as change to the observer. The problem holds different definitions in various epistemological programs. Some are concerned with defining the conditions of an epistemological break down, that is, the criteria for defining that point when the observed system of meaning is no longer the same but new. Luhmann's evolutionary theory focuses on, for one thing, the moment when one form of differentiation for the construction of new systems of communication is superseded by another (Luhmann 1990a). In Laclau's discourse analysis the focus is on the moment when a new nodal point takes over the function of fixating the decentralized elements in the discourse.

The aim, on the other hand, is to invoke an analytical-strategic discussion of different ways of defining society as communication, to see which possibilities for observation unfold when the concern is no longer given objects but instead the question of how problems, individuals, interests – all kinds of social identities –

come into existence as and within communication. Which analytical difficulties do we encounter when the innocence of the empirical collapses, when we can no longer pretend that "the object out there" discloses how it wants to be observed, when we know that it is our "eye" that makes the object appear in a particular way.

Niklas Luhmann's machine of analytical strategy

Entering through the problematic of analytical strategy it is a particular Luhmann who emerge defining the concept of observation as a starting point and systems theory as one about second-order observation. Thus the concept of observation immediately doubles as, on the one hand, a general concept of observation as such and, on the other hand, as concrete and specific observations, which we as systems theorists can observe as observations precisely by means of a general concept of observation.

Luhmann's theory of observation is founded on a particular definition of form and difference, especially inspired by G. Spencer-Brown (1969), H. von Foerster (1981), and Gotthard Günther (1976). The basic notion is to view observations as *operations* that do not refer to conscious subjects but to differences. Luhmann simply defines observation as a specific operation of creating distinctions: *to observe is to indicate something within the boundaries of a distinction.* In the words of Spencer-Brown: "We take as given the idea of distinction and the idea of indication, and that we cannot make an indication without drawing a distinction" (Spencer-Brown 1969: 1). We might, for example, fasten upon something artistic. "Art" is then marked. But art can only be marked within the boundaries of a distinction. The other side could be ugliness, unsightliness, disharmony, the impressive etc. The other side of the distinction makes a difference for the way art is able to appear as object to the observer at all. What we observe is thus above all dependent on the distinction that defines the framework for what is indicated in the world at large.

Like anything else, the concept of observation must be grounded in a distinction. In Luhmann, it is the distinction indication/distinction. This can be expressed in more definitory terms: Observation is the unity of the distinction indication/distinction. To demarcate is to indicate or even name something in the world, and as previously mentioned that always takes place as an indication of one side of a distinction. In Luhmann's universe, distinctions are always two-sided. A distinction possesses an inner side as well as an outer side, and the inner side is the indicated side. The inner side is designated "the marked space" and the outer side is designated "the unmarked space". Whenever there is observation, one side in the difference is marked and the other side remains unmarked. The distinction isolates the marked from the unmarked. It is only possible for one side of the distinction to be indicated at a time. If both sides are marked, the distinction is cancelled out. It is not possible to simultaneously observe an object as beautiful and ugly, only over time, but then it is no longer the same observation. Hence, distinctions are always asymmetrical because only one side is marked. Through the observation of something the blind spot of observation is shaped. The blind spot is the unity of the distinction, which constitutes the framework for the observation. In Luhmann's theory, the unity of the distinction is defined as form. The blind spot of observation consists in the fact that observation cannot see that it cannot see that which it cannot see. This can be illustrated in the following figure:

Figure 2: The Form

We are now closing in on systems theory. Luhmann attempts to establish his systems theory precisely as second-order observation. If first-order observation consists in the indication of something within a distinction, then second-order observation consists in observation directed at first-order observation and its blind spot. Systems theory thus inquires about the blind spots of society and of the systems of society, about the distinctions which fundamentally decide what can appear in society and how. Obviously, all second-order observations are also at the same time first-order observations since they indicate first-order observation within a distinction. There exists, therefore, no privileged position for observation.

An observation does not merely indicate within a distinction. The observation operation furthermore establishes a distinction between *self-reference* and *external reference*, between what is observed and the observing system. The observing system *comes into being* through observation together with what is observed. The system does not precede the world it observes. Both are constructed through the observation that separates them. The system is thus not constituent of the observation. On the contrary, it is the observation and the distinction actualised by it that decides how the world appears to which system. In this sense, reality is always systems relative. The observation operation divides the world into system and environment. Hence, systems theory is now based on three distinctions: indication/distinction, system/environment, and first/second-order observation.

Let me clarify the conditions of first- and second-order observation respectively: First-order observation is the observation by a system of something in the environment. First-order observations thus use external reference. They refer to the environment. Second-order observations, on the contrary, are observations of the observing system itself – not in any way but precisely as observer. Second-order observations are thus self-referential.

Observations of the first as well as the second order are observations within a distinction, but not all ways of distinguishing allow for second-order observation. Luhmann distinguishes between three ways of making a distinction. The first way distinguishes something from something else without specifying the other side of the distinction, e. g. horse/not horse. What occurs in this distinguishing operation Luhmann simply refers to as *object* (Luhmann 1993b: 15). The second way of making a distinction is by indicating in a way that restricts the other side of the distinction, e. g. plus/minus, man/woman, warm/cold, Danish/foreigner. This type of distinction is referred to as *concept* and always implies a counterconcept (Luhmann 1993b: 16). The third way is a particular variant of concepts. Here, distinctions are made by copying a conceptual distinction and reentering it into the inside or outside of the concept itself in order to thereby indicate certain aspects of the concept. Hence, these are concepts capable of conceptualising themselves. Such concepts are referred to by Luhmann as *second-order concepts*. Concepts of the second order are thus restrictive distinctions, which can be reentered into or reenter themselves. For example, the distinction of government/opposition can be reentered into itself in the sense that both government and opposition are able to conceive of itself as having a government (a deciding fraction) and an opposition (an opposing minority).

A system is only able to observe itself if it indicates itself within the framework of a second-order concept. If a system is to observe itself as observer, the system is required to divide itself in two: the observer and the observed. Hence, Luhmann proposes the notion that a system, constituted as the unity of the distinction system/environment, is only able to observe itself as observer if it can copy its guiding distinction and reenter it into itself. That is, its ability to divide itself by entering the distinction system/environment into the system itself (Luhmann 1995b: 37-55). In the mathematical tradition since Spencer-Brown such reentry is indicated in this way (Kaufmann 1987: 53-72):

Figure 3: The sign of reentry

This thinking holds a number of implications. On the level of first-order observation, observations are paradoxical since the observer has to distinguish without being able to choose his distinction. An observer of the first order cannot see the distinction on which his observation is based, and yet he can make distinctions. That is a paradox. Conversely, the observer of the second order sees that the observing observer can only see that which his distinction lets him see. He is thus able to see how the first-order paradox is removed, becomes invisible, or, in Luhmannian terms, is de-paradoxified. An observer observing an observer is not, however, able to simultaneously observe himself as observer and therefore has a blind spot. This displaces the paradox of observation, but at the same time the nature of the paradox changes to "a paradox of reentry". The paradox on the level of the second order, as it is, consists in the fact that the distinction system/environment is at the same time the same and not the same after the sub-system, by copying the distinction system/environment and reentering it into the system, has separated itself in order to observe the system as observer (Luhmann 1993a: 763-782). The reentry implies that a part of the system obtains a higher reflexive capacity than the rest of the system.

Even though an observer of the second order is simultaneously an observer of the first order, the outlook is nevertheless different. On the level of the first order, the outlook is *mono-contextual*. The observer sees what he sees. He makes use of a distinction without being able to distinguish. On the level of the second order the outlook is *poly-contextual*. Although the observer still observes within the framework of a distinction, the observer of observers knows that he cannot see that which he cannot see. He knows that reality depends on the observer, that the observed is contingent with the difference that defines the boundaries of the observation. He uses a distinction but he is also able to distinguish. The observer of observers as observers is able to see that his observations of observations do not lead to random results and that the choice of a particular distinction has implications. In other words, the theory of observation holds *autological* implications. The theory's statements about observation are true of the theory itself. In the words of Elena Esposito: "(Luhmann's) approach is not simply self-referential but *auto-logic*, where with autology one indicates the condition by which the knowing system is itself one of the objects it has to know: when it describes its object it then also describes itself, and the description modifies the object to be described" (Esposito 1996: 269-281). Luhmann speaks of a radical constructivism that includes itself (Luhmann 1986: 129-34; Luhmann 1990b).

This requires of the systems-theoretical observer to meticulously substantiate and account for the way he constructs and thus observes his reality of observations (Luhmann 1988). As a minimum, a systems theorist must: 1. Account for and substantiate his *choice of guiding distinction*, 2. Account for the *conditioning* of the chosen guiding distinction, and 3. Point out, substantiate, and account for the implications of the exact *observation point*.

Guiding distinction is the distinction that establishes a particular second-order perspective by dividing the world into observer and observed observations. It has great implications to view observing observers through the guiding distinction system/environment. The moment one defines the distinction system/environment as the basis of second-order observation, reality is always constructed as *either* system *or* environment. We will be viewing a system's observations as either referring to the system itself or to the environment of the system. We are encouraged to always see how the observing system divides the world into the system itself and its environment when it observes, that is, how the observing system comes into being through its distinction between system and environment. It is not presupposed that a second-order observer observes with the distinction system/environment. In principle, any difference with the possibility of re-entry into itself can exist as the framework for observations of the second order and any of these differences hold implications for the construction of reality. That is, only concepts that can appear as a part of its own whole can form the basis of second-order observations. In second-order observations, the world emerges as polycontextual, which means that it is dependent upon an observer, or more specifically upon the distinction through which it is observed. The observed as well as the observer are formed by the distinction through which observation takes place, and the way in which observation is to take place is contingent in second order observations. The choice of guiding distinction basically determines the way in which the second-order observer becomes an observer and the way in which observations become the object of observation as observation. Luhmann's point is that only second-order concepts are able to create distinctions for second-order observations. When Luhmann argues that second-order observations are also always of the first order, he goes far beyond the level of incantation. He points out the characteristics necessary for second-order observations. He observes how second-order observations may observe, and in doing so renders second-order observations contingent. He makes it possible to localize an indefinite number of strategies for the observation of the second order and thereby defines the creation of second-order concepts as part of his strategy. Creating new analytical strategies is a fixed element of the strategy. For Luhmann second-order concepts have the status of guiding distinctions. A guiding distinction is the distinction that controls the second-order observation in a systems-theoretical analysis. The guiding distinction indicates the choice of analytical perspective. In systems theory, any second-order observation has to begin by choosing the guiding distinction that decides what and how can be observed and therefore also what cannot be observed.

Conditioning means the definition of conditions of indication. If, as an example, we take as our starting point the guiding distinction system/environment, conditioning means the designation of the conditions of when that which we observe is accepted as a system or the environment of a system respectively. One condition could be that the system itself is able to distinguish between itself and its environment. Once again: the systems of the world do not let us know how they wish to be observed. Only we can be held accountable for our observations through the explication of the conditions of observation. Conditioning is responsible for the empirical sensitivity of the analytical strategy and consists in the establishing of conditions for when which side of the guiding distinction can be marked. There is always a surplus of possibilities for conditioning, and if the analytical strategy is insufficiently conditioned, the criteria for observation become loose and the status of the statements metaphorical.

Point of observation is about the choice of systems reference. It makes a significant difference for second-order observations whether a communication is observed from the perspective of the interaction, the organization, society, or something else as systems reference. Operating as an observer of the second order with distinctions that can re-enter themselves, it is not self-evident what is defined as object. Even when observing observers through, for example, the distinction system/environment, it remains the decision of the observer which system is defined as observation point, since all systems simultaneously constitute the environment of other systems. The moment one system has been elected as the observation point, all other systems can only be seen as environment and only to the extent that they are constructed as such by the particular system. In the words of Luhmann, any theory about observed systems must designate its *systems reference* "which it uses as its starting point in order to designate which system which things exist as the environment of (…) However, if one wants to know the systems reference upon which an observer is based (…) one must observe the observer. The world does not disclose the way it wants it. With the choice of systems reference, one has simultaneously designated the system which draws its own boundaries and thus divides the world into system and environment" (Luhmann 1995a: 46). We might be interested in observations on national financial management. If we define The Agency of Seed Control as our observation point, we will be able to observe, for one thing, the way financial management emerges as an organisational program for economical decisions within The Agency of Seed Control, and we will be able to see how The Agency of Seed Control constructs itself as environment in relation to the State in a distinction between economical factors controllable to it and economical factors defined by the environment. However, by defining the political system as observation point, another distinction becomes central, namely politics/administration, and financial management becomes a political battlefield for the control of an administration (including The Agency of Seed Control) which is viewed as increasingly ungovernable. Hence the observation point constitutes what we see and which questions emerge.

The choices of guiding distinction, conditioning, and point of observation are the three analytically-strategically constituent elements, which we, as second-order observers, must clarify and play with (Andersen 2003b: 93-118). Together they constitute a very flexible machine of analytical strategy, which I use to draw like this:

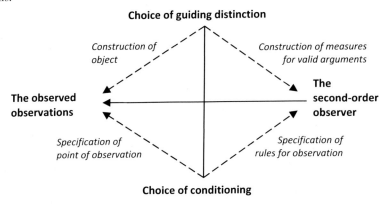

Figure 4: The machine of analytical strategy

This demand for self-restriction and "strictness" of gaze, which is implied in the machine of analytical strategy allows for a particular analytical flexibility:

1. The observer of the second order can always ask: why this particular guiding distinction? Why not a different distinction, which could lead to the replacement of the chosen guiding distinction by a different distinction capable of reentry? In systems theory there is no concept of essence forcing a second-order observer to view reality in a particular way. Reality as such is not observable anyway and does not therefore demand anything specific from the observer. Reality is observer-dependent and observable as such and in that respect it is a construction but also a reality.

2. The observer of the second order can also always inquire about the conditioning of the guiding distinction. Is it possible to condition the particular guiding distinction differently and more productively? For example, in the first half of his writings Luhmann conditioned social systems as systems of action but then found it to be more productive to condition social systems as systems of communication.

3. Finally, there is always the option of moving the observation point. It is always possible to move backwards in the process of reentry so that that which was seen as system now appears as sub-system or forward in the process of reentry so that that which was seen as system now appears as environment. This applies not

only to the distinction system/environment but to all concepts capable of reentry, that is, all second-order concepts.

Playing with the reservoir of guiding distinctions

Observing Luhmann's enormous production and conceptual creativity taking through the concept of analytical strategy Luhmann's work can be seen as a semantic reservoir for second order observation. So what matters from an analytical strategy point of view is not so much the unity of the theoretical building as such, including its building principles, e.g. the division of the theory in a communication theory, an evolution theory and a theory of society, and its consistency and inconsistencies. What matter are the available options of second order observation and how they frame different possibilities of second order insights. Below are listed some examples of systems-theoretical analytics, their guiding distinctions, the problems of conditioning and the analytics implication for the second order observers horizon of questions.

Analytics	Gaze	Horizont of questioning	Problems of conditioning
Form analysis	Unity/ difference	What is the unity of the distinction? And which paradox and machine of communication does it establish?	Has to be conditionalised through other analysis.
System analysis	System/ environment	How does a system of communication come into being in a distinction between system and environment? How is the system's boundary of meaning and autopoiesis difined?	When is the system identical to itselfe?
Semantic analysis	Concept/ meaning	How is meaning condensed? How does it create a pool of conceptual forms, that is, stable and partially general distinctions available to the systems of communication?	When is a concept a concept, and a semantic a semantic? Is it possible to gratuade semantic?
Differentiation analysis	Similarity/ dissimiliarity	How are systems differentiated? What is the similarity of dissimilarities of the systems? What are the conditions, therefore, of the formation of new systems of communication?	When can we judge the emergence of new form of differentiation?
Formation analysis	Form/ medium	How are specific media imprinted in concrete forms, thus colouring communication in a particular way?	How do we determine which medium is formed?
Media analysis	Media/ form	How are media shaped and how do they suggest a specific potential for formation?	When is a form sufficient multiplied and geneal to be called a media?

Figure 5: Reservoir of analytical strategies

The choice of guiding distinction determines the construction of the object and how we observe it. So the question is never, "what is this?", but rather how does the observed observation becomes observable depended on the gaze? An example could be the competence agreement introduced at the Sølund care centre in the

Municipality of Copenhagen in the year 2000 as part of an extensive organisational and managerial review. The agreement looks like this:

Contract agreement for competence development for Name:	
I will particularly strive to improve: (list three things)	Comments (e.g. how these relate to the base values and competencies, is a helper required, time frame, etc.)
Suggestions for collective courses/ instruction etc. for the entire department staff	Comments (e.g. how these relate to the base values and competencies, is a helper required, time frame, etc.)
I will work to obtain more knowledge/ better qualifications within the following areas.	Comments (e.g. how these relate to the base values and competencies, is a helper required, time frame, etc.)
Date: Signature:	

Figure 6: The competence contract of Care centre Sølund

The competence review was one among several tools in the performance interview. As can be seen, the agreement form is divided into a right and a left column. The left column states commitments to act. The right column, however, is at least as interesting. Here, employees have to justify and condition their promises to take action. In other words, it is not sufficient to simply do something, there must be good reasons, and preferably reasons that define the employee's competence development within the whole of the care centre. Thus, employees have to reflect upon themselves as competent but also reflect upon this reflection in relation to the whole. The co-ordination of individual competence development with the whole is the responsibility of the employee. The agreement has to include three things that the employee agrees to improve. Why precisely three? In order for the promise to be a promise that involves self-reflection it cannot be too light. One promise is insufficient. It is like writing down the first thing that comes to mind. However, too many promises are also too easy. That would result in a long unordered and un-prioritised list, which, due to its exuberance, would express neither reflection nor promise. Finally, the employee and only the employee have to sign the agreement. But what does a signature mean in this context? It signifies nothing short of a contractualisation of the employee's self-relation. The employees incur a contract with themselves and with the manager as sanctioning authority (On other self-contractualisations Andersen 2004, 2007, 2008).

So how should we observe the agreement? The agreement does not tell us how to be observed. We might observe it within the gaze of form analysis. Then we become aware of the agreement as a strange peculiar form of contract making a unilateral call for a mutual inner relation of the employee. We could also observe it within the gaze of semantic analysis. Then we become aware of particular concepts of the flexible employee. Or we might observe within the gaze of a formation analysis looking for the media formed within the agreement. And here we might observe that both the code of law and of pedagogic are formed. There is now fixed answer to the choice of guiding distinction, and on the other hand, the choice determines everything.

What renders Luhmann's systems theory so sovereign is that, while being fundamentally opening, it simultaneously allows for the possibility to control and close again. The little question, "why this particular guiding distinction?" creates a radical opening towards a choice of new guiding distinctions. Systems theory makes it possible to produce contingency in relation to the choice of analytical strategy as well as to fix the contingency of the analysis.

Accordingly, conducting systems-theoretical analyses becomes largely a question of playing with guiding distinctions. Long before the writing begins to take form, the work consists in the development and testing of guiding distinctions in relation to the empirical material (the observations to be observed) in order to see which interesting and titillating observations emerge. Systems theory is not a bookkeeper's science concerned with the mapping and categorization of phenomena. Ultimately, the role of systems theory is to irritate any communication with descriptions of elements of the communication that it has made itself blind to. Or more specifically: It is not a question simply of causing systems to see something new, different, or more. It is a question of challenging systems about their way of observing and to offer the possibility to see in new ways.

Moreover, this means that we have to think by virtue of analytical-strategic complementarity, where the combination of different gazes slowly can build up a strong second order insight. I draw up the complementary analytical-strategic machine like this (Andersen 2003a: 320-321):

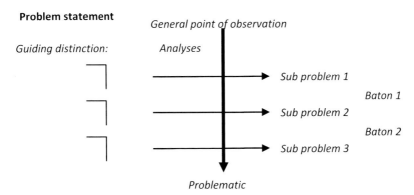

Figure 7: Complementarity

"Problematic" indicates the general question one is pursuing but which can rarely be directly solved. The problematic could be the origins of preventive communication, which means that the point of observation is where one empirically fixes ones problematic (what we also refer to as system reference). That could be the health care system. In order to narrow down the problematic, one conducts a variety of analyses with different guiding distinctions and different ways of inquiring into the problematic. "Baton" indicates the way in which the answers from the first analysis establish the conditions for further questions in the next analysis. Here, we have to imagine that precisely the semantic analysis must be one of the founding analytical strategies, which, by uncovering the semantic reservoir, simultaneously creates a new horizon of inquiry and a number of possible batons for further analyses via different guiding distinctions.

An example on a complementtary use of different analytical strategies might be my analysis of the politization of public administration. This analysis combined three different guiding distinctions (Andersen 2005):

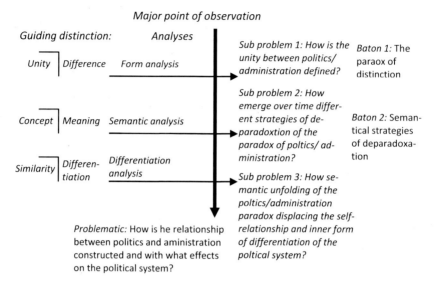

Figure 8: Case on complementarity

My departure was an interest in how the executive administration in the ministry of finans politized the boundery between politics and administration with the explicit intention of drawing back politics with a big P to general and overall subjects, and transforms the relationship between politicians and administration from a hierarchical one towards a dialogical one. I wonder how it was possible at all for a public administration to politize the relation politics/administration. And I wondered what effect that might have on the political system's quality of system. The first challenge was to divide this problematic into observable sub problems. I ended up with three different analyses. The first was a form analysis which investigated the distinction politics/administration, it characteristics and status in the political system. I showed how the difference was a particular reentry of the difference politics/non-politics; a reentry which constituted a basic paradox for any democratic political system. The difference politics/administration was it self a political difference between the political and the non-political in the political. With the help of the form analysis it became possible to specify the research problem and my way into the basic problematic. Making the answer of the form analysis the departure of a semantic analysis I got a very précis research question tracing the conceptual history. The question became how different semantic strategies of deparadoxation were formed to handle the politics/administration paradox. Through the semantic analysis an insight was produced regard the empirical unfolding conditions of the politics/administration paradox over time. The answer to semantic research question constituted again premises questioning eventual changes in the self-relationship of the political system regarding the difference politics/administration. The combination of different analytical strategies established the possibility of a relatively sharp and precise second order observation of the politics/administration relation, where in the single analysis facilitated questions to the following analysis, but also helped to conditionalize validity of the single analysis as well as the limit of the analysis as a whole.

When are we finished?

Much systems theoretical work begins within the theory it self observing some incompleteness or alternative conceptual solutions. In this case it is rather clear when your work is finished. It is when you have formulated a sufficient contribution covering the observed lack within the theory building. Working with a departure in analytical strategy it becomes less obvious when you got up with a sufficient contribution. The point of departure is then not an internal lack in a theory building but rather an empirical wondering beginning in observing how a system develops a certain interest. So what defines your interest as a researcher is that the systems 'out there' develop an interest in something. Your shifter is an interest for interest. In this case you somehow bind your definition of contribution to an external referent. Being a systems theorist this is anything else than simple entering from a distinction between function and performance, where it is the destiny of a system only to stay at the function side of the distinction. Function is a self-attribution in the system to its 'products'. Performance considers the value attributed by an external observer. Science can only control its internal attribution of function, and have absolutely no control of its performance in other systems. This of course also goes for systems theory. Never the less it is possible for us to reflect about our performances making a reentry of the distinction on the function side. We might reflect upon how we like our research to be observable for the systems we are studying, knowing of course that it basically is out of our control. One possibility might be to reentry the distinction function/performance in the following way claiming the function of systems theoretical work to be second order observation, and the performance of our work to frame impractical questions to practice (knowing that practice here is nothing but our internal phantasm about the external):

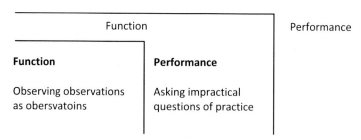

Figure 9: Reflections about the possible performance of systems theory

In this case we are finished when our second order observations also facilitate impractical questioning in practice. But what does that mean? I usually specify it in three forms knowing that they could be different (Andersen 2006). The first performance contribution address the system with an insight about what they do is not necessary. This has to do with production of contingency through observation of second order. So we are interested in the interest of the system showing it the contingency of its interest. The second performance contribution addresses the system with an insight in the impossibility of what the observed system try to do. We are here interested in the impossibility of their interest observing its forms. The third and final performance contribution addresses the system with an insight saying that what the systems try to do put more at stake regarding the constitution of the system, than what the system realize. So we are interested in the systems interest and how their interest put at stake constitutive element in the periphery of their attention.

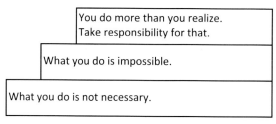

Figure 10: Unpractical questions to praxis

So the work with analytical strategy is to a large extent a play with the element 'guiding distinctions', 'conditioning' and 'point of observation' and the play end where one thinks an second order insight can be produced and at the same time maximizing impractical questioning to practice.

References

Alexander, Jeffrey/Colomy, P. (eds.) (1990): Differentiation theory and social change. New York: Columbia University Press

Andersen, Niels Åkerstrøm (2003a): Discursive analytical strategies – Understanding Foucault, Koselleck, Laclau, Luhmann. Bristol: Policy Press

Andersen, Niels Åkerstrøm (2003b): Organisation i anden ordens perspektiv –Systemteoriens analysestrategiske maskine, i Holger Højlund og Morten Knudsen (red): Organiseret kommunikation –systemteoretiske analyse, Samfundslitteratur, København. 310-323

Andersen, Niels Åkerstrøm (2004): The Contractualisation of the Citizen – on the transformation of obligation into freedom. In: Social Systems 10. 2. 273-291

Andersen, Niels Åkerstrøm (2005): Political Administration. In Howard/Torfing (ed.) (2005)

Andersen, Niels Åkerstrøm (2006): Diskursive analytische Strategien in der Verwaltungswissenschaft. In: Bogumil et. al. (2006): 97-120

Andersen, Niels Åkerstrøm (2007): Creating the client who can create himself and his own fate – the tragedy of the citizens' contract. In: Qualitative Sociology Review.Vol III. Issue 2. 2007. 119-143

Andersen, Niels Åkerstrøm (2008): The World as Will and Adaptation: the inter-discursive coupling of citizens' contracts. In: Critical Discourse Studies. Vol. 5. No. 1. 75-89

Bogumil, Jörg/Jann, Werner/ Nullmeier, Frank (Hrsg.) (2006): Politik und Verwaltung. Politische Vierteljahresschrift. Sonderheft 37/2006

Esposito, Elena (1996): From self-reference to autology: how to operationalize acircular approach. In: Social Science Information.269-81

Foerster, Heinz von (1981): Observing Systems. Califinia: Intersystems Publication, Seaside

Günther, Gotthard (1976): Beiträge zur Grundlegung einer operationsfähigen Dialectic. Hamburg: Felix Meiner Verlag

Howard, David/Torfing, Jacob (ed.) (2005): Discourse theory in European Politics: Identity, policy and governance. New York: Palgrave Macmillan

Jacobsen (ed.) (1995): Autopoiesis II. Politisk Revy

Kaufmann, Louis H. (1987): Self-reference and Recursive Forms. In: Journal of Social and Biological Structures 10. 1987. 53-72

Krohn, E. (ed.) (1990): Selforganization. Portrait of a Scientific Revolution. Klüwer, Academic Publishers

Luhmann, Niklas (1986): The Theory of Social Systems and its Epistemology: Reply to Danilo Zolo's Critical Comments. In: Philosophy of Social Sciences 16. 1986. 129-34

Luhmann, Niklas (1988): Erkenntnis als Konstruktion. Bern: Benteli Verlag

Luhmann, Niklas (1990a): The paradox of system differentiation and the evolution of society. In Alexander/Colomy (eds.) (1990)

Luhmann, Niklas (1990b): The Cognitive Program of Constructivism and a Reality that Remains Unknown. In Krohn (ed.) (1990)

Luhmann, Niklas (1993a): Deconstruction as Second-Order Observing. In: New Literary History 24. 1993. 763-782

Luhmann, Niklas (1993b): Risk – A Sociological Theory. New York: Walter de Greuyter.

Luhmann, Niklas (1995a): Subjektets nykker og spørgsmålet om mennesket. In: Jacobsen (ed.) (1995): 46

Luhmann, Niklas (1995b): The Paradoxy of Observing System. In: Cultural Critique 31. 1995. 37-55

Spencer-Brown, George (1969): Laws of Form, London: George Allen and Unwin LTD

Teil II

Methodologische Brückenschläge.
Systemtheorie in empirischer
Anwendung

Methodologie und Verfahrensweise der dokumentarischen Methode und ihre Kompatibilität zur Systemtheorie

Werner Vogd

„Von einer konstruktivistischen Position aus gesehen kann die Funktion der Methodik nicht allein darin liegen, sicherzustellen, dass man die Realität richtig (und nicht irrig) beschreibt. Eher dürfte es um raffinierte Formen der systeminternen Erzeugung und Bearbeitung von Information gehen. Das heißt: Methoden ermöglichen es der wissenschaftlichen Forschung, sich selbst zu überraschen. Dazu bedarf es einer Unterbrechung des unmittelbaren Kontinuums von Realität und Kenntnis, von dem die Gesellschaft zunächst ausgeht" (Luhmann 1998: 37).

Mit Blick auf das Verhältnis von Systemtheorie und Methodologie möchte ich zunächst zwischen zwei Positionen unterscheiden. Die eine geht – zumindest implizit in ihrer Forschungspraxis – davon aus, dass die Theorie die Methodologie ist. Durch die theoretische oder systemtheoretische Arbeit verändert man die Art und Weise, wie man etwas sieht, und kann dann entsprechend auch empirische Wirklichkeiten anders sehen. Empirie und Theorie bilden hier sozusagen ein dyadisches Verhältnis, wobei die Systemtheorie mit Blick auf den operativen Konstruktivismus gute Gründe hat, davon auszugehen, dass Wirklichkeit ohne Theorie nicht zu haben ist. Selbst der einfachste Wahrnehmungsvorgang beruht auf einer bestimmten Art und Weise des Unterscheidens und ist damit gleichsam durch die inhärente Theorie des Beobachters geleitet.

Mit der zweiten Position wird demgegenüber von einem triadischen Verhältnis ausgegangen. Neben Empirie und Theorie tritt die Methodologie als etwas Drittes in den Forschungsprozess ein. Wie die Empirie ist natürlich auch die Methodologie unterscheidungs- und damit theoriegeleitet und man könnte jetzt sagen: Eigentlich brauchen wir Methodologie ja gar nicht, sobald wir ordentlich theoretisieren und mit dem Instrumentarium einer komplexen Theorie über die Dinge nachdenken, denn Methoden sind ja letztlich auch nur als soziale Prozesse zu betrachten, welche Kontingenzen auf eine bestimmte und nicht auf eine andere Art und Weise reduzieren (vgl. Nassehi/Saake 2002). Hiernach – so könnte man missverstehen – würde es ausreichen, die durch konkretes empirisches Material gegebenen Verhältnisse dadurch aufzuschließen, indem sie dem intelligenten Blick eines theoretisch geschulten Forschers unterworfen werden.[1] Zweifelsohne kommen auf diese Weise bei gekonnten Autoren gehaltvolle Texte heraus, doch zwei Probleme bleiben.

Das eine besteht in dem, was Popper als *Induktionsproblem* charakterisiert hat: Wie lässt sich methodologisch kontrollieren, dass ein auch noch so kluger Forscher nicht doch nur eben das in das Material hineinträgt, was er sowieso schon sieht und weiß? (Popper 2007). Ohne eine diesbezügliche methodologische Kontrolle würde der Forscher also Gefahr laufen, nichts Neues generieren zu können beziehungsweise nur das sehen zu können, was bereits in seinem kognitiven Horizont angelegt ist.

Das andere, hiermit zusammenhängende Problem ist die Frage, was zuerst da sei, die Intelligenz oder die Wahrnehmung. Dass ein kluger Denker vieles sehen kann, ist keine Frage. Aber wie wird man ein kluger Denker? Bedarf Klugheit nicht einer kontinuierlichen Wahrnehmungsschulung, die auf eine veränderte Wahrnehmung zielt, so dass die bisherigen Kategorien ins Wanken kommen und hierdurch neue Unterscheidungen entstehen? Gerade hierin könnte dann eine der Aufgaben von Methoden liegen, nämlich die Aufmerksamkeit auf Wahrnehmungsweisen zu lenken, welche die bereits bekannten theoretischen Unterscheidungen unterlaufen. Oder um nochmals mit Luhmann zu sprechen: „Methoden ermöglichen es der wissenschaftlichen Forschung, sich selbst zu überraschen. Dazu bedarf es einer Unterbrechung des unmittelbaren Kontinuums von Realität und Kenntnis, von dem die Gesellschaft zunächst ausgeht" (Luhmann 1998: 37). Erst Methoden gestatten als das dritte Moment neben der Theorie und dem empirischen Material, die Henne-oder-Ei-Problematik (was war zuerst: die Wahrnehmung oder die Kognition) in ein wahrnehmungs- und theorieerweiterndes Werden aufzulösen.

Viele systemtheoretische Studien – insbesondere die von Anfängern – kranken daran, dass viel zu schnell von den Details des untersuchten Gegenstandes zur theoretischen Abstraktion gewechselt wird. Natürlich liegen der Reiz und Anspruch systemtheoretischer Analysen in der Theoriebildung. Eine intelligente soziologische Wissenschaft, welche sich als „*begriffliche* Abstraktion (die auf Theorie abzielt)" von „der *Selbstabstraktion* des Gegenstandes (die auf Struktur abzielt)" unterscheiden kann (Luhmann 1993: 16), wird jedoch nur möglich, indem auch der Gegenstand in seinen Strukturanlagen in hinreichendem Detailreichtum aufgeschlossen wird.

An dieser Stelle kommt Methodologie ins Spiel, nämlich als intelligenter Rekurs auf Verfahren, die zum einen eine Heuristik möglicher oder alternativer Perspektiven anbieten und zum anderen eine gewisse Trägheit beziehungsweise Sturheit installieren, die den Forscher zwingen, genauer hinzuschauen (was immer dies in einer konstruktivistischen Epistemologie auch heißen mag). Die eigentliche Leis-

---

1   Es käme dann entgegen der methodologischen Intention von Saake und Nassehi *nur* noch darauf an, „sich etwas freier dafür [zu] interessieren, wie in der jeweiligen Situation Sinn geschaffen wird: sozial, sachlich und zeitlich" (Saake/Nassehi 2002: 235).

tung von Methoden besteht hiermit nicht nur darin, den Konnex von (eigener) Erkenntnis und Wirklichkeit zu unterbrechen, sondern eben jene wissenschaftliche Beharrlichkeit zu schaffen, einen Weg bis zu Ende zu gehen, selbst wenn er zunächst unsinnig erscheint. Oder andersherum: Methoden erzeugen aus Daten andere Daten, und hat man die erst einmal, lassen sich hieraus auch Informations- und Erkenntnisgewinne erzielen. Erst der Überschuss an Strukturmöglichkeiten einer hinreichend detaillierten Analyse liefert das Material für eine begriffliche Abstraktion, die dann in eine qualifizierte Theoriegenese einmünden kann.

Erst Methoden unterbrechen den Konnex zwischen theoretischer Erkenntnis und empirischer Realität zugunsten eines produktiven wahrnehmungs- und theorieerweiternden Prozesses. Nicht jede Methode eignet sich als Mittel für die systemtheoretische Forschung. Zum einen stellt sich die Frage der metatheoretischen Kompatibilität, zum anderen ist zu fordern, dass die Beobachterverhältnisse auch auf der Ebene der Methodologie insoweit ausdifferenziert sind, dass die Latenzen systemischer Zusammenhänge aufgeschlossen werden können. Ich habe an verschiedener Stelle dargelegt, dass die dokumentarische Methode, wie sie von Ralf Bohnsack und seinen Arbeitsgruppen in Berlin und Erlangen entwickelt wurde,[2] diesbezüglich ein großes Potential birgt (Vogd 2005a, Vogd 2005b, Vogd 2005c, Vogd 2007, Vogd 2009).

Ursprünglich wurde die Idee der dokumentarischen Methode von dem Wissenssoziologen Karl Mannheim formuliert. In seiner berühmten Studie zum Konservatismus kam Mannheim zu dem Schluss, dass es nicht auf die Inhalte, die jemand sagt, ankomme, sondern auf den epistemischen Raum, aus dem heraus ein System von Aussagen entfaltet wird. Liberale und Konservative, so sein Befund, mögen zwar über das Gleiche sprechen und dabei dieselbe Sprache verwenden, können sich aber dennoch nicht verstehen, da das Gesagte in einem anderen Sinnhorizont steht (Mannheim 2003). Wir finden mit Mannheim also eine wissenssoziologische Position vor, die auf die Latenzen – das *Wir* – schaut und hiermit über die Common-sense-Typisierungen einer sozialphänomenologischen Forschung hinausgeht, die sich in der Regel darauf beschränkt, sprachliche Typisierungen, also Inhalte, zu typisieren.

Bohnsacks Leistung bestand nun darin, die sozialphilosophischen und sozialpolitischen Problemlagen in Mannheims Werk – etwa das Relativismusproblem und die Fehleinschätzung der Freischwebenden Intelligenz (vgl. Meja/Stehr 1982) – beiseitezulassen und stattdessen die methodologischen Potentiale der Mannheim'schen Wissenssoziologie auszubauen.

Auch die dokumentarische Methode rekonstruiert und benützt – wie soll dies auch anders vonstattengehen – sprachliche Typisierungen. Sie geht dann aber in ihrer Analyse einen Schritt weiter und schaut, in welch einem System von Orientie-

---

2   Siehe zur Einführung Bohnsack (2007).

rungen – Bohnsack spricht hier von ‚Orientierungsrahmen' – diese Typisierungen
entfaltet werden (vgl. Bohnsack 1998). Hierdurch resultiert nun eine zweistufige
Form der Interpretation. Auf der ersten Stufe wird geschaut, *was* gesagt beziehungsweise im Text entfaltet wird – dies entspricht einer Inhaltsanalyse im Sinne
der Schütz'schen Typisierung von sprachlichen Typisierungen. Auf der zweiten
Ebene wird versucht, den *Modus operandi* der Aussagenentfaltung zu rekonstruieren.
Wir kommen hier zum *Wie*, also zum Wechsel der Beobachtung *erster* zu einer Beobachtung *zweiter Ordnung*. Die Beobachtung zweiter Ordnung ist natürlich auch
eine sprachliche Typisierung, aber eine sprachliche Beschreibung der besonderen
Art. Ihr Gegenstand der Beobachtung sind keine singulären Objekte – keine Themen, Inhalte, Dinge oder Aussagen –, sondern Relationen und Beziehungen. Anders als die sprachlichen Common-sense-Typisierungen erschließen sich diese nicht
mehr in trivialer Weise. Vielmehr braucht es hierzu einer besonderen metatheoretischen und methodologischen Sensibilität.

In Bohnsacks dokumentarischer Methode tauchen diesbezüglich zwei zentrale
methodologische Figuren auf: die funktionale Analyse und die komparative Analyse. Beginnen wir zunächst bei der ersten: Es ist wohl kein Zufall, dass Bohnsack
in Bielefeld studiert hat und bei der Weiterentwicklung der dokumentarischen Methode auch systemtheoretische Figuren integriert hat – Niklas Luhmann war immerhin der Zweitgutachter seiner Doktorarbeit.

Eine wichtige Rolle spielt für ihn die „funktionale Methode", im Sinne der
Luhmann'schen Reformulierung (Luhmann 1970a, 1970b). Vom mechanischen
Funktionalismus und dem teleologischen Erbe befreit, besagt die funktionale Methode einfach nur, dass vieles, was geschieht, (auch) eine Antwort auf ein klar defi-
nierbares Bezugsproblem darstellt. Die Lösung des Problems erzeugt dann wiederum ein neues Bezugsproblem und so weiter fort, so dass dann in der Verkettung von mehreren sich perpetuierenden Problemlösungsschritten identifizierbare
Muster oder Orientierungen entstehen, die dann ihrerseits eine gewisse Stabilität
aufweisen und damit auf der Ebene der Beobachtung zweiter Ordnung als latente
Strukturen entdeckt werden können. Mit Blick auf das konkrete empirische Material sieht die funktionale Analyse entsprechend das Einbringen von Themen, die
Wahl von kommunikativen Anschlüssen oder Abbrüchen immer auch als eine
Antwort auf ein vorangehendes Bezugsproblem. Hiermit einhergehend eröffnet die
funktionale Analyse einen Vergleichshorizont, der deutlich werden lässt, dass für
ein Problem verschiedene Lösungen möglich sind.

Hier kann nun die dokumentarische Rekonstruktion ansetzen, indem sie einerseits sucht, worin die tieferliegenden und unhintergehbaren Bezugsprobleme liegen,
und dann anderseits sehen kann, wie bestimmte Antworten wiederum ihre eigenen
Sachzwänge erzeugen, die dann bestimmte Lösungswege zu mehr oder weniger
stabilen Orientierungen verfestigen lassen. Um hier wieder an Mannheim anzuschließen: Sowohl die Konservativen als auch die Liberalen antworten auf das sozi-

alpolitische Bezugsproblem, wie Individuum und Gesellschaft, wie Einzelinteressen und Soziales, zu einer stabilen gesellschaftlichen Form finden können. Die einen finden die Lösung im konkreten Nahbereich und die anderen im abstrakteren, regelhaften Gesellschaftsentwurf – und weil sich diese Orientierungen epistemisch grundlegend unterscheiden, können sich beide, selbst wenn sie wollten, nicht verstehen.

Mit Blick auf die habituelle Verkörperung dieser Orientierungen zeigt die dokumentarische Methode eine Nähe zur Position von Pierre Bourdieu, denn im Sinne einer praxeologischen Wissenssoziologie sind die handlungsleitenden Unterscheidungen den einzelnen Akteuren in der Regel nicht bewusst, sondern vorreflexiv in die Praxis eingewoben. Es mag zwar umstritten sein, ob und wie man habitustheoretische und systemtheoretische Positionen verbinden kann – Nassehi experimentiert damit und auch ich habe an einigen Stellen versucht eine Brücke zu schlagen,[3] doch diese Frage ist an dieser Stelle nebensächlich, solange im methodologischen Zugang das Verbindende gesehen wird: In beiden metatheoretischen Perspektiven herrscht ein deontisches Subjektverständnis vor. Das heißt, man braucht nicht mehr davon auszugehen, dass ein Akteur etwas (bewusst) gewollt haben muss. Vielmehr reicht es aus, davon auszugehen, dass die beobachteten Praktiken *scripted* sind beziehungsweise einer bestimmten, wiedererkennbaren inferenziellen Logik folgen. Ob es intentionales Handeln, frei entscheidende Subjekte usw. *wirklich* gibt, ist hier nicht von Interesse. Es interessieren allein die Muster der Zurechnung von Subjektivität, Kausalität und Intentionalität. In der Rekonstruktion des Modus operandi zählen allein die Prozesse und die sich hieraus entfaltenden Semantiken. Gemeinsames Moment ist die Haltung, die subjektphilosophische Tradition mit ihren analytischen Beschränkungen zu umgehen – und hiermit befinden wir uns im Einklang mit einer Post-Wittgenstein'schen Sprachphilosophie, von der wir gelernt haben, Konzepte wie ,Subjektivität', ,Normativität' und ,Objektivität' als soziale Praxen zu begreifen (vgl. Brandom 2000; Rorty 2007). Um es auf die funktionale Analyse zurückzuwenden: Bestimmte Bezugsprobleme gebären bestimmte Praxisformen, die dann als bewährte und sich repetierende Orientierungen eine gewisse Stabilität generieren. Aus praxeologischer Perspektive erscheint diese dann als ein Habitus, der jeweils mehr oder weniger im Einklang mit den Ansprüchen eines jeweils historisch gegebenen sozialen Feldes stehen kann. Systemtheoretisch gesprochen etablieren sich hier Semantiken als Skripte, die soziale Systeme in ein Und-weiter-So überführen, wobei dann zugleich mit Asynchronitäten zwischen Gesellschaftsstruktur und Semantik zu rechnen ist.[4]

---

3 Vergleiche Nollmann/Nassehi (2004) sowie Vogd (2004) und Vogd (2005c: 101 ff.).

4 Metatheoretisch lassen sich praxeologische Wissenssoziologie als auch Systemtheorie nicht in trivialer Form ineinander übersetzen und entsprechend ist im Sinne eines sauberen Theoriedesigns nicht anzuraten, hier vorschnell zu vermischen. Methodologisch bestehen in der Arbeit der

Kommen wir nun ausführlicher zur Forschungspraxis der dokumentarischen Methode und behandeln dabei auch den methodologisch wichtigen Aspekt der komparativen Analyse. In der Forschungspraxis der dokumentarischen Methode hat sich eine bestimmte Schrittfolge der Arbeit bewährt. Nach einer ersten *groben Konzeption* des Projektes, in der natürlich immer auch theoretische Aspekte eine wichtige Rolle spielen, beginnt zunächst die erste Phase der Datenerhebung.[5] Hierdurch bekommt der Forscher außerhalb des Prozesses seines Theoretisierens Material in die Hand, mittels dessen er seine Wirklichkeitssicht modifizieren beziehungsweise irritieren lassen kann. Prinzipiell infrage kommen dabei Interviews, Gruppendiskussionen, Videos, Feldbeobachtungen, Bilder, aber auch vertextete Dokumente, die in eine dokumentarische Diskursanalyse überführt werden können. Für die Analyse hat sich eine Aufteilung in drei ineinander verzahnte Schritte bewährt. Die *formulierende Interpretation* entspricht dem Common-sense-Verständnis einer ‚Inhaltsanalyse'. Mit Luhmann gesprochen bleiben wir auf der Ebene der ‚Beobachtung erster Ordnung'.

Die *reflektierende Interpretation* stellt demgegenüber die *Sinngenese* in den Vordergrund und operiert hiermit auf der Ebene der ‚Beobachtung zweiter Ordnung'. Sie lenkt das Augenmerk auf den *modus operandi* der thematischen Anschlüsse, das heißt auf „die spezifische Weichen- und Problemstellung bei der Behandlung" eines Themas und „damit dem für die Behandlung des Themas ausschlaggebenden *Rahmen*" (Bohnsack 2007).

Hiermit eng verbunden ist der dritte Schritt, die *komparative Analyse*. Im Prozess der Ausbildung einer Typik ist nun das *tertium comparationis* ständig zu verändern. Erst auf diesem Wege offenbart sich die zu untersuchende Realität als ein *sozialperspektivisches* Geschehen, als ein Inbeziehungsetzen verschiedener *Kontexte,* die in ihren Erwartungshorizonten dann zugleich auf Interaktion, auf Organisation, auf die Reproduktion gesellschaftlicher Funktionssysteme (Politik, Recht, Wirtschaft, Medizin, Erziehung, romantische Liebe etc.) und andere soziale Dynamiken verweisen können.

Die komparative Analyse mündet in der Regel in eine *neue Erhebungsphase*, da nun aus der bestehenden Reflexion heraus empirisch begründet neue Fallkontraste für die weitere Untersuchung ausgewählt werden. Über den Weg eines sich auf diese Weise kontinuierlich verdichtenden Forschungs- und Reflexionsprozesses kann schließlich eine multidimensionale Typologie entstehen, welche den unterschiedlichen Sozial-, Sach- und Zeitdimensionen des untersuchten Phänomenbereichs gerecht wird (siehe Bohnsack in diesem Band).

Rekonstruktion jedoch erhebliche Parallelen, so dass sich forschungspraktisch für die Systemtheorie ein erheblicher Gewinn ergibt, die Leistungen der dokumentarischen Methode zu nutzen.

5   Es besteht hiermit die Einladung, schnell in die Forschungspraxis zu gehen und den epistemischen Status der theoretischen Kategorien zunächst im Ungefähren und Unscharfen zu belassen.

Interpretationsbeispiel

Machen wir dies nun an einem Beispiel einiger Szenen aus meiner Krankenhaus-forschung deutlich. Bei dem Datenmaterial handelt es sich um Beobachtungspro-tokolle, die auf einer internistischen Abteilung eines städtischen Krankenhauses angefertigt wurden (siehe ausführlich Vogd 2004, Vogd 2006).

Nehmen wir als Datum – als Gegebenes – die im Folgenden verwendeten Be-obachtungsprotokolle. Es ließe sich hier zwar einiges zur Kontrolle der Selektivität des Beobachtungsprozesses sagen. Dies würde aber den Rahmen sprengen und ist bereits an anderer Stelle geschehen (vgl. Vogd 2005d).

Frau Mohn ist eine 93-jährige Frau, die mit einem Ikterus (Gelbsucht) in die internistische Station eines städtischen Krankhauses eingeliefert wird. Martina, seit vier Wochen als Ärztin im Praktikum auf der Station, betreut die Patientin. Die junge Ärztin schildert dem Oberarzt ihr Problem, dass die Patientin jede weitere Diagnostik ablehne. Der Oberarzt schlägt vor, die Sache bei einer Tasse Kaffee zu besprechen. Am Tisch fragt er zunächst nach dem Alter der Patientin. Die junge Ärztin antwortet ihm, worauf der Oberarzt erklärt, dass man nachvollziehen kön-ne, mit dreiundneunzig Jahren nicht mehr in ein Krankenhaus zu wollen:

Donnerstag, 20.3.2002, Stationszimmer

Ärztin im Praktikum: Habe eine neue Patientin … hat einen Ikterus [Gelbsucht] … lehnt aber jede Diagnostik ab.

Oberarzt: Besprechen wir das jetzt in Ruhe und setzen wir uns erst mal zu einem Kaffee hin (beide setzen sich im Stationszimmer an den Frühstückstisch. Die Fa-mulantin sowie der Beobachter setzen sich mit an den Tisch).

Stationsarzt Dr. Martin (zwischendurch): … Patient mit einem Harnweginfekt … die Be-schwerden gehen jetzt trotz Antibiose nicht weg …

(Beide sprechen kurz über den Patienten).

[…]

Ärztin im Praktikum: Die Patientin mit dem Ikterus …

Oberarzt: Wie alt ist die?

Ärztin im Praktikum: 08.

Oberarzt: Ich will ihr Alter wissen … nicht jetzt eine Gehirnakrobatik leisten und rechnen müssen.

Ärztin im Praktikum: 93 ist sie.

Oberarzt: Dann kann man gut nachvollziehen, dass sie jetzt nicht in ein Kranken-haus will. Warum ist sie jetzt hier?

Ärztin im Praktikum: Sie hat beim Hausarzt jede Diagnose abgelehnt …

Oberarzt: Wie ist sie jetzt hier hergekommen? Ein Zusammenbruch?

Ärztin im Praktikum: Der Ikterus ist jetzt seit Februar … der Hausarzt hat sie dann überredet.

Formulierende Interpretation

Legen wir zunächst am Beispiel dieser Sequenzen den Prozess der formulierenden Interpretation einmal etwas ausführlicher dar. Die formulierende Interpretation stellt als besondere Form der Inhaltsanalyse zwar eine Abstraktion dar, die den inferenziellen Beziehungen des Gegenstandes folgt. Es geht um die Identifikation und Bestimmung unterschiedlicher Propositionen, wo zunächst zu lokalisieren ist, wann ein Thema einsetzt, wie es sich thematisch entfaltet und wann es – etwa in Form einer rituellen Konklusion – wieder aus dem Diskurs verschwindet. Zudem geht es hier um eine Hierarchisierung der Themenorganisation, also um die Frage, wie die einzelnen Propositionen in ein logisches Verhältnis gebracht werden können. Zum einen zeigen sich hier Verschachtelungen, etwa in dem Sinne, dass einzelne Themen sozusagen verästelt entfaltet werden, also ein Thema (T) eingebracht wird, das dann durch weitere Unterthemen (UT) spezifiziert wird, die dann wiederum durch eine weitere Ebene von Aussagen detailliert werden können (UUT, UUUT). Zum anderen werden dann laufend neue Propositionen in ein einzelnes Diskursgeschehen, eine Interaktion oder einen Gesprächsabschnitt (OT) eingebracht, welche ein Thema beziehungsweise dessen Entfaltung ablösen oder unterbrechen.

Die formulierende Interpretation entspricht dem Common-sense-Verständnis von 'Inhaltsanalyse'. Gegenüber dem Alltagsverstehen verlangt sie als wissenschaftliche Form der Interpretation jedoch eine gewisse methodologische Disziplin. Zum einen ist hier auf die übliche Zurechnung von Motiven zu verzichten. Zum anderen ist entgegen der üblichen sozialwissenschaftlichen Hermeneutik das Kontextwissen einzuklammern.

In unserem Beispiel könnte eine erste formulierende Interpretation etwa folgenderweise aussehen (in der Darstellung in einer Publikation würde man dann in der Regel von einer schematischen zu einer essayförmigen Darstellung wechseln):

OT: Gespräch Oberarzt und Stationsärztin
    T: Neue Patientin, die einen Ikterus hat, aber Diagnostik ablehnt
        UT: Alter der Patientin
    T: Format der Altersdarstellung
    T: Gründe der Einweisung
        UT: Will nicht ins Krankenhaus
            UUT: Hat beim Hausarzt jede Diagnostik abgelehnt
            UUT: Frage, wie die Patientin hergekommen ist
    T: Ikterus und Gallenstau in der Leber
        UT: Gespräch über mögliche Ursachen
            UUT: Frage nach Hypothese
        UT: Verschluss der Gallenblase

> UT: Tumor
> > UUT: Frage nach der Art des Tumors
> T: Patientin, die nicht ins Krankenhaus will
> T: Quick und blutiges Erbrechen der Patientin
> > UT: Was zu tun ist
> > > UUT: Gastroskopieren
> > > UUT: Schallen
> > UT: Ursachen des verschlossenen Magens
> T: Zur Patientin gehen

Da die formulierende Interpretation eine Abstraktionsoperation darstellt, lässt sie sich in unterschiedlichen Detaillierungsgraden durchführen. Forschungspraktisch ist hier eine Balance hinsichtlich einer Auflösung zu finden, die aufgrund ihres Informationsreichtums den Wald vor lauter Bäumen nicht erkennen lässt, und einer Abstraktion, die sämtliche Strukturiertheit im Material tilgt. Die folgende Reformulierung ist zwar formal korrekt, tilgt allerdings alle für die weitere Analyse relevanten Details:

> OT: Gespräch mit Oberarzt und Stationsärztin

Wenn wir, wie folgt, die Inhaltsanalyse mit sehr hohem Detaillierungsgrad durchführen, sind wir zwar nahe am Protokoll, verlieren aber den Blick für übergreifende Strukturen:

> > T4: Gründe der Einweisung
> > > UT: Will nicht ins Krankenhaus
> > > > UUT: Hat beim Hausarzt jede Diagnostik abgelehnt
> > > > UUT: Frage, wie die Patientin hergekommen ist
> > > > > UUUT: Frage, ein Zusammenbruch
> > > > > UUUT: Ikterus seit Februar
> > > > > UUUT: Hausarzt hat sie überredet

Wenn wir das Beobachtungsprotokoll demgegenüber auf einer mittleren Abstraktionsebene reformulieren, entdecken wir eine Strukturiertheit in der Organisation von Themen, ohne uns dabei allzu sehr in Details zu verlieren. Diese Ebene ist hilfreich für eine am Material angelehnte Theoriebildung, die auf die Semantik organisationaler Prozesse zielt.[6]

---

6   Demgegenüber zielen die Mikroanalysen der Ethnomethodologie dann insbesondere auf bestimmte performative Aspekte der Interaktion, während die gesellschaftlichen und organisationalen Semantiken aus dem Blick rücken.

Es erscheinen hier dann beispielsweise fünf Einzelthemen, die in einer konkreten Beziehung zueinander stehen. Die schwere Erkrankung und ihre Spezifizierung (T1) sowie die Ablehnung der Behandlung durch die Patientin (T2) stellen zwei konfligierende Themen dar. Daneben tauchen dann drei weitere Themen auf: die richtige Form und Kritik an der Darstellung (T3), die Gründe der Einweisung (T4) sowie die Aufforderung, zur Patientin zu gehen (T5). In der Beziehung der Themen lässt sich dann etwa feststellen, dass das Thema „Ablehnung der Behandlung" nicht entfaltet, sondern immer wieder durch Einschub eines anderen Themas unterbrochen wird, bis schließlich die Gesprächssequenz mit dem ‚Zur-Patientin-Gehen' ihren Abschluss findet. Aus T1 (Patientin mit einer schweren Erkrankung) und T2 (Ablehnung der Behandlung) ergibt sich dann folgende Verkettung der einzelnen Propositionen:

T1 + T2: Neue Patientin, die Ikterus hat, aber Diagnostik ablehnt
T3: Format der Darstellung
T4: Gründe der Einweisung
T1: Ikterus und Gallenstau in der Leber
T2: Patientin, die nicht ins Krankenhaus will
T1: Quick und blutiges Erbrechen der Patientin
T5: Zur Patientin gehen

Die formulierende Interpretation erscheint hier gleichsam wie ein Zoomen durch das Material, das durch den dynamischen Wechsel zwischen den Abstraktionsgraden der Thematisierung den Boden für die reflektierende Interpretation bereitet. Sie ist unabdingbar, um das Material sorgfältig aufzuschließen, denn erst auf diesem Wege öffnen sich die Augen, welche Themen eingebracht werden und wie diese zueinander in Beziehung stehen. Ohne diesen Interpretationsschritt bestände die Gefahr, zu wenig zu sehen und entsprechend vorschnell mit den eigenen vorgefertigten Theorierastern an das Material heranzugehen. Die Eigenstrukturiertheit des Materials käme hiermit nicht ausreichend in den Blick.

Reflektierende Interpretation

Auf Basis dieser nun für das Material geschärften Aufmerksamkeit lässt sich im zweiten Schritt eine reflektierende Interpretation wagen:

Machen wir uns dabei zunächst nochmals den Unterschied zwischen der formulierenden und der reflektierenden Interpretation klar. In ersterer geht um die Reformulierung innerhalb des Relevanzsystems des zu untersuchenden Protokolltextes. Außerhalb der Operation der abstrahierenden Kondensation wird dem Text keine weitere Deutung oder interpretative Zurechnung hinzugefügt. Es geht hier allein um die Identifikation von Themen und Gegenständen im Sinne der Common-sense-Typologien der Sprache.[7] Demgegenüber wird in der reflektierenden Interpretation der Blick auf die Latenzen gelenkt, welche unterhalb der Inhalte liegen. Es geht hier im Sinne einer Beobachtung zweiter Ordnung nun um die Rekonstruktion von Relationen, Prozessdynamiken und Zurechnungsvorgängen. Erst auf dieser Ebene wird eine systemische Rekonstruktion möglich, die sich als „*begriffliche* Abstraktion (die auf Theorie abzielt)" „von der *Selbstabstraktion* des Gegenstandes (die auf Struktur abzielt)" unterscheidet (Luhmann 1993: 16).

Beginnen wir nun mit der Reflexion. Diese geschieht wiederum eng am Protokolltext entlang, nun jedoch nicht auf die Gegenstände, sondern deren Relationen und inferenziellen Beziehungen schauend. Schon zu Beginn der Sequenz deutet sich für die Ärzte ein Zielkonflikt an. Die Abklärung der Krankheitsursache, eine der Primäraufgaben eines Krankenhauses der Maximalversorgung, kann nicht mehr routinemäßig anlaufen. Als Ausgangsproblem erscheint nun eine offensichtlich kranke Patientin, die jedoch nicht nach den Regeln der Kunst prozessiert werden kann, da ihr Einverständnis fehlt. Im Hinblick auf das weitere Procedere stehen die Ärzte vor dem Dilemma, nicht entsprechend ihren üblichen Routinen (Diagnose und Therapie) fortfahren zu können. Doch auch mit der Weigerung der Patientin, sich behandeln zu lassen, bleibt der Prozess allein schon aus organisatorischen und abrechnungstechnischen Gründen weiterhin im Kontext von Medizin. Man könnte bereits an dieser Stelle vermuten, ob nicht die Autopoiesis von Kommunikation gerade in solchen Dilemmata ein spezifisches und längst bekanntes Bezugsproblem bearbeitet. Die reflektierende Interpretation vermutet im Sinne einer funktionalen

---

7   Um es aus sprechakttheoretischer Perspektive zu reformulieren: Der *formulierenden Interpretation* geht es um die Identifikation und Bestimmung unterschiedlicher Propositionen. Zunächst geht es darum zu lokalisieren, wann ein Thema einsetzt, wie es sich thematisch entfaltet und wann es – etwa in Form einer rituellen Konklusion – wieder aus dem Diskurs verschwindet. Methodologisch wird hiermit auch das Problem der Indexikalität umschifft, denn um den Protokolltext im Sinne einer formulierenden Interpretation aufschließen zu können, ist es weder nötig, den Kommunikationspartnern Handlungsmotive zuzurechnen (was immer nur eine willkürliche Interpretation durch den externen Beobachter darstellen würde), noch ist es nötig, sich dem niemals vollständig zu rekonstruierenden Kontext einer sprachlichen oder textlichen Entäußerung anzunähern. Anders als in der Hermeneutik zeigt sich die ›Sinngenese‹ vielmehr allein auf der textlichen Ebene, als die Selektion „inferentieller Rollen" im Sinne von Robert Brandom (2000), nämlich als Bestimmung und Aushandeln von Selektionen, die schließlich in Form von Konklusionen als ein teilbares Sinngeschehen abgeschlossen werden können. Die Bedeutung einer *Proposition* ergibt sich nur im Kontext der sie voraussetzenden Prämissen und der aus ihnen folgenden Festlegungen. Diese lassen sich in dem zu interpretierenden Text mittels der intertextuellen Anschlüsse identifizieren. Das, was während der Alltagsinterpretation der Äußerungen von anderen geschieht, nämlich die Umsiedlung der gehörten Begriffe in den eigenen Interpretations- und Extrapolationszusammenhang, erfolgt hier in expliziter Form, d. h., der Interpret gibt methodologisch Rechenschaft darüber ab, dass er propositionale Gehalte und deren inferenzielle Beziehungen identifiziert, ohne jedoch den zweiten im Alltagsverstehen üblichen Interpretationsschritt, die Zurechnung von Motiven, zu vollziehen.

Analyse, dass das Krankenhaus hier sehr wohl praktikable Lösungen anzubieten hat.

Die reflektierende Interpretation setzt ein Wissen um Vergleichshorizonte voraus (siehe dazu auch den Beitrag von Bohnsack in diesem Band). Um in diesem Fall eine medizinische Rahmung entdecken zu können, ist es nötig, den Fall in Beziehung zu anderen Behandlungsprozessen zu setzen, um dann sehen zu können, dass das Medizinische auch im Falle der Behandlungsverweigerung nicht bedeutungslos wird. Die Besonderheit der Patientenweigerung eröffnet wiederum einen Vergleichshorizont, der offenbaren kann, welche Kontexturen und Erwartungshorizonte in der Krankenhausbehandlung darüber hinaus von Bedeutung sind. Mit zunehmenden Vergleichshorizonten wird die reflektierende Interpretation gehaltreicher. Umgekehrt gibt eine gute reflektierende Interpretation Hinweise, welche Beispiele noch herangezogen werden können, um tiefergehende Aufschlüsse über das zu untersuchende Phänomen zu gewinnen. Wieder im Sinne der Henne-oder-Ei-Problematik macht es hier wenig Sinn, das eine gegenüber dem anderen auszuspielen. Eine profunde Analyse wird hier Reflexion und Vergleich kontinuierlich im Sinne eines spiralförmigen Forschungsprozesses miteinander verweben.

Fahren wir mit der Interpretation fort: Der Oberarzt erklärt seine Bereitschaft, über die Sache zu sprechen, verändert jedoch zunächst den Gesprächsrahmen, indem er den üblichen Arbeitsort der Ärzte (die Patientenkurven auf dem Tisch vor dem Stationszimmer) durch den Frühstückstisch eintauscht. Diese kurze Handlungssequenz hält eine Reihe möglicher Anschlüsse beziehungsweise kontextabhängiger Formen der Interpretation offen. Die Situation lässt sich etwa aus Perspektive der Interaktion zwischen Oberarzt und angehender Ärztin betrachten: Die Ärztin stellt eine Frage, doch der Oberarzt antwortet zunächst nicht, sondern rearrangiert stattdessen den Gesprächskontext, zeigt also hiermit performativ, wer über die Situation zu bestimmen hat. Doch der hier gewählte Anschluss birgt für die ‚Organisation' ein weiteres Potential, etwa in dem Sinne, dass der erste Schritt zur Lösung des Problems darin besteht, das Dilemma nicht als Dilemma zu sehen, also auf das Problem nicht zu antworten und stattdessen etwas anderes tun – zum Beispiel die Hierarchie zu aktualisieren (siehe in diesem Sinne auch die Aufforderung, das Patientenalter in einem bestimmten Format zu präsentieren). Man kann die Sequenz ebenso als ‚pädagogische Kommunikation' lesen, nämlich als Frage-Antwort-Spiel zwischen Lehrer und Schülerin inklusive bestimmter Unterweisungen hinsichtlich des Kommunikationsstils. Im Sinne der hier vorgestellten Methodologie *potentieller Anschlüsse* ließen sich weitere Semantiken vorbringen, die den Kommunikationsprozess als Eigenwert in sich plausibilisieren und stabilisieren können (zu nennen wären hier beispielsweise die Geschlechter- oder Generationsbeziehung, aber etwa auch die Besonderheiten der internistischen Professionslogik).

Im weiteren Gesprächsverlauf werden die medizinischen Aspekte der Fall-problematik erörtert. Hypothesen über das Krankheitsgeschehen werden gebildet. Es verdichtet sich der Verdacht, dass es sich um einen Tumor handelt, der den Gallengang abdrückt: Die folgenden Sequenzen behandeln das Problem alle inner-halb eines *medizinisch-diagnostischen Rahmens*. Es gilt, die Ursachen für das Krank-heitsbild zu erschließen. Im Sinne von Goffman (1996: 53 ff.) wird das Problem jedoch zunächst in einen *pädagogischen Rahmen* heraufmoduliert: Entsprechend ei-nem Lehrer-Schüler-Verhältnis stellt der Oberarzt Fragen, bei denen davon auszu-gehen ist, dass er die Antwort selber weiß. Im Verlauf dieses Gesprächs greift der Oberarzt die Unsicherheit der ärztlichen Handlungsperspektive wieder auf, indem er die Frage der Behandlung einer Patientin, die nicht ins Krankenhaus will, an die junge Ärztin zurückgibt. Die Rahmung dieser Frage bleibt jedoch im Ungewissen. Es ist unklar, ob es sich um die heraufmodulierte Form eines pädagogischen ‚mal sehen, ob du auch weißt, was zu tun ist' handelt oder ob die Frage als offene Aner-kennung eines Dilemmas zu sehen ist, das nicht auf triviale Weise zu lösen ist und auch den Oberarzt verunsichert. In beiden Lesarten verlagert sich jedoch das Prob-lem in Richtung der jungen Ärztin, die jeweils gefordert ist, eine Antwort zu geben. Diese reagiert auf diese Überforderung mit der Schilderung der miserablen Labor-werte der Patientin. Hierdurch wird der Handlungsdruck nochmals pointiert, denn blutiges Erbrechen sowie schlechte Blutgerinnungswerte zeugen von einer Drama-tik, die bei Nichtbehandlung auch zum Tode führen kann. Der Oberarzt reagiert hierauf zunächst wieder mit einer metakommunikativen Bemerkung über den Kommunikationsstil der Ärztin und greift anschließend die medizinische Proble-matik des Falles im Sinne einer ‚Lehrvisite' erneut auf. Die Frage, ob und wie eine Patientin mit schweren klinischen Symptomen, die die Diagnose verweigert, zu be-handeln ist, bleibt weiterhin unbeantwortet – beziehungsweise um es hier schärfer im Sinne einer reflektierenden Interpretation zu fassen: Auf performativer Ebene besteht die Antwort darin, nicht zu antworten. Die (semantische) Lücke, welche durch das Ausgangsdilemma aufgeworfen wird, wird jedoch durch einen *Aktionis-mus* geschlossen: Allein handlungspraktisch zeigt sich hier ein Ausweg, nämlich die vertraute Krankenhausroutine Des-zur-Patientin-Gehens anzulaufen. In Bezug auf die mitschwingende pädagogische Rahmung wird hier in der Tat *gezeigt*, *wie* solche Fälle bearbeitet werden.

Mit Blick auf die aktualisierbaren kommunikativen Anschlüsse erscheint der Fall *polyvalent*: Hier kann sowohl Medizin betrieben als auch Erziehung bezie-hungsweise Ausbildung vollzogen werden. Es werden hier sowohl die Machtver-hältnisse über die Form der Interaktion stabilisiert als auch Entscheidungsmöglich-keiten offengelassen, nämlich indem auf die problematische Frage *keine* explizite Antwort gegeben wird. Das Dilemma bleibt in der Schwebe beziehungsweise wird in einem diffusen Rahmen gehalten, wodurch es jedoch durch Organisation bearbeitbar bleibt – man hält Handlungs- und Zurechnungsoptionen offen, um diese dann bei Bedarf in diesen oder jenen Pfad einrasten zu lassen.

Wie schon zuvor gesagt, das Erkennen bestimmter Rahmungen und Konturen setzt die Kontrastierung mit entsprechenden Vergleichshorizonten voraus. Man würde hier vielleicht einen homologen Fall heranziehen, der sich jedoch vom vorgestellten Beispiel dahingehend unterscheidet, dass ihn ein erfahrener Stationsarzt bearbeitet. Hier wird sich dann auf der einen Seite zwar dasselbe Bezugsproblem zeigen, jedoch im Hinblick auf die Modalitäten der Bearbeitung unter Umständen eine andere Lagerung. Stellen wir kurz ein paar weitere Szenen aus dem Fallprozedere vor.

Szene 3: Der Oberarzt begrüßt die Patientin und untersucht sie. Die Patientin erwidert freundlich den Gruß. Dies nutzt der Arzt als Einverständnis, sie ein wenig zu untersuchen. Der Oberarzt spricht an, dass er gehört habe, die Patientin wolle nicht ins Krankenhaus. Frau Mohn bestätigt dies. Der Oberarzt betont ihr gegenüber die Tatsache, dass sie jetzt eben nun mal hier sei, und verspricht ihr, sich gut um sie zu kümmern. Was dies jedoch genau bedeutet, wird von ihm nicht weiter konkretisiert.

Szene 4: Anschließend wird im Stationszimmer darüber gesprochen, was nun weiter zu tun ist. Obwohl der Oberarzt aus seiner Situationseinschätzung heraus bemerkt, dass jede Intervention bedeutet, der Patientin „weiteres Leiden zuzufügen", werden von ihm ein intravenöser Zugang sowie die Gabe von Vitamin K angeordnet. Darüber hinaus solle dann gegebenenfalls noch eine Magensonde gelegt werden und außerdem sei es wichtig, mit den Angehörigen darüber zu sprechen, dass die Patientin möglicherweise bald sterben werde.

An dieser Stelle zumindest eine kurze reflektierende Interpretation: Auf einer oberflächlichen Ebene erscheint der Oberarzt hier in seiner selbstläufigen Handlungspraxis gefangen. Mit Blick auf die Organisation Krankenhaus, also die Frage des Weiter-Prozessieren-Könnens, macht das hier dokumentierte Vorgehen jedoch Sinn. Gerade indem die Frage des Patientenwillens überbrückt wird, kann auf der einen Seite auf der Station weiter medizinisch gehandelt werden, um auf der anderen Seite die Frage des Sterbens im Kontext des Familienzusammenhangs zu thematisieren. Gerade über die Ritualisierung und Nicht-Thematisierung wird ein diffuser Raum erzeugt, der wiederum sinnvolle Anschlüsse in anderen Kontexturen offenhält, etwa als Abrechnung einer medizinischen Leistung und als Wahrung der rechtlich-legitimatorischen Absicherung.

Szene 5: Während der Visite am folgenden Tag erkundigt sich der Oberarzt nach dem akuten Zustand der Patientin. Im Gespräch versucht er die Patientin zu überzeugen, einer Magenspiegelung zuzustimmen, ansonsten müsse diese das Krankenhaus verlassen. Frau Mohn gibt keine Einwilligung für die geplanten diagnostischen Eingriffe, lässt aber erkennen, dass sie dennoch im Krankenhaus bleiben möchte, da sie hier versorgt sei und sich unter der Pflege wohl fühle. Die Visite findet ihren dramaturgischen Höhepunkt als auch ihr Ende an dem Punkt, wo die Patientin nochmals eindringlich gefragt wird, was sie denn eigentlich möchte. Sie antwortet, dass sie nur ein Glas Wasser wolle.

Szene 6: Vor dem Patientenzimmer wird die Behandlungsstrategie erneut verhandelt, wobei festgestellt wird, dass im Krankenhaus prinzipiell Diagnostik zu geschehen habe. Eine Stationsärztin schlägt vor, der Patientin Morphium zu injizieren. Schließlich geht der Oberarzt auf den Vorschlag ein und trifft eine Entscheidung für die palliative Medikation. Zudem wird beschlossen, den Sozialdienst einzuschalten, da sich der Sterbeprozess manchmal über Wochen hinziehen würde und man die Patientin nicht so lange auf der Station behalten könne. Eine erfahrene Stationsärztin spricht ihre junge Kollegin an, jetzt in der Patientendokumentation zu notieren, dass die Morphiumgabe aufgrund von Schmerzen beim Erbrechen indiziert sei.

(vor der Zimmertür)
Stationsarzt Martin: Wir können jetzt aber mit ihr keine Diagnostik machen, wenn sie gar nicht will. ... Sie hat doch auch dem Hausarzt schon gesagt, dass sie nicht will. Ich würde da M. geben.
Stationsärztin Dr. Reif (zum Oberarzt): Ist ja jetzt auch schwierig. Selbst wenn man jetzt diagnostisch was findet. Da kann man da jetzt auch nichts machen ... wäre dann eine Untersuchung, die sie nicht belastet ... ein Ultraschall ... und dann würde ich Morphium geben, damit sie nicht so an dem Erbrechen leidet ... ich habe dann früher bei meinen Patienten erlebt, wie die dann richtig unter Morphium aufgeblüht sind ...
Oberarzt: Sie kann aber jetzt nicht bleiben, wenn sie keine Diagnostik machen lässt. Hier muss dann was passieren.
Stationsärztin Dr. Reif: Ich würde da schnell den Sozialdienst ... ob sie schon eine Pflegestufe hat ... oder eine Schnellpflege einrichten ... bei so Patienten kann das dann schon sechs Wochen dauern ...
Oberarzt (zur Ärztin im Praktikum): Gut dann 5 mg M. subkutan ... sechsstündig ... und dann den Sozialdienst anrufen. Ein paar Tage kann sie jetzt doch noch hier bleiben.
[...]
Stationsärztin Dr. Reif (zur Ärztin im Praktikum): Jetzt unbedingt in den Bericht reinschreiben: ,Morphium ist indiziert wegen der Schmerzen beim Erbrechen'.

Kommen wir wieder zur reflektierenden Interpretation. Über den Vollzug der diagnostischen Routineprozeduren hinausgehend erscheint nun auch die Morphiummedikation als eine gangbare Lösung. Eine offensichtliche Indikation für Morphium – hier von den Ärzten mit dem Akronym M. bezeichnet – besteht nicht. Seitens der Patientin wurden keine Klagen geäußert, die Anlass für eine starke

Schmerzmedikation geben. Dennoch liefert Dr. Reif, eine gerontologisch erfahrene Stationsärztin, als Begründung ein Reflexionsmuster, das auf die Befindlichkeit der Patientin rekurriert („damit sie nicht so an dem Erbrechen leidet"). Die Ungewöhnlichkeit des Begründungszusammenhangs (Morphium bei Erbrechen) wirkt dabei nicht weiter erklärungsbedürftig, denn vielmehr scheint es darum zu gehen, einen praktikablen Weg zu bahnen, wenn auch nur rituellen Charakters. Der Oberarzt stellt explizit die Sachzwänge der Institution ‚Akutkrankenhaus' heraus, in der zumindest Diagnostik geschehen muss, sonst können die Patienten nicht bleiben. Organisatorische Rahmen, in denen immer auch wirtschaftliche und rechtliche Kontexturen mitschwingen, werden hier explizit angelaufen. Dass diesbezügliche Erwartungshorizonte in dieser Abteilung eine Rolle spielen, würde durch die Hinzuziehung weiterer Vergleichshorizonte deutlich – etwa mit dem Rekurs auf die vielen Geschichten darüber, dass der Medizinische Dienst der Krankenkassen (MDK) in der letzten Zeit bei vielen Patienten die Indikation für den Aufenthalt in Frage gestellt und einen Teil der entsprechenden Kostenübernahmen zurückgenommen hatte.

Im Sinne der Systemrationalität argumentiert der Oberarzt hier für eine ‚Funktionserfüllung ohne Zweck', denn eine sinnlose Medizin erscheint aus der Systemlogik heraus gesehen immer noch besser als der Verzicht auf Behandlung oder Pflege. Angesichts der Sicherheit des nahenden Todes, aber der Ungewissheit der Todesstunde, antizipiert Frau Dr. Reif weitere Zwänge, welche entstehen, falls die Patientin noch einige Wochen weiterleben würde. Die Station drohe angesichts einer Patientin, die eigentlich sterben, aber nicht behandelt werden wolle, handlungsunfähig zu werden. Die (Entscheidungs-)Autonomie der Abteilung kann jedoch wiederhergestellt werden, wenn es gelingt, die Patientin zu verlegen. Letzteres wird nun ins Auge gefasst. Mit der Einschaltung des Sozialdienstes und der Option der Weiterversorgung in einem Pflegekrankenhaus scheint die Gefahr der Dauerpatientin gebannt. Die Organisation bleibt hierdurch qua Entscheidung handlungsfähig. Das Ausgangsproblem ist nun organisatorisch gelöst, wobei die Entscheidung von zwei Seiten durch Organisation abgesichert ist: im Konsensfindungsprozess einer Ad-hoc-Fallbesprechung über die Hierarchie. Ob die Patientin wirklich unter Schmerzen leidet und entsprechend Opiate benötigt, interessiert nicht weiter, denn die rituelle Schließung antwortet hier primär auf das Bezugsproblem, die funktionale Identität der ärztlichen Entscheidungsträger aufrechtzuerhalten.

Im Sinne des ‚eingeschlossenen Ausgeschlossen' steht die offensichtliche Beschränkung auf Pflege und ‚Sterben lassen' weiterhin im Kontext von (Akut-)Medizin und einer Organisation, die in entsprechende rechtliche und wirtschaftliche Erwartungshorizonte eingebunden ist. In der medizinischen Dokumentation werden die Ärzte diesen Erwartungen und Ansprüchen im *Modus des ‚Als ob'* gerecht.

Betrachten wir nun die unterschiedlichen Szenen reflektierend in einer Zusammenschau: Die Entscheidung, Morphium zu geben, heißt, die Patientin sterben zu lassen. Dies kann nicht ohne weiteres kommuniziert werden, wenngleich dem Oberarzt und den Stationsärzten der kritische Gesundheitszustand bewusst ist. Eben weil diese Entscheidung hoch prekär ist, kann und will sich niemand offen dazu verhalten oder sich der Gefahr aussetzen, für eine eindeutige Entscheidung belangt zu werden, etwa indem er sich einem Angehörigen diesbezüglich entblößt oder seitens der Krankenkasse die Finanzierung des Krankenhausaufenthalts in Frage gestellt wird. Der Rahmen bleibt zumindest in der Beziehung zum Patienten und zu den Angehörigen diffus. Oder andersherum: Diffusität ist das kennzeichnende Merkmal in diesen Situationen. In diesem Sinne erscheint das Verhalten des Oberarztes zu Beginn der ersten Szene keineswegs zufällig. Dass dieser der jungen Ärztin auf ihre Fragen keine explizite Antwort gibt, sondern stattdessen performativ die Hierarchie reifiziert, um dann in ritueller Form auf bewährte Handlungsroutinen zurückzugreifen, weist auf eine latente Dynamik hin: In der Sequenzialität des Prozessgeschehens zeigt sich nämlich eine wiederkehrende Typik, die sich dadurch charakterisieren ließe, im Behandlungsprozess einer Eindeutigkeit so lange auszuweichen, bis sich handlungspraktisch ein gangbarer Weg entfaltet, der allen Konturen gerecht wird (der legitimatorischen Absicherung, dem medizinischen Rational, den Abrechnungsmodalitäten, den Angehörigen usw.).[8]

Komparative Analyse: Soziogenetische Typenbildung

Gehen wir abschließend noch etwas ausführlicher auf die komparative Analyse ein. Wie schon deutlich wurde, ist der Vergleich für die reflektierende Interpretation unabdingbar. Selbst dann, wenn kein zweiter Fall hinzugezogen wird, erzeugt der eigene Erfahrungshorizont des Interpreten eine Perspektivendifferenz, über die das Material vergleichend betrachtet wird – nur dass dann eben in diesem Fall das Vergleichen nicht methodologisch kontrolliert wird. Erst der systematische Vergleich erlaubt die Rekonstruktion einer Typik, in der dann methodologisch begründet unterschiedliche Erfahrungsdimensionen und Kontexturen in ein durchdachtes Verhältnis gesetzt werden können. Die Bildung einer Typik beginnt damit, dass in zwei Fällen ein homologer Orientierungsrahmen gefunden wird, der auf die Gemeinsamkeiten der beiden Fälle innerhalb einer Erfahrungsdimension hinweist. Erst die soziogenetische Typenbildung erlaubt ein erklärendes Verstehen (siehe da-

---

8   Ganz im Sinne von Weick besteht die eigentliche Leistung des Krankenhauses *als Organisation* also darin, *mehrdeutige Inputs* zu verarbeiten, indem sie diese im Prozess des Organisierens einer *eindeutigen Bearbeitung* zuführt (vgl. Weick 1998: 248). Doch über Weick hinausgehend funktioniert dieser Kommunikationsprozess nicht nur als ein von *post hoc* her bestimmtes *Sensemaking*, sondern auch als ein Geschehen, in dem gesellschaftliche Erwartungshorizonte *prä ante* als Potentiale fungieren, die nicht nur bestimmte Klassen von Lösungen wahrscheinlicher werden lassen, sondern ihrerseits als organisationalen *Eigenwert* Mehrdeutigkeit und Diffusität anlaufen lassen.

zu auch den Beitrag von Bohnsack in diesem Band). Die Orientierungsrahmen der jeweiligen Akteure – in der sinngenetischen Interpretation abstrahiert und spezifiziert – erscheinen erst auf diesem Wege als eine „Orientierung" innerhalb einer spezifischen „funktionalen Beziehung", die im Hinblick zur spezifischen „Erfahrungsdimension", zur „Sozialisationsgeschichte" und zum „existentiellen ‚Hintergrund' der jeweiligen Praxis herausgearbeitet" wird (Bohnsack 2001: 245).[9] Erst auf der Analyseebene der soziogenetischen Interpretation sind Generalisierungen des Typus im Sinne einer *mehrdimensional* konstruierten Typologie möglich.[10] Der Begriff Typus darf hier jedoch keineswegs psychologisch im Sinne einer Einheit der Person oder des Falles begriffen werden, sondern ist eher als eine Schnittmenge genetischer Prinzipien zu verstehen, von denen innerhalb einer konkreten sozialen Konstellation jeweils nur ein Teil aktiv zur Geltung kommt. Empirische Daten kommunikativer Sprechakte, etwa als Beobachtungsprotokolle oder Interviewtranskripte gegeben, sind in diesem Sinne mit guten Gründen sozialperspektivisch zu interpretieren, nämlich als eine textuale Realität, in der verschiedene Orientierungsrahmen, das heißt spezifische Weisen von Sinnselektionen, in einer wohl definierten Beziehung zueinander stehen.

Erst in diesem Verständnis lässt sich die Beziehung zwischen sprachlichem Datenmaterial und den Luhmann'schen Kontexturen fassen, denn sowohl das Sprechen als auch das Verstehen erscheint nun immer schon als ein *sozialperspektivisches* Geschehen, als ein In-Beziehung-Setzen verschiedener *Kontexturen* – zugleich als Interaktion, als Organisation, als Reproduktion gesellschaftlicher Funktionssysteme (Politik, Recht, Wirtschaft, Medizin, Erziehung, romantische Liebe etc.) und anderer kommunikativer Zusammenhänge.

Um hier wieder auf unser Beispiel zurückzukommen: Um etwa entscheiden zu können, ob unser Befund auf die spezifische biografische Lage unserer Informanten zurückzuführen ist oder in grundlegender Weise einen Orientierungsrahmen für akutmedizinische Organisationen darstellt, sind auf der einen Seite Beobachtungen von anderen Ärzten entgegenzuhalten, auf der anderen Seite Untersuchungen in anderen medizinischen Einrichtungen durchzuführen. Hier könnte sich dann auch zeigen, ob wir es etwa mit übergreifenden gesellschaftlichen Semantiken – etwa dem immer wiederkehrenden Konflikt zwischen administrativ-legislativen Logiken versus medizinisch-pflegerischen Logiken – zu tun haben, ob wir hier ein

---

9   „Diese tiefer greifenden oder impliziten semantischen Gehalte sind an die Wissensbestände gebunden, welche in die Handlungspraxis eingelassen sind. Das die Handlungspraxis orientierende Wissen ist ein vorreflexives. Auf diesen vorreflexiven Charakter nimmt Mannheim mit dem Begriff des atheoretischen Wissens und Bourdieu mit demjenigen des inkorporierten Wissens Bezug. Die Prozessstrukturen und generativen Muster dieser Handlungspraxis sind Gegenstand praxeologischer Typenbildung" (Bohnsack 2001: 229).

10 Bohnsacks Konzeption beantwortet gewissermaßen die Frage von Lüders (2000: 640 f.), wie man auf einer mittleren Abstraktionsebene vor dem Hintergrund heterogener Kontexte gewonnene Daten erstens *validiert* und zweitens *begründet generalisiert.*

lokales Phänomen vorfinden, was durch bestimmte organisationskulturelle Eigenarten zu erklären ist, ob hier bestimmte professionslogische Merkmale zum Ausdruck kommen oder ob und wie bestimmte organisationskulturelle Eigenarten die Bearbeitung der grundlegenden Bezugsprobleme modulieren.

Gerade über die Verbindung von funktionaler Analyse und systematischer komparativer Analyse lässt sich mit der dokumentarischen Methode eine hohe Auflösung in Bezug auf den Stellenwert der unterschiedlichen gesellschaftlichen Kontexte gewinnen. Im Vergleich zu Methoden, die überwiegend auf die Interaktion beschränkt sind (siehe etwa Ethnomethodologie) oder zu sehr auf nur eine Determinante der Bestimmung des kommunikativen Geschehens schauen (siehe etwa die Foucault'sche Diskursanalyse), liefert sie ein hoch differenziertes methodologisches Instrumentarium für die empirische Rekonstruktion systemischer Verhältnisse.

Literatur

Bohnsack, Ralf (1998): Rekonstruktive Sozialforschung und der Grundbegriff des Orientierungsmusters. In: Siefkes et. al. (1998): 105-121

Bohnsack, Ralf (2001): Typenbildung, Generalisierung und komparative Analyse. Grundprinzipien der dokumentarischen Methode. In: Bohnsack et. al. (2001): 225-252

Bohnsack, Ralf/Nentwig-Gesemann, Iris/Nohl, Arnd-Michael (Hrsg.) (2001): Die dokumentarische Methode und ihre Forschungspraxis. Opladen: Leske und Budrich

Bohnsack, Ralf (2007): Rekonstruktive Sozialforschung. Einführung in qualitative Methoden. Opladen: UTB

Brandom, Robert B. (2000): Expressive Vernunft. Frankfurt/Main: Suhrkamp

Flick, Uwe/Kardoff, Ernst von/Steinke, Ines (Hrsg.) (2000): Qualitative Forschung. Ein Handbuch. Reinbek: Rowohlt

Goffman, Erving (1996): Rahmen-Analyse. Ein Versuch über die Organisation von Alltagserfahrungen. Frankfurt/Main: Suhrkamp

Hitzler, Ronald/Pfadenhauer, Michaela (Hrsg.) (2005): Interpretative Methoden der Diagnose und Prognose. Wiesbaden: VS-Verlag

Luhmann, Niklas (1970a): Funktion und Kausalität. In: Luhmann (1970c): 11-38

Luhmann, Niklas (1970b): Funktionale Analyse und Systemtheorie. In: Luhmann (1970c): 39-67

Luhmann, Niklas (1970c): Soziologische Aufklärung 1. Aufsätze zur Theorie sozialer Systeme. Wiesbaden: Westdeutscher Verlag

Luhmann, Niklas (1993): Soziale Systeme. Grundriss einer allgemeinen Theorie. Frankfurt/Main: Suhrkamp

Luhmann, Niklas (1998): Die Gesellschaft der Gesellschaft. Frankfurt/Main: Suhrkamp

Lüders, Christian (2000): Herausforderungen qualitativer Forschung. In: Flick et. al. (2000): 632-642

Mannheim, Karl (2003): Konservatismus (Fassung der Habilitationsschrift von 1925). Frankfurt/Main: Suhrkamp

Meja, Volker/Stehr, Nico (1982): Der Streit um die Wissenssoziologie. Die Entwicklung der deutschen Wissenssoziologie. Erster und zweiter Band. Frankfurt/Main: Suhrkamp

Nassehi, Armin/Saake, Irmhild (2002): Kontingenz: Methodisch verhindert oder beobachtet? Ein Beitrag zur Methodologie der qualitativen Sozialforschung. In: Zeitschrift für Soziologie 31. 66-86

Nollmann, Gerd/Nassehi, Armin (Hrsg.) (2004): Bourdieu und Luhmann. Frankfurt/Main: Suhrkamp Verlag

Popper, Karl R. (2007): Logik der Forschung. Tübingen: Akademie Verlag

Rorty, Richard (2007): Philosophie als Kulturpolitik. Frankfurt/Main: Suhrkamp

Schmitz, Sven-Uwe/Schubert, Klaus (Hrsg.) (2005): Einführung in die Politische Theorie und Methodenlehre. Opladen: Verlag Barbara Budrich

Siefkes, Dirk/Eulenhöfer, Peter/Stach, Heike (Hrsg.) (1998): Sozialgeschichte der Informatik: Kulturelle Praktiken und Orientierungen. Wiesbaden: Deutscher Universitätsverlag

Vogd, Werner (2004): Entscheidung und Karriere – organisationssoziologische Betrachtungen zu den Geschehnissen einer psychosomatischen Abteilung. In: Soziale Welt 55. 283-300

Vogd, Werner (2005a): Die Verhältnisse sind klüger als das Bewusstsein – oder: Das prognostische Einholen von Wirklichkeit im Spannungsfeld von Praxis und den Theorien über die Praxis. In: Hitzler et. al. (2005): 95-108

Vogd, Werner (2005b): Komplexe Erziehungswissenschaft jenseits von empirieloser Theorie und theorieloser Empirie – Versuch einer Brücke zwischen Systemtheorie und rekonstruktiver Sozialforschung. In: Zeitschrift für Erziehungswissenschaft 8. 112-133

Vogd, Werner (2005c): Systemtheorie und rekonstruktive Sozialforschung. Eine empirische Versöhnung unterschiedlicher theoretischer Perspektiven. Leverkusen: Verlag Barbara Budrich

Vogd, Werner (2005d): Teilnehmende Beobachtung. In: Schnitz et. al. (2005): 89-109

Vogd, Werner (2006): Die Organisation Krankenhaus im Wandel. Eine dokumentarische Evaluation aus Perspektive der ärztlichen Akteure. Huber Verlag: Bern

Vogd, Werner (2007): Empirie oder Theorie? Systemtheoretische Forschung jenseits einer vermeintlichen Alternative. In: Soziale Welt 58. 295-321

Vogd, Werner (2009): Systemtheorie und Methode? Zum komplexen Verhältnis von Theoriearbeit und Empirie in der Organisationsforschung. Erscheint in "Soziale Systeme"

Weick, Karl E. (1998): Der Prozess des Organisierens. Frankfurt/Main: Suhrkamp

Ethnographie mit System am Beispiel von Englischen Strafverfahren

Thomas Scheffer

1. Einleitung

Meine ethnographische Diskursanalyse zum „Adversarial Case-Making" (Scheffer 2010) in Englischen Crown Court Verfahren pflegt ein ambiges Verhältnis zu Luhmanns Systemtheorie. Einerseits weist sie die Reduzierung des sozialen Vollzugs auf jeweils nur *ein* fokales System, *eine* Prozessstruktur, *eine* Codierung zurück; andererseits nutzt sie gerade diese systemtheoretische Prägnanz zur analytischen Rekonstruktion des Geschehens – auch über Teilnehmerperspektiven hinaus. Das Geschehen, so lehrt die Ethnographie seit Geertz (1973), erfordert dichte Beschreibungen, weil Bedeutungsrahmen übereinander und ineinander geschoben und verwoben sind. Teilnehmer manövrieren und orientieren sich in einem Bedeutungsgeflecht, oder, mit Goffman (1974), kombinieren und modulieren Sinn produzierende Rahmen. Die dichte Beschreibung ist Ausdruck der Vieldeutigkeit, in die sich auch eine naturalistische Ethnographie verstrickt, will sie die praktischen Vollzüge vor Ort und das lokale Wissen der Teilnehmerinnen nachvollziehen. Das Feld der Ethnographie gestaltet sich als ein verwirrend komplexer, vielschichtiger und schwer zu identifizierender Zusammenhang.

Entsprechend lässt sich der Begriff der Praxis mit seinen Teilnehmerschaften und seinen Teilnehmerperspektiven nicht problemlos mit der systemtheoretischen Sicht auf soziale Systeme versöhnen, wie dies etwa Nassehi (2009) mit der Betonung von Vollzug, Temporalisierung und Verkettung von Gegenwarten vorschlägt. Der Begriff der Praxis oder hier, der Diskurspraxis, lässt ja noch offen, in welchem Modus, vermittels welcher Elemente und mit welchen Reichweiten überhaupt operiert wird. Im strikten empirischen Sinne muss zunächst offen bleiben, was überhaupt praktisch gelingt und was scheitert. Die Ethnographie von Diskurspraxis bleibt empfänglich für Überraschungen, Verschiebungen, für Sprunghaftigkeit und Variation.[1] Praxis ist immer auch Kontingenzraum, in der Körper, Materialien, Interessen, Ideen ihre soziale Wirksamkeit erst noch erlangen – oder eben nicht. Wie

---

[1] In ähnlicher Weise kritisierte Goffman (1981) die Konversationsanalyse. Er machte geltend, dass Gespräche von Moment zu Moment variierende Publika, Teilnehmer und Redeweisen aufweisen. Sie sind nicht die homogenen Gebilde, die die Konversationsanalyse vermittels ihrer Methodik erst herstellt.

sich ein Feld mit und in Abgrenzung von Denkfiguren der Systemtheorie praxisnah denken lässt, soll in diesem Beitrag anhand einer bestimmten Diskurspraxis, den Strafverfahren im englischen Crown Court, skizziert werden.

Gleichwohl ist Luhmanns Schematismus lohnend. Er fächert verschiedene Rahmungen auf, macht die Bedingungen der Teilnahme kenntlich und vermag so Verdichtung beobachteter Vollzüge anzuleiten. Über die Herausforderung einer solch undogmatischen, partikularen Aneignung der Systemtheorie berichtet dieser Essay, der eher als Übung denn als empirische oder theoretische Schrift fungiert. Die Übung schließt an Luhmanns ältere Arbeit zum Verfahrenssystem (1989) an, die heute eher als Analyse institutioneller Interaktion und als Mikrosoziologie des Rechts rezipiert wird. Eine solche Verortung ist bereits in „Legitimation durch Verfahren" angelegt. Luhmann hat das Gerichtsverfahren anhand der deutschen (inquisitorischen) Gerichtsbarkeit als *eine* fortgesetzte Gerichtsverhandlung - mit identischem Personal, Rahmen, Publikum etc. – präsentiert. Hier hatte er etwa, anders als in den späteren Arbeiten zum Rechtssystem, den Medienmix und den Mediengebrauch noch ausgeklammert. Der Blick auf Englische Strafverfahren im Crown Court, einem Jurygericht für mittlere bis schwere Vergehen, kann an die Luhmann'sche Verfahrenstheorie wohl anschließen, sie aber nicht adaptieren,[2] weil es bei diesem empirischen Fall um ein dezentriertes, sich wechselnder Medien, Orte, Beteiligter, Öffentlichkeiten, Selektionsweisen, etc. bedienendes System handelt. Das Crown Court Verfahren liegt, so die Hypothese, quer zu den etablierten Systemtypen Interaktion, Organisation und gesellschaftliches Funktionssystem. Mit anderen Worten, Verfahren ergeben sich nicht im Vollzug für Anwesende per Gesprächszüge, für Mitglieder per Entscheidungen oder für den Funktionszusammenhang per Recht/Unrecht-Unterscheidungen.

Es genügt nicht, das Crown Court Verfahren als eine gestreckte Interaktion, als programmierten Gerichtsbetrieb oder als codierten Vollzug zu fassen. Schon eher betreiben die akkreditierten Teilnehmer Verfahren als Diskurs/e nach bestimmten Schemata. Vermittels der praktischen Beiträge formiert sich ein Rechtsstreit als dynamisches Feld von Aussagen.[3] Aussagen werden versammelt und im Fortgang des Verfahrens (wiederholt) kombiniert und konfrontiert.[4] Bei Luhmann

---

2   Wie überhaupt für ethnographische Arbeiten gilt, dass sie Theorien nicht anwenden, sondern in Dialoge mit Theorie treten. Empirie und Theorie müssen passend gemacht werden; sie sind nicht schon füreinander gemacht (vgl. Scheffer 2003).

3   Diese Vorstellung kann insbesondere an die Foucault'sche (archäologische) Diskurskonzeption (1981) anknüpfen.

4   Ob dies taktisch durch kundige Teilnehmer oder systematisch qua Diskursmechanismen erfolgt, soll hier als empirische Frage markiert werden. Wie weit, so die Frage, lässt sich ein Verfahren von den Teilnehmern oder Betroffenen überblicken? Wie weit, so die Gegenfrage, stellt sich eine Aussagenformation ein, die so niemand autorisiert und angestrebt hat?

findet sich hierzu der brauchbare Begriff der „Rekursion"[5]: Anders als in einer einfachen Verkettung von Systemzuständen (G1-G2-G3-G4) bleiben hier auch frühe Beiträge bis auf weiteres verfügbar (G1/G3-G2/G4) sobald sie den Status der – dokumentierten, archivierten, zirkulierten – Aussage erreichen. Neue Aussagen lassen dann frühe Versionen in einem anderen Licht erscheinen und umgekehrt. Durch sie betreiben Anwälte, Zeugen und Richter das Strafverfahren als argumentativen Terrain, indem bestimmte Elemente in immer neuen Konstellationen relevant werden, während andere in Vergessenheit geraten.

So verstanden, schafft das Verfahren ganz eigene Sprechpositionen und Rezeptionsweisen, die als zusätzliche Qualität und Anforderung des Verfahrens relevant werden. Eine „ethnographische Diskursanalyse" (Scheffer 2007b) macht sich zur Aufgabe, diese Wirkungsweise im Einzelnen nachzuvollziehen. Sie verbindet dabei zweierlei: eine Analyse in Verfahren hervorgebrachten und gepflegten Teilnehmerschaften und eine Analyse der Diskurspraktiken aus Teilnehmerperspektive. Der Fluchtpunkt einer solchen ethnographischen Diskursanalyse lässt sich als Frage pointieren: Was bedeutet es für die Teilnehmer, im vorgefundenen Rahmen ein solches Verfahren zu betreiben, zu bedienen, zu meistern?

2. Das Verfahren als System

In „Legitimation durch Verfahren" (1989) befasst sich Luhmann mit Verwaltungs-, Wahl- und vor allem Gerichtsverfahren, die er hier noch explizit als Verfahrenssysteme bezeichnete. Später befasste er sich mit Verfahren als arbeitsteilige Struktur des politischen Systems sowie mit Gerichtsverfahren im Rahmen seiner Rechtssoziologie zur Stellung der Gerichte (1995). Ich will mich hier im Folgenden, im Lichte meiner Crown Court Ethnographie, mit Luhmanns frühen Ausführungen zu „Gerichtsverfahren" (1989) befassen, die spätere Theorieinnovationen wie Autopoiesis, generalisierte Kommunikationsmedien, Code oder Kopplung noch gar nicht mitführt. Seine Befassung war weniger auf die Analyse eines Systemtypus angelegt, als vielmehr auf die Erkundung einer besonderen Teilnehmerschaft: die des Verfahrensgängers und seiner Involvierung. Die Hinnahme des ultimativen Gerichtsurteils ist nicht allein mit Blick auf gesatztes Recht oder mit Blick auf das verkündete Urteil zu verstehen; nötig sei, so Luhmann, vielmehr ein Nachvollzug des gesamten Verfahrenslaufs als Prozess der Einsozialisierung der Parteien. Die Beto-

---

5 Eine derartige Systemintegration legt Luhmann nahe, wenn er schreibt: „Dann erfordert die Theorie der Komplexität rekursive Operationen, also Rückgriffe und Vorgriffe auf jeweils nicht aktuelle andere Operationen im selben System. Dann genügt es nicht mehr, die Systementwicklung als Entscheidungsbaum oder als Kaskade darzustellen, sondern die Rekursion selbst wird zur Form, in der das System Grenzziehungen und Strukturbildungen ermöglicht" (1998: 139).

nung der Zeitlichkeit von Sozialität, die später bei Luhmann Exegeten zu Recht hervorgehoben wird, findet hier ihre anschauliche Begründung. Scheinbar unauflösliche Widersprüche – etwa erstarrte Konfliktlinien oder unbestimmte Entscheidungslagen – werden ‚mit der Zeit', also über Temporalisierungen, handhabbar (gemacht).

Verfahren dauern an, haben Anfang und Ende, verketten (nur) bestimmte Elemente, strukturieren die möglichen Anschlüsse beziehungsweise erinnern Gesagtes als Grundlage für alles Weitere. Der Fokus auf die Art und Weise der Verkettung von Operationen ist, wie Schneider (2000) oder Hausendorf (1992) betont haben, mit der konversationsanalytischen Sequenzanalyse kompatibel. Eine Konversation entfaltet sich nur, insofern an den vorherigen Zug („turns") angeschlossen wird.[6] Sinnproduktion vollzieht sich nun Zug um Zug, wobei ein Sinn ex post ‚per Gebrauch' des vorherigen Zugs zugeschrieben und dieser Gebrauch im Weiteren bestätigt oder zurückgewiesen wird. Für Verfahren gilt: Nicht, was tatsächlich geschah oder was jemand darüber denkt oder was Leute darüber munkeln *zählt*, sondern was für Anschlusskommunikationen anderer Teilnehmenden verfügbar wird.

Es ist die Hinwendung zum Verfahren als ein zeitlich befristeter, programmierter, kontingenter Vollzug, die Luhmann einer rein normativen und rechtsdogmatischen Sicht entgegenstellt. Das Verfahren vollzieht sich ähnlich einem Trichter, der die Alternativen sukzessive begrenzt und zuspitzt. Statt Verfahren also primär entlang diskursethischer oder formalrechtlicher Ansprüche zu bewerten, hat Luhmann sie als Kommunikationsprozesse anhand ihrer Zeitbezüge und Selbstfundierung beschrieben. Luhmann interessierte das Verhältnis von aktueller Teilnahme und Verfahrensgeschichte, von Involvierung und Anpassung, von Lernen und Disziplinierung. Ein Verfahrenssystem ist, so seine erweiterte Sicht, nicht bloß Standard (verrechtlicht, vorgezeichnet, programmiert), sondern auch Einzelfall. Beides ereignet sich gemeinsam, wirkt strukturierend und generiert Sinn.[7] Damit verbietet sich eine Sicht ‚von Fall zu Fall' und ‚in jedem Fall'. Entsprechend ist

---

6   Vergleichbares gilt, allerdings nicht mehr im Modus einfacher Sequenzialität, für Unternehmungen qua Entscheidung oder für die Ökonomie mit ihren Geldzahlungen oder die Politik mit ihren Machtkreisläufen. Die Systeme lassen sich nur im Medium ihres eigenen Operierens erreichen. Andere Kommunikationen verfehlen die Operationsweise und ‚unterschreiten' die jeweilige systemische Relevanzschwelle.

7   Rechts- und Sozialwissenschaften betonen in ihren Verfahrensanalysen entweder die Singularität (als Fallstudie) *oder* die Generalität (als Institution) eines Verfahrens: Wurden im „NPD-Verbotsverfahren" (Flemming 2005) alle Register gezogen? Ist die Gesetzgebung der EU legitimiert (Fischer 2007)? Wurden im „Mediationsverfahren Flughafen Frankfurt" (Meister 2000) die verschiedenen Perspektiven vermittelt? Haben Vergewaltigungsopfer Zugang zum Strafverfahren (Holmes 1980)? Verfahren gelten als Mittel, legitime Entscheidungen herbeizuführen. „Procedural Justice" Ansätze erklären das Maß der Anerkennung nicht mehr nur anhand von „Output", sondern auch von „Input"-Legitimation. Eine Entscheidung wird demnach geteilt, weil sie aus Sicht der Betroffenen (a) gerecht ist und (b) gerecht zustandegekommen ist.

Luhmanns Abhandlung weder Fallstudie noch rechtsdogmatische Analyse. Sie zielt vielmehr auf die systematischen Effekte des Verfahrensgangs auf die Parteien und auf das Publikum. Die Parteien etwa lernen im Fortgang des Verfahrens und passen ihre (zu hohen) Erwartungen (Recht zu bekommen) sukzessive an. Das Publikum wird von diesem Lernprozess zusehends abgekoppelt und verlässt sich auf den ordentlichen Ausgang des Ganzen.

Luhmanns Interesse galt also der Frage, wie Verfahren im Verhältnis zu den Verfahrensteilnehmern und möglichen Solidaritätszirkel wesentliche Legitimationsgrundlagen erst hervorbringen. Verfahren schaffen Selbst-Bindungen. Sie erwirken die Entscheidungshinnahme der Beteiligten, wobei Hinnahme nicht mit Zustimmung oder Eingeständnis gleichzusetzen ist; eher schon mit der Aufgabe, dem ‚klein beigeben'. Entscheidungen werden demnach vermittels ihrer aufkommenden Unabwendbarkeit hingenommen.[8] Luhmann hebt eine Reihe von Mechanismen hervor, die diese ‚unwahrscheinliche' Wirksamkeit von Verfahren ‚wahrscheinlich' werden lässt. Die Wirkung emergiert in jedem Verfahren, insofern die Parteien auf ihren jeweiligen Fall festgelegt werden. Die Teilnehmer büßen Wahlmöglichkeiten ein, nicht weil sie gezwungen würden oder einwilligten, sondern weil ihnen im Verlauf frühere ‚freiwillige' Aussagen als Festlegungen entgegentreten. Sie werden zu Autorinnen ihrer Beiträge stilisiert (Scheffer 2006a), seien letztere auch Ausdruck interaktiver, ritueller, quasi-experimenteller Dynamiken. Jedes Verhalten, also auch Schweigen oder Nichtbeteiligung, gerinnt hier zur potentiell verräterischen Selbstpositionierung: sich so – und nicht anders – gegen die Anklage zu verhalten, die eigene Geschichte auf diese Art und nicht anders zu präsentieren, Fragen nicht oder nur so zu beantworten. Das Verfahren schafft sich selbst den Fundus, aus dem im weiteren Verlauf Kontraste, Vorhalte und Urteile erwachsen.

Auf der individuellen Ebene sind Beteiligte auf eigene Verfahrensbeiträge, sprich den eigenen gewordenen Fall, verwiesen. Auf der kollektiven Ebene entfalten Verfahren ihre Wirksamkeit, indem sie Solidarisierungen im Lichte von Fehlleistungen („Warum hat er auch …?"; „Er hat ja zugegeben, dass …?") erschweren. Das Verfahren wird komplex und schwer durchschaubar. Außenstehende sehen sich zunehmend außerstande die Wendungen, Winkelzüge und Details nachzuvollziehen. Aus Luhmanns Sicht sind zwei Merkmale für die legitimierende Wirkung

---

8 Luhmann formuliert Bedingungen für die Mitwirkung: „Alle anderen Beteiligten müssen durch das einzelne Verfahrenssystem selbst zu sachgerechter Mitwirkung bewegt werden. Hierfür sind die folgenden Komponenten wesentlich: Ein eigenes Interesse am Thema; die Gewissheit, *dass* eine Entscheidung zustande kommen wird; und die Ungewissheit, *welche* Entscheidung es sein wird" (1989: 51).

ausschlaggebend: das Verfahren garantiert eine allgemein gültige Entscheidung[9] und es lässt diese Entscheidung bis zuletzt offen.[10]

3. Verfahren und andere Systeme

Im Folgenden möchte ich eine Verfahrensanalytik skizzieren, die diskurs- und machtanalytische Mechanismen und praxeologische Dimensionen aufnimmt. Im Ergebnis werde ich Verfahren als eigentümlichen kommunikativen Zusammenhang gegenüber Interaktion (1), Organisation (2) und Gesellschaft (3) profilieren und damit die allzu schematischen Differenzierungen von Systemtypen in der Systemtheorie durchkreuzen. Als Anschauungsmaterial dient wiederum, allerdings nur kursorisch, das Crown Court Verfahren.

Verfahren und Interaktion

In der aktuellen systemtheoretischen Literatur finden sich zahlreiche Vermengungen von Verfahren und Interaktion (vgl. Kieserling 1999). Verfahren werden gerne anhand von formalen Situationen vorgeführt, etwa von Gerichtsverhandlungen oder Parlamentsdebatten. Luhmann beschreibt Gerichtsverfahren als eine Abfolge von Sitzungen eines Gerichts bei stabiler personaler Besetzung. In der Konversationsanalyse finden sich entsprechend Arbeiten, die das Geschehen vor Gericht nicht etwa als Verfahrensstation, sondern als formale, vorstrukturierte, gleichsam programmierte Interaktion betrachten (Atkinson/Drew 1979). In diesem Rahmen erfolgt dann eine Fokussierung auf besondere Phasen: etwa die Begrüßung, die Belehrung, die Zeugenvernehmung, der Vorhalt (vgl. Wolff 1997).
    Andere Arbeiten im Feld des so genannten „law in action" (Banakar/Travers 2005) befassen sich ebenso mit besonderen Veranstaltungen, ohne diese empirisch auf ein Verfahren zu beziehen. Analysiert werden das „plea bargaining" (Maynard 1984) zwischen Anwälten, „client-lawyer conferences" (Travers 1992) oder die „cross-examination" (Matoesian 1993). Die Frage nach dem Verfahrenssystem und seiner Integration wird, wie bereits bei Luhmann, entproblematisiert, indem die Verfügbarkeit einer Verfahrensgeschichte für Anschlussinteraktionen beziehungs-

---

9   Luhmann formuliert dies so: „Verfahren sind in der Tat soziale Systeme, die eine spezifische Funktion erfüllen, nämlich eine einmalige verbindliche Entscheidung zu erarbeiten, und dadurch von vornherein in ihrer Dauer begrenzt sind" (1989: 41).

10   „Im Unterschied zum alternativlosen Ablauf des Rituals ist es für Verfahren gerade kennzeichnend, dass die Ungewissheit des Ausgangs und seiner Folgen und die Offenheit von Verhaltensalternativen in den Handlungszusammenhang und seine Motivationsstruktur hineingenommen und dort abgearbeitet werden" (Luhmann 1989: 40).

weise eine interne Homogenität und Transparenz des Verfahrens unterstellt wird. So, als handele es sich bei einem Verfahren um ein andauerndes Gespräch, das nur gelegentlich unterbrochen und dann wieder aufgenommen wird. Es ist das deutsche Gerichtsverfahren mit einer starken Richterrolle und seinem unbedingten Mündlichkeitsgebot,[11] das derlei analytische Schlüsse nahe legt.

Interaktionssysteme sind für Luhmann massenweise auftretende, einfache Sozialsysteme, die sich durch Kopräsenz der Teilnehmer, durch Mündlichkeit und entsprechende Flüchtigkeit sowie durch eine diachrone Abfolge der Beiträge auszeichnen (vgl. Kieserling 1999). Alle drei Aspekte beschreiben die besondere Leistungsfähigkeit – etwa zur Bildung von Vertrauen und Verbindlichkeit –, aber auch ihre Beschränkungen. Die Verarbeitungskapazität ist jeweils begrenzt. Strukturbildung zeigt sich in der Art und Weise des Sprecherwechsels, der Eröffnung und Beendigung von Themen oder anderen Interaktionsformaten.

Mit Blick auf das Crown Court Verfahren sprechen einige Indizien dagegen, Verfahren und Interaktion gleichzusetzen: (a) Zunächst fällt auf, dass Crown Court Verfahren zumeist ohne die finale Gerichtsverhandlung beziehungsweise die aufwendige Juryverhandlung beschlossen werden. Bestimmte Interaktionen finden also gar nicht statt oder werden übergangen. (b) Es findet sich eine Arbeitsteilung zwischen verschiedenen vorstrukturierten Interaktionen gleich einem komplexen Verlaufsschema: konstituierende Sitzungen, Sitzungen zur Erhebung von Falldaten, Sitzungen zum Aktenstudium, nicht-öffentliche Sitzungen innerhalb der Parteien, vorbereitende Sitzungen zu Koordination zwischen den Parteien, aufwendige Streitaustragungen, „sentencing hearings". Eine entsprechende Planung und Terminierung erfolgt auf dem Schriftwege zwischen Parteien und Gericht. (c) Im Verfahrensgang finden sich sehr unterschiedliche Teilnehmerinnen zusammen. In Crown Court Verfahren kommt es zum fast kompletten Austausch der Sprecherinnen aufgrund von aufwendigen Delegationsverhältnissen. Der Solicitor nimmt den Fall entgegen, stimmt sich mit Klient und Gegenpartei ab, erstellt Akte und Fallkonzept und übergibt den Fall an den Parteienvertreter vor Gericht, den Barrister. All diese Vermittlungen geschehen zumeist per Briefverkehr (noch selten via elektronischer Kommunikation). An Schnittstellen und Nadelöhren kommt es zu Zusammenkünften, die dann den Übertritt von einer Phase zur nächsten einläuten. (d) Die einzigen Personen, die konstant dem Verfahren folgen, sind diejenigen, die vom Verfahren persönlich betroffen sind: Angeklagte und vermeintliche Opfer. Alle weiteren Personen werden beordert, instruiert, ausgetauscht. Entsprechend wird eine Vielzahl von Abwesenden, teils spezialisierte Andere, teils generalisierte Andere adressiert. Lernprozesse müssen entsprechend von den Parteien organisiert und gesichert werden: Hier spielen Hinterbühnen eine wesentliche Rolle, die durch

---

11   In diesem Zusammenhang verweist Seibert (2004) auf die in deutschen Gerichtsverfahren übliche und recht sperrige Verlesung langer Aktenpassagen durch den vorsitzenden Richter.

getrennte Aktenführung und Verschwiegenheitsregeln gesichert werden. Das Verfahren erlaubt interne Entscheidungsprozesse und führt diese dann in der Arena des Verfahrens, dem Gericht, zusammen. Es gewährt Hinterbühnen und zwingt auf die Vorderbühne. Argumente können derart zurechtgelegt werden – und müssen sich schlussendlich vor der Verfahrensöffentlichkeit bewähren.[12]

All diese Punkte legen eine besondere, nicht eine umfassende Relevanz direkter Interaktion nahe. Wir sind, wie schon Goffman (1981) hervorhob, auf ein instabiles Terrain verwiesen: von Moment zu Moment variieren Publikum, Beteiligte, Thematik, Rhythmik, Medium. Eine vergleichbare interne Komplexität weisen auch Verfahren auf. Sie variieren die sozialen Kreise, die Adressierungen, die Bezugnahmen im Verlauf. Der Austausch unter Anwesenden fungiert als eine soziale Form unter anderen, die zu Verfahren verkettet und in spezifischer Weise erinnert werden.[13]

Verfahren entfalten eine eigene Geschichte, die an den jeweiligen Verfahrensstationen fortgeschrieben, erinnert und in ihrer Relevanz verhandelt wird. Das Verfahren schafft dabei selbst die Fakten, die es im Weiteren erlauben, neue Fakten zu erheben, einzuordnen und zu beurteilen. Diese Operationen des Erinnerns und des Rückbezugs erlauben es, Verfahren eine ganze Kette von Interaktionen zu einer Verfahrensgeschichte zu integrieren.[14] Das Verfahrensgedächtnis verlässt sich dabei nicht auf das Gedächtnis der Interaktionsteilnehmer. Es lässt Buch führen. Es spuckt Dokumente, Akten und Archive aus. Es akkumuliert eine Unmenge an Fakten, die selbst wiederum in Interaktionen auf ein handhabbares Maß reduziert werden. Es werden entlang dieses kommunikativen Überschusses ‚entscheidende' Interaktionen einberufen, mit Kontrastfolien beziehungsweise selbst erzeugten Normen der Richtigkeit und Konsistenz belagert, relevant gemacht, entleert etc. Inter-

---

12   Habermas sieht deshalb, ganz wie Luhmann, im Gericht den „Fluchtpunkt für die Analyse des Rechtssystems", weil, wie er in „Faktizität und Geltung" schreibt, „alle Rechtskommunikation auf einklagbare Ansprüche verweist" (Habermas 1992: 241). Dieser Fluchtpunkt vermittelt im deutschen Kontext die „Privilegierung der Richterperspektive" (ebd.); eine Option, die für den adversialen Kontext und seiner verteilten Entscheidungskompetenz abwegig erscheint.

13   Messmer (2006) hat Konversationen als Episoden eines Konfliktes analysiert – und untersucht, wie Konfliktsysteme sich von Episode zu Episode als Prozess entfalten. Allerdings verwendet Messmer wenig Mühe darauf zu zeigen, wie sich Episoden des Konfliktes, und dies heißt vor allem, der Konfliktgeschichte, vergegenwärtigen. Und mehr noch: Er zeigt nicht, wie sich Episoden zu einem Konflikt oder zu einem System integrieren. Wieso sollte die eine Episode mit einer nächsten zusammenhängen?

14   Dieser Mechanismus taucht bei Luhmann in allgemeiner Form wieder auf: „Aber die Erinnerung führt nicht zurück zum eigentlichen, fast vergessenen Sinn des Seienden, seinen Wesensformen, den Ideen; sondern das Gedächtnis konstruiert Strukturen nur für momentanen Gebrauch zur Bewahrung von Selektivität und zur Einschränkung von Anschlussfähigkeit" (1998: 44). Das System „braucht deshalb ein Gedächtnis, eine ‚memory function', die ihm die Resultate vergangener Selektionen als gegenwärtigen Zustand verfügbar machen (wobei Leistungen des Vergessens und des Erinnerns eine Rolle spielen)" (1998: 45 f.).

aktionen in Verfahren wiederum bedienen das Verfahrensgedächtnis. Sie realisieren Verweisungen über den direkten Austausch zwischen den Anwesenden hinaus. Teilnehmer verweisen *auch* auf frühere Aussagen. Sie adressieren *auch* abwesende und zukünftige Instanzen und tun dies unter Bedingungen der Co-Präsenz. Ich behaupte, dass es hier vor allem der weitere Horizont zum ‚später und dort' sowie zu ‚Abwesenden' ist, der Verfahren von Interaktionen abhebt. Teilnehmende, die nur Konversation betreiben oder dem rituellen Austausch genügen wollen, verhalten sich naiv und verfehlen leicht die hier und jetzt angebahnten Relevanzen. Diese Doppelbödigkeit markiert die erhöhte Leistungsfähigkeit von Verfahren gegenüber einfachen Sozialsystemen.

Das Crown Court Verfahren operiert vermittels Aussagen, die selbst nicht auf Formen der Mündlichkeit oder Schriftlichkeit festgelegt sind. Im Verfahrenslauf formiert sich ein Pool an Aussagen, wobei die sequentielle Ordnung ihres Auftretens nicht zugleich deren mögliche Verknüpfung festlegt. Auf diese Weise kann eine aktuelle Äußerung, obgleich eingekreist von vorgängigen und nachfolgenden Zügen einer Befragung oder Narration, schließlich mit ‚anderweitigen' Aussagen konfrontiert werden. Interaktionen verkommen hier leicht zu Erhebungs- und Prüfgelegenheiten. Erhebungslücken können geschlossen, schon Erhobenes kann wiederholt werden. Dass Verfahren nicht in Interaktion aufgeht, demonstrieren Nachfragen wie diese: Wie werden Interaktionen in Verfahren genutzt? Wann greift das Verfahren zum Mittel der Interaktion? Wo wird ein solcher Aufwand vermieden?

Verfahren und Organisation

Verfahren prozessieren Fälle und unterscheiden jeweils, was zum Fall und was nicht zum Fall gehört. Der Fall soll für sich stehen. Er soll trotz oder besser in seiner Rechtsförmigkeit als ein Spezifikum gehandhabt werden.[15] Im Unterschied dazu betont der Begriff der Organisation, die Formgebung – von Entscheidungen und Entscheidungsanlässen – vermittels von Programmen, Mitgliedschaftspflichten, Ritualen oder Routinen. Organisationen operieren auf der Grundlage von Programmen, um effizient (beizeiten), verlässlich (in jedem Fall) und angemessen (Einzelfall) entscheiden und damit fortfahren zu können.

Im Falle des Crown Court Verfahrens sind eine ganze Reihe von Organisationen mit der Zulieferung zum, der Vorbereitung von Verfahren und der Durchführung des Verfahrens befasst: ordentliche Gerichte, private Anwaltskanzleien, Ge-

---

15 Insbesondere Richter betonen stets, dass es sich ‚hier' um einen besonderen Fall handelt. Die Besonderheit begründet die Anwendung der Richter-Kompetenz: ihr Ermessen. Auch die Jury ist angehalten, das Besondere – gegenüber der Typik – des Falls zu honorieren.

meinschaftsbüros der Barrister, öffentliche Verwaltungsstellen zur Vergabe der Prozesskostenhilfe. Produktionsmittel für die Fallherstellung sind hier organisiert: Aktenapparate, Bibliotheken, Datenbanken, Schreibdienste. Sie alle finden in laufenden Verfahren Arbeitsanlässe.

Luhmann weist an anderer Stelle darauf hin, dass der Parlamentsbetrieb nicht identisch ist mit einem Gesetzgebungsverfahren. Es fänden sich gleich mehrere Verfahren, die in einer Sitzung entsprechend der Tagesordnung aufgerufen und abgearbeitet werden. Eine Sitzung befasst sich dann mit Verfahren in verschiedenen Stadien entsprechend der jeweils geforderten und gebotenen Beteiligungsform. Gleiches gilt für viele Gerichtstage: Es werden verschiedene Fälle aufgerufen und von einem Verfahrensstand zum nächsten geführt. Für die „pre-trial hearings" bedeutet dies: Richter und Gerichtsdiener rufen Verfahren und die dazugehörigen Parteienvertreter auf, die dann die noch fälligen Arbeiten oder noch offenen Fragen abhandeln oder deren Abhandlung terminieren. Anders die Verhandlungstage: die „jury trials" füllen leicht ein bis drei Tage, bei groß angelegten Fällen auch mal eine komplette Sitzungswoche (nie aber, wie im deutschen Kontext Wochen oder gar Monate). Hier können Gerichtstage leicht mit Gerichtsverfahren verwechselt werden.

Ähnlich den Interaktionen und ihrer arbeitsteiligen Verkettung und Vermittlung werden auch hier verschiedene Organisationen beziehungsweise deren zuständige Stellen zueinander geführt, um Angelegenheiten auszutragen: Neben dem Gerichtspersonal (judge, usher, clerk, shorthand-writer etc.) die Parteien (Crown Prosecution Service und die Anwaltschaft), vertreten jeweils durch Prozessanwälte, so genannte Barrister, die wiederum in verschiedenen Bürogemeinschaften, so genannte Chambers, als Partner organisiert sind.[16] Das Verfahren bedient sich einer ganzen Reihe von Organisationen mit ihren formal instruierten, fachlich und materiell ausgestatteten, spezialisierten Mitgliedern.

Das Gericht allein genügt also nicht, um ein Verfahren abzuarbeiten. Ebenso kann eine Anwaltskanzlei wohl ein Verfahren anstrengen; allerdings nicht, ohne ein Netzwerk von Stellen anderer Organisationen vermittels schriftlicher oder fernmündlicher Kommunikation zu involvieren. Dies hat Implikationen für die Verfahrensrollen, die nur im Falle der involvierten Laien ohne entsprechende Mitgliedschaftsrolle auskommen. Es bilden sich verzweigte Repräsentationsverhältnisse: Der Angeklagte wendet sich an eine Anwaltskanzlei; diese betraut einen ihrer Solicitor mit der Fallbearbeitung; dieser Anwalt wiederum engagiert einen akkreditierten Barrister zur Vertretung des Falles vor Gericht[17]; der Barrister wird vom Solicitor instruiert, der wiederum Aufträge des von ihm beratenen Mandanten vermittelt.

---

16 Barrister nehmen dabei von Fall zu Fall wechselnde Verfahrensrollen ein. Sie vertreten als ‚Rechtsdiener' mal die Anklage, mal die Verteidigung.

17 Diese Arbeitsteilung und Rollenverteilung zwischen Solicitor und Barrister hat sich dabei über Jahrhunderte herausgebildet (vgl. Langbein 2003).

Die vermittelten Stellungen sind durch Berufsverbände gesichert, die streng über die Monopole an der Wahrnehmung bestimmter Verfahrensrollen wachen.

Die Teilnahmeanforderungen sind nur zum Teil mit Mitgliedschaftsrollen, deren formale Rechten und Pflichten, abgedeckt. Normen ergeben sich aus den jeweiligen Fällen, den Instruktionen, den Verfahrensverläufen und den professionellen Kompetenzen. Im Englischen Verfahren betreiben beide Parteien ihre Fallkonstruktion relativ unabhängig voneinander. Die Fälle oder Versionen des Falles werden möglichst lange und weitgehend voneinander abgeschirmt – und nur insofern offen gelegt, wie dies zur gemeinsamen Herstellung eines gültigen Verfahrens nötig ist. In der Konsequenz bedeutet dies: Der Fall der Verteidigung ist für die Staatsanwaltschaft zunächst nicht verfügbar. Die Staatsanwaltschaft kann wiederum gewisse ‚unliebsame' Rechercheergebnisse verdecken.

Neben der Vielzahl von beteiligten Organisationen, Mitgliedern und Funktionsträgern gibt es einen anderen Aspekt, der Verfahren und Organisation als different markiert. Das Verfahren lässt sich nicht auf eine Abfolge von Entscheidungen reduzieren; ebenso wenig wird es vermittels Entscheidungen integriert.[18] Dieser Schluss liegt nahe, weil Zeugenaussagen, Plädoyers, Terminfestsetzungen, die Offenlegung von Beweisen, ein Schuldeingeständnis etc. immer auch eine Entscheidung beziehungsweise einen Zug im Verfahren beinhalten. Zugleich werden Entscheidungen aber auch vertagt. Weil jede getätigte Aussage verfügbar bleibt, fungiert sie als möglicher Urteilsgrund bis zum Ende. Es werden im Verfahren einerseits (formale) Entscheidungen getroffen, die die Fälle einer weiteren Bearbeitung zuführen[19]; gleichzeitig werden (inhaltliche) Entscheidungsalternativen aber auch erst erzeugt und bis zuletzt als unvereinbare Positionen entwickelt. Beide Entscheidungsweisen vollziehen die Formierung von Aussagen zu adversialen Fällen.[20]

An diesem Punkt greift die Differenz von Fall bezogener und Fall übergreifender Ordnung. Während das Verfahren jeweils Aussagen mit Aussagen verknüpft, bietet der Gerichtsbetrieb und seine Organisation Fall übergreifende Standards. Es soll gerade nicht von Fall zu Fall eine neue Interaktionsordnung, eine

---

18 Luhmann legt dies nahe: „So läuft das Verfahren ab als eine Entscheidungsgeschichte, in der jede Teilentscheidung einzelner Beteiligter zum Faktum wird, damit den anderen Beteiligten Entscheidungsprämissen setzt und so die gemeinsame Situation strukturiert, aber nicht mechanisch auslöst, was als nächstes zu geschehen hat" (1989: 40).

19 „Sie [die Entscheidung] öffnet oder verschließt Möglichkeiten, die ohne sie nicht bestehen würden. Die Entscheidung setzt Vergangenheit als unänderbar und Zukunft als änderbar voraus, und eben deshalb kehrt sie das Determinationsverhältnis um. Sie lässt sich durch die Vergangenheit nicht festlegen, versucht aber, für die Zukunft einen Unterschied zu machen, der allerdings nicht determinierend wirken kann, weil in der Zukunft weitere Entscheidungen anstehen" (Luhmann 1995: 309).

20 Aus diesem Grunde führen Versuche, Verfahren als Entscheidungsabläufe per Entscheidungssoftware nachzuvollziehen, fehl. Aussagen fügen sich zu Netzwerken, nicht zu Algorithmen. Sie werden zu argumentativen Figuren kondensiert, die als unentschieden ‚im Raume stehen'; nicht als logische Folgerungen, die sich etwa binär codieren ließen.

neue Rollenverteilung oder eine neue Redeweise gewählt werden. Vielmehr verspricht die – lokal gemanagte, landesweit vereinheitlichte, zentral gesteuerte – Gerichtsorganisation ‚Gleichheit vor dem Recht', insbesondere durch einen zur Schau gestellten zeremoniellen Ablauf, durch rituelle Sprechakte und Formelsprüche, durch symbolische Markierungen von Sprecherposition, durch Kleidervorschriften, Respektbezeugungen, etc. (vgl. Scheffer u. a. 2009). Verfahren bedienen sich dieser organisierten Stabilität und sie tun dies auch und gerade dort, wo es nicht zur Gerichtsverhandlung kommt. Es genügt die Antizipierbarkeit der Streitaustragung, um noch im Verfahren für vorzeitige Abschlüsse zu sorgen.

In diesem festen Rahmen erwachen Verfahren mit ihrer Struktur verfügbarer und nicht (mehr) verfügbarer, bindender und unverbrauchter Aussagen. Es erwachsen individuelle Verfahrensgeschichten: Welche Aussagen wurden zu den Akten genommen und prozessiert; welche Dokumente lagen wann und wem vor; aus welchem Aussagenfundus bedient sich eine Position. Ein Verfahren engt seine Teilnehmer in einem Maße ein, wie es vom tradierten Verfahrensbetrieb allgemein – den Fristen, Formerfordernissen und Ritualen – nicht deduzierbar ist. Das Verfahren ist in dieser Weise doppelt strukturiert, insofern die generelle Struktur noch nicht hinreichend festlegt, was zum Fall wird und was nicht. Es bedarf einer sekundären Struktur, die sich erst im Verfahrenslauf herausbildet und die besagt, dass von nun an gewisse Themen tabu, gewisse Argumente verbraucht oder gewisse Wiederholungen ratsam sind. Das Verfahren schreitet voran – und schließt das ‚Rückspulen' und die Wiederzulassung von einmal Ausgeschlossenen aus.[21]

Verfahren und Recht

Schreiten Verfahren nicht vermittels der Codierung „Recht/Unrecht" voran? Wird nicht an allen Verfahrensstationen – oder zumindest mit der Urteilsverkündung – Recht als funktionales System fortgeführt? Luhmann macht darauf aufmerksam, dass das Recht sich vermittels des Code-Gebrauchs Recht/Unrecht fortpflanzt – und gegen Systeme mit anderen Hinsichten abgrenzt. Das Rechtssystem operiert vermittels dieser Unterscheidung. Sie kennzeichnet seine besondere Beobachtungsweise. Sind Verfahren nicht genau diese Operationen? Treffen sie nicht fortwährend diese Unterscheidung und integrieren auf diesem Wege ein lernendes, sich selbst fortschreibendes Rechtssystem?

Aussagen, so wie sie im Verfahren zirkulieren und die Rekursion an jedem späteren Verfahrensschritt erlauben, implizieren eine Reihe von Recht-Unrecht-

---

21   Luhmann nennt dies die „Absicherung gegen die Wiederzulassung des Ausgeschalteten" (1987: 385). Der Stand der Selektion wird verbindlich. Er lässt sich, wenn überhaupt, nur unter großen Mühen wieder rückgängig machen.

Unterscheidungen. Sie implizieren, welcher Sachverhalt hier zur Entscheidung steht, wie dieser rechtlich zu bewerten ist und, als selbstbezügliche Operation, ob eine Aussage verfahrensrechtlich überhaupt als Aussage gelten darf – oder aber „inadmissable" ist, wie zum Beispiel Einschätzungen vom Hörensagen oder widerrechtlich gewonnene Beweisstücke. Aussagen sind also durchaus Anrufungen des Rechts, so wie auch das Fall-übergreifend organisierte Gericht mit seiner standardisierten Interaktionsordnung oder der Austausch der Beweise gemäß der „Rules of Disclosure". Immer wird auch mit dargestellt, dass gerade Recht vollzogen beziehungsweise rechtmäßig verfahren wird und deshalb ein gültiges Urteil ergeht.

Jenseits dieser Anrufung des Rechts geht es bei der Relation von Einzelverfahren und Rechtssystem allerdings um mehr. Das „Case System" als eine besondere Form der diskursiven Formation funktioniert noch auf einer anderen Ebene: der der abgeschlossenen und berichteten Fälle.[22] Demnach stehen nicht schon laufende Verfahren dem Rechtssystem zur Verfügung, sondern erst beendete, entschiedene Verfahren, die nun im Nachhinein als festgefügte, schlüssige Einheiten kommuniziert werden. Es ist an diesem Fluchtpunkt des Verfahrens, dass eine stabile Relation von Gegenstand, Rechtsnorm und Urteil hergestellt wird. Erst eine solche Relation beschließt den Fall. Der Fall zirkuliert als Erfolgsmedium im Fallsystem, das heißt er macht den unwahrscheinlichen Anschluss in anderen Fällen zu anderer Zeit und an anderen Orten wahrscheinlicher. Der Fall offeriert Muster beziehungsweise Prämissen als Kriterien für zukünftige Verfahren. Das „Case System" bedient sich der Fälle auch in anderen, partiellen Hinsichten: in der juristischen Ausbildung als Lückentext, in Statistiken zum Fallaufkommen, in Textbüchern zu Fachthemen oder in Rechtsreformen zu Problemlagen.

Im Einzelnen bedeutet dies: (a) Erst jetzt wird aus den widerstreitenden Versionen der Parteien, aus deren jeweiligen Fällen, *ein* Sachverhalt; (b) erst jetzt wird die Vielzahl der Regularien *ein* Set an Regeln als maßgeblich definiert; (c) erst jetzt ist die bis zuletzt offene Entscheidung gefällt und kommunikabel. In der Konsequenz ist der Sprung zwischen Verfahrensgang und Verfahrensausgang enorm. Wo zuvor noch Kontingenz und Entscheidbarkeit betont wurde, weiß man nun was war, was zählt und was folgt. Der Fall ist geschlossen, was sich schon anhand verwendeter Personenkategorien ablesen lässt: aus dem Angeklagten wird zum Beispiel der Verurteilte, aus dem Belastungszeugen das Opfer.

Der geschlossene Fall zirkuliert in der Form dieses dreiseitigen Zeichens im Fallsystem. Als komplexes Zeichen erlaubt der Fall Anschlüsse für *vergleichbare* Sachverhalte, Regeln und Ermessensentscheidungen. Das Case-System ist in dieser Weise integriert; es schreitet durch Fälle voran; es zirkulieren Fälle für weitere Fälle; Fälle dienen Fallarbeitern als Norm und Beispiel. Dabei kann ein und derselbe Fall

---

22   Eine detaillierte Analyse des Fallzeichens im Case-System findet sich im gemeinsam mit Hyo-Eun Shin verfassten Schlusskapitel des „Adversarial Case-Making" (Scheffer 2010).

mehrere relevante (triadische) Relationen von Fakten, Regeln und Urteilen hervorbringen. Er kann für verschiedene Traditionen beziehungsweise Fallreihen relevant werden. Das Fallsystem kommuniziert vermittels dieser generalisierten Kommunikationsmedien und verlangt, dass zukünftig ähnlich gelagerte Sachverhalte mit ähnlichen Entscheidungsmitteln und vergleichbarer Bewertung ‚gelöst' werden.

Diese Fortschreibung von Fall zu Fall zu Fall beschreibt im Vergleich zum Gang des Verfahrens eine *longue Duree* (des Rechtssystems). Im Verfahrenslauf bedienen sich die Parteien der in Berichten („law reports") veröffentlichten Fallzeichen, um ihre Argumentation zu fundieren oder, mehr noch, zu entwickeln. So kann die Partei die Gegenseite noch im Zuge des „pre-trial" anhand von anderen Fällen an Pflichten erinnern; sie kann anhand anderer Fälle den aktuellen Sachverhalt kategorial herab- oder heraufstufen (z. B. „grievous bodily harm" versus „bodily harm"), eine Beweiserhebung als unrechtmäßig zurückweisen (z. B. Passagen in einem Aussageprotokoll streichen) oder ein angemessenes Strafmaß (z. B. mit Verweis auf „mitigating factors" in ähnlich gelagerten Fällen) anregen. Im Verfahrensgang werden vergangene Fälle angeführt und zur Einordnung der aktuellen Angelegenheit in einer Rechtsprechungstradition herangezogen. In dieser Weise schreitet das Fallsystem voran: nicht von Verfahren zu Verfahren, sondern von Verfahren zum Medium des Falls zum Verfahren.

Dies alles bedeutet auch, dass rechtliche Normen im Fallsystem nicht per se gelten. Es bedarf ihrer analogen Anwendung, um sie für das aktuelle Verfahren zu mobilisieren. Was im deutschen Recht noch eher der Kommentar ist, ist im casesystem das ‚kommentierende' Fallarchiv, das bestückt wird aus festgezurrten, verschieden anwendbaren Fallzeichen. Demgegenüber gelten im Verfahren der gesellschaftliche Verkehr, eine verbreitete Moralität und eine allgemeine Ethik nicht unmittelbar. In dieser Weise beobachtete Habermas in „Faktizität und Geltung" (1992) eine bloß mittelbare diskursethische Resonanz. Laufende Verfahren speisen sich zunächst aus rechtsnahen Bordmitteln, sprich aus früheren Fällen. Dies schließt umgekehrt nicht aus, dass laufende Verfahren zum Gegenstand gesellschaftlicher Debatten werden können: über die Rechte und Pflichten von Zeugen, über die Rechte von Angeklagten oder über die Willkür von Richtern. Der Umgang mit derlei öffentlichen Debatten bleibt implizit, ja mehr noch, jeder Hinweis der spezifischen Beeinflussbarkeit wird zurückgewiesen – es sei denn, urteilende Richter oder argumentierende Barrister appellieren an Ernsthaftigkeit, gesunden Menschenverstand, an die Ausklammerung des ersten Eindrucks.

Zusammenschau

Das Verhältnis von Verfahren zu Interaktion, Organisation und Gesellschaft lässt sich mithilfe eines stärkeren Bezugs auf den Mediengebrauch in Verfahren (Fach-

und Laiensprache, Mitschriften[23], Tonaufnahmen, Akten, Dokumente, das Fall-Zeichen etc.) als Qualifizierung von Aussagen fassen. Diese Qualifizierung entspricht dem, was Relevanz im System gewinnt beziehungsweise was Anschlüsse für weitere Kommunikationen offeriert: Wahrnehmungen sind demnach nicht schon Interaktionsbeiträge, Motive sind nicht schon Zahlungen, gute Gründe sind nicht schon Entscheidungen, Meinungen sind nicht schon Wählerstimmen. Systeme zeichnen sich durch Zugangsschwellen aus, die festlegen, was hier überhaupt zählt und relevant wird. Ebenso verhält es sich mit Verfahren in Relation zu Interaktion, Organisation und Funktionssystem.

(a) Äußerungen in Interaktionen sind noch nicht gleich Verfahrensbeiträge. Der Eindruck unmittelbarer Verfügbarkeit für das Verfahren wird dort nahe gelegt, wo Äußerungen in eng gerahmten, ritualisierten Formaten fallen – etwa auf Befragen eines Zeugen im Zeugenstand durch einen Barrister. Dies ist allerdings nur eine, nicht nur mit Mitteln der Interaktion vollführte Aufladung von Wortbeiträgen. Andere bedienen sich der Schriftlichkeit sowie verschiedener Verfahrensstationen. Äußerungen müssen also erst entsprechend medial verfügbar gemacht und ins Medium der Aussage übersetzt werden, was in Verfahren vermittels der Kombination von (gerichtsöffentlicher) Aufführung, (parteiinterner) Mobilisierung *und* (verfahrensöffentlicher) Replikation geschieht.

(b) Entscheidungen zur Auswahl und Zusammenstellung von Aussagen zum Fall sind nicht schon Entscheidungen des Verfahrens. Sie müssen erst in bestimmter Weise zwischen den Parteien und das heißt auch zwischen den beteiligten Organisationen vermittelt werden. Dies schließt eine Verfahrensöffentlichkeit ebenso ein wie die Möglichkeit, eine Entscheidung gleich einem Geltungsanspruch von der Gegenseite aus kritisieren zu können. Erst auf diesem ,riskanten' Wege kann sich etwas als Urteilsgrund qualifizieren. Erst wo Festlegungen über Organisationsgrenzen hinweg verfahrensöffentlich angreifbar sind, entfalten sie ihre Relevanz für das Verfahren.

(c) Urteile des Gerichts – zu den Fakten (Jury) und zur Strafe (Richter) – sind nicht schon Urteile für das Rechtssystem. Es bedarf der Umformung in ein weiteres Medium, einer Trias aus Fakten, Norm und Urteil. Erst als ein solches ineinander verschachteltes Zeichen kann der entschiedene Fall, als *singulärer* Fall, im adversialen Fallsystem über Raum-Zeit-Distanzen hinweg zirkulieren. Erst als ein solches generalisiertes, gleichzeitig an den Fall gebundenes und auf andere Fälle rekurrierendes Zeichen kann an andere sachliche Relevanzen (was zählt auch als erheblicher Straftatbestand), an tradierte Normenauslegungen (was tangiert sie außerdem)

---

23   Vergleiche etwa die trans-sequentielle Rekonstruktion der Schreib- und Redeweisen eines Barristers während seines Arbeitstages vor Gericht, die sich im Wesentlichen anhand seiner eigenen Aneignung des Schriftsatzes per Unterstreichungen, seiner Notizen zum Überblick der Aussagenlage sowie anhand seiner Redebeiträge als die Notizen mit-produzierende und konsumierende Aktivitäten (Scheffer 2006b).

und an die übliche Strafzumessung in solchen Fällen (wie bewertet man dies im Lichte bisheriger Strafen) anschließen und diese fortschreiben.

4. Ausblick

Luhmanns Verfahrensstudie gewinnt, wenn wir uns stärker den Medien und dem Mediengebrauch im Verfahren zuwenden. Es wird dann deutlich, dass eine Identität von Verfahren und Interaktion oder von Verfahren und Organisation oder von Verfahren und Rechtssystem nicht unterstellt werden kann. Stattdessen finden sich Qualifizierungsschwellen, die nicht nur die trans-sequentielle Relation[24] der Systemebenen, sondern auch die Funktionsweise des Verfahrens als Sinn produzierenden Rahmen spezifizieren. Vor diesem Hintergrund ergeben sich Folgerungen für eine ethnographische Diskursanalyse in zunächst drei Hinsichten: (a) ein Fokus auf die Aussage als das relevante Element beziehungsweise die Währung des Verfahrens; (b) die Teilnehmerschaften und deren Wahrnehmung aus der interessierten Teilnehmerperspektive; (c) die Empirisierung der Verfahrensanalyse.

(a) Verfahren entfalten sich nicht in einem bloßen Nacheinander von Operationen, vergleichbar mit der Konversation der Konversationsanalyse. Vielmehr findet sich ein Nebeneinander von diachronen und synchronen Beiträgen, die zudem vermittels verschiedener Medien oder Kommunikate vollzogen werden. Verfahren operieren vermittels Gesprächsbeiträgen (verkörperte Äußerungen für andere Anwesende), Aussagen zur weiteren Relationierung (zugeschriebene, archivierte Propositionen) und schließlich jeweils eines Falls (als Integration von Sachverhalt, Regel und Urteil). Jede dieser Operationsweisen ist charakterisiert durch eigene Anschlussmöglichkeiten und Verfügbarkeiten, sprich durch Struktur.[25] Das Verfahren schreitet vermittels Aussagen voran, weil nur in diesem Medium die Verfahrensgeschichte für aktuelle Operationen verfügbar bleibt. Äußerungen bleiben gleichwohl relevant, weil sie ein wesentliches Mittel sind, um neue Aussagen – per standardisierter Aufführung (im Zeugenstand), per parteiinterner und parteilicher Gestaltung (per Aktenarbeit) oder per eingefädelter Wiederholung (zwischen Dokumen-

---

24 Die trans-sequentielle Analyse soll rekonstruieren, wie synchrone Vollzüge vermittelt werden, etwa die Fallherstellung im Prozess der Aktenführung und das Frage-Antwort-Spiel in der sich ereignenden Gesprächssituation (Scheffer 2007a).

25 Luhmann erläutert den Begriff von Struktur in Abgrenzung zu der Vorstellung von festgefügten Relationen: „In die Terminologie der Theorie autopoietischer Systeme übersetzt (…), besagt dies, dass nur durch einschränkende Strukturierung ein System so viel ‚innere Führung' gewinnt, dass es Selbstreproduktion ermöglichen kann. Von jedem Element aus müssen dann nämlich bestimmte andere (und nicht beliebig andere) Elemente zugänglich sein, und dies auf Grund besonderer Qualitäten der Elemente, die sich aus ihrer eigenen Zugänglichkeit ergeben" (1987: 384). Und weiter: „Die Selektion von Strukturen zielt also auf das Festigen von Einschränkungen ab" (ebd.: 385).

ten und Befragungen) – zu fabrizieren. Eine Menge an vergleichbaren Aussagen verspricht ein Urteilsvermögen, sei es in der „plea bargaining session" der Barrister (in Antizipation einer Auseinandersetzung in der Gerichtsarena) oder in der Rezeption der Falldarstellungen und Kreuzverhöre von Seiten der Jury. Aussagen versprechen Anhaltspunkte, um mit guten Gründen zwischen Schuld und Unschuld unterscheiden zu können.

(b) Der Aussagenverkehr schafft eine Reihe besonderer Situationen und Positionen – und auf diese Weise auch Teilnehmerschaften. Das, was jemand hier und jetzt, etwa auf eine Frage hin, äußert, gerinnt zur autorisierten Aussage. Vermittels Dokumentierung und Archivierung erinnern Verfahren derlei Beiträge als Aussagen von XY. Eine Aussage kann fortan im Lichte aller anderen, vergangenen wie zukünftigen, Aussagen des Verfahrens rezipiert werden. Entsprechend operiert eine Teilnehmerin in einem weiteren Horizont mit anderen Verpflichtungen und (Selbst-)Bindungen. Die Transformation der Teilnehmerschaft betrifft auch die Rezeption: Kundige Teilnehmer beobachten anhand der Aussagenformation, was (noch) im Bereich des Möglichen liegt, wo Schwächen der Gegenseite genutzt werden können oder welche eigenen Aussagen unbrauchbar geworden sind. Insbesondere auf den Überblick der Aussagenformation haben sich Anwälte spezialisiert; sie beobachten Chancen und Risiken, Kräfteverhältnisse und Verhandlungsoptionen anhand der Wertigkeit von Fällen als (narrative) Aussagebündel. Das Verfahren zeigt sich mit Blick auf seine Entfaltung und seinen Zusammenhalt als praktisch anspruchsvolles Terrain oder Kampffeld. Ein Verfahren zu betreiben oder zu bedienen entspricht einer anderen Aktivität und einem anderen Können als etwa das bloße Führen eines Gesprächs oder das Organisieren einer Unternehmung. Der Fokus auf den praktischen Vollzug zeigt, dass dieses Mehr gleichwohl nicht ausschließend, sondern oftmals additiv oder einschließend funktioniert: Teilnehmer führen Gespräche und überblicken die Akte und betreiben das Verfahren. Die Teilnehmerperspektive erlaubt nicht die gleiche Fokussierung auf nur eine Systemebene, wie sie die Systemtheorie vollführt. Aus der Perspektive des interessierten Teilnehmers ist eine multiple Fokussierung gefordert, die womöglich *den* Machtmechanismus des Verfahrens beschreibt; und zwar gerade dort, wo Interaktion abverlangt wird, wobei die jeweilige Veranstaltung – aufgrund ihrer medialen Belagerung – eben mehr ist als nur Befragung, Anhörung oder Aushandlung.

(c) Verfahren verfügen nicht über eine durchgängig identische Systematik. Es zeigt sich eine Variabilität an Offenheit, Selbstbezüglichkeit und Finalität, die es aus ethnographischer Sicht verbietet, eine gleichbleibende Hermetik oder Geschlossenheit zuzuschreiben oder vorauszusetzen.[26] Bislang hat die Systemtheorie wenig

---

26 So plädiert Grant (2004) für eine größere Varianz der kommunikativen Grenzziehungen und verweist dabei auf eine Kritik bei Watzlawick und Bavelas am eindimensionalen „model of exclusively closed systems" (1967: 122).

Mühe darauf verwendet, ihre ‚obligatorischen' Kriterien einer Systemeigenschaft weiter zu differenzieren, um Varianzen von Interaktionen oder Organisationen aufzuzeigen – bis hin zu solchen sozialen Prozessen, die den Systemstatus verfehlen. Bezogen auf Verfahren zeigen sich verschiedene Ausprägungen,[27] wenn wir – eher starke oder eher schwache – Grade der Integration und der Grenzziehung zu einer Umwelt unterscheiden (Scheffer u. a. 2008). Es zeigen sich Ausprägungen – hier zwischen eher ereignis- oder prozesshaften Verfahren – mit Blick auf den jeweiligen Medienmix, wenn wir auf die Arbeitsteilung zwischen Mündlichkeit und Schriftlichkeit im Verfahrensbetrieb (Scheffer 2008) fokussieren. Selbst ein und dasselbe Verfahrenregime, wie das Crown Court Verfahren, bringt von Fall zu Fall eher inquisitorische oder adversiale Vorgehensweisen hervor, je nachdem, ob und wie konkurrierende Versionen prozessiert werden beziehungsweise bis zuletzt im Spiel bleiben.[28] Doch die Varianz geht noch weiter. Auch das Scheitern von Verfahren sollte analytisch ‚für möglich gehalten werden'. Das Crown Court Verfahren droht dort – zum Beispiel angesichts bestimmter Delikttypen – zu scheitern, wo Zeugen nicht mehr das Risiko auf sich nehmen, vor Gericht zu erscheinen, wo das Vertrauen in die Offenheit des Entscheidungsgangs schwindet (etwa bei ethnischen Minderheiten) oder wo das eigentliche Urteil nicht vom Gericht, sondern bereits vom sozialen Umfeld (den Nachbarn, dem Arbeitsgeber, den Kollegen) gesprochen wird. Eine ethnographische Diskursanalyse setzt die Differenzierung gegenüber einer Umwelt für die Dauer des Verfahrens nicht als ‚unwahrscheinliche Leistung' voraus, sondern zeigt sie von Fall zu Fall als uneingelöstes Versprechen oder gar als gescheitert.

Die Übung endet mit dem Plädoyer, Verfahren als Analyserahmen ernst zu nehmen – und aus der Umklammerung einer allzu hermetischen Vorstellung des programmierten, interaktiven Vollzugs herauszuführen. Verfahren sind Kampffelder, die ein Maß an Kompetenz und Findigkeit von Seiten der Verfahrensgänger erfordern; sie sind Ordnungsfaktoren, die das Nach- und Nebeneinander von Situationen organisieren; sie sind Vernetzungsagenturen, die zwischen verschiedenen Organisationen wie Funktionsbereichen mitteln.

---

27 Luhmann beobachtet und erklärt Differenzen anhand verschiedener Komplexitätsgrade: „Die Eigenkomplexität, die ein Verfahrenssystem benötigt, hängt wesentlich von der Komplexität der Entscheidungsaufgabe ab. Diese wiederum ist davon abhängig, wieweit im Entscheidungsprozess Entscheidungsprämissen vorausgesetzt oder erst geschaffen werden müssen. Entsprechend gibt es Entscheidungssituationen und – verfahren mit bestimmter und mit unbestimmter Komplexität" (1984: 52).

28 So konnte Sudnow in „normal crimes" (1965) zeigen, wie schon zum Eintritt in Strafverfahren vor einem US-Amerikanischen State Court aufgrund von eingespielten Verhandlungssystemen die adversiale Konkurrenz von Fällen (der Anklage vs. der Verteidigung) und damit auch die Unschuldsvermutung ausgesetzt wird. Prozessiert wird dann lediglich das Ausmaß der Schuld anhand von methodischen Gestaltschließungen (etwa eines typischen Einbruchs oder Drogenhandels).

5. Literatur

Atkinson, J. Maxwell/Drew, Paul (1979): Order in Court. The Organisation of Verbal Interaction in Judicial Settings. London: Macmillian Press

Banakar, Rezar/Travers, Max Travers (2005): Theory and Method in Socio-Legal Research. Oxford: Hart Publishing

Barry, Andrew (2001): Political Machines. London and New York: The Athlone Press

Bührmann, Andrea/Diaz-Bohne, Rainer et al. (Hrsg.) (2007): Von Michel Foucaults Diskurstheorie zur empirischen Diskursforschung. Forum Qualitative Sozialforschung. [On-line Journal] 8(2)

Flemming, Jan (2005): Das NPD-Verbotsverfahren. Vom "Aufstand der Anständigen" zum "Aufstand der Unfähigen". Baden-Baden: Nomos-Verlag

Foucault, Michel (1981): Archäologie des Wissens. Frankfurt am Main: Suhrkamp

Geertz, Clifford (1973): The Interpretation of Cultures. New York: Basic Books

Goffman, Erving (1974): Frame Analysis: An Essay on the Organization of Experience. Boston: Northeastern University Press

Goffman, Erving (1981): Forms of Talk. Philadelphia: University of Pennsylvania Press

Grant, Colin B. (2004): Uncertain Communications: Uncertain Social Systems. In: Soziale Systeme. 10(2). 217-232

Habermas, Jürgen (1992): Faktizität und Geltung: Beiträge zur Diskurstheorie des Rechts und des demokratischen Rechtsstaates. Frankfurt am Main: Suhrkamp

Hausendorf, Heiko (1992): Das Gespräch als selbstreferentielles System – Ein Beitrag zum empirischen Konstruktivismus der ethnomethodologischen Konversationsanalyse. In: Zeitschrift für Soziologie 21.2. 226-270

Holmes, Karen A. (1980): Justice for whom? Rape Victims Assess the Legal-judicial System. In: Creative Sociology 8(2). 126-130.

Kieserling, Andre (1999): Kommunikation unter Anwesenden. Studien über Interaktionssysteme. Frankfurt am Main: Suhrkamp

Langbein, John H. (2003): The Origins of Adversary Criminal Trial. Oxford, N.J.: Oxford University Press

Latour, Bruno (1996): Aramis, or the Love of Technology. Cambridge (Massachusetts), London (England): Harvard University Press

Luhmann, Niklas (1971): Öffentliche Meinung. In: Ders. Politische Planung. Aufsätze zur Soziologie von Politik und Verwaltung. Opladen: Westdeutscher Verlag.

Luhmann, Niklas (1987): Struktur und Zeit. In: Ders. Soziale Systeme. Grundriss einer allgemeinen Theorie. Frankfurt a. M.: Suhrkamp: 377-488

Luhmann, Niklas (1989): Legitimation durch Verfahren. Frankfurt am Main: Surhkamp

Luhmann, Niklas (1995a): Zur Stellung der Gerichte im Rechtssystem. In: Ders. Das Recht der Gesellschaft. Frankfurt a.M.: Suhrkamp: 297-338

Luhmann, Niklas (1995b): Funktionen und Folgen formaler Organisation: Mit einem Epilog 1995. Berlin: Duncker und Humblot

Luhmann, Niklas (2000): Die Politik der Gesellschaft. Frankfurt am Main: Suhrkamp.

Matoesian, Gregory M. (1993): Reproducing Rape: Domination through Talk in the Courtroom. Chicago: University Chicago Press

Maynard, Douglas W. (1984): Inside Plea Bargaining. The Language of Negotiation. New York: Plenum Press

Meister, Hans-Peter (2000): Mediationsverfahren Flughafen Frankfurt: Berlin 15-17. Mai 2000. Institut für Städtebau Berlin der Akademie für Städtebau und Landesplanung

Nassehi, Arnim (2009): Der soziologische Diskurs der Moderne. Frankfurt am Main: Suhrkamp

Scheffer, Thomas (2006a): On Procedural Discoursivation – or how local utterances are turned into binding facts. In: Language & Communication 27. 1-27

Scheffer, Thomas (2006b): The Microformation of Criminal Defence: On the Lawyer's Notes, Speech Production, and the Field of Presence. In: Research on Language and Social Interaction (ROLSI) 39(3). 303-342

Scheffer, Thomas (2007a): Event and Process. An Exercise in Analytical Ethnography. In: Human Studies 30(3). 167-197

Scheffer, Thomas (2007b): Statements, Cases, and Criminal Procedures. The Ethnographic Discourse Analysis of Legal Discourse Formations. Research Report In: Bührmann et. al. (2007)

Scheffer, Thomas/Hanneken-Illjes, Kati/Kozin, Alexander (2009): How Courts know. Comparing English Crown Court, U.S.-American State Court, and German District Court. In: Space and Culture 12. 183-204

Scheffer, Thomas (2010): Adversarial Case-Making. An Ethnography of the English Crown Court Procedure. Leiden (NL) and Boston (US): Brill

Seibert, Thomas-M. (2004): Gerichtsrede. Wirklichkeit und Möglichkeit im forensischen Diskurs. Berlin: Duncker & Humblot

Schneider, Wolfgang Ludwig (2000): The Sequential Production of Social Acts in Conversation. In: Human Studies 23. 123-144

Sudnow, David (1965): Normal crimes: Sociological features of a penal code in a public defender's office. In: Social Problems 12. 255-276

Travers, Max (1992): Persuading the Client to plead guilty. Manchester: University of Manchester: Dept. of Sociology

Valverde, Mariana (2003): Law's Dream of Common Knowledge. Princeton: Princeton University Press

Watzlawick, Paul/Bavelas, Janet/Jackson, Don D. (1967): Pragmatics of Human Communication. A Study of Interactional Patterns, Pathologies, and Paradoxes. New York/London: W.N. Norton and Co

Wolff, Stephan/Müller, Hermann (1997): Kompetente Skepsis. Opladen: Westdeutscher Verlag

The Semantic Analytical Strategy and Diagnostics of Present

Niels Åkerstrøm Andersen

1.   Introduction

My own work taking departure in systems theory has to do with contemporary conditions public management and its changes within the last 70 years. I am interesting in a topic likes 'citizen contracts' because they express a new management ambition regarding citizenship and because this concept put classical distinctions of the legal state at stake such as administration/citizen, administrative act/contract and public/private. I am interested in a topic like 'internal contract' because they reentry contract-relation into the organization and changes the rule of the game of political decisions making. And I am interested in public organized health games between parents within the context of public schools because they invite to a strange scene of communication where the participants never knows whether expectations are formed in the code of power, education or play. So basically I am interested in all the surprising folding of the forms of functional differentiation forming the possibilities and impossibilities of public management. Rather than studying the transformation from stratification to functional differentiation, I am interested in the present transformation within functional differentiation putting the premises of functional differentiation and formal organizing at stake.

In this work I often distinguish between three different epistemological interests tied to second-order observation. I like to end up in diagnostic of present describing transformation in conditions of societal forms. But I acknowledge that one have to pass through other productions of insights before the diagnostic ones. I argue in favor of a cumulative epistemological strategy by which the strategy of diagnostics of present represents the last step in an accumulation of insight. See the figure:

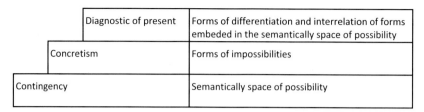

Figure 1: The accumulation of insight based on second-order observation

I will refer to the first insight as the *production of contingency*. The first step is insight into the contingency of the systems' semantic self-description. When we describe systems' self-descriptions by analyzing different semantics, we offer the systems contingency with respect to their internal self-creation. The epistemological objective in second-order observation is here simply to offer the systems new possibilities for self-description through the description of their self-descriptions and thus through the creation of contingency in their possibilities for observation. The semantic analytical strategy is well suited for this purpose. The semantic analytical strategy holds the observational capacity to describe the origins of many different semantics and the forms of expectations they offer. Semantic analyses simply shed light on condensed axioms and render them contingent.

I have chosen to term the second epistemological interest *concretism*. Here, the epistemological objective is to observe the different forms of social communication and describe on that basis the condition of impossibility of social phenomena and the paradoxes which turn into the autopoietical machines of the communication systems. The form analysis is linked to this epistemological interest. The systems' production of semantics and self-descriptions always represents the unfolding of the constitutive paradoxes of forms of communication. The formation and condensation of meaning indicates the creation of communicative possibilities on the basis of formal impossibilities.

I call the third systems-theoretical epistemological interest *diagnostics of present*. I speak of diagnostics of present when second-order observations do not only produce contingency for a specific semantic field and do not only describe individual communication forms but observe the way in which semantics and forms unfold certain societal forms of differentiation and put different systems' relations into and at play in specific ways. How do the forms relate to other forms? What is the unity of the form of differentiation that emerges in the formal unfolding of these specific systems? How are the forms differentiated and coupled? How do different forms of differentiation relate to each other over time? Here, we reach the level of diagnostics of present where the central issue becomes the conditions for the production of forms and the way that these forms are put into and at play.

Consequently, one cannot simply choose to skip steps and limit oneself to the larger questions of diagnostics since that would mean transforming systems theory from sociology to philosophy. In turn, one has to recognize the possibilities for independent insight on the different levels while maintaining the ambition to push the insight upwards without skipping any steps.

But the diagnostic insights never become stronger than its foundation in the semantic analysis. So my argument is that semantic analysis is crucial turning system theory towards contemporary conditions and becoming sensitive to contemporary changes. The problem is that Niklas Luhmanns of analytical concepts facilitating semantic analysis are rather weak. And further they are only designed to observe semantic changes on the very long run. Actually his concepts are designed in such a way that he is able to choose ignorance towards a lot of semantic forms, events and aspect. In other case his enormous project would have been totally impossible.

In the following I like to present the semantic analytical strategy, and in doing so I like to increase its empirical sensitivity making it equivalent for observing contemporary semantic changes. I will begin by briefly introducing the basics of semantic analysis and the guiding distinction through which the semantic analysis observes. Then I will try operationalized the basic distinctions. Finally I will come up with some suggestion expanding Luhmann concept on concept, making it sensitive to 'becoming concept' and introducing a distinction between empty concept, semantic and norm in order to make observation the becoming of semantic.

2. The concept of meaning

The semantic analytical strategy is constituted by means of the guiding distinction semantic/meaning. The focus of the strategy is the way in which meaning is formed and the way that it is conditioned into a number of concepts, which together form a semantic reservoir of meaning, which is then made available to communication. The focus, therefore, is the condensation of meaning and the horizon of generalized forms caused by this. Meaning in Luhmann is not based in an external referential relation, neither in the form of external reality nor signifying structure. Meaning is neither a structuralist nor a poststructuralist concept. Luhmann's concept of meaning is primarily inspired by Husserl's phenomenology: "The best way to approach the meaning of meaning might well be the phenomenological method. This is by no means equivalent to taking a subjective or even psychological stance. On the contrary, phenomenology means: taking the world as it appears without asking ontological or metaphysical questions" (Luhmann 1985: 101).

Luhmann defines meaning as the unity of the distinction *actuality/potentiality* (Luhmann 1995: 65). Something presents itself as central to the thought or communication at a particular moment, something is actualized, but the actualized is always central to the thought or communication in relation to a horizon of possible actualizations, that is, potentiality. There is always a given core, surrounded by references to other potentialities, which cannot be utilized at the same time. Potentiality or possibility must not be understood as a structure that precedes actualization, but instead as a horizon of potentialized expectations, which emerges alongside the actualization. Something appears which thereby excludes other possibilities, but it produces and maintains these precisely as 'other possibilities'. Meaning, therefore, is the simultaneous presentation of actuality and potentiality. The actual and the potential cannot be separated and exist only in a simultaneous relationship with each other. Or as Luhmann puts it: "Meaning is the link between the actual and the possible: it is not one or the other" (Luhmann 1985: 102). Meaning is the actual surrounded by possibilities. Any actualization in the moment potentializes new possibilities.

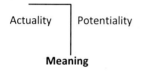

Figure 2: Meaning as form

Meaning can never be fixed. In Luhmann, the reason for this is not, however, that the structure of meaning is incomplete but that the core of the actualized disintegrates from the moment something has been marked. Meaning is always formed by an operation, either as thought or communication, and these disappear at the moment it comes into existence. Meaning always has to be created recursively. Meaning always emerges in a reference to meaning. The core of actuality disintegrates from the moment it emerges, and thus meaning causes change. Meaning, therefore, is also the continual rearranging of the distinction between actuality and possibility (Luhmann 1995: 63-66).

3. The concept of semantics

Whereas meaning expresses specific operations, the concept of semantics expresses condensed and generalized forms of meaning available to communicative operations.

Luhmann distinguishes between system and semantics. He defines semantics as specific structures that link communications by making forms of meaning available, which the communication systems treat as worthy of preservation (Luhmann 1995: 282). The concept of semantics relies on a distinction between *meaning* and *condensed meaning*. Meaning consists in an ongoing rearranging of the distinction actuality/potentiality tied to the immediate situation of actualization. Communication, on the other hand, is able to develop structure, which condenses meaning into forms that are disconnected from the immediate situation of actuality. Condensation means that a multiplicity of meaning is captured in a single form, which then becomes available to an unspecified communication. Semantics is defined, therefore, as *the stock of generalized forms of differences (e.g. concepts, ideas, images, and symbols), which can be used in the selection of meaning within the communication systems.* In other words, semantics are condensed and repeatable forms of meaning available to communication. These generalized forms are relatively dependent upon the specific situation and obtain their specific content from the communication that selects them (Luhmann 1993: 9-72).

In principle, Luhmann is open to the idea that meaning can be condensed into a variety of forms such as ideas, images, and symbols. Ultimately, however, the focus in Luhmann's semantic analysis becomes the condensation of meaning into concepts. Therefore the guiding distinction of the semantic analysis becomes concept/meaning and focuses on the way in which meaning and expectations are gathered in concepts and form semantic reservoirs, which are available to communication (Luhmann 1993).

A concept, then, is defined as a condensation and generalization of a multiplicity of meaning and expectations. A concept *condenses* expectations in such a way so that many different expectations become condensed into concepts. Concepts are never unambiguously definable. If one is told about someone that she is a social worker, this information immediately creates a horizon of different expectations such as for example "she categorizes people", "she is probably liberal", "she is social and caring", "she smokes a pipe", "she removes children from their homes", etc. A concept is a kind of expectation structure. To use a particular concept in a communication establishes particular expectations about the continuation of the communication. Moreover, concepts are *general* in the sense that a concept is not identical with its specific use in a specific communication. The concept is generally available to communication but is given, in the communication, a specific meaning and actualizes specific expectations. The multiplicity of meaning in the concept as form is always locked into the opposition between concept and counterconcept:

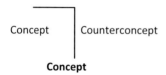

Figure 3: Form of concept

There can be no concept without a counterconcept to hold the concept in place. The counterconcept sets restrictions for the concept. A conceptual pair could be man/woman where the meaning that has been condensed into the concept of "woman" sets restrictions for the meaning of "man". The expectations associated with being a woman set restrictions for what can be expected of someone who is marked in the communication as manly (with or without penis). A social worker is only a social worker in relation to a client, and therefore, what can be expected of a social worker becomes entirely dependent upon the expectations linked to the counterconcept of client. The battle over the social worker centers around the description of the client and the expectations that become condensed into the concept of client, e. g. self-sufficient, active, independent or lost, helpless, and weak.

In conclusion we can describe the semantic analysis as historical analysis, which employs historicism as a way to describe the current conceptual reservoir. The semantic analysis asks: How are meaning and expectations formed and how do these become condensed or generalized in concept, which then establish certain semantic reservoirs for certain communication systems?

4.   Working with the concept of concept

In a sense, Luhmann's concept of concepts is extraordinarily simple compared with similar concepts in other discourse analyses such as Foucault's knowledge archaeology or Laclau's hegemony analysis (Andersen 2003). But despite – or perhaps by virtue of – this simplicity, it is analytically highly potent due to a range of simple and rather operational guiding questions.

As an example, we are interested in the conceptual history of the social client, perhaps because we sense that new words such as "self-help", "joint perspective", "active citizenship", and "citizens' contracts" fundamentally cause a shift in the semantic reservoir that is available to social administrations and pave the way for new communicative forms of in- and ex-clusion.

We begin to observe current conceptualizations by looking for oppositions of concepts and counterconcpets, e.g. the way that "self-help" is defined in opposition to "pacifying help", how the concept of "joint perspective", according to which social worker and client are expected to find a shared view, is defined in opposition to the social worker's "comprehensive view", and we explore the generalized expectation structures, which are made available to the communication. When we study a concept's history, we have to pay attention to at least seven different possible forms of conceptual shifts:

1. The concept may remain constant while the counterconcept changes.
2. The concept may have changed while the counterconcept has remained the same.
3. Both concept and counterconcept may have been displaced.
4. Concept and counterconcept may be the same but the tension between them may be different.
5. The concept may be the same but may have moved to the position of counterconcept.
6. The concept may have lost its counterconcept, which results in the creation of an empty category with unspecified counterconcept, which can be occupied later.
7. Concept and counterconcept remain the same, but the meaning dimension within which the distinction is defined may have shifted.

An example of the first kind of conceptual shift can be found in the history of the concept of the employee. At the beginning of the 1900s, the counterconcept to the responsible employee was negligence. Today, the counterconcept to responsible is having responsibility. Responsibility remains a positive concept, but the emphasis on duty is not because duty as a counterconcept is associated with expectations about passively awaiting a superior's active assignment of responsibility (Andersen/Born 2008). We may also imagine that the counterconcept remains the same but that the positive concept has changed. In all probability, this would not change the form of the concept because the expectations would be the same and would merely be associated with a different term. In the third form of conceptual displacement both concept and counterconcept have been displaced and thereby also the unity of the concept. In the fourth form of displacement, the distinction concept/counterconcept seems at first to remain the same, but the tension between concept and counterconcept is different, which means that the form of concept is also different, e. g. because the valorization of the counterconcept has changed. The distinction between "man" and "woman" remains intact, but with the association of new expectations with "woman", new restrictions are placed on the expectations associated with "man" as a position. In the fifth form of displacement, the concept has changed position and has become counterconcept to a different concept. One example is the concept of help, which in the 1960s was opposed to the concept of non-help. Help was associated with the professional help offered to client with certain problems on the basis of a professional diagnosis. Today, this concept of help has become a counterconcept and is valorized as patronizing. Helping clients with their problems is considered stealing the clients' problems. The new concept has become "self-help", which is never to be confused with pacifying assistance (Andersen 2007, 2008). In the sixth form of displacement, the concept has lost its counterconcept and has become what Kosseleck terms an empty category or in Ernesto Laclau's words an "empty signifier". In this case, the counterconcept has not simply disapeared. It has become non-specific, which almost calls for new communicative valorizations of the concept (Koselleck 2004: 187; Laclau 1996: 36-47). In the seventh form of displacement, concept and counterconcept remains the same whereas the meaning dimension within which the distinction is primarily defined has been displaced. I will discuss the notion of meaning dimension in more depth later on, but if we distinguish between a temporal dimension, a social dimension, and a factual dimension, one may imagine that the form of the concept changes dimension so that a factual dimension is defined as social or temporal. Within the semantics of gender, for example, there has for decades been a battle back and forth between a factualization of the distinction man/woman as a genetic or hormonal fact on one side and a socialization of the distinction as a social, and therefore reversible, convention on the other. Koselleck has studies the concept us/them historically and points out that the emergence of Christianity, for example, creates a shift from the distinction civilized/barbarian to Christian/heathen, and this shift also involves a temporalization of the distinction because heathens are defined as potentially Christian. Heathens are not essentially heathens. They can be converted over time, and this temporalization of the us/them distinction thus results in rather radical shifts in the communicative possibilities (Koselleck 2004: 155-191).

5. The semantic analysis and the meaning dimensions

Luhmann distinguishes between three meaning dimensions, which then allow him to distinguish between three semantic dimensions (Luhmann 1995: 74-82). I will not describe this distinction in depth but only briefly introduce it:

The factual dimension is about the choice of themes and objects for communication and consciousness. Themes and objects are all structured according to the form of meaning termed "thing" as the unity of the distinction this/everything else. Similarly, we can speak of a semantic of factuality as generalized forms of "being-one-thing-and-not-another".

The social dimension is based on the non-identity between communication participants and constitutes the horizon of possibility in a tension between "alter" and "ego". Thus, it is about that which is not recognized by me as me. In terms of semantics, it is a question of generalized forms of distinctions between "us" and "them". Social identities are the unity of the distinction us/them. Thus the social dimension is the dimension for the semantic construction of social identities, where there can only be an "us" (concept) in relation to a "them" (counterconcept). There is no "us" except for in the comparison with "them". "Us" is only us to the extent that it is different from "them", but "they" only exist, in turn, in "our" discourse about "them". That means that expectations of "the others" create the boundary for expectations of "ourselves".

Finally, *the temporal dimension* articulates the tension between the past and the future. The temporal dimension is "constituted by the fact that the difference between before and after, which can be immediately experienced in all events, is referred to specific horizons, namely extended into past and future" (Luhmann 1995: 78). The semantics of temporality is about the way in which we observe and conceptualize the past and the future. The future is a horizon of expectations and the past a space of experiences, and any present exists only as the tension between the two. Time is constituted in the communication, in every communication. Luhmann: "What moves in time is past/present/future together, in other words, the present along with its past and future horizons" (Luhmann 1982: 307). The three dimensions can be formalized like this:

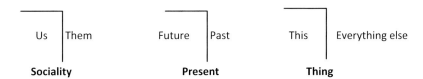

Figure 4: Meaning dimensions

In terms of analytical strategy, the three dimensions can be perceived as "arch-distinctions", which we can always look for in the semantic analysis. There are no semantics that do not construct factual, social, and temporal forms. Once we have compiled the archive based on which we conduct our semantic analyses, it seems obvious to begin the analysis by reading the different texts with an eye to the distinctions they establish, particularly between "past" and "future" and between "us" and "them". One might even draw up tables for the different texts, which make visible the valorizations of "future" versus "past", and thereby reach a certain speed of analysis because certain conceptual shifts will stand out as very clear. This can be illustrated like this:

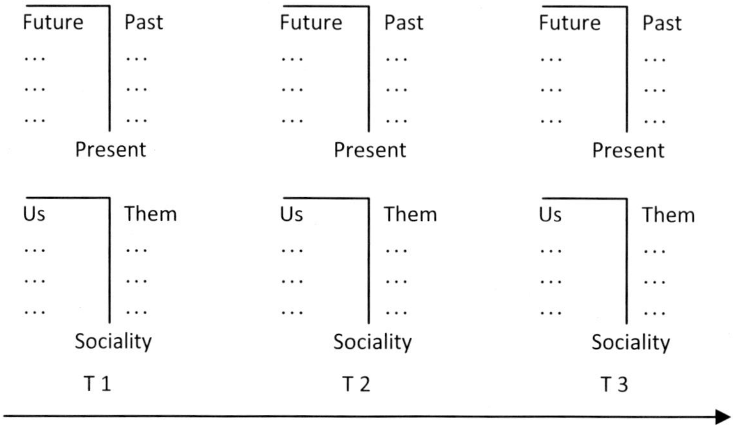

Figure 5: Helping scheme over time

Clearly, this is not the whole story, but the tables can function as a good place to begin the observation of semantic shifts. The relationship "us"/"them" and "past"/"future" must be understood as concept/counterconcept relations, and all questions about conceptual displacements must be asked here. Thus, it is not only a question about the way in which "us" and "them" are valorized over time but also about the tensions between them.

In one of my studies of the history of the public administration from the 1860s and forward I examined the concepts that were available to the administration in its effort to define itself temporally. Here, I could not simply point to the way in which what was past and what was future moved over time. Instead, the very tension between them was displaced. In what I termed the formal administration from around 1910, "the future" was defined as an externalized effect of administrative decisions, and "the past" was defined as case-relevant past. In what I referred to as the sectorial administration from around 1960, time becomes tied to problem-solving, and problems are deduced from planning-based projections of the past. Finally, in what I referred to as the polycentric administration from around 1980, the present is suspended between a one-dimensional and often negatively perceived past (e. g. "bureaucratic", "patronizing") and positive multidimensional images of the future (e. g. "knowledge society, "flexibility and adaptability", and modernization). Here, time represents a strategic forming of expectations of future premises for decisions (Andersen/Born 2000).

In addition, it is important to be aware of the fact that distinctions can be re-entered into themselves so that the future is not simply the future of the present but can be the future of the future, the future of the past, the present of the future, the past of the past, and the present of the past. The same logic applies to us/them, where somebody among "us" may act like "them". There are many different possibilities for the reentry of the us/them distinction. And a semantic analysis has to remain aware of possible reentries.

6.   Blurred distinctions or reentries?

I have now employed the concept of "reentry" several times and it might be productive to elaborate its analytically strategic function in relation to the semantic analytical strategy. Reentry means that a distinction is copied and reentered into itself, which causes the distinction to become a part of its own whole. That can be illustrated like this:

Figure 6: Rentry

Reentry establishes a paradox because the two distinctions are simultaneously identical and different from each other. When a concept becomes a part of its own whole, this impacts the way in which it offers up expectations. Appearing as a part of its own whole, the concept makes impossible the expectations it makes available at the moment they emerge.

Many analyses of discursive histories are constructed as variations on the narrative form of "There used to be a clear distinction between "a" and "b". Now the distinctions have softened or become perforated". From the perspective of systems theory, a distinction is either drawn or not drawn. There are no hard and soft, clear and unclear, pure and unpure distinctions. Distinctions cannot be dissolved in continuums since a distinction in the eyes of systems theory is always an operative distinction. If a conceptual distinction appears to have developed into a continuum, one has to try to observe the distinction from which this continuum has become observable as continuum, and what one finds is that the continuum almost always is a sign of the emergence of some form of reentry. If one is simply satisfied to point out that a conceptual distinction has developed into a blurry continuum, one is resorting to first-order analysis, which means that one's analysis of the semantic reservoir becomes metaphorical and under-defined.

One example could the relationship between work and play. The distinction between work and play dates back to the mid 1800s. From the 1930s we see a renewed discussion of that relation. The book *Personnel Management* from 1941 discusses the nature of work and is interested in what it is about a hobby that makes people return to work after a long day of "real" work. The answer is that a hobby is play and that play is fundamentally differently motivated than work: "Play is different than work in that play represents its own end whereas work is a means to an end. The incentive to play is the joy that playing a game or whatever it might be brings" (Scott et al. 1941: 304). Focusing on competitions and recreational activities in the work place may strengthen job satisfaction and well being in the work place (Scott et al. 1941: 387). Clarck Dickinson sees a danger in the fact that modern industrial organization of work results in reduced efficiency because routine work leads to boredom, which causes people to daydream and accidents to happen. Therefore, one specific goal becomes to distract boredom and as part of that effort he emphasizes "joy in work": "It may well be true of many or most people that they would be happiest if not obliged to work at all; yet if they must work, they will become most effective in those jobs which are most nearly enjoyable" (Dickinson 1937: 432).

This conceptual development *could* be described as a movement from a clear distinction between work as the concept and play as the counterconcept to a dissolution of the distinction so that play becomes a bigger or smaller aspect of work as such. However, employing the concept of reentry gives our analysis a greater level of precision in our observation of the conceptual displacement. Play is articulated as its own end whereas work is externally motivated. Work serves a purpose that lies outside work itself. At the same time, we see the articulation of a desire for the qualities of play. It would be a good thing if work could be like play and could be its own motivation. That would unite happiness and efficiency. The articulation of competitive games takes place from the side of the distinction that is burdened by purpose. That means that we get a reentry of the distinction work/play on the side of work (Andersen 2009). This can be illustrated like this:

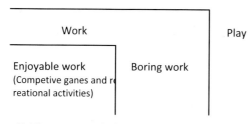

Figure 7: The reentry of play as work

Enjoyable work is work that wants to be play. The space from which the interest in play is located is always the space of efficiency, and too much play is identified as loss of efficiency and by a demotivating loser mentality. This description of the conceptual displacement provides a much higher degree of precision in relation to the emergence of expectation structures.

7. Singularization and generalization

The relation between concept and counterconcept always entails a tension between what Koselleck refers to as the general and the singular (Koselleck 2004: 156; Andersen 2003: 39-41) or what Laclau terms the particular and the universal (Laclau 1996: 59). Linking up to a concept is always associated with particular conditions, and the concept is always linked to universal qualities. Any concept condenses a multiplicity of meaning and comes into being as a generalization that overrides the particular communicational situation.

This has been generally ignored in Niklas Luhmann's works. This is due to the fact that he only works with cultivated semantics, which have evolved over hundreds of years, establishing reservoirs for well-established function systems. He never studies contemporary semantics with a short history where one may be uncertain about the concepts' conceptual character. In Luhmann's analyses, we are either dealing with a concept or not with a concept. Concepts are generalized forms of meaning. Luhmann works with concepts about which there is no doubt as to their status of generalized forms. However, when working with more contemporary semantics such as the semantics of sustainability or the semantics of active citizenship it is less obvious whether what one is analyzing as a concept is a fully generalized form or a developing form; that is, a form that is emerging through generalization, but where the generalization and condensation has not been brought to its conclusion. In terms of analytical strategy, it is not simply a question of determining the concept's status of general form. The challenge is to develop analytical concepts that make it possible to observe the incompleteness of incomplete concepts with the particular structures of expectations established by incompleteness. In order to do this we have to take yet another look at the concept of concept. Luhmann makes two propositions: 1) that concepts are condensed forms of meaning and 2) that a concept is the unity of concept and counterconcept. If we look at these two definitions at the same time, this means that we have to perceive the distinction concept/counterconcept as a reentry of the distinction conceptual form/meaning. This means that we can no longer maintain a simple distinction between concept as generalized form on one hand and meaning as specific operation on the other hand because the specific or particular reenters the form of concept. Any tension between concept and couterconcept, therefore, must be studied as a (perhaps incomplete) tension between the general and the particular. I have tried to illustrate that in this way:

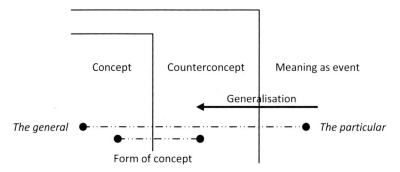

Figure 8: Becomming concept

The relation between the general and the singular is singularly tied to the individual concepts and should therefore be an inevitable element of the semantic analysis. Koselleck pays particularly attention to the relation between the general and the singular in relation to the social dimension and the distinctions between us and them (Koselleck 2004: 156). He points out that identity-markers for the indication of "us" are sufficiently general to not be emptied of meaning by a singular articulation. Concepts such as "party", "movement", and "interest group" can be employed similarly in the self-construction of many different identities. These concepts are *transferable* in the sense that they can be appropriated, employed, and translated by many different groups in many different contexts. Similarly, the identities that are constructed in association with these concepts are *mutual* in the sense that they do not exclude and preclude each other. For example, there are currently ten political parties in the Danish Parliament which all establish their identity through reference to the concept "party" without the identity of any individual party being precluded by a competing party.

On the other hand, says Koselleck, there is undoubtedly a tendency towards *singularization*, that is, towards the subjugation of the general to the singular: "Historical agencies tend to establish their singularity by means of general concepts, claiming them as their own" (Koselleck 2004: 156). This obviously applies when a religious denomination claims the concept *"the* church" or when a people's party alone claims to be representing *the* people. But it also applies when generality becomes restricted such as when specific kinds of political parties are outlawed – e. g. Communist or Nazi – or when not everyone who seeks the State's approval is recognized as religious denomination, or when the Danish Parliament makes it illegal for female judges to wear headscarves because they are perceived as a symbol of a Muslim religious legal order. It applies generally whenever there are specific, that is, singular, conditions for the connection with the general. That is always the case which is why the general is never entirely general. There is always a limit to transferability, and mutual identities are only mutual therefore in relation to the identities that they commonly exclude. The singular and the general appear in mutually constituent and conditioning distinctions. Laclau puts it like this: "The conclusion seems to be that the universality is incommensurable with any particularity yet cannot exist apart from the particular" (Laclau 1992: 90).

The question about the singularization of the general means that analyses of the way in which identities are constructed in the context of concept formations have to always be sensitive to the definitions of the tension between singularity and generality. How, for example, is meaning condensed in environmental discussion into the concept of sustainability in a way so that the concept obtains universal qualities while also defining singular conditions for the sustainable representation of the environment in the communication, e. g. so that NGOs without economic interests are more entitled to speak on behalf of the environment than the petrol industry. In Denmark, as in many other countries, we have freedom of religion, but this freedom is thought to be represented better by the Christian state church than by Muslims who "flaunt" their religion through the way they dress. The universalization logic can be form-logically shown like this:

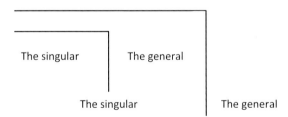

Figure 9: Universalization logic

The distinction singularity/generality opens up for the observation of the way in which the condensation of meaning into concepts also contains questions about the creation of generalities, which can be communicatively linked up to under singular conditions.

This paves the way for studies of the way in which the particular is sought universalized, how particular conditions are established in conceptual distinctions for the representation of the universal, and how the condensation of forms of meaning as universal positions also defines what can appear as singular.

8.   Can semantics be qualified?

So far, our analytical efforts have made it possible to observe conceptual shifts. Luhmann's conception of semantics is precisely the focus on the *condensation* of expectations into forms. However, in the concepts available to us we are only able to study this condensation in its *effects*, that is, once, for example, it has taken the form of concepts.

Luhmann chose, as I have already mentioned, to only study cultivated semantics in relation to society's differentiation form. His focus was the semantic history of the function systems, and these typically stretch out over several hundred years. I have mentioned the problem about the too rigid distinction in Luhmann between either concept or not concept (which in fact is contrary to his entire way of thinking meaning). It moreover creates problems for the entire concept of semantics since Luhmann configures, along the line of the concept/not concept distinction, a distinction between cultivated semantics/uncultivated semantics according to which uncultivated semantics is everyday-semantics, which may be important for day-to-day living but not for sociology whose focus is society's structures. The problem is that there are a large number of semantics, which are central to the description of our society and its different systems but which are neither cultivated in Luhmann's sense nor simple everyday semantics without the structurability to become constitutive for social systems outside of the systems of interaction. It simply does not make sense to along with Luhmann here, particularly not if one is interested in the contemporary and its many shifts and displacements. The result is a continuum between cultivated semantics and everyday semantics. It is impossible to work with such a continuum because it leaves doubt as to the object's status of object; that is, in what sense does what we refer to as semantics then become semantics.

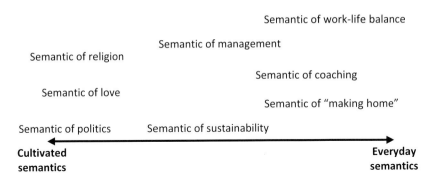

Figure 10: Cultivated semantics: A questionable concept

Urs Stäheli has formulated a similar criticism of Luhmann's distinction between serious and unserious semantics: "The 'non-serious' semantics is a sort of left-over: it is that which is not fully absorbed by the dominant form of functional differentiation. Therefore, it is only consequent, when arguing within the logic of systems theory, that the excluded semantic cannot be the important one: it does not fit into functional differentiation. This, however, leaves many important questions unanswered when it comes to discourses that construct their object (...) through drawing from several semantic registers (e. g. the discourse on AIDS) (Stäheli 1997: 136).

We have to enter the question from a different place, and I believe that we have to take on the analytical-strategic challenge of figuring out how to render observable the condensation of meaning. That is no simple task. The *process* of condensation is fundamentally invisible. There is no way for us to turn it into an observable object. What we might instead be able to do is to qualify condensation. By qualifying condensation we are able to evade the "either-or judgments", that is, either having a concept according to which we can identify condensation of meaning or not having a concept and therefore no condensation of meaning.

One possibility is to distinguish between empty concepts, semantics, and norms as three different levels of condensation and generalization of meaning. Empty concepts, accordingly, have the lowest level of condensation and norms the highest. The relation has to be seen as cumulative; that is, norms presuppose semantics and condense semantic concepts. Semantics presupposes empty concepts, and condenses and unfolds them by multiplying them in countless semantic concepts. And on every level of the condensation there is contingency. Whether and how an empty concept becomes which semantics is always contingent.

I define an *empty concept* as the lowest level of condensation of meaning and expectation. An empty concept is a specific concept with non-specific counterconcept. According to Koselleck, this type of concept requires continual injection of concrete meaning. *An empty concept expresses the condensation of expectations about a specific formation of expectations and meaning.* Koselleck's example is the formation of the concept of humanity during the French Revolution without a clear counterconcept about non-humanity, which spurred expectations about filling the concept of humanity with specific meaning (Koselleck 2004: 187). A more recent example could be the formation of the concept "sustainability" in the mid 1980s with the Brundtland report as obvious marker. Sustainability was an empty concept, which created the possibility for association for countless attempts to specify it and determine what definitely could not be considered sustainable.

Semantics constitutes a higher level of condensation of meaning and expectation. We talk about semantics when not only individual concepts but a reservoir of concepts have been created, which is available to communication and which together construct a meaning space of possibilities for linking up that includes generalized expectations on the temporal, social and factual dimension.

If we follow along with our example of sustainability, we could say that sustainability as empty concept has been turned into a sustainability semantics once we see not only individual concepts associated with the sustainability concept but an entire reservoir, which makes it possible to communicate from the perspective of sustainability about a large number of themes in a symbolic way in all meaning dimensions.

Norms can then be perceived as the condensation of a multiplicity of concepts in the form of expectations of specific expectations. Norms not only provide us with available concepts that create specific ways of structuring expectations when employed communicatively. They also establish form-consistent expectations about possibilities for linking up to specific concepts that entail specific expectations. These concepts are superposed so to speak by the distinction between prescriptive conformist practice and deviation from it (Luhmann 1995: 230).

If we return again to the sustainability example we can explore the way in which the semantics is transformed into norms, for example in companies, about the subjection of new productions to so called life-cycle analyses. A life-cycle analysis condenses concepts into a form, which prescribes a particular conformist practice whose counterconcept then becomes deviation. The analytical distinction is shown below:

Figure 11: The qualification of condensation

One could of course create other more sophisticated distinctions. However, if the distinctions become too demanding and precise they lose their analytical potency. The question, of course, is what the significance really is of drawing the above distinctions? As already mentioned, Luhmann's semantic analyses typically spanned several centuries because his focus was the bigger questions such as the evolution of the political semantics, the semantics of love, the semantics of law, etc. There was never any doubt as to whether a political semantics had been established, only as to how it had been established. If, on the other hand, we wish to study semantics that are less epochally defined such as the formation of the semantics of modern environmentalism, active citizenship, multiplicity, etc., these are to a large extent "incomplete" semantics, which are still evolving as we study them, which makes it significantly more difficult to determine whether we are actually dealing with a "new" semantic. The important thins is to include the semantic nature of semantics into the semantic analysis so that he semantic analysis is not only sensitive to the reservoir's content of concepts over time but also becomes sensitive to the way in which it is a reservoir. The semantic analysis has to define its semantic criteria as an empirical question!

9.   Final remarks

I have tried to operationalize the semantic analytical strategy increasing its capacity dealing with contemporary semantics where we cannot the same certainty regarding out object quality of concept and semantic. I have come up with some suggestions of further development, but I like to make clear, that it is not done with that. There is still long to go completing a well functioning analytical strategy. I have left out a number of questions we need to deal with. Just to mention three:

1.   Luhmann defined semantic as the reservoir of forms like concept, icons and symbols. But he only developed concept regarding concepts. Urs Stäheli has articulated these challenges regarding visual semantics (Stäheli 2008). But there are quit many challenges a head of us expanding the concept of semantic to the form of meaning than just concept.

2.   How do we treat the sources of our analysis? We need to develop a kind of document-critique equivalent for semantic studies, including maybe a concept of textuality

3.   How do we limit our material? Working with contemporary semantics there is no such thing a given semantic with beginning and end. How do we construct and limit an archive? How to just 'centrality' if we expand the concepts of semantics and concept?

10. References

Andersen, Niels Åkerstrøm/Born, Asmund (2000): Complexity and Change: Two "Semantic Tricks" in the Triumphant Oscillating Organization. In: System Practice and Action Research 13 (3)

Andersen, Niels Åkerstrøm/Born, Asmund (2008): The Employee in the Sign of Love. In: Culture and Organization 14 (4). 225-343

Andersen, Niels Åkerstrøm (2003): Discursive analytical strategies. Understanding Foucaul, Koselleck, Laclau, Luhmann. Bristol: The Policy Press

Andersen, Niels Åkerstrøm (2007): Creating the client who can create himself and his own fate – the tragedy of the citizens' contract. In: Qualitative Sociology Review III (2). 119-143.
    http://www.qualitativesociologyreview.org/ENG/Volume7/QSR_3_2_Andersen.pdf

Andersen, Niels Åkerstrøm (2008): The World as Will and Adaptation: the inter-discursive coupling of citizens' contracts. In: Critical Discourse Studies 5 (1). 75-89

Andersen, Niels Åkerstrøm (2009): Power at play. London: Palgrave Macmillan

Dickinson, Clarck (1937): Compensating Industrial Effort. London: Macdonald & Evans

Koselleck, Reinhart (2004): Futures past.New York: Columbia University Press

Laclau, Ernesto (1992): Universalism, Particularism, and Question of Identity. In: October 61

Laclau, Ernesto (1996): Emancipation(s). London: Verso

Laclau, Ernesto (1996): Deconstruction, Pragmatism, Hegemony In: Mouffe (ed.) (1996)

Luhmann, Niklas (1982): World-Time and System History. In: Ders.: The Differentiation of Society. New York: Columbia University Press

Luhmann, Niklas (1985): Complexity and Meaning In: Prigogine (ed.) (1985)

Luhmann, Niklas (1993): Gesellschaftsstruktur und Semantik. Band 1. Frankfurt am Main: Suhrkamp

Luhmann, Niklas (1995): Social Systems. Stanford, California: Stanford University Press

Mouffe, Chantal (ed.) (1996): Deconstruction and pragmatism. London: Routledge

Prigogine, Ilya/Zeleny, M./Morin, E. et.al. (1985): The Science and Praxis of Complexity. Tokyo: The United Nations University

Ruccio, David (ed.) (2008): Economic rerpæsentation. Academic and everyday. London: Routledge

Scott, Walter/Clothier, Robert/Spriegel, William (1941): Personnel Management. London: McGraw-Hill Book Company

Stäheli, Urs (1997): Exorcising the 'popular' seriously: Luhmann's concept of semantics. In: International Review of Sociology 7 (1). 127-145

Stäheli, Urs (2008): Watching the market: Visual representation of financial economy in advertisements. In: Ruccio (ed.) (2008): 242-256

Systemtheoretische Methodologie: Beobachtung mit Systemreferenz Gesellschaft

Anna Henkel

1. Einleitung

An empirischen Arbeiten, die theoretisch und methodologisch eine systemtheoretische Perspektive einnehmen, mangelt es nicht. Doch handelt es sich dabei überwiegend um solche Fragestellungen, die entweder mit der Systemreferenz Organisation oder mit der Systemreferenz Interaktion ansetzen. Wie nicht zuletzt die Beiträge in diesem Band verdeutlichen, ist die Systemtheorie insbesondere für interaktionstheoretische Fragestellungen kompatibel mit etablierten Methoden der (qualitativen) empirischen Sozialforschung. Aus den systemtheoretischen Überlegungen zur Beobachtung von Organisation hat sich über die Soziologie hinaus mit der systemischen Managementforschung und -beratung zudem eine eigenständige organisationstheoretische Gattung etabliert.

Anders als bezüglich interaktions- und organisationstheoretischer Fragestellungen verhält es sich mit Beobachtungsgegenständen, die sich auf die Systemreferenz Gesellschaft beziehen. Denn unproblematisch ist die systemtheoretische Bearbeitung empirischer Fragestellungen mit der Systemreferenz Gesellschaft nur dann, wenn der Untersuchungsgegenstand einem der bereits etablierten Funktionssysteme zuordenbar ist. Systematische Schwierigkeiten ergeben sich, wenn ein Beobachtungsgegenstand nicht einem etablierten Funktionssystem zugeordnet werden kann und sich nicht in einer Interaktions- oder Organisationsanalyse erschöpfend untersuchen lässt. Dieses Problem besteht abgesehen von sozialer Hilfe, Sport, Sexualität, vestiärer Kommunikation oder Pharmakon-Kommunikation für nahezu alle Tätigkeitsbereiche, die professionssoziologisch als Beruf oder jedenfalls als nicht dem harten Kern der Professionen zugehörig zugerechnet werden.

Zur Operationalisierung derartig „neuer" auf die Systemreferenz Gesellschaft bezogener Fragestellungen wird vielfach der Weg gewählt, sich dieser entweder mittels semantischer Analyse oder Bestimmung eines Funktionssystems zu nähern. Im Folgenden wird ausgeführt, dass die Luhmann'sche Systemtheorie – in expliziter Abgrenzung gegenüber Parsons – für die empirisch begründete Unterscheidung bislang nicht beschriebener Funktionssysteme prinzipiell offen ist (Abschnitt 2 „Möglichkeiten und Bedingungen der Unterscheidung ‚neuer' Systeme"). Allerdings sind sowohl die Bestimmung neuer Funktionssysteme als auch die Beschränkung der Untersuchung auf eine semantische Analyse mit Schwierigkeiten behaftet

(Abschnitt 3 „Schwierigkeiten der Beobachtung mit Systemreferenz Gesellschaft"). Diese Schwierigkeiten können durch das zugleich allgemeinere und empirisch spezifischere Konzept der Sondersemantik als methodologische Perspektive umgangen werden. Dieser Alternativ-Vorschlag erlaubt, einen Beobachtungsgegenstand mit Systemreferenz Gesellschaft zu beobachten und dabei die theoretischen und methodologischen Konzepte der Luhmann'schen Systemtheorie zu nutzen, sowie die Frage nach dessen Charakter als Funktionssystem an das Ende statt an den Anfang der Analyse zu stellen (Abschnitt 4 „Sondersemantik als alternative Herangehensweise"). Der Vorschlag der Beobachtung als Sondersemantik wird am Beispiel der Pharmakon-Kommunikation veranschaulicht (Abschnitt 5 „Beispiel: Strukturwandel der Pharmakon-Kommunikation"). Ein Fazit fasst die Möglichkeiten dieser Herangehensweise zusammen (Abschnitt 6 „Fazit").

2. Möglichkeit und Bedingungen der Unterscheidung „neuer" Systeme

Gegenüber der Parsons'schen Systemtheorie wendet Luhmann zwei zentrale Kritikpunkte ein: Erstens führe die Herangehensweise, bestimmte Systemstrukturen als Ausgangspunkt vorzustellen und von dort nach den Funktionen zur Erhaltung der Strukturmuster zu fragen, zu einer Liste von Bestandsvoraussetzungen, die theoretisch nicht weiter begründet, sondern ad hoc eingeführt würden. Zweitens sei die begriffliche Arbeit im strukturfunktionalen Ansatz durch die Annahme beschränkt, dass ein bestimmter strukturierter Gegenstand gegeben sei (Luhmann 2002: 14, 37, 40). Beide Probleme – die mangelnden Kriterien für die Klassifizierung als Bestandsvoraussetzung und die Vorab-Annahme eines bereits bestimmt strukturierten Gegenstands – sieht Luhmann als nicht im Rahmen der bestehenden Parsons'schen Theorie korrigierbar und entwickelt deshalb in expliziter Abgrenzung zum Strukturfunktionalismus die Luhmann'sche „funktionsstrukturalistische" Systemtheorie (Luhmann 2005h: 95).

Diese Luhmann'sche Systemtheorie will drei Aspekte berücksichtigen: Erstens, anstelle des Postulats eines fixen Sets von „Systemen" diese anhand analytischer Leitfragen aus der empirischen Beobachtung der Gesellschaft und ihrer Evolution abzuleiten; zweitens, statt einer ad hoc Einführung eine theoretische Begründung für jedes einzelne System zu geben; und drittens, dabei von der Unwahrscheinlichkeit bestimmter Strukturen auszugehen. Das Theoriedesign, wie Luhmann es seit den 1960er Jahren beginnt, in Soziale Systeme ausformuliert und in dessen Anwendung fortwährend weiterentwickelt, kommt diesen drei Forderungen nach. Der Begriff des sozialen Systems wird theoretisch bestimmt; die verschiedenen Typen sozialer Systeme werden als Interaktionssystem, Gesellschaftssystem, Organisationssystem sowie als Protestbewegung systematisch unterschieden und evolutionär begründet (Luhmann 1999: 813 ff.; Luhmann 2005 f.); ausgehend von der Unwahrscheinlichkeitsannahme werden diese Strukturen problematisiert (paradigmatisch: Luhmann 2005i). Auf dieser grundsätzlichen Ebene ist die Luhmann'sche Theorie offen für evolutionäre Neuerungen (Luhmann 1999: 847 ff.) und bewahrt diese Offenheit innerhalb der verschiedenen Systemreferenzen. So konzentriert sich Luhmann in seinen großen Funktionssystem-Monographien auf diejenigen sozialen Aspekte, die in der Soziologie allgemein als gesellschaftliche Zentralbereiche gelten – wie eben Politik, Wirtschaft, Kultur und Recht – und bezieht zugleich Erziehung, Religion, Medizin und Familie auf dieser Ebene mit ein.

Dieser bewusste Verzicht auf einen verbindlichen Katalog von Funktionssystemen[1] ist einerseits notwendig für eine Theorie, die sich als analytisch angeleitete Beobachtung der Gesellschaft versteht. Jede ex ante Festsetzung bestimmter Funktionssysteme schränkte das empirisch-analytische Potential der Systemtheorie ein, ohne diese Einschränkung aus der Theorie heraus begründen zu können. Andererseits birgt diese potentielle Offenheit für die Formulierung bislang nicht unterschiedener Funktionssysteme die Gefahr einer Inflationierung des Funktionssystem-Konzeptes selbst. So wurde im Jahrzehnt nach „Die Gesellschaft der Gesellschaft" eine Vielzahl von Funktionssystemen neu formuliert: Soziale Hilfe beziehungsweise Soziale Arbeit wurde mit Bezug auf eine frühe Luhmannformulierung ebenso als Funktionssystem beobachtet (Baecker 1994; Fuchs/Schneider 1995; Luhmann 2005c) wie Sport (Bette 1999), Sexualität (Lewandowski 2004) oder vestiäre Kommunikation (Bohn 2000). Die Bestimmung dieser gesellschaftlichen Bereiche als Funktionssysteme wird durch die Formulierung einer Codierung und einer Funktion begründet, was Luhmann in Bezug auf das System der Krankenbehandlung als Minimalkriterium nennt (Luhmann 2005g). Diese Entwicklung der Formulierung neuer Funktionssysteme wird zum Teil mit Skepsis verfolgt und verstärkt alte Vorwürfe wie diejenigen der Systemtheorie als „Glasperlenspiel" oder „Dame ohne Unterleib". Eine Erweiterung der Verwendung des Funktionssystem-Konzepts ist gerade dann problematisch, wenn man annimmt, dass die Anschlussfähigkeit des systemtheoretischen Angebots zur Theorie funktionaler Differenzierung von der Plausibilität dieses Konzeptes abhängt (Stichweh 2001).

---

1   So berichtet Stichweh: „In den siebziger Jahren sprach Luhmann häufiger von Büchern über Recht, Politik, Wirtschaft und Wissenschaft als besonders zentralen Funktionskomplexen der modernen Gesellschaft. Bei dieser Auswahl hat vermutlich auch die Leitunterscheidung von Systemen, die primär auf kognitives Erwarten zentriert sind, und Systemen, die deutlicher auf normatives Erwarten gestützt sind, eine Rolle gespielt. Dieser Katalog von Systemen aber war später in keiner Weise mehr verbindlich. In der Sequenz von Büchern, die von ‚Die Wirtschaft der Gesellschaft' (1988) bis zu ‚Die Kunst der Gesellschaft' (1995) publiziert worden sind (und in den nachgelassenen Funktionssystembüchern über Politik, Religion und Erziehung) ist keine Logik der Auswahl mehr erkennbar, worin sich die Offenheit und die Pluralisierung des Katalogs der Funktionssysteme spiegelt, also die Distanz zu analytisch ableitbaren Katalogen relevanter Funktionssysteme (à la Parsons) sich weiter verstärkt hat" (vgl. Stichweh 2001: 30).

Dies gilt vor allem deshalb, weil die Unterscheidung neuer Systeme alles andere als beliebig ist. Aus der Parsons'schen Systemtheorie übernimmt Luhmann eine zentrale Forderung: Wenn man Systeme unterscheidet, muss man spezifizieren, auf welche Systemreferenz man sich bezieht. Eine im Luhmann'schen Sinne systemtheoretisch angeleitete soziologische Untersuchung muss somit klarstellen, ob sie ihren Gegenstand auf die Referenz der Interaktion, Organisation oder Gesellschaft hin beobachtet. Jede dieser Systemreferenzen impliziert unterschiedliche Bedingungen der Systembildung und unterschiedliche analytische Leit- und Anschlussfragen (Luhmann 1984b). Theoretisch am eindeutigsten gefasst ist die Systemreferenz Organisation. Über die Kriterien der Mitgliedschaft beziehungsweise der selbstreferentiellen Entscheidungskommunikation ist Organisation als Beobachtungsgegenstand bestimmt. Dies mag ein Grund dafür sein, weshalb die Systemtheorie, insbesondere im Bereich der Organisationssoziologie einschließlich der Management- und Beratungsforschung, so ausführlich herangezogen wird. Die Systemreferenz der Interaktion ist über das Kriterium der Anwesenheit ebenfalls hinreichend genau bestimmt, um Interaktionsstudien zu betreiben und mit entsprechenden Methoden der empirischen Sozialforschung zu verbinden, insbesondere mit der Dokumentarischen Methode und der Objektiven Hermeneutik (Bora 1999; Schneider 2004; Vogd 2005).

Empirische Untersuchungen mit der Systemreferenz Gesellschaft erfordern hingegen weitere Unterscheidungen als allein die Bestimmung der Gesellschaft als Systemreferenz. Muss für empirische Belange auch hinsichtlich Organisation und Interaktion klargestellt werden, welche Organisation oder Interaktion beobachtet werden soll, so ist diese Frage vergleichsweise einfach durch Hinweis auf den Namen einer Organisation oder den Kreis der in einer Interaktion Anwesenden zu beantworten.

Anders mit der Systemreferenz Gesellschaft. Auf dieser Ebene muss, ausgehend von der Spezifikation des anzunehmenden Strukturprimats (segmentäre, stratifizierte, funktional differenzierte oder etwaig „nächste" Gesellschaft), spezifiziert werden, auf welchen Teilbereich sich eine Untersuchung bezieht. An diesem Punkt entstehen die theorie-architektonischen Schwierigkeiten, die in die vielleicht nicht immer notwendige Unterscheidung neuer Funktionssysteme münden. Denn Luhmann ist zwar eindeutig darin, dass in einer funktional differenzierten Gesellschaft nicht jede Kommunikation einem bestimmten Funktionssystem zugeordnet sein muss. Das Konzept eines gesellschaftlichen Strukturprimats funktionaler Differenzierung besagt explizit nicht, dass jede Kommunikation zu einem der von Luhmann beschriebenen Funktionssysteme gehört[2] oder jedes funktionsspezifische Er-

---

2   In der funktional differenzierten Gesellschaft ist weder alle Kommunikation einem Funktionssystem zuordenbar (Luhmann 1986: 75), noch sind alle Bezugsprobleme zu Systemen ausdifferenziert (Luhmann 1995: 224). Der systematische Grund dafür: „(...) nicht jede Kommunikation fällt

folgsmedium ein Funktionssystem ausdifferenziert (Luhmann 1986: 87; Luhmann 1995: 224). Diese These impliziert lediglich, erstens, dass, wenn sich zum Beispiel Recht als Funktionssystem ausdifferenziert, es nur noch durch seine eigenen Operationen reproduziert wird und nur noch durch seine eigenen Operationen irritierbar ist; und zweitens, dass anspruchsvolle Leistungen der funktional differenzierten Gesellschaft in solchen Teilsystemen erbracht werden (Luhmann 1986: 48). Das schließt nicht aus, dass Kommunikation sich bewusst von allen Funktionssystemen distanziert, dass sie funktional mehrdeutig oder gar nicht zugeordnet ist (Luhmann 1986: 75).

Trotz allem bleibt die Frage offen, als was eine nicht funktionssystemspezifische Kommunikation dann beobachtet werden soll. Für Beobachtungsgegenstände, die einem der bereits unterschiedenen Funktionssysteme zugeordnet werden können, befindet man sich auf „gesichertem Terrain". Darüber hinaus besteht immer die Möglichkeit, ein Phänomen in dessen funktionssystemspezifischen Rekonstruktionen nachzuzeichnen, wie das etwa für ökologische Gefährdung oder Risiko erfolgt ist (Luhmann 1986; Luhmann 1991). Für Fragestellungen jedoch, die weder als Interaktions- oder Organisationsanalyse angelegt sind, noch eindeutig einem Funktionssystem untergeordnet beziehungsweise auf die funktionssystemischen Rekonstruktionen beschränkt werden können, ist die Forderung der Spezifikation der gewählten Systemreferenz eine zentrale theoretische und methodologische Herausforderung.

3. Schwierigkeiten der Beobachtung mit Systemreferenz Gesellschaft

Dies mag als Randproblem erscheinen. Auf einer empirischen Ebene zeigt sich jedoch eine ganze Reihe von gesellschaftlichen Sinnzusammenhängen, die weder einem der von Luhmann beschriebenen Funktionssysteme zugeordnet, noch als Subsystem einem dieser Funktionssysteme nachgeordnet werden können. Dies gilt insbesondere für die als Handwerk oder Dienstleistung einzuordnenden Bereiche. Solche potentiellen Beobachtungsgegenstände haben gemeinsam, dass sie durchaus sinnvoll mit Hilfe einer Interaktions- oder Organisationsanalyse untersucht werden können. Gleichwohl gehen die Kunst des Schreiner- oder Bäckerhandwerks nicht in der Interaktions- oder Organisationsanalyse auf, erschöpfen sich nicht in der funktionssystemischen Beobachtung und sind nicht als Subsystem im Wirtschaftssystem oder einem anderen Funktionssystem untergeordnet.

Zur empirischen Untersuchung derartiger gesellschaftlicher Bereiche scheinen zunächst zwei Möglichkeiten zu bestehen: Die erste Variante ist die oben bereits

---

in das Raster der primären Teilsysteme, denn selbst wenn dies so wäre, könnte im nächsten Moment genau darüber kommuniziert werden" (vgl. Luhmann 1986: 229).

erwähnte Unterscheidung eines neuen Funktionssystems. Die zweite Variante ist die Beschränkung der Untersuchung auf eine semantische Analyse. Beide Optionen bergen zentrale Schwierigkeiten.

3.1 Bestimmung von Funktionen

Bei der Unterscheidung eines Beobachtungsgegenstands mit Systemreferenz Gesellschaft als neues im Sinne von bislang nicht beschriebenem Funktionssystem besteht eine zentrale Schwierigkeit in der Verführung, die in dem dezidiert nicht strukturalistischen Funktionsbegriff liegt: Funktionen sind nicht notwendig gegeben. Daraus darf keinesfalls eine Beliebigkeit der Funktionen abgeleitet werden. „Funktion" bezieht sich bei Luhmann nicht nur auf Funktionsverhältnisse im Unterschied zu Leistungs- und Reflexions-Verhältnissen, sondern verweist hinsichtlich der Unterscheidung von Funktionssystemen vor allem auf die funktionale Analyse. Funktionale Analyse ist dabei als Methodologie zu verstehen. Sie fordert auf, über die Formulierung einer Funktion einen abstrakten Bezugspunkt zu schaffen, auf den hin äquivalente Lösungen verglichen werden können. Obwohl in den späteren Schriften weniger prominent, bleibt die funktionale Analyse die zentrale Methodologie der Systemtheorie (Luhmann 1984a; Luhmann 1999: 36 ff.; Luhmann 2005d).

Beachtet werden muss, dass für sich genommen die funktionale Analyse zur Bestimmung von Vergleichsgesichtspunkten führt, die im Belieben und der Phantasie des Beobachters liegen. Ein Beispiel für eine solche, allein aus der methodologischen Fragetechnik heraus gewonnene Funktion ist, was nach einer Anekdote Luhmanns auf die Bitte um ein Beispiel für eine „Funktion" antwortet: „Die Funktion eines Tisches ist, dass man ein Kaugummi darunter kleben kann" (Bardmann/Baecker 1999: 17). Die Stärke der funktionalen Analyse im Sinne Luhmanns liegt darin, abstrakte Vergleichsgesichtspunkte zu formulieren. Soziologisch relevant wird diese Form der funktionalen Analyse erst, wenn sie als Methodologie mit einer sachlichen Theorie[3] – nämlich der Systemtheorie – verbunden wird. Die funktionale Analyse reicht nicht aus, um gesellschaftliche Funktionssysteme zu bestimmen. Dem Vorwurf, die Systemtheorie sei unkritisch, weil mit der funktio-

---

3   „Vergleichsgesichtspunkte können rein logisch beliebig gewählt werden. (...) Bei der Untersuchung bestimmter Systeme oder Systemtypen ist die Beliebigkeit jedoch stark reduziert. Die Strukturentscheidungen eines Systems legen bestimmte Lösungen fundamentaler Probleme fest" (vgl. Luhmann 2005e: 47). „Diese Beispiele sollten zunächst nur eines deutlich machen: dass die äquivalenzfunktionale Methode zwar als analytische Technik abstrakt ausgearbeitet werden kann, dass sie aber nicht dazu bestimmt ist, im Leeren praktiziert zu werden. Sie ist auf Ergänzung durch eine sachliche Theorie angewiesen, die ihre Problemgesichtspunkte definiert und ihr dadurch zu Forschungsansätzen verhilft, die weder unbegründbar, noch unbestimmt bleiben müssen" (vgl. Luhmann 2005e: 48).

nalen Analyse der Beobachtungsgegenstand beliebig werde,[4] ist deshalb nicht nur entgegenzuhalten, dass Luhmann ganz bewusst seine Theorie auf das Komplexitätsniveau einer polykontexturalen Gesellschaft bringen will. Dieser Vorwurf wird weiter dadurch entkräftet, dass die funktionale Analyse notwendig mit der empirisch gesättigt zu betreibenden, systemtheoretischen Gesellschaftstheorie zu verbinden ist. Verbindung mit der Systemtheorie aber heißt Verbindung mit den Grundkategorien Kommunikation und damit Ereignis/Struktur sowie infolgedessen mit dem Grundproblem der Unwahrscheinlichkeit von Kommunikation, der Unwahrscheinlichkeit der Entstehung bestimmter Strukturen und der Unwahrscheinlichkeit der Erhaltung dieser Strukturen.

Systemtheoretisch unterscheidbare Funktionssysteme sind nicht ex ante determiniert. Die Luhmann'sche Systemtheorie formuliert kein Kriterium zur Unterscheidung „besonders wichtiger" Funktionssysteme und lehnt ein theoretisches Postulat von Bestandsvoraussetzungen ab – dadurch ist die Systemtheorie an zentraler gesellschaftstheoretischer Stelle eine genuin auf empirische Untersuchung angewiesene Theorie.[5] Doch eben diese empirische Untersuchung muss der Unterscheidung eines Funktionssystems vorangehen. Es genügt nicht, sich allein auf die Weber'sche „Phantasie des Forschers" zurückzuziehen und aufgrund von Alltagsbeobachtungen eine Funktion und eine Codierung zu formulieren. Die Funktion der Kaugummi-Verwahrung macht aus dem Tisch kein Funktionssystem, selbst wenn man dieses Anti-Beispiel um die Codierung kleben/nicht-kleben erweiterte. Eine Funktion muss sich vielmehr auf ein Bezugsproblem beziehen, auf eine spezifische Unwahrscheinlichkeit, die mittels eines Erfolgsmediums in Wahrscheinlichkeit transformiert wird.[6]

3.2 Semantik und Struktur

Die zweite Schwierigkeit betrifft die Beschränkung einer gesellschaftstheoretischen Untersuchung auf eine rein semantische Analyse. Dieselbe Schwierigkeit entsteht in dem Fall, dass ein Beobachtungsgegenstand als neues Funktionssystem beobachtet wird, insofern die Untersuchung auf die Ebene von Funktion und Codierung beschränkt wird. Bei beiden Vorgehensweisen ist problematisch, dass systemtheoretisch betriebene Soziologie die zentrale Untersuchungsebene der Sozialstruktur vernachlässigt.

---

4   Habermas wiedergebend (vgl. Bora 1991: 104, 113).
5   Damit ganz im Sinne von Mayntz/Rosewitz/Schimank/Stichweh (1988: 19 f).
6   Dass diese Forderung auch auf der Theoriestufe „Die Gesellschaft der Gesellschaft" besteht, zeigt sich nicht zuletzt darin, dass auch hier die Ego/Alter-Ego Matrix zur Bestimmung von Funktionen über spezifische kommunikative Unwahrscheinlichkeiten nach wie vor relevant bleibt (vgl. Luhmann 1999: 336).

Diese Beschränkung liegt nicht in der Anlage der Theorie. Zwar wird die Luhmann'sche Systemtheorie insbesondere in ihrer Formulierung seit „Soziale Systeme" vielfach für eine solche Reduktion des Sozialen auf das Semantische kritisiert. Dieser Vorwurf ist allerdings von der Theoriegrundlage her unbegründet. In „Soziale Systeme" wird der Strukturbegriff epistemisch tiefer gelegt, behält aber seine theoretisch zentrale Stellung: Autopoiesis, das selbstreferentielle Aneinanderanschließen von Kommunikationen als Elemente, ist konstitutiv mit Strukturbildung verbunden, die eine selektive Verbindung von Anschlusskommunikationen vorzeichnet. Durch diese Verbindung des Strukturbegriffs mit dem Konzept der Autopoiesis vermeidet Luhmann das Problem der Parsons'schen Systemtheorie, von gegebenen Strukturen auszugehen. Strukturbildung ist wahrscheinlich, sobald mehr Elemente verfügbar sind als gleichzeitig verbunden werden können. Unwahrscheinlich jedoch sind die Ausbildung spezifischer Strukturen und deren Stabilisierung – womit die beiden gesellschaftstheoretischen Leitfragen nach den je spezifischen Ursachen von Strukturbildung und Strukturstabilisierung formuliert sind.

Bezogen auf die Anlage der Luhmannschen Systemtheorie sind Strukturen als immer stabilisierungsbedürftige, soziale Erwartungsstrukturen stets präsent. Man kann beobachten, dass die Ebene der Sozialstruktur in der „Nullserie" deutlicher hervortritt als in der späteren Neuinterpretation bereits systemtheoretisch beschriebener Bereiche nach der „autopoietischen Wende". Wenn diskutiert wurde, ob in der Systemtheorie dieser verschiedenen Phasen zwei verschiedene Systembegriffe verwendet würden, so ist dies hinsichtlich der Theorieanlage falsch.[7] Allerdings fördern „nach-autopoietisch" formulierende Anwendungen der Theorie, die neue Funktionssysteme allein aufgrund von Funktion und Codierung untersuchen, den Eindruck zweier Theoriephasen. Wie die rein semantische Analyse wird die insbesondere empirisch-historisch zu behandelnde Frage der wechselseitigen Bedingtheit von semantischen und Handlungs- (oder Sozial-) Strukturen auf diese Weise vernachlässigt.[8] Ohne inhaltliche Notwendigkeit wird so ein Potential der Systemtheorie nicht genutzt, das für Arbeiten mit gesellschaftstheoretischem Anspruch hilfreich wäre.

Es bleibt dabei, dass die Formulierung einer Funktion und einer Codierung als Minimalanforderungen der Unterscheidung eines Funktionssystems gelten können (Baecker 1994: 97 ff.). Doch die Unterscheidung einer Funktion erfordert die Be-

---

7   Exemplarisch für diese – mitunter gut gemeinte – Kritik und ihre Haltlosigkeit ist die Diskussion in der Zeitschrift für Soziologie über Systemtheorie aus dem Jahr 2005 (vgl. Schmidt 2005). Vergleiche außerdem die drei Repliken auf diese Ansatz, insbesondere diejenige von Andreas Göbel, im selben Heft.

8   Im Ergebnis sind solche Untersuchungen nah der Foucault'schen Diskursanalyse in ihrer archäologischen Phase verwandt, in der Diskurs als Hermeneutik verwendet und gegenüber dem Aspekt der Struktur abgegrenzt ist. Zum Diskurs bei Foucault zwischen Hermeneutik und Struktur (vgl. Bora 1999: 164 ff.).

stimmung einer Unwahrscheinlichkeit; die Unterscheidung einer Codierung erfordert die Bestimmung eines spezifischen kommunikativen Modus, der historisch-empirisch begründeterweise diese Unwahrscheinlichkeit in Wahrscheinlichkeit transformiert; und die Unterscheidung eines Funktionssystems erfordert die Beschränkung der Bearbeitung dieser Unwahrscheinlichkeit auf einen spezifischen, selbstbezüglichen Kommunikationszusammenhang, dessen Ausdifferenzierung umso mehr historisch-empirisch zu begründen und nachzuvollziehen ist.[9] Die Unterscheidung eines neuen Funktionssystems bedarf der Ebene der Sozialstruktur ebenso wie der empirisch-historischen Begründung der Unterscheidung einer Funktion oder Codierung.

4. Sondersemantik als alternative Herangehensweise

Für die Beobachtung eines Gegenstands mit Systemreferenz Gesellschaft, der nicht in einem der bereits unterschiedenen Funktionssysteme aufgeht, bietet die Luhmann'sche Systemtheorie eine dritte Herangehensweise: das Gedankenexperiment (Luhmann 1999: 747) der Beobachtung eines Sinnzusammenhangs als eigenständige Sondersemantik. Dies ermöglicht, einen Beobachtungsgegenstand mit Systemreferenz Gesellschaft aufgrund systemtheoretischer Unterscheidungen zu problematisieren und in seiner Evolution zu rekonstruieren, dabei Semantik und Sozialstruktur zu berücksichtigen, eine Ausdifferenzierung als Funktionssystem als Frage zu stellen sowie aktuelle Widersprüchlichkeiten und Herausforderungen sichtbar zu machen. Die Beobachtung als Sondersemantik wird deshalb hier als methodologisch alternative Vorgehensweise zur Beobachtung von empirischen Fragestellungen mit der Systemreferenz Gesellschaft generell vorgeschlagen.

Die Beobachtung eines spezifischen, gesellschaftlichen Bezugsproblems setzt in den zentralen Prämissen parallel zum Konzept des Funktionssystems an. In beiden Fällen sind die zentralen systemtheoretischen Annahmen über die Bedingungen und die Evolution gesellschaftlicher Komplexität die Grundlage. Erklärungsgegenstand ist somit das Stattfinden bestimmter Kommunikation und die Entstehung und Aufrechterhaltung bestimmter kommunikativer Strukturen, was jeweils als an sich unwahrscheinlich angenommen ist. Ebenfalls analog zur Konzeption des Funktionssystems ist eine weitere Hypothese, dass die Entstehung kommunikativer Zusatzeinrichtungen die Ausdifferenzierung eines spezifischen Typus von Kommunikation begünstigt: Wenn über Codierungen als Erfolgsmedien und deren Zusatzsemantik von Richtigkeitskriterien das an sich unwahrscheinliche Annehmen

---

9   Funktionale Differenzierung hat es schon vor dem Strukturprimat funktionaler Differenzierung gegeben – ein Bezugsproblem muss deshalb zurückverfolgt und auf die Art seiner Bearbeitung hin befragt werden (vgl. Luhmann 1980: 26 f.).

bestimmter Kommunikation wahrscheinlich wird, gewinnt der so codierte Bereich Eigenkomplexität. Derart codierte Semantiken werden im Anschluss an Luhmann als Sondersemantiken definiert.

Der Unterschied zwischen dem Konzept des Funktionssystems und dem der Sondersemantik liegt in der empirischen Vorgehensweise und nicht in den theoretischen und gesellschaftsevolutionären Grundannahmen. Ausgehend von der Überlegung, dass zwischen Erfolgsmedien und den durch sie gebildeten Funktionssystemen unterschieden werden müsse, weil beides sich zwar wechselseitig begünstige (Luhmann 1999: 371 ff., 385 ff.; Luhmann 2005a: 225 ff.), die Ausbildung eines Erfolgsmediums aber nicht zwangsläufig zur Ausdifferenzierung eines Funktionssystems führe,[10] wird die empirische Vorgehensweise umgedreht: Anstatt ex ante festzulegen, ob ein bestimmter Teilbereich ein Funktionssystem oder Teil eines Funktionssystems ist, wird diese Frage an das Ende der Untersuchung gestellt. Unwahrscheinlichkeit, Erfolgsmedien und Zusammenhang von Sondersemantik und Strukturbildung werden als theoretische Prämissen angenommen, die Ausbildung eines Funktionssystems jedoch als empirisch zu beantwortende Frage gestellt.

Voraussetzung für die Beobachtung eines empirischen Gegenstands mit der Systemreferenz Gesellschaft ist deshalb lediglich, dass sich im Sinne der funktionalen Analyse und aufgrund der empirischen Auseinandersetzung mit dem Untersuchungsgegenstand ein Bezugsproblem spezifizieren lässt, das die Kriterien der Sondersemantik (also Erfolgsmedium einschließlich Zusatzsemantik) erfüllt und auf das hin die Ausdifferenzierung spezifischer Sozialstrukturen (Verhaltenserwartungen und Struktur-Identitäten) beobachtet werden kann. Auf dieser Grundlage wird der Zusammenhang von semantischen und sozialen Strukturen als empirisch zu bearbeitende Fragestellung Gegenstand der Untersuchung. Dies führt die Frage mit, inwieweit das Erfolgsmedium ausreichend Systembildungspotential bietet, um ein Funktionssystem auszudifferenzieren.

5. Beispiel: Pharmakon-Kommunikation

Die Vorgehensweise der Beobachtung eines Untersuchungsgegenstands als Sondersemantik kann am Beispiel der Pharmakon-Kommunikation verdeutlicht werden. Im Folgenden werden nach einer methodischen Vorbemerkung (Abschnitt

---

10   „Es ist wichtig, zwischen symbolisch generalisierten Kommunikationsmedien und den durch sie gebildeten Systemen zu unterscheiden. Medien können entstehen und differenziert werden, bevor es entsprechende Funktionssysteme gibt. Die für die Systembildung nötige Codierung, deren Programmtypik und deren Sondersemantik kann auf provisorischer Basis vorbereitet werden. Wir konnten die Anfänge dafür bis in die Antike zurückverfolgen (...). Ohne solche Vorarbeiten wäre der Übergang von einer stratifizierten zu einer funktional differenzierten Gesellschaft kaum möglich gewesen" (Luhmann 1999: 392).

5.1) das Bezugsproblem bestimmt (Abschnitt 5.2), die Grundzüge der Untersuchung von Pharmakon-Kommunikation als Sondersemantik umrissen (Abschnitt 5.3), die resultierenden methodologischen Leitfragen dargestellt (Abschnitt 5.4) und einige zentrale empirische Untersuchungsergebnisse zusammengefasst, die sich aufgrund dieser Herangehensweise ergeben (Abschnitt 5.5). Diese Ausführungen basieren auf einer ausführlichen historischen und empirischen Studie zum Struktur-Wandel der Pharmakon-Kommunikation (Henkel 2009).

5.1 Methodische Vorbemerkung

Die empirische Untersuchung zum Strukturwandel der Pharmakon-Kommunikation umfasst einen historischen und einen aktuellen Teil. Als Datengrundlage diente für die Zeit bis etwa 1980 pharmaziehistorische Sekundärliteratur, für die aktuelle Entwicklung erfolgte eine Dokumentenanalyse der Pharmazeutischen Zeitschrift (PZ) als dem Standesblatt der Apothekerschaft, die durch einzelne Experteninterviews (Maindok 2003) und Heranziehen der apotheken- und gesundheitsspezifischen Gesetzestexte ergänzt wurde.

Die Methode der Datenbildung auf dieser Datengrundlage erfolgte als Rekonstruktion von Themen und Figuren im Sinne der fokussierten Typenbildung von Kelle/Kluge. Grundprinzip ist die Typenbildung aufgrund datenbegründeten Vergleichs, wobei Typen explizit als nicht normativ verstanden werden (Kelle/Kluge 1999). In Abweichung zu Kelle/Kluge werden Typen hier außerdem als historisch variabel konzipiert angesehen. Als Typen werden all jene Themen und Figuren gefasst, die für eine bestimmte Epoche begrifflich eindeutig bestimmbar sind. Für die empirische Datengrundlage galt das Kriterium der „empirischen Sättigung" – die Datenerhebung wurde also erst abgeschlossen, als sich Informationen oder Formulierungen wiederholten und keine wesentlichen Aspekte hinzukamen.

Methodisch kontrollierte Typenbildung setzt die Integration theoretischen Vorwissens in die Datenerhebung und Datenauswertung voraus. Dieser Aspekt kam in dieser Untersuchung in zweierlei Hinsicht zum Tragen: Erstens wurde theoretisches Vorwissen herangezogen, um die Fragestellung zu formulieren, den Beobachtungsgegenstand zu spezifizieren und derart Materialauswahl und Materialauswertung anzuleiten.[11] Zweitens dienten das theoretische Vorwissen und das feldspezifische Alltagswissen zur Formulierung von Kategorien, die bei möglichst geringer Einschränkung der Wahrnehmung empirischer Phänomene die Untersuchung fokussieren (Kelle/Kluge 1999: 37). Als Kategorien wurden theoretische Konzepte (Unterscheidung des Pharmakons, Strukturen von Pharmakon-Kommu-

---

11 Man könnte dies verstehen im Sinne des „empirisch nicht gehaltvollen Theoriewissens" (nach Kelle/Kluge 1999: 36 f.). Ziel wäre das qualitative sampling.

nikation, Strukturstabilisierung) gewählt sowie solche Konzepte, die sich aus dem Material selbst ergaben.

5.2 Bezugsproblem: Verwendung obskurer Dinge

Seit Hippokrates gilt die Pharmazie neben Diätetik und Chirurgie als eine der drei Säulen der Medizin. Obwohl der Begriff der Pharmakons wesentlich älter ist und ursprünglich Zaubermittel im allgemeinen Sinne bezeichnete (Schulze 2002), werden unter Pharmaka seitdem ausschließlich „wundersam heilende" Mittel verstanden. Es entstehen die Begriffe des Medikaments und des Arzneimittels, die synonym zum Begriff Pharmakon verwendet werden (Schmitz 1998a: 352 ff.) und diese hippokratische Engführung auf medizinische Wirkungen semantisch widerspiegeln. Pharmaka im Sinne von wundersam heilenden Mitteln des Arztes als Teil der Medizin zu verstehen und entsprechend der ärztlichen Anweisung zu verwenden, erscheinen bis heute als selbstverständlich. Doch diese scheinbare Selbstverständlichkeit ist bereits Teil des Mechanismus, der die genuine Unwahrscheinlichkeit der Verwendung von Pharmaka in Wahrscheinlichkeit transformiert. Bei näherer Betrachtung wird deutlich, dass die Verwendung von Pharmaka – das Stattfinden von Pharmakon-Kommunikation – ein eigenständiges Bezugsproblem darstellt.

Das Bezugsproblem der Pharmakon-Kommunikation liegt in der Verwendung von zunächst unerkennbaren obskuren Dingen. Dinge sind im Sinne dieser Theorie Struktur-Identitäten, also Bündel bestimmter Erwartungen.[12] Während im Falle evidenter Dinge (lat evidens – augenscheinlich, offenbar) alle an dieses Ding zu richtenden Erwartungen als offenkundig gelten, so ist dies im Falle obskurer Dinge nicht der Fall: Sie sind durch die Erwartung charakterisiert, dass über die evidenten Eigenschaften hinaus eine mit alltäglichen Mitteln nicht erkennbare Eigenschaft (lat. obscurum – verdeckt, unverständlich, obskur) von ihnen zu erwarten ist. Eine Aspirin ist im ersten Schritt eine kleine, weiße Tablette mit leicht säuerlichem Geschmack, deren Identität und Qualität ohne Laboruntersuchung nicht feststellbar ist. Die Eigenschaften eines Apfels sind evident in dem Sinne, dass seine Eigenschaften aufgrund von Alltagserfahrung als zutreffend unterscheidbar erwartet werden können – Pharmaka zeichnen sich dadurch aus, dass diese sichere Unterscheidung gerade nicht möglich ist. Weder Laien noch selbst Experten wie Ärzte oder Apotheker können aufgrund der reinen Ansicht einer kleinen weißen Tablette feststellen, ob es sich um eine Aspirin, ein Antibiotikum oder eine Vitamintablette handelt – geschweige denn, welche Dosierung vorliegt und ob das Haltbarkeitsda-

---

12   Zur Unterscheidung von Ding, Person, Rolle, Programm und Wert als Struktur-Identitäten in diesem Sinne (vgl. Luhmann 1984b: 428 ff.).

tum überschritten ist. Die Verwendung solcher obskuren Dinge ist deshalb unwahrscheinlich.

Als Bezugsproblem zur Beobachtung des Pharmazeutischen allgemein beziehungsweise des Arzneimittelbereichs im Besonderen kann somit die Verwendung von Pharmaka angenommen werden. Pharmakon-Kommunikation kommt dann zustande, wenn zwei Handlungen – Handlung immer verstanden als kommunikative Zurechnung – aufeinander bezogen werden: die Handlung, ein obskures Ding für die Verwendung vorzuschlagen, und die kongruente Anschlusshandlung, dieser Offerte zu folgen.[13]

Die Verwendung von Pharmaka gehört zu jenen Beobachtungsgegenständen, die sich nicht in einer Organisations- oder Interaktionsanalyse erschöpfend bearbeiten lassen. Man könnte zweifellos rekonstruieren, was in einer Interaktion oder Organisation als pharmazeutisch behandelt wird. Wie generalisierbar das ist, bliebe aber ebenso offen wie die Frage, ob Pharmakon-Kommunikation auf eine und eben diese Organisation beziehungsweise Interaktion reduzierbar ist. Genausowenig kann Pharmakon-Kommunikation einem der bereits unterschiedenen Funktionssysteme untergeordnet werden. Alltagssprachlich wird Pharmazie typischerweise als Teilbereich der Medizin angesehen. Dieser Zusammenhang ist historisch funktional, leitet als theoretische Grundannahme jedoch fehl. Pharmaka sind nicht auf Heilung festgelegt, wie spätestens der Contergan-Schock gezeigt hat und was sich nicht zuletzt darin niederschlägt, dass medizinisch einsetzbare Wirkstoffe gleichermaßen in der Lebensmittel- oder Agrarchemie Verwendung finden. Pharmakon-Kommunikation ist auch nicht Teil des Wissenschaftssystems, impliziert Wahrheit hinsichtlich der Erkennbarkeit und Wirkung eines Dings doch keineswegs, dass in der konkreten Verwendungsofferte diese Wahrheiten richtig zugrundegelegt wurden. Schließlich kann Pharmakon-Kommunikation nicht als Teilbereich wirtschaftlicher Kommunikation gesehen werden, weil es im ersten Schritt nicht darum geht, Versorgungssicherheit für einen ausreichenden Zukunftszeitraum sicherzustellen (Luhmann 1995: 226). Vielmehr kann ein wirtschaftlicher Zugriff auf Pharmaka erst dann erfolgen, wenn die Verwendung von Pharmaka bereits wahrscheinlich ist und insofern – ökonomisch gesprochen – eine Nachfrage besteht. Warum aber sollte man obskure Dinge verwenden wollen, deren Identität und Qualität als nicht aufgrund von Alltagserfahrung feststellbar gilt?

---

13   Dabei liegt im Falle der Pharmakon-Kommunikation die Zurechnungskonstellation zugrunde, dass ein Handeln Alters, nämlich die Bereitstellung eines obskuren Dings, zu einem kongruenten Handeln Egos führt, nämlich dessen Verwendung; also dieselbe Zurechnungskonstellation wie im Falle des Erfolgsmediums Macht (vgl. Luhmann 1999: 356).

5.3 Pharmakon-Kommunikation als Sondersemantik

Von Erfolgsmedien ist in der Luhmann'schen Systemtheorie die Rede, wenn eine spezifische kommunikative Unwahrscheinlichkeit durch ein spezifisches Erfolgsmedium, obskure Mittel zu verwenden, durch die Ausbildung eines spezifischen Erfolgsmediums motivfähig wird – das Erfolgsmedium der außeralltäglichen Wirksamkeit. Während alltägliche Wirksamkeit die unhinterfragten Erwartungen „im täglichen Leben" (Luhmann 2005a: 220) bestätigt, setzen außeralltägliche Wirksamkeiten derartige Erwartungen temporär außer Kraft. Das Erfolgsmedium der außeralltäglichen Wirksamkeit unterscheidet außeralltägliche von alltäglichen Wirkungen. Es verfügt derart über einen einheitlichen Code für seinen gesamten Medienbereich, denn einem Ding wird entweder die erwartbare Enttäuschung oder die erwartbare Bestätigung von Alltagserwartungen zugerechnet. Es gibt keine dritte Möglichkeit (Luhmann 1999: 360 Punkt 1; Luhmann 2005b: 14). Zugleich handelt es sich um einen Präferenzcode, der die Kommunikation gegen die Wahrscheinlichkeit steuert: Die Unwahrscheinlichkeit, obskure Dinge zu verwenden, wird wahrscheinlich, indem die Kommunikation durch die hinzugesetzte Annahmechance (Luhmann 1999: 320) ermutigt wird. Das Medium der außeralltäglichen Wirksamkeit verfügt über das „Verführungsmittel" eines generalisierten Versprechens des Außerkraftsetzens konkreter Alltagserwartungen wie zum Beispiel „Verschwinden von Schmerz". Die Grenze des Erfolgsmediums der außeralltäglichen Wirksamkeit liegt da, wo Alltäglichkeit dem Außerkraftsetzen von Alltagserwartungen vorgezogen wird.

Das Erfolgsmedium außeralltägliche Wirksamkeit macht die Kommunikation, obskure Dinge zu verwenden, anschlussfähig. Diese Generalisierungsfähigkeit von Pharmakon-Kommunikation ist allein aufgrund dieses Erfolgsmediums vergleichsweise begrenzt, weil der Verführung, Pharmaka zu verwenden, zwei Anschlussprobleme entgegenstehen: das Problem, dass außeralltägliche Wirkungen gesellschaftlichen Werten zumindest teilweise zuwiderlaufen und das Problem, dass die Identität und Qualität von Pharmaka systematisch unbeurteilbar ist. Diese Anschlussprobleme können nicht ihrerseits durch das Erfolgsmedium der außeralltäglichen Wirksamkeit bearbeitet werden. Erste Bedingung der Generalisierung von Pharmakon-Kommunikation ist deshalb die Trivialisierung der Verwendung von Pharmaka, mindestens für bestimmte Zwecke; zweite Bedingung ist die Invisibilisierung des Risikos der Nicht- oder Anderswirksamkeit von Pharmaka. Erst wenn beide Bedingungen erfüllt sind, können entsprechende kommunikative Situationen häufig genug vorkommen, um Pharmakon-Kommunikationen miteinander zu verketten.

5.4 Resultierende methodologische Leitfragen

Methodologisch werden diese Generalisierungsbedingungen der Pharmakon-Kommunikation als Leitfragen der Untersuchung verwendet. Die erste Leitfrage ist, welche außeralltäglichen Wirkungen trivialisiert sind. Dies impliziert für den Fall, dass nicht alle außeralltäglichen Wirkungen auf diese Weise anerkannt sind, die Nachfrage, wie erreicht wird, dass die nicht trivialisierten Verwendungsweisen als nicht-erwartbar erwartet werden. Die zweite Leitfrage ist, wie die Identität und Qualität obskurer Mittel so garantiert wird, dass das Risiko der Nicht- oder Anderswirksamkeit invisibilisiert ist. In der Untersuchung werden als zwei Untersuchungsebenen die semantischen Strukturen (Semantiken) einerseits und die Erwartungsstrukturen und Struktur-Identitäten andererseits unterschieden.

Die Analyse der semantischen Strukturen pharmazeutischer Kommunikation bezieht sich auf die Richtigkeitskriterien für die Zuordnung der beiden Code-Werte außeralltäglicher oder alltäglicher Wirksamkeit. Entsprechend den Besonderheiten von Pharmakon-Kommunikation sind drei Aspekte zu berücksichtigen: Erstens, aufgrund welcher Unterscheidung die Erwartung außeralltäglicher Wirksamkeit plausibel ist; zweitens, wie innerhalb der so als außeralltäglich wirksam unterschiedenen Mittel die trivialisierten von den nicht-trivialisierten Verwendungsweisen unterschieden werden und drittens, mit Hilfe welcher Unterscheidungen innerhalb der trivialisierten außeralltäglich wirksamen Mittel weiter spezifiziert wird. Die Rekonstruktion dieser semantischen Strukturen erlaubt nachzuvollziehen, auf welche Richtigkeitskriterien/Unterscheidungen eine Kommunikation historisch jeweils verweist, wenn die Offerte eines Dings als obskur und außeralltäglich wirksam ebenso plausibel wie sozial anerkannt ist.

Die zweite Untersuchungsebene betrifft Erwartungsstrukturen und Struktur-Identitäten, zusammenfassend als Untersuchungsebene der Sozialstrukturen bezeichnet. Im Zentrum steht die Frage, ob sich Sozialstrukturen ausbilden, die das Stattfinden von Pharmakon-Kommunikation spezifisch erwartbar machen. Während semantische Strukturen Kriterien der richtigen Zuordnung betreffen, geht es hier darum, welche Verhaltenserwartungen generalisiert werden und auf welche Identitäten diese Erwartungen zugerechnet werden. Insbesondere mit dieser Verbindung von Semantik und Struktur geht die Untersuchung als Sondersemantik über eine klassische semantische Analyse hinaus. Bezüglich Pharmakon-Kommunikation steht die Generalisierung von zwei Erwartungen im Vordergrund: dass die Identität und Qualität von Pharmaka erwartbar erwartet werden kann und dass Pharmaka nur für die gesellschaftlich akzeptierten Verwendungszwecke, nicht aber für die anderen möglichen Zwecke verwendet werden. Dies sagt nicht, die Unterscheidung zwischen außeralltäglicher und alltäglicher Wirksamkeit könne nur durch diese sozialen Strukturen aktualisiert werden. Im Gegenteil impliziert diese Analyseebene immer, dass jede Struktur kontingent ist. Derart steht im Mittelpunkt, wie es zur Erwartbarkeit bestimmter Erwartungen bei der Verwendung dieser Unterscheidung kommt. Was erwartet wird, hat Einfluss auf die Erfolgsaussichten entsprechender kommunikativer Offerten.

Aus der Unwahrscheinlichkeit der Entstehung und des Fortbestands bestimmter Strukturen ergibt sich die Frage nach der Stabilisierung von Strukturen. Diese Stabilisierung kann nicht über die Erfolgsmedien erfolgen. Erfolgsmedien machen die Annahme bestimmter kommunikativer Offerten wahrscheinlich; sie dienen allerdings nicht der Absicherung von Erwartungen gegen Enttäuschungen (Luhmann 1999: 316). Für Pharmakon-Kommunikation heißt das: Die Semantik der Richtigkeitskriterien für die Unterscheidung von Pharmaka kann nur in dem Maße komplexer werden, in dem gewährleistet ist, dass in diesem Sinne als Pharmaka zugerechnete Gegenstände im konkreten Fall sicher unterschieden werden können und somit Risiken sozialstrukturell handhabbar bleiben.[14] Diese These ist im Sinne von Co-Evolution zu verstehen: Semantische Strukturen und Erwartungsstrukturen ermöglichen und begrenzen sich wechselseitig – eine Restabilisierung jedoch erfolgt immer nur, wenn beides aufeinander abgestimmt ist.

5.5 Strukturwandel der Pharmakon-Kommunikation

Diese Untersuchungsperspektive eröffnet den Blick für den Wandel der semantischen und der sozialen Strukturen von Pharmakon-Kommunikation. Mit der Entstehung der hippokratischen Medizin werden Pharmaka auf die Mittel des Arztes enggeführt, während andere Verwendungsweisen in die Para-Pharmazie der Scharlatane abgleiten. Für die semantischen Strukturen bedeutet das, dass die Richtigkeitskriterien zur Unterscheidung außeralltäglich wirksam-obskurer Mittel mit den Richtigkeitskriterien der medizinischen Humoralpathologie kompatibel sein müssen. Sozialstrukturell spiegelt sich die Bindung an die Medizin durch die Mitbenutzung der Arztrolle wider, die erst im Arabien des 10. Jahrhunderts durch die Ausdifferenzierung der Apothekerrolle abgelöst wird. Mit dieser sozialstrukturellen Innovation geht eine erhebliche Komplexitätssteigerung der pharmazeutischen Semantik in Form komplexerer Arzneimittelzubereitungen und einer größeren Anzahl von Grundstoffen einher (Mez-Mangold 1972; Ridder 1990; Schmitz 1998a: 227 ff.). Die so entstandenen semantischen und sozialen Strukturen gelangen im 13. Jahrhundert nach Europa, werden in Arzneibüchern und Apothekerordnungen kodifiziert (Schmitz 1998a: 507 ff.) und bilden derartig die Grundlage für bis heute verwendete Begriffe, wie insbesondere den des Arzneimittels.

---

14   Insofern wird hier an die – wenn auch nicht vordergründige – Anregung von Stäheli angeschlossen, semantische Analyse allgemeiner auf eine „sozialstrukturell-operative" Ebene zu beziehen (vgl. Stäheli 1998: 315).

Über das Bezugsproblem der Verwendungsbedingungen obskurer Dinge wird deutlich, dass sich Ende des 19. Jahrhunderts ein „katastrophaler" Strukturwandel der Pharmakon-Kommunikation durchsetzt. Der Begriff des Arzneimittels wird kontinuiert – doch was er bezeichnet, ist nun etwas grundsätzlich Anderes. Die bislang dominante medizinisch-humoralpathologische Semantik wird durch wissenschaftlich-chemische Wirksamkeitskriterien abgelöst (Schmitz 1998b: 447 ff.). Für die – jetzt kontingente – medizinische Pharmakon-Kommunikation resultiert daraus eine grundsätzliche Umstellung des Arzneischatzes. Statt ganzer Pflanzen bilden nun – idealerweise synthetisch hergestellte – Wirkstoffe die Grundlage der Arzneimittel.

Die potentiellen Effizienzvorteile können jedoch durch das 19. Jahrhundert nicht genutzt werden: Solange die Strukturrolle des Apothekers die Identität und Qualität der medizinischen Pharmaka garantiert, muss er die industriell hergestellten Wirkstoffarzneimittel einzeln prüfen. Erst durch die sozialstrukturelle Innovation der Struktur-Identität des Fertigarzneimittels werden diese semantischen Komplexitätspotentiale freigesetzt: Um 1880 entsteht aufgrund der Patentgesetzgebung und des gewerblichen Markenschutzes das Prinzip der Originalverpackung. Diese garantiert erstens, dass der Inhalt einer Verpackung tatsächlich der ist, der auf der Umverpackung angegeben ist, und zweitens, dass der Organisation, die dieses originalverpackte Präparat hergestellt hat, die Verantwortung für dessen Identität und Qualität zugerechnet werden kann. Damit kann die Garantieleistung der Identität und Qualität der Arzneimittel von der Apothekerrolle übergehen an den politisch restabilisierten Zusammenhang von Patent- und Markengesetzgebung, formalen Organisationen der pharmazeutischen Industrie und einer sich entwickelnden Arzneimittelgesetzgebung (Stapel 1988).

Diese sich wechselseitig bedingende semantische und soziale Strukturkatastrophe ist der Ausgangspunkt für verschiedene grundsätzliche Umbrüche, die das 20. und 21. Jahrhundert prägen. Politik steht vor der Herausforderung, statt eine je persönlich ausgeübte Rolle zu regulieren, nun beim Fertigarzneimittel selbst anzusetzen. Darüber hinaus erweist sich, dass ein freier Arzneimittelmarkt unerwünschte Ergebnisse produziert – weder werden Effizienzpotentiale in den Dienst der wohlfahrtsstaatlichen Zielsetzung einer allgemeinen Arzneimittelverfügbarkeit gestellt, noch ordnet sich pharmazeutische Forschung den Bedürfnissen eines medizinischen Allgemeinwohls primär unter. Zugleich hat die Apothekerrolle ihre Kernfunktion verloren. Bis heute ist die rechtliche, politische und wirtschaftliche Neu-Regulierung des Arzneimittelbereichs nicht abgeschlossen.

6. Fazit

Durch diese dezidierte Inbezugnahme von semantischem und sozialstrukturellem Wandel hat die methodologische Perspektive der Sondersemantik den Vorzug, dass

Kommunikation nicht auf eine selbstbezügliche Semantik reduziert wird. Wechselseitige Beschränkungen werden ebenso sichtbar wie sozialstrukturelle Überforderungen. Zudem zeigt das Beispiel der Pharmakon-Kommunikation, dass sich trotz eines spezifischen Bezugsproblems und eines spezifischen Erfolgsmediums aus einer Sondersemantik nicht zwangsläufig ein Funktionssystem ausdifferenziert. Das Erfolgsmedium der außeralltäglichen Wirksamkeit erweist sich im Übergang zur Moderne hinsichtlich seines Systembildungspotentials als unzulänglich: Indem die Engführung auf die medizinische Verwendung entfällt, zieht sich die Frage nach den Richtigkeitskriterien für die Zurechnung als außeralltäglich wirksam auf die wissenschaftliche Disziplin Chemie zurück, während gleichzeitig hinsichtlich der Anwendung ein breiter Fächer an Möglichkeiten entsteht, in dem die medizinische Verwendung nur eine unter vielen ist.

Die Herangehensweise der Beobachtung als Sondersemantik wählt an Stelle der Unterscheidung von Funktion und Codierung eines Funktionssystems tieferliegende methodologische Leitfragen. Die funktionale Analyse wird mit der Annahme der Unwahrscheinlichkeit von Kommunikation als Frage nach einem kommunikativen Bezugsproblem und dessen Bearbeitung verbunden. Diese Herangehensweise erlaubt, einen Beobachtungsgegenstand mit Systemreferenz Gesellschaft zunächst auf theoretisch angeleitete Weise historisch-empirisch zu untersuchen und dessen Ausdifferenzierung als Funktionssystem dabei als Fragestellung mitzuführen. Den Erfordernissen einer Verbindung der funktionalen Analyse mit der empirisch dicht zu betreibenden Systemtheorie sowie einer Berücksichtigung von Semantik und Sozialstruktur wird bei diesem Vorgehen Rechnung getragen. Damit müssen weder neue Konzepte formuliert noch Konzepte aus anderen Theorien bereits im Forschungsdesign hinzugezogen werden. Zugleich schließt diese Vorgehensweise eine Unterscheidung des beobachteten Gegenstands als Funktionssystem nicht aus, sondern liefert im Gegenteil die erforderliche „dichte Beschreibung" als Voraussetzung für eine solche Anschlussfrage.

7. Literatur

Baecker, Dirk (1994): Soziale Hilfe als Funktionssystem der Gesellschaft. In: Zeitschrift Soziologie 23 (2). 93-110

Bango, Jenö/Karcsony, Andras (2001): Luhmanns Funktionssysteme in der Diskussion. Tagungsband der 1. Luhmann-Gedächtnistagung in Budapest, 15/16. September 2000.. Heidelberg: Carl-Auer-Systeme Verlag

Bardmann, Theodor M./Baecker, Dirk (1999): "Gibt es eigentlich den Berliner Zoo noch?" Erinnerungen an Niklas Luhmann. Konstanz: UVK Universitätsverlag Konstanz GmbH

Bette, Karl-Heinrich (1999): Systemtheorie und Sport. Frankfurt am Main: Suhrkamp

Bohn, Cornelia (2000): Kleidung als Kommunikationsmedium. In: Soziale Systeme 6 (1). 111-135

Bora, Alfons (1999): Differenzierung und Inklusion. Partizipative Öffentlichkeit im Rechtssystem moderner Gesellschaften. Baden-Baden: Nomos Verlagsgesellschaft

Fuchs, Peter/Schneider, Dietrich (1995): Das Hauptmann-von-Köpenick-Syndrom. Überlegungen zur Zukunft funktionaler Differenzierung. In: Soziale Systeme 1 (2). 203-224

Henkel, Anna (2009): Strukturwandel der Pharmakon-Kommunikation. Als Dissertation eingereicht bei Dirk Baecker an der Universität Witten/Herdecke

Kelle, Udo/Kluge, Susann (1999): Vom Einzelfall zum Typus. Fallvergleich und Fallkontrastierung in der qualitativen Sozialforschung. Opladen: Leske + Budrich

Lewandowski, Sven (2004): Sexualität in den Zeiten funktionaler Differenzierung. Eine systemtheoretische Analyse. Bielefeld: transcript Verlag

Luhmann, Niklas (1980): Gesellschaftsstruktur und Semantik. Studien zur Wissenssoziologie der modernen Gesellschaft. Frankfurt am Main: Suhrkamp

Luhmann, Niklas (1984a): Funktionale Methode und Systemtheorie. In: Ders.: Soziologische Aufklärung Band 1. Opladen: Westdeutscher Verlag

Luhmann, Niklas (1984b): Soziale Systeme. Frankfurt am Main: Suhrkamp

Luhmann, Niklas (1986): Ökologische Kommunikation. Kann die moderne Gesellschaft sich auf ökologische Gefährdungen einstellen? Opladen: Westdeutscher Verlag

Luhmann, Niklas (1991): Soziologie des Risikos. Berlin/New York: Walter de Gruyter

Luhmann, Niklas (1995): Die Kunst der Gesellschaft. Frankfurt am Main: Suhrkamp

Luhmann, Niklas (1999): Die Gesellschaft der Gesellschaft. Frankfurt am Main: Suhrkamp

Luhmann, Niklas (2002): Einführung in die Systemtheorie. Heidelberg: Carl-Auer-Systeme Verlag

Luhmann, Niklas (2005a): Bemerkungen zu einer Theorie symbolisch generalisierter Kommunikationsmedien. In: Ders.: Soziologische Aufklärung Band 2. Wiesbaden: VS Verlag für Sozialwissenschaften

Luhmann, Niklas (2005b): "Distinctions directrices". Über Codierung von Semantiken und Systemen. In: Ders.: Soziologische Aufklärung Band 4. Beiträge zur funktionalen Differenzierung der Gesellschaft. Wiesbaden: Frankfurt am Main

Luhmann, Niklas (2005c): Formen des Helfens im Wandel gesellschaftlicher Bedingungen. In: Ders.: Soziologische Aufklärung II. Wiesbaden: VS Verlag für Sozialforschung

Luhmann, Niklas (2005d): Funktion und Kausalität. In: Ders.: Soziologische Aufklärung Band 1. Aufsätze zur Theorie sozialer Systeme. Wiesbaden: VS Verlag für Sozialwissenschaften

Luhmann, Niklas (2005e): Funktionale Methode und Systemtheorie. In: Ders.: Soziologische Aufklärung I. Wiesbaden: VS Verlag für Sozialforschung

Luhmann, Niklas (2005f): Interaktion, Organisation, Gesellschaft. In: Ders.: Soziologische Aufklärung Band 2. Aufsätze zur Theorie der Gesellschaft. Wiesbaden: VS Verlag für Sozialwissenschaften

Luhmann, Niklas (2005g): Der medizinische Code. In: Ders.: Soziologische Aufklärung Band 5. Wiesbaden: VS Verlag für Sozialwissenschaften

Luhmann, Niklas (2005h): Soziologische Aufklärung. In: Ders.: Soziologische Aufklärung I. Wiesbaden: VS Verlag für Sozialforschung

Luhmann, Niklas (2005i): Die Unwahrscheinlichkeit von Kommunikation. In: Ders.: Soziologische Aufklärung Band 3. Soziales System, Gesellschaft, Organisation. Wiesbaden: VS Verlag für Sozialwissenschaften

Maindok, Herlinde (2003): Professionelle Interviewführung in der Sozialforschung. Interviewtraining: Bedarf, Stand und Perspektiven. Herbolzheim: Centaurus Verlag

Mayntz, Renate/Rosewitz, Bernd/Schimank, Uwe/ Stichweh, Rudolf (1988): Differenzierung und Verselbständigung. Zur Entwicklung gesellschaftlicher Teilsysteme. Frankfurt/New York: Campus Verlag

Mez-Mangold, Lydia (1972): Aus der Geschichte des Medikaments. Basel: Editiones "Rockes"

Ridder, Paul (1990): Im Spiegel der Arznei. Sozialgeschichte der Medizin. Stuttgart: Wissenschaftliche Verlagsgesellschaft

Schmidt, Volker H. (2005): Die Systeme der Systemtheorie. Stärken, Schwächen und ein Lösungsvorschlag. In: Zeitschrift für Soziologie 34 (6). 406-424

Schmitz, Rudolf (1998a): Geschichte der Pharmazie. Band I: Von den Anfängen bis zum Ausgang des Mittelalters. Eschborn: Govi-Verlag

Schmitz, Rudolf (1998b): Geschichte der Pharmazie. Band II: Von der frühen Neuzeit bis zur Gegenwart. Von Christoph Friedrich und Wolf-Dieter Müller-Jahncke. Eschborn: Govi-Verlag

Schneider, Wolfgang L. (2004): Grundlagen der soziologischen Theorie. Band 3: Sinnverstehen und Intersubjektivität. Hermeneutik, funktionale Analyse, Konversationsanalyse und Systemtheorie. Wiesbaden: VS Verlag für Sozialwissenschaften

Schulze, Christian (2002): Die pharmazeutische Fachliteratur in der Antike. Eine Einführung. Göttingen: Duehrkohp & Radicke

Stäheli, Urs (1998): Die Nachträglichkeit der Semantik. Zum Verhältnis von Sozialstruktur und Semantik. In: Soziale Systeme (2): 314-339

Stapel, Ute (1988): Die Arzneimittelgesetze 1961 und 1976. Quellen und Studien zur Geschichte der Pharmazie. Stuttgart: Deutscher Apotheker Verlag

Stichweh, Rudolf (2001): Die Gesellschaft der Gesellschaft - Strukturentscheidungen und Entwicklungsperspektiven. In: Bango et. al. (2001)

Vogd, Werner (2005): Systemtheorie und rekonstruktive Sozialforschung. Eine empirische Versöhnung unterschiedlicher theoretischer Perspektiven. Opladen: Verlag Barbara Budrich

Teil III

Möglichkeiten und Grenzen methodologischer Vermittlung von Theorie

Systemtheorie, hermeneutische Tradition und die Theorie sozialer Differenzierung[1]

Wolfgang Ludwig Schneider

1. Einleitung

Die überlieferte geistes- und kulturwissenschaftliche Hermeneutik wird in der gegenwärtigen sozialwissenschaftlichen Diskussion häufig als eine Methode wahrgenommen, der es um die Rekonstruktion des *subjektiven Sinns* geht, den Akteure mit ihren Äußerungen, Handlungen und Handlungserzeugnissen verbinden und die deshalb nicht in der Lage ist, sozialstrukturelle Zusammenhänge verstehend zu erfassen, die den Wahrnehmungshorizont der Akteure überschreiten. Diese Auffassung wird auch von prominenten Vertretern einer nicht-intentionalistischen Hermeneutik geteilt.[2] Rezeptionsgeschichtlich von wesentlicher Bedeutung für diese weithin geteilte Einschätzung war vermutlich die von Habermas bereits 1967 formulierte Kritik am hermeneutischen „Idealismus der Sprachlichkeit" (Habermas 1970/1967: 289). Überführt in den disziplinären Kontext der verstehenden Soziologie verlangt es dieser „hermeneutische Idealismus" angeblich, sozialwissenschaftliche Analyse „aus der Binnenperspektive von Angehörigen sozialer Gruppen zu betreiben" (Habermas 1981: 226).

Eine *Theorie sozialer Differenzierung*, die sich nicht auf die Binnenperspektive der Akteure verpflichten lassen will, scheint unter den Prämissen einer so verstandenen Hermeneutik nicht möglich zu sein. Die Habermas'sche Gesellschaftstheorie zieht die Konsequenzen aus dieser Prämisse. In hermeneutischer Einstellung erscheint Gesellschaft nur insoweit erfassbar, wie sie in den lebensweltlich gebundenen Deutungen von Akteuren und Kollektiven beziehungsweise in den Expertendiskursen innerhalb der ausdifferenzierten Wertsphären von Wissenschaft, Kunst beziehungsweise Kunstkritik und postkonventioneller Moral erscheint. Die Analyse der politisch-administrativen und der ökonomischen Sphäre scheinen demgegenüber einen separaten methodologischen Zugang zu erfordern, der die Technik der funk-

---

1 Für kritische Lektüre und Kommentierung des vorliegenden Textes danke ich Isabel Kusche.
2 Auch Ulrich Oevermann, der sein Programm einer „objektiven Hermeneutik" als grundlegende Methode der Sozial-, Geistes- und Kulturwissenschaften empfiehlt, subsumiert die gesamte hermeneutische Tradition bis hin zur Gegenwart unter den Titel „Nachvollzugshermeneutik" und bringt sie so auf Distanz gegenüber dem eigenen Unternehmen (vgl. u. a. Oevermann 1993: 129 und 141; 2002: 2). Zum Verhältnis von Systemtheorie und objektiver Hermeneutik, das ich hier nicht behandeln kann, vergleiche Schneider (1995 und 1999 sowie 2008b).

tionalen Analyse mit dem System/Umwelt-Modell verknüpft (vgl. Habermas 1986: 381 f.).[3] Hermeneutik und Systemtheorie erscheinen demnach inkompatibel.

Diese Einschätzung, obwohl bereits verschiedentlich kritisiert, entspricht wohl immer noch der herrschenden Meinung im Kontext der sozialwissenschaftlichen Diskussion. Sie verdankt sich freilich einer verzerrten Wahrnehmung der hermeneutischen Tradition. Übersehen wird dabei zunächst, dass Schleiermacher und Dilthey den Ausgangspunkt einer eigenständigen deutschen differenzierungstheoretischen Traditionslinie bilden, die in der Luhmann'schen Systemtheorie ihre Fortsetzung findet (zu dieser These vgl. Tyrell 1998; Hahn 1992, 1999). Simmel und Weber knüpfen an diesen Stand der differenzierungstheoretischen Diskussion an. Mannheim führt diese Linie in Gestalt einer hermeneutischen Wissenssoziologie fort, die soziale Differenzierung dann aber weniger als Ausdifferenzierung sozialer Handlungssphären, sondern vor allem als Unterscheidung zwischen gesellschaftlichen Klassen und Gruppen deutend. Die Luhmann'sche Theorie funktionaler Differenzierung lässt sich vor diesem Hintergrund als Reaktualisierung und Weiterführung der differenzierungstheoretischen Überlegungen von Schleiermacher und Dilthey deuten. In methodologischer Perspektive können schließlich beachtliche Parallelen zwischen Gadamers philosophischer Hermeneutik und der funktionalanalytischen Methode festgestellt werden (vgl. Schneider 1991: 227 ff. und 2004: 71 ff.).

Die eben erwähnten Verknüpfungslinien möchte ich im Folgenden skizzieren (II.), um dann anhand der Rekonstruktion eines Beispiels aus Luhmanns Untersuchungen zum Verhältnis von Gesellschaftsstruktur und Semantik zu zeigen, dass diese Analysen erreichen, was in der hermeneutischen Tradition über programmatische Formulierungen kaum hinauskam, nämlich die Verknüpfung zwischen Differenzierungstheorie und hermeneutischer Interpretation (III.). Die Schlussfolgerung daraus lautet wie folgt: Das in der sozialwissenschaftlichen Diskussion üblicherweise unterstellte Junktim zwischen der Hauptlinie der hermeneutischen Tradition und der soziologischen Handlungstheorie *trifft so nicht zu*. Im Gegensatz dazu lassen sich geradezu wahlverwandtschaftliche Beziehungen zwischen geistes- und kulturwissenschaftlicher Hermeneutik einerseits und Systemtheorie sowie funktionaler Analyse andererseits feststellen, die von Schleiermacher und Dilthey über die Anknüpfung an die Position des späten Dilthey bei Simmel und Mannheim bis hin zu Gadamer reichen.

---

3   Zur Diskussion der Habermas'schen Position (vgl. Schneider 2004: 126-142).

2. Soziale Differenzierung bei Schleiermacher, Dilthey, Simmel und Mannheim

In seiner philosophischen Ethik entwickelt *Schleiermacher* einen eigentümlichen differenzierungstheoretischen Ansatz. Dort unterscheidet er unter dem Titel „Von den vollkommenen ethischen Formen" (Schleiermacher 1911/1841: 123 ff.) eine Pluralität von Sphären beziehungsweise Gebieten der Kultur, nämlich Familie, freie Geselligkeit, Staat, Kirche (bzw. Religion) und nationale Gemeinschaft des Wissens (alias Wissenschaft). Bei der Charakterisierung dieser Sphären geht Schleiermacher von der folgenden Prämisse aus: „Jedes Wissen, und somit auch das Sein, dessen Ausdruck es ist, besteht nur in *Gegensätzen* und durch solche; und jedes Wissen, das in Gegensätzen besteht, ist notwendig ein besonderes, das neben sich anderes haben muss" (ebd.: 4 f., § 27). Allein das „höchste Wissen" als Ausdruck des „höchsten Seins" sei als ein Einfaches zu denken, das aber gerade deshalb für das Bewusstsein nicht unmittelbar gegeben, sondern nur „als innerer Grund und Quell alles anderen Wissens" beziehungsweise Seins vorhanden sei (ebd.: 5, § 29 und 6, § 33). Als Einheit erscheint das höchste Wissen und Sein also nicht bezeichenbar, sondern kann nur als Urgrund alles anderen *unterstellt* werden.

Vor dem Hintergrund dieser differenztheoretischen Vorstellung von Wissen und Sein werden dann die verschiedenen Kulturgebiete als Totalitäten charakterisiert, deren jede durch eine für sie *spezifische Differenz* bestimmt ist (vgl. dazu Schleiermacher 1911/1841: 123 ff.): Die Familie so vor allem als Resultat der Verbindung der Geschlechtsdifferenz,[4] der Staat als Einheit der Differenz von Obrigkeit und Untertanen,[5] Wissenschaft als Einheit der Differenz von Gelehrten und Publikum,[6] Kirche – oder allgemeiner – Religion als Einheit der Differenz zwischen Klerus und Laien.[7] Besonders erwähnenswert erscheint mir in diesem Zusammenhang die folgende Bemerkung zum „Entstehen der Kirche", die erkennen lässt, dass Schleiermacher die Formierung komplementär aufeinander bezogener Leistungs- und Publikumsrollen als Bedingung der Möglichkeit sozialer Ausdifferenzierung begreift:

---

4   „Das Resultat der Geschlechtsdifferenz und Verbindung ist die Familie …" (ebd.: 124, § 6).

5   „Das Wesen des Staates besteht in dem, gleichviel wie, heraustretenden Gegensatz von Obrigkeit und Untertanen …" (ebd.:135, § 85).

6   „Die Einheit der Organisation hängt auch hier ab vom Erwachen eines Gegensatzes, wodurch erst die Funktion selbst ins Bewusstsein tritt" (ebd.: 146, § 154). Als Voraussetzungen dafür wiederum nennt Schleiermacher „die Schrift als allgemeines Kommunikationsmittel" sowie das Heraustreten der „erkennende(n) Funktion aus ihrer Mischung mit der bildenden" (ebd.: 146, § 156). Bezeichnet werde der unter diesen Bedingungen sich formierende „Gegensatz … durch die Benennungen ‚das Publikum' und ‚die Gelehrten'" (ebd.: 146, § 157).

7   „Das Wesen der Kirche besteht in der organischen Vereinigung der unter demselben Typus stehenden Masse zur subjektiven Tätigkeit der erkennenden Funktion unter dem Gegensatz von Klerus und Laien" (ebd.:156, § 209).

„Das Entstehen der Kirche kann ebenso wohl analog sein dem Entstehen des Staates als schlichte Demokratie (d. h.: analog zu einem Staat ohne Differenz zwischen Obrigkeit und Untertanen; W. L. S.), aber dann mit geringer Lebenskraft, die sich teils durch unvollständiges Losreißen vom Staat, teils durch leichteres Zusammenschmelzen mit ähnlichen Systemen (sic!) und also nicht reines Heraustreten der Eigentümlichkeiten zu erkennen gibt" (ebd.: 156, § 206).[8]

In nuce haben wir es also bei Schleiermacher bereits mit dem Programm einer unterscheidungstheoretisch angelegten Theorie der sozialen Differenzierung zu tun, bei der jede gesellschaftliche Sphäre (jenseits der Familie) sich indem Maße autonomisieren kann, in dem sie sich durch Formierung komplementär miteinander verknüpfter Leistungs- und Publikumsrollen als in sich geschlossene Sphäre gegenüber anderen analog strukturierten sozialen Zusammenhängen abhebt.

Schleiermachers Hermeneutik und seine Theorie sozialer Differenzierung stehen noch weitestgehend unverbunden nebeneinander.[9] Dies ändert sich bei *Dilthey*. Dilthey betont immer wieder die Differenzierung der Gesellschaft in unterschiedliche „Kultursysteme", darunter insbesondere „Erziehung, Wirtschaftsleben, Recht, politische Funktionen, Religion, Geselligkeit, Kunst, Philosophie, Wissenschaft" (Dilthey 1958/1926: 166). Die Systeme gelten dabei als allgemeine Wirkungszusammenhänge, in denen die Leistungen der zusammenwirkenden Individuen gemeinsame *Werte* verwirklichen. Nicht durch *ausdifferenzierte Komplementärrollen* wie bei Schleiermacher, sondern als *Wertordnungen* – und damit auf einer höheren Stufe der

---

8   Dem hier behaupteten korrelativen Zusammenhang zwischen der sozialen Ausdifferenzierung eines Systems als „reines Heraustreten der Eigentümlichkeit" und seiner internen Differenzierung durch Etablierung aufeinander bezogener Komplementärrollen entspricht die folgende systemtheoretische Generalisierung: „Ein allgemeines systemtheoretisches Theorem besagt, dass Ausdifferenzierung durch interne Differenzierung bedingt ist" (Luhmann 2000: 222).

9   Für Schleiermachers Hermeneutik trifft die These, dass es der geisteswissenschaftlichen Hermeneutik um den *Nachvollzug subjektiven Sinns* gehe, noch annähernd zu. Zwar unterscheidet er zwischen dem *psychologischen Verstehen*, das den Prozess der Erzeugung eines sprachlichen Gebildes im Denken und aus den Lebensumständen seines Autors rekonstruiert, und dem *grammatischen Verstehen*, das dieses Gebilde aus der Totalität des sprachlichen Systems versteht, in dem sich ein Autor artikuliert. Zugleich aber begreift er diese beiden Formen des Verstehens nur als unterschiedliche Zugangsweisen zu dem als identisch unterstellten Sinn des Textes (vgl. Schleiermacher 1977/1838: 79 f.), der so an die subjektive Perspektive des Autors gebunden bleibt. Dabei ist freilich die Lehre vom unbewussten Schaffen des genialen Künstlers bzw. des Autors eines Werkes vorausgesetzt, die es dem Interpreten ermöglicht, „… einen Autor besser zu verstehen, als er selbst von sich Rechenschaft geben könnte" (Schleiermacher 1977: 325), indem der Interpret die generativen Regeln rekonstruiert, denen der Autor bei der Produktion eines Werkes unbewusst folgte. Es geht also durchaus auch um die Aufdeckung psychisch latenten Sinns und dabei vor allem – um es in der Diktion der objektiven Hermeneutik zu formulieren – um die Aufdeckung der jeweiligen fallspezifischen Selektionsgesetzlichkeit. Insofern kommt Schleiermachers Position der objektiven Hermeneutik erheblich näher, als die Oevermann'sche Abgrenzungsvokabel der „Nachvollzugshermeneutik" glauben machen will.

Abstraktion – gewinnen die Kultursysteme bei Dilthey eine eigene abgegrenzte Identität.

Die Distanz zum Konzept der binären Codierung funktionssystemischer Kommunikation, wie es charakteristisch ist für die Luhmannsche Version der Systemtheorie, bleibt also bei Schleiermacher wie bei Dilthey klar erkennbar. Um es zu erreichen, bedarf es zweier weiterer Schritte: Die differenztheoretische Konzeption Schleiermachers muss dazu über die Ebene komplementärer Rollen hinaus abstrahiert, das heißt auf Werte bezogen und zu deren Spaltung in die Komplementärrelation von Wert und Gegenwert wie Recht/Unrecht, wahr/unwahr etc. überführt und mit hoch generalisierten *sozialen* Funktionen verknüpft werden.[10]

Das „einzelne Individuum" erscheint in Diltheys Theorie sozialer Differenzierung als „Kreuzungspunkt einer Mehrheit von Systemen" (Dilthey 1966/1883: 51). Was darunter zu verstehen ist, wird am Beispiel der gleichzeitigen Zugehörigkeit einer einzelnen Handlung zu verschiedenen sozialen Systemen und der dadurch realisierten operativen Kopplung ihres Reproduktionsprozesses illustriert:

> „Ja derselbe Lebensakt eines Individuums kann diese Vielseitigkeit zeigen. Indem ein Gelehrter ein Werk abfasst, kann dieser Vorgang ein Glied in der Verbindung von Wahrheiten bilden, welche die Wissenschaft ausmachen; zugleich ist derselbe das wichtigste Glied des ökonomischen Vorgangs, der in Anfertigung und Verkauf der Exemplare sich vollzieht; derselbe hat weiter als Ausführung eines Vertrags eine rechtliche Seite und er kann ein Bestandteil der in den Verwaltungszusammenhang eingeordneten Berufsfunktion des Gelehrten sein. Das Niederschreiben eines jeden Buchstabens dieses Werkes ist so ein Bestandteil all dieser Systeme" (Dilthey 1966/1883: 51).

Wie schon Alois Hahn (1992: 428) hervorgehoben hat, macht dieses Zitat deutlich, dass bei Dilthey Systemdifferenzierung nicht wie bei Spencer und Durkheim nach dem Modell der Arbeitsteilung, sondern als Reproduktion gegeneinander abgehobener Sinnzusammenhänge durch je interne Verknüpfung von Operationen gedacht ist, die auf diese Sinnzusammenhänge zugeschnitten sind.[11] Offen bleibt dabei aber noch, was daraus für das *hermeneutische Verstehen* von Lebensäußerungen folgt. Die Mehrsystemzugehörigkeit des einzelnen Aktes schließt es nicht aus, seine verschiedenen Bedeutungsaspekte als subjektiv-intentional erzeugte und insofern dem psychologischen Verstehen zugängliche Bedeutungen zu begreifen. Andererseits drängt die Differenz der Kontexte, in denen der einzelne Akt dabei fungiert – einerseits die Biographie des Einzelindividuums, andererseits die unterschiedlichen kultursystemischen Kontexte – zu einer Unterscheidung der unterschiedlichen Sys-

---

10 Zwar spricht auch Schleiermacher von „Funktionen", bezieht diese aber nicht auf Gesellschaft, sondern auf Vernunft: „Die beiden Hauptfunktionen der Vernunft, die organisierende und die erkennende, sind in der Realität nicht getrennt, sondern jeder Akt wird nur a parte potiori unter eine besonders subsumiert" (Schleiermacher 1977/1838: 71 f.).

11 Zur Diskussion von Dilthey im breiteren Kontext der differenzierungstheoretischen Tradition (vgl. Tyrell 1998).

temreferenzen des Verstehens. Klar markiert wird diese Differenz vom späten Dilthey, der Husserls Psychologismuskritik rezipiert hat und an Hegels Begriff des objektiven Geistes anschließt. Im „Plan der Fortsetzung zum Aufbau der geschichtlichen Welt in den Geisteswissenschaften" notiert er im Blick auf die Grenzen biographischer Darstellungen:

> „Aber eben darin liegt nun ihre Schranke: allgemeine Bewegungen gehen durch das Individuum als ihren Durchgangspunkt hindurch; wir müssen neue Grundlagen für das Verständnis derselben aufsuchen, die nicht im Individuum gelegen sind, um sie zu verstehen. ... Es sind neue Kategorien, Gestalten und Formen des Lebens, an die wir uns wenden müssen und die am Einzelleben nicht aufgehen. Das Individuum ist nur der Kreuzungspunkt für Kultursysteme, Organisationen, in die sein Dasein verwoben ist: wie könnten sie aus ihm verstanden werden?" (Dilthey 1958/1926: 251).

Und an anderer Stelle heißt es mit Blick auf Iherings Abhandlung über den Geist des römischen Rechts knapp und unmissverständlich: „Das Verstehen dieses Geistes ist nicht psychologische Erkenntnis. Es ist der Rückgang auf ein geistiges Gebilde von einer ihm eigenen Struktur und Gesetzmäßigkeit. Hierauf beruht ... die Rechtswissenschaft" (ebd.: 85; vgl. dazu auch 156).

Die im Zitat erwähnte Ebene der Organisationen begreift Dilthey als intermediäre Ebene zwischen dem Einzelleben des Individuums und den Kultursystemen. Die Funktion von Organisationen wie Universitäten im Kontext der Wissenschaft, der Kirche im Kontext der Religion oder dem Staat als politische Organisation sieht Dilthey darin, dass sie „der Realisierung der Leistungen in den Kultursystemen dienen" (Dilthey 1958/1926: 168). Eingebettet in einen teleologischen, auf die Verwirklichung von Zwecken gerichteten Strukturzusammenhang, in dem die Teile sich zu einem Sinnganzen formieren, bestehe zwischen den Elementen einer Organisation – in gleicher Weise, wie zwischen den Elementen eines einzelnen Werkes, einer Biographie beziehungsweise eines Kultursystems – ein Verhältnis, „in welchem die Teile vom Ganzen Bedeutung und das Ganze von den Teilen Sinn erhalten" (Dilthey 1958/1926: 265). Deshalb sei „auch von den Organisationen ..., wie von Einzelwerken, eine kunstmäßige strenge Auslegung nötig"; Dilthey spricht hier auch von einer „Hermeneutik der systematischen Organisation" (Dilthey 1958/1926: 265).

Die Hermeneutik gilt damit als grundlegende Methode der Geisteswissenschaften, die auf unterschiedliche „Strukturzusammenhänge" angewendet werden, das heißt einzelne Handlungen, Werke oder den synchronen beziehungsweise diachronen Zusammenhang einer Biographie ebenso zum Gegenstand haben kann, wie die Struktur einer Organisation, eines Kultursystems oder der Universalhistorie. Hermeneutisches Verstehen beschränkt sich dabei nicht auf den Nachvollzug subjektiven Sinns, sondern schließt das Verstehen objektiv-sinnhafter Beziehungen ohne intentionales Korrelat auf Seiten der Handelnden ausdrücklich ein.

Der Zusammenhang zwischen Differenzierungstheorie und Hermeneutik wird von Dilthey freilich vor allem theoretisch reklamiert, auslegungspraktisch aber kaum hergestellt. In theoretischer Einstellung weist er den verschiedenen geisteswissenschaftlichen Disziplinen den Status von Reflexionstheorien der Kultursysteme zu. So, wenn er in der „Einleitung in die Geisteswissenschaften" notiert:

> „So oft die Ausscheidung eines gesellschaftlichen Wirkungskreises eintrat und dieser eine Anordnung von Tatsachen hervorbrachte, auf welche die Tätigkeit des Individuums sich bezog, waren die Bedingungen da, unter denen eine Theorie entstehen konnte. So trug der große Differenzierungsprozess der Gesellschaft, in welchem ihr wunderbar verschlungener Bau entstanden ist, in sich selber die Bedingungen und zugleich die Bedürfnisse, vermöge deren die Abspiegelung eines jeden relativ selbständig gewordenen Lebenskreises derselben in einer Theorie sich vollzog. Und so stellt sich die Gesellschaft ... in dem Nebeneinanderstehen und Ineinandergreifen so mannigfacher Theorien bis zu einem gewissen Grade vollständig dar" (Dilthey 1966/1883: 39).

Diltheys differenzierungstheoretische Perspektive auf die Geisteswissenschaften würde es nahe legen, historische Texte, die sich mit der Struktur und der sozialen Bedeutung des Rechts, der Wirtschaft oder des Staates beschäftigen, in wissenssoziologischer Einstellung auszulegen, das heißt unter dem Gesichtspunkt, wie sich in ihnen der Prozess der allmählichen Ausdifferenzierung der entsprechenden gesellschaftlichen Sphären niederschlägt. Das Programm, das Luhmann in seinen Untersuchungen zum Verhältnis von Gesellschaftsstruktur und Semantik verfolgt, ist insofern bei Dilthey bereits angelegt. Klar ausformuliert wird es freilich nicht. Und auch in seinen materialen Arbeiten kommt Dilthey kaum über die immanente Darstellung von Ideengeschichte hinaus.

Die nicht mehr intentionalistisch reduzierte Konzeption hermeneutischen Verstehens bleibt nicht auf den späten Dilthey beschränkt. Sie findet sich ebenso bei Simmel und in Mannheims Wissenssoziologie. So notiert Simmel:

> „Endlich ist an jene objektiven Gebilde zu erinnern, die, als geistiger Kollektivbesitz, die Gesellschaft als solche eigentlich erst begründen: Recht und Sitte, Sprache und Denkart, Kultus und Verkehrsform. Gewiß wäre alles dies nicht ohne die bewußte Thätigkeit der Einzelnen zustande gekommen; allein diese wird sich fast nie auf das ganze schließlich resultierende Gebilde als auf ihren Zweck gerichtet haben. Vielmehr arbeitet jeder an seinem Teil, und das Ganze, dessen Teil dieser ist, entzieht sich seinem Blick; der Zusammenschluß der Beiträge, das Zustandekommen der socialen Form, die dies individuelle Material annimmt, fällt nicht mehr in das Bewußtsein des einzelnen Arbeiters. (...) Von jeder Handlung des Eigeninteresses, die nicht schlechthin destruktiv ist, von jeglicher Beziehung zwischen Menschen bleibt gewissermaßen als caput mortuum ein Beitrag für die Formung des öffentlichen Geistes zurück, nachdem ihre Wirkungen durch tausend feine, dem Einzelbewußtsein entzogene Kanäle hindurch destilliert worden sind. Für das Gewebe des socialen Lebens gilt es ganz besonders: Was er webt, das weiß kein Weber" (Simmel 1892/1989: 315 f.).

Gesellschaft erscheint hier als Pluralität von kollektiv erzeugten objektiven Sinnzusammenhängen (des objektivierten „öffentlichen Geistes"), zu deren Reproduktion und Transformation die Akteure mit ihren an individuellen Zwecken orientierten Handlungen unbeabsichtigt beitragen, weshalb sich das Verstehen von Handlungen, Texten, Artefakten und sozialen Institutionen hier nicht auf die Rekonstruktion des subjektiv intendierten Sinns beschränken darf:

> „Hat ein Schöpfungsvorgang einmal die Form des objektivierten Geistes gefunden, so sind alle und sehr mannigfache Verständnisarten in dem Maße gleichberechtigt, in dem eine jede in sich bündig, exakt, sachlich befriedigend ist. Auf die individuell seelische Lebenswirklichkeit jenes Schöpfungsvorganges als Kriterium dieses Bewußtseins brauchen sie nicht zurückzugehen" (Simmel 1918/1999: 167).

Hier mit Simmel völlig übereinstimmend und zugleich an Theorie sozialer Differenzierung in der Linie Schleiermacher-Dilthey anknüpfend behauptet auch Mannheim, dass der Sinngehalt der Lebensäußerungen von Individuen sich gegenüber ihren Schöpfern verselbständigt, sobald sie die beständige Form des „Werks" annehmen und in die Sphäre der „objektiven Kultur" eingerückt werden, das heißt der ...

> „Objektivationen des Geistes, die in ihrer historischen Entwicklung zum menschlichen Vermächtnis geworden sind. Hierzu gehören die Religion, die Wissenschaft, die Kunst, der Staat und die Lebensformen" (Mannheim 1918/1964: 69), darunter auch das Recht und die Ökonomie. „Indem das Werk zum Kulturgegenstand und zur selbständigen Wirklichkeit wird, entfernt es sich von der Seele über die ursprünglich gewonnene Distanz hinaus" (ebd.: 69 f.).

Bei Mannheim, der eine ganze Reihe von Typen der Interpretation unterscheidet, tritt neben die *immanente* Deutung einzelner Äußerungen im Rahmen eines Werks beziehungsweise von Kulturgegenständen im Kontext der jeweiligen kulturellen Sphäre, ihrer Geschichte etc. die Interpretation aus der *Außen*perspektive. Deren wichtigster Fall ist für ihn die Deutung von Lebensäußerungen als *Dokument* einer sich darin manifestierenden *Weltanschauung*, die ein Korrelat des spezifischen *sozialen Standortes* ist, an dem ein Individuum beziehungsweise die gesellschaftliche Gruppe, der es angehört, platziert ist. Dabei weist Mannheim der Differenzierung der Gesellschaft in die „sozialen Einheiten der *Klassenschichtung die größte Relevanz*" eine derartige wissenssoziologische Form der Interpretation zu (Mannheim 1929/1985: 237; Hervorhebung im Original). Obwohl bei Dilthey bereits anders angelegt, startet das Programm einer wissenssoziologischen Interpretation deshalb mit der Relationierung von Denkformen zur jeweiligen Lagerung von sozialen Gruppen, die zueinander in einer Beziehung der Konkurrenz um die Vorherrschaft stehen.

Sieht man genauer zu, wie Mannheim das Programm der wissenssoziologischen Interpretation in seiner Analyse des Konservatismus umsetzt (vgl. Mannheim 1925/1984), dann ist freilich festzustellen, dass hier die Beziehung auf klassenspezifische Denkformen den Bezug auf die Ausdifferenzierung unterschiedlicher sozialer Sphären faktisch nicht völlig verdrängt, sondern eher in einer spezifischen Weise überlagert. Auch wenn das konservative Denken nicht auf diesen Bereich beschränkt ist, interessiert sich Mannheim doch in erster Linie für den Konservatismus in der Sphäre des *Politischen*. Besonders deutlich tritt diese Fokussierung im 3. Kapitel von „Ideologie und Utopie" (1929/1985: 95 ff.) in den Vordergrund, das die Überschrift trägt „Ist Politik als Wissenschaft möglich?" und mit dem in Klammern gesetzten Untertitel „Das Problem der Theorie und Praxis" versehen ist. Mit Dilthey (s. o.) formuliert, geht es demnach um das Verhältnis eines ausdifferenzierten „gesellschaftlichen Wirkungskreises" und dessen Erfassung durch eine darauf bezogene Theorie, die – in der Diktion von Luhmanns Systemtheorie – den Status einer Reflexionstheorie der Politik einnimmt, dabei aber Politik nicht nur reflektieren, sondern instruieren können soll. Insofern geht es also um die Frage der rationalen Planbarkeit und Kontrolle von Politik mit den Mitteln der Theorie. Begreift man Politik als Ort der Austragung von Interessenkonflikten zwischen gesellschaftlichen Klassen und Gruppen und nimmt dies mit Mannheims These von der „Seinsverbundenheit" des Denkens zusammen, dann ist klar, dass jede Theorie der Politik standortgebunden sein und damit den politischen Kampf auf der Ebene politischer Theorie reproduzieren muss. Reflexionstheorien der Politik kann es unter Bedingungen der sozialen Spaltung der Gesellschaft demnach nur im Plural und in Konkurrenz zueinander geben. Insofern könnte man annehmen, so Mannheim (vgl. 1929/1985: 128), dass die Antwort auf die Frage nach der Möglichkeit von Politik als Wissenschaft negativ ausfallen müsse.

Dabei belässt er es freilich nicht. Ausgehend von der Annahme, dass jede partikulare Sichtweise auf die Politik ein Moment der Wahrheit in sich trage, sodass die verschiedenen Partikularperspektiven einander korrigieren und ergänzen können, werde Politik als Wissenschaft oder genauer *„politische Soziologie als Wissen vom Werden des gesamten politischen Feldes"* möglich und verwirklichbar (Mannheim 1929/1985: 130; Hervorhebung im Original). Deren Aufgabe bestünde darin, den Zusammenhang zwischen sozialen Lagerungen und politischen Sichtweisen zu explizieren, nicht aber darin, politische Entscheidungen zu instruieren (vgl. ebd.: 142 f.). Die Frage nach den sozialen Trägern einer solchen Darstellung und Synthese der unterschiedlichen Perspektiven im politischen Feld beantwortet Mannheim bekanntlich mit Verweis auf die „sozial freischwebende Intelligenz" (ebd.: 135 ff.). Die Schwierigkeiten dieses Lösungsvorschlags sind bekannt und sollen hier nicht erneut diskutiert werden.[12] An dieser Stelle ist nur von Interesse, dass – ähnlich wie in der späteren Feldtheorie Bourdieus – der Gedanke der Ausdifferenzierung unterschiedlicher sozialer Handlungsbereiche mit der Vorstellung fortbestehender Klassendifferenzen gekoppelt wird mit der Folge, dass soziale Klassengegensätze sich hier in den Widerstreit divergierender Reflexionstheorien der aus-

---

12   Freilich wird die Argumentation Mannheims oft in verfälschender Weise simplifiziert (vgl. dazu Schneider 2008a: 155 ff.).

differenzierten gesellschaftlichen Teilsysteme transformieren, die miteinander um Vorherrschaft konkurrieren.

Aus systemtheoretischer Perspektive wäre hier ein anderer Akzent zu setzen. Korrelativ zur Ausdifferenzierung eines sozialen Systems ist mit Formen der Binnendifferenzierung zu rechnen mit der Folge, dass dadurch unterschiedliche Perspektiven der Beobachtung und Beschreibung des Systems im System bereitgestellt werden, die nicht ohne weiteres miteinander zur Deckung zu bringen sind. Luhmann hat entsprechende Überlegungen etwa in der mit Karl Eberhard Schorr veröffentlichten Studie „Reflexionsprobleme im Erziehungssystem" formuliert. Dort heißt es, „Reflexion gesellschaftlicher Funktionssysteme ist nicht ohne eine Basis in sozialen Rollen möglich"; die Differenzierung verschiedener sozialer Rollen führe dabei im Erziehungssystem zur „Einrichtung und Perpetuierung eines pädagogischen Establishments", das unterschiedliche unterrichtsentlastende Funktionen in der Lehrerausbildung, in unterrichtsbezogener Forschung oder in der Verwaltung wahrnehme (vgl. Luhmann/Schorr 1979/1988: 343), Erfolge nicht in der Erziehung, sondern in der „Änderung der Strukturen des Erziehungssystems" suche und deshalb zum Träger der Forderungen nach „,Reform', ,Innovation', ,Progressivität" werde (ebd.: 345). Primär auf die Unterrichts*interaktion* bezogene und primär auf unterrichtsenthobene *Organisation* bezogene Rollen werden so im System gegeneinander differenziert. Die Reflexion des Erziehungssystems fällt einem „pädagogischen Establishment" zu,[13] das freilich ebenfalls nicht homogen ist, sondern sich in seinen Rollenzuordnungen unterscheidet und dessen Erfahrungen mit Reformversuchen dementsprechend divergieren (ebd.: 349). Zu rechnen ist daher nicht mit „einer" Selbstbeschreibung des Systems, sondern verschiedenen „Partialperspektiven", für deren reflexionstheoretische Integration die Systemtheorie sich selbst empfiehlt (ebd.: 357). Luhmann verfährt insofern durchaus ähnlich wie Mannheim, der die Wissenssoziologie als Instanz der Reflexion der Standortgebundenheit des Denkens begreift.

Dies allerdings mit dem Unterschied, dass Standortbindung bei Mannheim auf soziale Schichtung und andere Typen von Kollektiven (etwa Generationen) bezogen ist, bei deren Mitgliedern eine gleichartige „Seinsgebundenheit" des Wollens, Erlebens und Denkens unterstellt werden kann. Mannheim ist deshalb aus theoriearchitektonischen Gründen dazu gezwungen, in Gestalt der (relativ) „freischwebenden Intelligenz" eine Trägerschicht für das wissenssoziologische Projekt als Bedingung seiner Möglichkeit zu identifizieren, die in der Lage sein soll, die Differenzen standortgebundener Reflexionsperspektiven in einer Synthese aufzuheben,

---

13 Entsprechendes gilt für andere Funktionssysteme: Neben „Pädagogen, die nicht unterrichten", spricht Luhmann (1997: 965) „von Juristen, die für die Lehre freigestellt sind, von Theologen, die nicht predigen, nicht fasten, nicht (oder allenfalls noch ,privat') beten" als „Reflexionseliten", die als Trägergruppen der Produktion und Diskussion der Selbstbeschreibungen von Funktionssystemen zu betrachten seien.

deren eigene Standortgebundenheit durch konkurrierende Positionsbestimmungen manifest werden und weitere wissenssoziologische Syntheseversuche motivieren kann, etc. ad infinitum. Die Aufgabe der Konstruktion einer standpunktfreien, das heißt alle Partialperspektiven umfassenden Synthese wird so in die Zeitdimension verschoben und als unlösbare, aber gerade deshalb immer wieder neue und stärker generalisierte Lösungsversuche generierende Problemstellung definiert. Die Serie der Konstruktion immer höherstufiger Synthesen prozessiert dabei im Hegel'schen Dreischritt von These, Antithese und relativer Synthese, die, wiederum als These gesetzt, neue Antithesen und Syntheseversuche aus sich hervortreibt, ohne jemals den Ruhepunkt einer absoluten (= standpunktneutralen) Synthese zu erreichen.

Luhmann setzt stattdessen auf eine soziologische Reflexion der Reflexionsversuche der Funktionssysteme mit der Folge, dass die Differenz der klassen- und gruppengebundenen Perspektiven durch systemabhängig differenzierte Reflexionsperspektiven ersetzt werden muss. Im Binnenkontext eines Systems stehen dafür (s. o.) unterschiedliche rollenspezifische Perspektiven.[14] Im Außenverhältnis eines Systems tritt an deren Stelle die Differenz zwischen systemintern erzeugten Selbstbeschreibungen und systemextern verfertigten Fremdbeschreibungen (vgl. Kieserling 2004).

In seinen wissenssoziologischen Studien zur historischen Transformation der Selbstbeschreibungsmuster von Funktionssystemen in Abhängigkeit vom jeweiligen Grad ihrer sozialen Ausdifferenzierung kommen bei Luhmann annähernd zeitgleich zu registrierende divergierende Selbstbeschreibungen eines Systems, die auf dessen interne Differenzierung zurückgeführt werden könnten, kaum zur Sprache. Stattdessen stehen diachrone Unterschiede der Selbstbeschreibungsformeln im Vordergrund. Erwähnte Selbstbeschreibungsvarianten werden in der Regel nicht auf sozialstrukturelle Differenzen bezogen. Daneben werden Fremdbeschreibungen behandelt, welche die Ausdifferenzierung eines Funktionssystems aus den Perspektiven von Religion und Moral vor allem negativ, nämlich als verwerflicher Ausdruck von Sündhaftigkeit beziehungsweise Atheismus und Unmoral registrieren.[15] Im Blick auf die Variationsbreite von Selbstbeschreibungen wird unterstellt, dass die Eigenkomplexität und der Ausdifferenzierungsgrad eines Systems Grenzen für damit kompatible Selbstbeschreibungen etabliert (vgl. Göbel 2003: 215), mit der Folge, dass dazu diskrepante Selbstbeschreibungsvarianten deplausibilisiert und marginalisiert werden, das heißt rasch ihre kommunikative Anschlussfähigkeit verlieren.[16]

---

14 Zum Verhältnis zwischen Systemdifferenzierung und pluralisierter Reflexion des Systems im System bei Luhmann (vgl. Kieserling 2004: 78 ff.).

15 So etwa im Blick auf das politische System in Reaktion auf Machiavelli (vgl. Luhmann 1989: 122 ff.).

16 Dies geschehe durch positive und negative Kommentierung, durch Annahme und Ablehnung kommunikativer Selbstbeschreibungen, d. h. im Prozess des „rekursiven Beobachtens und Be-

Die wissenssoziologische Untersuchung der Selbstbeschreibungsgeschichte eines Systems konzentriert sich auf die Rekonstruktion einer Sequenz von Selbstbeschreibungen, deren aufeinander folgende Varianten der Veränderung der Struktur des Systems und seiner Beziehung zur innergesellschaftlichen Umwelt entsprechen. Am Beispiel der Selbstbeschreibungen des politischen Systems will ich abschließend untersuchen, welchen theoretischen und methodologischen Gesichtspunkten Luhmann dabei folgt und inwiefern das von ihm praktizierte Verfahren als „hermeneutisch" im Sinne der nicht intentionalistisch reduzierten philosophischen Hermeneutik Gadamers gelten kann.

3. Selbstbeschreibungen des politischen Systems: Luhmanns wissenssoziologische Rekonstruktion des Verhältnisses von Gesellschaftsstruktur und Semantik als hermeneutische Interpretation im Sinne Gadamers

Die philosophische Hermeneutik Gadamers beansprucht, universell gültige Aussagen zur Struktur des Sinnverstehens zu formulieren. Das Junktim von Sinn und Intention, wie es für die hermeneutische Tradition oft unterstellt wird, löst Gadamer dabei bereits in der auslegungsleitenden Grundrelation auf, die er als Leitdifferenz hermeneutischer Interpretation identifiziert. Es ist nicht in erster Linie, wie noch bei Dilthey, die Unterscheidung zwischen dem *Ganzen* eines Sinnzusammenhangs, dem sich die gedeuteten Stellen eines Textes als *Teile* einfügen müssen. Diese Unterscheidung wird vielmehr überformt durch die Differenz von *Frage und Antwort*. Einen Text auszulegen heißt für Gadamer, ihn als Antwort auf eine Frage zu deuten (vgl. Gadamer 1965: 351 ff.). Ausdrücklich vermerkt er dabei, dass diese Frage nicht identisch sein müsse mit der Frage, die der Urheber des Textes damit zu beantworten versuchte. Die Frage, die er – beobachtet aus der Perspektive des Interpreten – beantwortet hat, kann also durchaus abweichen von der Frage, die ihm selbst vor Augen stand. Hermeneutisches Verstehen zielt demnach nicht primär auf den Nachvollzug subjektiv vermeinten, sondern zunächst auf die Rekonstruktion sachlich gültigen Sinns vor dem Hintergrund des Vorverständnisses, das der hermeneutische Interpret als Deutungsgrundlage einsetzt (vgl. ebd.: 351 ff.). Für die dialogische Unterscheidung von Frage und Antwort kann auch die Differenz von Problem und Problemlösung eingesetzt werden, die den Akzent nur stärker in die Sachdimension verschiebt und die als Leitunterscheidung der Methode der funktionalen Analyse gilt (vgl. dazu Schneider 1991: 227 ff. sowie 2004: 71 ff.).

---

schreibens solcher Beschreibungen", als dessen Resultat „relative stabile Selbstbeschreibungen" als „'Eigenwert' des Systems" generiert werden (Luhmann 1997: 888).

Webers vergleichende Untersuchung der rationalen Lösungen des Theodizeeproblems in verschiedenen Religionen geben ein anschauliches Beispiel dafür, wie ein Beobachter aus einem Frage- beziehungsweise Problemhorizont operieren kann, ohne sich darum zu kümmern, inwiefern die Frage, auf die er das untersuchte Sinngebilde bezieht, eine Entsprechung auf Seiten des durchschnittlichen Gläubigen der jeweiligen Religionen findet. Gerade insofern das von Weber zugrundegelegte Problem tatsächlich in den einzelnen Religionen konsistent gelöst ist, kann es für die Gläubigen hinter dieser Lösung gleichsam unsichtbar werden.

Habermas hat gegen den methodologischen Universalitätsanspruch der Hermeneutik eingewendet, dass dieser einem „Idealismus der Sprachlichkeit" verfalle, weil er annehmen müsse, dass gesellschaftliche Prozesse sich in der kulturellen Überlieferung explizit aussprechen und deshalb darin nicht ausformulierte gesellschaftliche *Real*probleme nicht erfassen könne (vgl. Habermas 1970: 289). Dagegen hat Gadamer energisch darauf insistiert, dass auch die gesellschaftlichen *Realfaktoren*, auf die es für Habermas in gesellschaftstheoretischer Perspektive besonders ankommt, das heißt auch die Strukturen der materiellen Reproduktion, der politischen Herrschaft und latenter Herrschaftsinteressen für das hermeneutische Verstehen zugänglich seien. Unabhängig von der bewussten Intendierung beziehungsweise der expliziten Thematisierung entsprechender Sinnelemente in den zu deutenden Texten – so Gadamer – beruhe die „Universalität der hermeneutischen Dimension" darauf, dass „auch dort Sinn erfahren werden kann, wo er nicht als intendierter vollzogen wurde" (Gadamer 1971: 70 f.).

Die Hermeneutik im Sinne Gadamers interessiert sich primär für Fragen, die im Bereich der Wahrheit beziehungsweise der normativen oder ästhetischen Geltung von Sinngebilden liegen; die funktionale Analyse rückt demgegenüber typisch empirische Zusammenhänge in den Vordergrund, in denen es nicht um Geltungsprobleme geht. Oder im Blick auf die Differenz der Analysegegenstände formuliert: Der Hermeneutik geht es typisch um die Interpretation von Texten oder von Werken der bildenden Kunst, die funktionale Analyse interessiert sich vor allem für soziale Systeme. Diese Differenz ist jedoch kontingent. Gadamers ausdrückliche Zurückweisung der Habermas'schen These, dass die Hermeneutik gleichsam von außen auf die kulturelle Überlieferung einwirkende gesellschaftliche Realfaktoren nicht angemessen erfassen könne, ist dafür ein Anhaltspunkt, aber noch kein zuverlässiger Beleg. Wie die Behauptung, dass hermeneutisches Verstehen in der Lage sei, Texte auch als Antwort auf gesellschaftliche *Real*probleme zu deuten, eingelöst werden kann, lässt sich aber an Luhmanns Analyse zum Verhältnis zwischen verschiedenen historischen Phasen der Ausdifferenzierung des politischen Systems und den darauf reagierenden Formen seiner Selbstbeschreibung in exemplarischer Deutlichkeit ablesen.

Bei der Bestimmung der Fragen oder Probleme, auf die Selbstbeschreibungen sozialer Systeme Antworten suchen, führt Luhmann differenzierungstheoretische

Überlegungen mit unterscheidungstheoretischen Überlegungen in Anschluss an George Spencer Brown (1972) zusammen. Selbstbeschreibungsversuche werden demnach ausgelöst durch die soziale Registrierung der Ausdifferenzierung von Funktionssystemen und die dabei beobachteten Schwierigkeiten. Ausdifferenzierung gründet auf Binnendifferenzierung durch Einrichtung funktional spezifizierter Komplementärrollen und binäre Codierung der Kommunikation, welche die selbstreferentielle Schließung eines Systems ermöglicht. Im politischen System geht es hier um die Rollendifferenz Regierende/Regierte vor dem Hintergrund der Leitunterscheidung machtüberlegen/machtunterlegen. Unter diesen Voraussetzungen muss jede Selbstbeschreibung eines Systems das Problem lösen, wie ein intern differenzierter Zusammenhang *zugleich* als Einheit beschrieben werden kann. Der Versuch, beides in derselben Beschreibung des Systems zusammenzuführen, ist mit dem Paradoxon konfrontiert, dass Dasselbe sowohl als Einheit als auch als Vielheit zu beschreiben ist. Dieses Paradoxieproblem muss gelöst oder besser durch Einführung von Unterscheidungen entfaltet werden, die es ermöglichen, die Pole der Paradoxie gegeneinander zu isolieren und dadurch die Paradoxie zu neutralisieren, so etwa durch Einführung einer Ebenendifferenz oder von unterschiedlichen Beobachtungsperspektiven und das Verbot, diese Ebenen beziehungsweise Perspektiven zu vermischen. Die Ausgangsparadoxie wird damit freilich nicht eliminiert, sondern nur verschoben, weil man nun wiederum fragen kann, was denn die Einheit der so unterschiedenen Ebenen ist. Dieses Folgeproblem kann latent bleiben oder selbst thematisch werden. Inwiefern es in Selbstbeschreibungen tatsächlich aufgeworfen und wie es gegebenenfalls beantwortet wird, ist eine empirische Frage.[17]

Daraus ergibt sich für die Analyse der Selbstbeschreibungen von Funktionssystemen, dass sie als Rekonstruktion des Prozessierens von Paradoxien angelegt wer-

---

17 Neben der eben skizzierten, in der *Sach*dimension liegenden Paradoxie (a) lassen sich entsprechende unterscheidungstheoretisch begründete Paradoxieprobleme in der *Zeit-* (b) und der *Sozial*dimension (c) feststellen. Deren Bedeutsamkeit für die Anfertigung von Selbstbeschreibungen ist im konkreten Einzelfall ebenfalls nur empirisch zu klären (vgl. dazu Luhmann 2000: 321; in dem Beispiel, das im obigen Text folgt, spielen diese Paradoxieprobleme der Zeit- und der Sozialdimension freilich keine Rolle): (Zu b) Jede Selbstbeschreibung wird selbst als kommunikative Operation im System vollzogen, das sie beschreibt und damit zugleich fortsetzt. Sie beschreibt das System, zu dem sie gehört, ohne sich selbst dabei mitbeschreiben zu können, weil dies erst in einer nächsten beschreibenden Operation möglich ist, für die aber wiederum dasselbe gilt. Die *performative* Dimension der Selbstbeschreibung steht hier im Widerspruch zu ihrer *konstativen* Dimension. Weil keine Selbstbeschreibung sich selbst enthalten kann, bleibt ihre Darstellung des beschriebenen Systems notwendig unvollständig. Sie invalidiert sich so gleichsam selbst. (Zu c) In jedem System können unterschiedliche Selbstbeschreibungen angefertigt und nebeneinander prozessiert werden, deren jede zwar andere Selbstbeschreibungen, nicht aber sich selbst (s. o.) als Operation im System beobachten und mitbeschreiben kann. Daraus ergibt sich die Paradoxie einer Vielheit koexistierender und perspektivisch divergierender Beschreibungen der Einheit des Systems im System: „Das System ist auf verschiedene Weise Dasselbe" (Luhmann 2000: 321).

den kann. Zu untersuchen ist, unter welchen gesellschaftlichen Bedingungen Paradoxieprobleme registriert werden, welche konkrete Gestalt sie jeweils annehmen, wie deren Ausformung mit den einbettenden sozialstrukturellen Bedingungen koordiniert ist und welche Formen der Paradoxieentfaltung formuliert sowie als plausibel akzeptiert werden. Wie dabei die Analyse von Paradoxieproblemen und -entfaltungen mit der Betrachtung sozialstruktureller Verschiebungen verknüpft wird, soll im Folgenden an drei historisch aufeinander folgenden Paradoxiekonstellationen in der Selbstbeschreibungsgeschichte des politischen Systems skizziert werden: (1) der Teil/Ganzes-Paradoxie, (2) der Paradoxierung von Moral bei der Behandlung der Frage der „Staatsraison", (3) dem Paradox der Souveränität.

(1) Ausgangspunkt für die Untersuchung der Selbstbeschreibungsgeschichte des politischen Systems als Paradoxieentfaltungssequenz, bei der jeweils die (in der Sachdimension lokalisierbare) „ursprüngliche Paradoxie der Einheit der Differenz, die das System identifiziert, … durch eine andere, leichter handhabbare Unterscheidung ersetzt und durch sie invisibilisiert" wird (Luhmann 2000: 323), ist bei Luhmann die Verwendung des schon in der Antike geläufigen Schemas Ganzes/Teile als Entparadoxierungsinstrument (vgl. Luhmann 1989: 119; Luhmann 2000: 325 f.).[18] Diese Unterscheidung werde bereits bei Aristoteles mit der Aussage verknüpft, dass man unter den Teilen jedes Ganzen herrschende und beherrschte Teile finde, und in dieser Fassung auf die gesamte Natur wie auch auf die städtisch-politische Ordnung bezogen. Zwei Unterscheidungen, Teil/Ganzes und Regierende/Regierte,[19] werden auf diese Weise miteinander gekoppelt. Das *Ganze* einer politischen Ordnung wird als Einheit der regierenden und regierten *Teile* gedacht. Die Verteilung der Plätze innerhalb dieses Schemas hat sich nach der „durch die Natur" vorgegebene Ungleichheit der Menschen zu richten, deren Beachtung als Gebot der Gerechtigkeit gilt (vgl. Luhmann 1997: 914). Durch die so spezifizierten Zuordnungskriterien wird die innerpolitische Differenz von Regierenden und Regierten mit der Rangordnung der stratifizierten Gesellschaft koordiniert.

Das sich daraus ergebende *Paradoxieproblem*, wie es denn möglich sei, dass die *Vielheit* der Teile als *Einheit* des Ganzen bestehen könne, ist damit freilich nicht gelöst. Neben dem Rückgriff auf eine Organismusmetapher wird dieses Problem im 15. Jahrhundert durch Generalisierung der römisch-rechtlichen Figur rechtswirksamer Vertretung zur Idee der *Repräsentation* beantwortet. Zwar kann „kein Teil … das Ganze im Ganzen *sein*; aber es gibt Teile, die zur *Repräsentation* des Ganzen im Ganzen befugt und befähigt sind" (vgl. Luhmann 1997: 920; Hervorhebung im

---

18 Zur Herkunft des Schemas äußert Luhmann nur die vage Vermutung: „Dies Schema könnte direkt durch die Erfahrung des Lebens vieler Menschen in der Stadt oder auch durch die handwerkliche Produktion komplexer Objekte, zum Beispiel von Schiffen, motiviert gewesen sein" (Luhmann 1997: 912).

19 Luhmann (1997: 918 f. sowie 1989: 118 f. und 2000: 325 f.) bezieht sich hier auf Aristoteles (Politik 1254a 28-31), daneben auch auf Platon (Republik 431).

Original). Demnach *repräsentieren* die Regierenden zugleich die Regierten und sich selbst, während die Regierten am Ganzen *partizipieren*, das heißt bestimmte Rechte haben und Pflichten erfüllen müssen (ebd.: 921). Das Ganze wird im Ganzen allein durch die regierenden Teile symbolisiert. Unterscheidungslogisch folgt diese Lösung der Figur eines re-entry: Die Unterscheidung Ganzes/Teile tritt in den Unterscheidungspol des Ganzen wieder ein. Die Binnendifferenzierung der Politik in Regierende/Regierte wird mit der stratifizierten Ordnung der Gesellschaft weiterhin durch die Qualifizierung koordiniert, dass es die besseren Teile sein müssten, die regieren. Die Spitze des Ganzen muss dessen natürliche Perfektion symbolisieren. Die Positionen der Regierenden und der Regierten sind dadurch „von Natur aus" vordefiniert, weil die notwendigen Fähigkeiten und Tugenden in den oberen Rängen der gesellschaftlichen Ordnung konzentriert erscheinen (was abweichende Fälle, die dann als „Korruption" der natürlichen Ordnung verbucht und dadurch semantisch neutralisiert werden, nicht ausschließt). Dieser Gedanke wird sowohl auf die hierarchische Ordnung der Stände wie auch auf die Spitzen der politischen Ordnung bezogen. Die ständische Rangordnung wird so mit der Unterscheidung von Regierenden und Regierten synchronisiert. Nur Mitglieder des Adels kommen als regierende Repräsentanten des Ganzen in Frage. Erst mit der späteren Auflösung der sozialstrukturellen Bedingungen ständischer Stratifikation kann diese Einschränkung aufgegeben werden.

(2) Die Ablösung von diesem traditional geprägten Herrschaftsverständnis vollzieht sich über die Distanzierung von Herrschaftsfragen gegenüber Fragen der Moral. Der zentrale Begriff, an dem entsprechende Debatten kristallisieren, ist der Begriff der „Staatsraison". Die Unterstellung ständisch bedingter überlegener Qualität der Regierenden gegenüber den Regierten wird in der Tradition auch als überlegene moralische Qualität vorgestellt und ein entsprechendes Verhalten von den Regierenden zugleich normativ erwartet. Politik unterstellt und verlangt deshalb den guten, sich tugendhaft verhaltenden Herrscher. Zu den Tugenden des Herrschers gehört auch die Fähigkeit, die politische Ordnung und das heißt zugleich seine Position als Herrscher zu erhalten. Aus der Perspektive der spezifischen Anforderungen politischer Machtsicherung kann dem Herrscher ein Verhalten, das insbesondere in allen Dingen die Tugend des rechten Maßes wahrt, zugleich als Gebot *politischer Klugheit* empfohlen werden, vermeidet es doch, die Beherrschten gegen den Herrscher aufzubringen und diese seinen Rivalen in die Arme zu treiben. Einerseits erscheint Politik hier noch moralisch gebunden, andererseits aber wird Moral so bereits in den Dienst von Herrschaftssicherung gestellt und damit *funktionalisiert* (vgl. Luhmann 1989: 115). Die politische Funktionalisierung der Moral bleibt insoweit noch latent, weil Herrschaftssicherung selbst als moralisch gerechtfertigtes Ziel gilt.

Die Diskussion zum Thema „Staatsraison" bewegt sich freilich weit über den Punkt der Kompatibilität von Moral und Herrschaft hinaus. Das sich darin artikulierende sozialstrukturelle Problem liegt in „einer noch nicht vollständigen Ausdifferenzierung von Politik" (Luhmann 1989: 67), das heißt der bereits erreichten Konzentration überlegener Macht in der Position des Fürsten, der sich jedoch noch nicht durch ein hinreichendes Machtgefälle vom übrigen Adel abhebt und sich deshalb der ständigen Bedrohung durch Rivalen aus dem Adel ausgesetzt sieht. Auch dieses Problem ist paradox gebaut, und seine Lösung führt in Paradoxien der Moral: „Gerade diejenigen, die durch ihre Exzellenz als Stütze der Herrschaft berufen sind, sind die potentiellen Rivalen und müssen daher kleingehalten werden" (ebd.).

Als real fungierende Leitunterscheidung verlangt die Differenz Regierende/Regierte klar binarisierte Zuordnungsverhältnisse. Die Disjunktion der Unterscheidungsseiten ist hier kein bloßes Gebot analytischer Präzision. Ihre machtbasierte Durchsetzung ist vielmehr notwendig für die Sicherung politischer Herrschaft, die durch Personen beziehungsweise Personengruppen mit uneindeutiger kategorialer Zuordnung bedroht ist. Einerseits zu den Regierten zählend, andererseits aber als potentielle Regierende in Frage kommend, weil sie jederzeit mit Aussicht auf Erfolg versuchen könnten, die Stelle des Herrschers zu usurpieren, entziehen sich die Spitzengruppen des Adels der unzweideutigen Subsumtion unter einen der beiden Pole der Unterscheidung. Ständig besteht die Gefahr, dass diese Möglichkeit durch Rebellion verwirklicht, die Leitunterscheidung Regierende/Regierte durch Regierte, die nach der Macht des Regenten greifen, *real* in die Paradoxie getrieben wird, sodass sie – und damit die politische Herrschaft – kollabiert.[20] Die gleichzeitige Bezeichnung beider Seiten der Unterscheidung in der Phase der Rebellion löscht sie – als Unterscheidung – temporär aus, übertönt sie durch „Rauschen/Lärm" (noise), ersetzt Monarchie durch Anarchie, – bis es erneut gelingt, die Disjunktion der Bezeichnungsverhältnisse wieder herzustellen.

Um eine derartige Paradoxierung des politischen Codes zu verhindern, werden unterschiedliche Maßnahmen der Prävention genutzt und empfohlen. Ermordung von Rivalen oder deren Isolierung an entlegenen und bewachten Wohnsitzen ist dazu ebenso geeignet wie eine milde und mäßig erscheinende Ausübung von Herrschaft, um andere Mächtige nicht unnötig zu provozieren, Bauern und Adelsfamilien nicht in den Aufstand und zur Unterstützung von Rivalen zu treiben (Luhmann 1989: 74 f.). Unter dem Titel der „Staatsraison" führt die Reflexion auf derartige Anforderungen der Machterhaltung – klassisch bei Machiavelli – so zu der

---

20 Man sieht hier, dass die Rekonstruktion des realen Prozessierens von Paradoxien, wie sie die Systemtheorie betreibt, der Analyse des Prozessierens „realer gesellschaftlicher Widersprüche" verwandt ist, wie sie – in Anschluss an die Hegel'sche Dialektik – in der Marx'schen Kritik der politischen Ökonomie zu finden ist. Der Grund dafür ist letztlich, dass die Systemtheorie die Strukturierung von Kommunikation durch Unterscheidungen untersucht und Bezeichnungsprobleme bei der kommunikativen Prozessierung von Unterscheidungen deshalb als Realprobleme gesellschaftlicher Kommunikation zu rekonstruieren sind.

moralischen Paradoxie, dass unter bestimmten Voraussetzungen für das moralisch gute Ziel der Ordnungs- und Herrschaftssicherung (als notwendige Voraussetzung
für die Erhaltung von „Frieden und Gerechtigkeit") in moralisch verwerflicher
Weise gehandelt werden muss. Als Korrelat ihrer fortschreitenden sozialstrukturellen Ausdifferenzierung, die sich in der Semantik der „Staatsraison" reflektiert –
so Luhmanns These – bringt die Politik damit auch im Kontext ihrer semantischen
Beschreibung immer deutlicher ihre eigenen funktionsspezifischen Anforderungen
auch gegenüber der Moral zur Geltung.

(3) Mit der Konsolidierung politischer Herrschaft in der Form des „absoluten
Staates" unter veränderten Bedingungen, unter denen Landbesitz nicht mehr die
zentrale Machtgrundlage ist und hierarchische „Stratifikation der Familien als Re-
gulierung des Zugangs zu politischer Macht" entfällt (Luhmann 1995: 131), verschiebt sich der Problemfokus der semantischen Reflexion erneut. In dem Maße, in
dem es gelingt, die Position des Herrschers, gestützt auf akkumulierte Gewaltmit-
tel, gegenüber der Bedrohung durch adlige Konkurrenten abzusichern, verliert die
Frage, wie politische Klugheit und Moral zueinander in Beziehung zu setzen sind,
ihre Zentralstellung. Mit der strukturellen Stabilisierung der Position des Monarchen drängt die Frage in den Vordergrund, wie das so erzeugte Potential *willkür-*
lichen Machtgebrauchs domestiziert werden kann. Funktionsnotwendig für die Bereitstellung der Kapazität zu kollektiv bindenden Entscheidungen auf der Basis einer
durch Machtkonzentration an der Spitze der Politik ermöglichten *Einheit* des politischen Willens, erscheint die damit etablierte Möglichkeit willkürlichen Machtgebrauchs zugleich als entschärfungsbedürftige Bedrohung (vgl. Luhmann 2000:
341 ff.).

Auf der semantischen Ebene reflektiert sich diese strukturelle Verschiebung
durch eine neue Problemformel: War es unter den Bedingungen der ständigen Gefährdung der Machtposition des Herrschers das *Problem der Staatsraison* und der damit verknüpften *moralischen* Paradoxien, so fasziniert jetzt das *Problem der Souveräni-*
tät. Auch dieses Problem nimmt die Form eines Paradoxons an: Zu beantworten ist
die Frage, wie Willkür und Bindung in der Position des Monarchen zur Einheit
kommen können. Im Souveränitätsparadox registriert „das politische System seine
eigene Ausdifferenzierung und operative Schließung" (Luhmann 2000: 349). Welche semantischen Unterscheidungen eingesetzt werden, um dieses Paradoxon aufzulösen, muss hier nicht weiter verfolgt werden. Seine *sozialstrukturelle* Auflösung
findet es erst in der veränderten Bestimmung des Codes der Politik: Nämlich dann,
wenn die Unterscheidung machtüberlegen/machtunterlegen durch die Differenz
Regierung/Opposition überformt wird. Dann nämlich, so Luhmanns These, wird
der Gegensatz von Macht und Gegenmacht ins politische System internalisiert und
sehen sich die politischen Amtsträger auch unter Bedingungen eines konsolidierten
staatlichen Gewaltmonopols unter dem Gesichtspunkt der Machterhaltung dazu

gezwungen, die Zumutung von Willkür auf ein Maß unterhalb der sonst drohenden Abwahl zu beschränken.

Ich breche die Nachzeichnung der Luhmann'schen Argumentation hier ab und fasse deren Ergebnis in methodologischer Hinsicht zusammen: Die Beobachtung und Beschreibung von Politik als relativ selbständige Einheit führt zu *Paradoxieproblemen*, weil die beobachtete Einheit auf interner Differenzierung beruht. Bezogen darauf können dann bestimmte semantische Konzepte als *Lösungen* gedeutet werden. Dabei ist es sekundär, ob die aufgelöste Paradoxie im untersuchten historischen Kontext explizit registriert und nach einer Lösung dafür gesucht worden ist, oder ob umgekehrt der Gebrauch tradierter Schemata dafür sorgt, dass die Paradoxie gar nicht erst sichtbar wurde, weil die routinisierte Verwendung dieser Schemata für deren Invisibilisierung sorgte. Das durch diese Schemata gelöste Problem kann also durchaus ein für die Zeitgenossen latentes Problem sein, das nur der spätere Beobachter registriert. Die Interpretation des Materials identifiziert Sinnbeziehungen als Problem-Problemlösungs-Relationen beziehungsweise – wie Gadamer sagen würde – als Frage-Antwort-Beziehungen, für die es kein direktes Äquivalent auf der Ebene subjektiv-intendierten Sinns gegeben haben muss. Für die Zeitgenossen latent sind insbesondere diejenigen Sinnbeziehungen, die sich für den Interpreten daraus ergeben, dass er die jeweilige Problemkonstellation als eine spezifische historische Phase im Prozess der Ausdifferenzierung des politischen Systems analysiert und innerhalb des generellen Trends zur Umstellung der Differenzierungsform der Gesellschaft von stratifikatorischer zu funktionaler Differenzierung platziert. Die Verwendung bestimmter differenzierungs*theoretischer* Prämissen als Interpretationsgrundlage ist dabei ebenfalls durch Gadamers Konzeption hermeneutischen Verstehens gedeckt. So, wenn er explizit feststellt, es könne „die ‚Theorie', zum Beispiel der Musik oder der Poetik und Redekunst, sehr wohl ein legitimer Kanon der Auslegung sein" (Gadamer 1965: 181, Fußnote 1).

Die *sozialstrukturellen Randbedingungen* werden dabei als Elemente der Problemsituation eingeführt. Sie etablieren Kompatibilitätsbedingungen, denen Problemlösungen genügen müssen, um sozial plausibel zu sein. Und sie fokussieren die Aufmerksamkeit auf bestimmte Problemzonen, die zum Anlass für die Variation der überlieferten Semantik und zur Selektion plausibel erscheinender Lösungsversuche werden. Variationen am überlieferten semantischen Material können ihrerseits Konsistenzprobleme aufwerfen, die weitere semantische Innovationen stimulieren. Gekoppelt an die Ausdifferenzierung von Politik als Funktionssystem kommt so ein Prozess der Ideenevolution in Gang. Dieser Prozess lässt sich als eine *Sequenz von Problemtransformationen* rekonstruieren, in der das tradierte Ideengut auf veränderte sozialstrukturelle Verhältnisse reagiert, sich neu arrangiert und dabei selbst zu einem Faktor wird, der die Ausdifferenzierung von Politik als Funktionssystem unterstützt.

Was *Gadamer* gegenüber Habermas und dessen These vom „Idealismus der Sprachlichkeit" für die Hermeneutik reklamierte, wird damit exemplarisch demonstriert: Gezeigt wird, wie die Spuren gesellschaftlicher Prozesse in der kulturellen Überlieferung identifiziert und wie diese Spuren auf dem Wege hermeneutischer Interpretation weiter entschlüsselt werden können. In Übereinstimmung mit Gadamer und im Gegensatz zur *handlungstheoretischen Verkürzung* hermeneutischen Verstehens bei Habermas lösen sich die vorgetragenen Deutungen explizit von der Bindung des Verstehens an den Nachvollzug subjektiv gemeinten Sinns. Und wie bei *Dilthey* programmatisch angelegt, wird hermeneutisches Verstehen hier in Dienst genommen, um den Zusammenhang zwischen der Ausdifferenzierung sozialer Teilsysteme und der Formierung darauf reagierender Reflexionstheorien zu untersuchen.

4. Literatur

Apel, Karl-Otto/Bormann, Claus von/Bubner, Rüdiger/Gadamer, Hans-Georg/Giegel, Hans-Joachim/Habermas, Jürgen (1971): Hermeneutik und Ideologiekritik. Frankfurt am Main: Suhrkamp

Dilthey, Wilhelm (1958/1926): Der Aufbau der geschichtlichen Welt in den Geisteswissenschaften. In: Ders.: Gesammelte Schriften. Band VII. Stuttgart und Göttingen: Teubner/Vandenhoeck & Ruprecht

Dilthey, Wilhelm (1966/1883): Einleitung in die Geisteswissenschaften. Versuch einer Grundlegung für das Studium der Gesellschaft und Geschichte. Erster Band. In: Ders.: Gesammelte Schriften. Band I. Stuttgart und Göttingen: Teubner/Vandenhoeck & Ruprecht

Gadamer, Hans-Georg (1965): Wahrheit und Methode. Tübingen: J.C.B. Mohr (Paul Siebeck)

Gadamer, Hans-Georg (1971): Rhetorik, Hermeneutik und Ideologiekritik. Metakritische Erörterungen zu „Wahrheit und Methode". In: Apel et. al. (1971): 57-82

Göbel, Andreas (2003): Die Selbstbeschreibung des politischen Systems. Eine systemtheoretische Perspektive auf die politische Ideengeschichte. In: Hellmann et. al. (2003): 213-235

Greshoff, Rainer/Kneer, Georg (Hrsg.) (1999): Struktur und Ereignis in theorievergleichender Perspektive. Opladen: Westdeutscher Verlag

Greshoff, Rainer/Kneer, Georg/Schneider, Wolfgang Ludwig (Hrsg.) (2008): Verstehen und Erklären. Sozial- und kulturwissenschaftliche Perspektiven. München: Wilhelm Fink

Habermas, Jürgen (1970): Zur Logik der Sozialwissenschaften. Frankfurt am Main: Suhrkamp

Habermas, Jürgen (1981): Theorie des kommunikativen Handelns. 2 Bde.. Frankfurt am Main: Suhrkamp

Habermas, Jürgen (1986): Entgegnungen. In: Honneth et. al. (1986): 327-405

Hahn, Alois (1992): Verstehen bei Dilthey und Luhmann. In: Annali di Sociologia 8. 421-430

Hahn, Alois (1999): Die Systemtheorie Wilhelm Diltheys. In: Berliner Journal für Soziologie 9 (1). 5-24

Halfmann, Jost/Rohbeck, Johannes (Hrsg.) (2007): Zwei Kulturen der Wissenschaft. Weilerswist: Velbrück

Hellmann, Kai-Uwe/Fischer, Karsten/Bluhm, Harald (Hrsg.) (2003): Das System der Politik. Niklas Luhmanns politische Theorie. Wiesbaden: Westdeutscher Verlag

Honneth, Axel/Joas, Hans (Hrsg.) (1986): Kommunikatives Handeln. Beiträge zu Jürgen Habermas' Theorie des kommunikativen Handelns. Frankfurt am Main: Suhrkamp

Jung, Thomas/Müller-Doohm, Stefan (Hrsg.) (1993): „Wirklichkeit" im Deutungsprozess. Verstehen und Methoden in den Kultur- und Sozialwissenschaften. Frankfurt am Main: Suhrkamp

Kalthoff, Herbert/Hirschauer, Stefan/Lindemann, Gesa (Hrsg.) (2008): Theoretische Empirie. Zur Relevanz qualitativer Forschung. Frankfurt am Main: Suhrkamp

Kieserling, André (2004): Selbstbeschreibung und Fremdbeschreibung. Beiträge zur Soziologie soziologischen Wissens. Frankfurt am Main: Suhrkamp

Luhmann, Niklas (1974): Funktion und Kausalität. In: Ders.: Soziologische Aufklärung. Aufsätze zur Theorie sozialer Systeme. Bd. 1. Opladen: Westdeutscher Verlag: 9-30

Luhmann, Niklas/Schorr, Karl-Eberhard (1979/1988): Reflexionsprobleme im Erziehungssystem. Frankfurt am Main: Suhrkamp:

Luhmann, Niklas (1989): Staat und Staatsraison im Übergang von traditionaler Herrschaft zu moderner Politik. In: Ders.: Gesellschaftsstruktur und Semantik. Studien zur Wissenssoziologie der modernen Gesellschaft. Bd.3. Frankfurt am Main: Suhrkamp: 65-148

Luhmann, Niklas (1995): Metamorphosen des Staates. In: Ders.: Gesellschaftsstruktur und Semantik. Studien zur Wissenssoziologie der modernen Gesellschaft. Bd.4. Frankfurt am Main: Suhrkamp: 101-137

Luhmann, Niklas (1997): Die Gesellschaft der Gesellschaft. Frankfurt am Main: Suhrkamp

Luhmann, Niklas (2000): Die Politik der Gesellschaft. Frankfurt am Main: Suhrkamp

Mannheim, Karl (1918/1964): Seele und Kultur. In: Ders.: Wissenssoziologie. Auswahl aus dem Werk. Berlin und Neuwied: Luchterhand: 66-84

Mannheim, Karl (1925/1984): Konservatismus. Ein Beitrag zur Soziologie des Wissens. Frankfurt am Main: Suhrkamp

Mannheim, Karl (1929/1985): Ideologie und Utopie. Frankfurt am Main: Vittorio Klostermann

Oevermann, Ulrich (1993): Die objektive Hermeneutik als unverzichtbare Methode für die Analyse von Subjektivität. Zugleich eine Kritik der Tiefenhermeneutik. In: Jung et. al. (1993): 106-189

Oevermann, Ulrich (2002): Klinische Soziologie auf der Basis der Methodologie der objektiven Hermeneutik – Manifest der objektiv hermeneutischen Sozialforschung. http://publikationen.ub.uni-frankfurt.de/volltexte/2005/540

Schleiermacher, Friedrich (1911/1841): Grundriss der philosophischen Ethik (Grundlinien der Sittenlehre). Leipzig: Felix Meiner

Schleiermacher, Friedrich (1977/1838): Hermeneutik und Kritik. Frankfurt am Main: Suhrkamp

Schneider, Wolfgang Ludwig (1991): Objektives Verstehen. Rekonstruktion eines Paradigmas: Gadamer – Popper – Toulmin – Luhmann. Opladen: Westdeuter Verlag

Schneider, Wolfgang Ludwig (1992): Hermeneutik sozialer Systeme. Konvergenzen zwischen Systemtheorie und philosophischer Hermeneutik. In: Zeitschrift für Soziologie 21 (1). 135-158 (Erweiterte Fassung in: Ders.: Grundlagen der soziologischen Theorie. Bd. 3: Sinnverstehen und Intersubjektivität – Hermeneutik, funktionale Analyse, Konversationsanalyse und Systemtheorie. Wiesbaden: VS Verlag: 143-171)

Schneider, Wolfgang Ludwig (1995): Objektive Hermeneutik als Forschungsmethode der Systemtheorie. In: Soziale Systeme 1 (1). 135-158 (überarbeitete Fassung in: Ders.: Grundlagen der soziologischen Theorie. Bd. 3: Sinnverstehen und Intersubjektivität – Hermeneutik, funktionale Analyse, Konversationsanalyse und Systemtheorie. Wiesbaden: VS Verlag)

Schneider, Wolfgang Ludwig (1999): Struktur und Ereignis in Systemtheorie und objektiver Hermeneutik. In: Greshoff et. al.(1999): 143-175 (überarbeitete und erweiterte Fassung in: Ders.: Grundlagen der soziologischen Theorie. Bd. 3: Sinnverstehen und Intersubjektivität – Hermeneutik, funktionale Analyse, Konversationsanalyse und Systemtheorie. Wiesbaden: VS Verlag)

Schneider, Wolfgang Ludwig (2004): Grundlagen der soziologischen Theorie. Bd. 3: Sinnverstehen und Intersubjektivität – Hermeneutik, funktionale Analyse, Konversationsanalyse und Systemtheorie. Wiesbaden: VS Verlag

Schneider, Wolfgang Ludwig (2007): Verstehen und Erklären. Zur reflexions- und gesellschaftstheoretischen Karriere einer Unterscheidung. In: Halfmann et. al. (2007): 70-127

Schneider, Wolfgang Ludwig (2008a): Verstehen und Erklären bei Karl Mannheim. In: Greshoff et. al. (2008): 143-176

Schneider, Wolfgang Ludwig (2008b): Systemtheorie und sequenzanalytische Forschungsmethoden. In: Kalthoff et. al. (2008): 129-162

Simmel, Georg (1892/1989): Die Probleme der Geschichtsphilosophie. In: Ders.: Gesamtausgabe. Band 2. Frankfurt am Main: Suhrkamp: 297-423

Simmel, Georg (1918/1999): Vom Wesen des historischen Verstehens. In: Ders.: Gesamtausgabe. Band 16. Frankfurt am Main: Suhrkamp: 151-179

Spencer Brown, George (1972): Laws of Form. New York: Julian Press

Tyrell, Hartmann (1998): Zur Diversität der Differenzierungstheorie. In: Soziale Systeme 4 (1). 119-149

Dekonstruktive Systemtheorie – Analytische Perspektiven

Urs Stäheli

Von Identität auf Differenz umzustellen – so lautet das programmatische Motto der Luhmann'schen Systemtheorie. Gerade diese paradoxe Fundierung auf Differenz hat die Systemtheorie für poststrukturalistische Lektüren interessant gemacht (Koschorke/Vissmann 1999; Binczek 2000; Stäheli 2000). Durch eine Verschärfung der diffferenztheoretischen Anlage gerät die prekäre Natur von Systemgrenzen in den Vordergrund: Einerseits sind komplexe semantische Vorrichtungen notwendig, mit deren Hilfe erst ein Systemhorizont geschaffen wird, innerhalb dessen ein System operiert; andererseits verliert aber auch der Operationsbegriff seine ‚Reinheit': Anschlussfähigkeit ist nicht durch immer schon reine Operationen (wie z. B. Zahlungen und Machtoperationen) gewährleistet, sondern die Operationen unterliegen selbst Purifizierungsstrategien, durch die sie erst ihre Selbstverständlichkeit erhalten. Was bedeutet aber eine derartige dekonstruktive Wendung der Systemtheorie für die empirische Analyse? Lassen sich Methoden schaffen, die dem differenztheoretischen Impetus gerecht werden – also Methoden, die nicht ihrerseits auf einem Identitätsdenken beruhen und durch die empirische Analyse die Sprengkraft des systemtheoretischen Denkens entschärfen?

Klassisches methodisches Denken – sei es in den quantitativen oder in den qualitativen Methoden – scheint hier schnell an Grenzen zu stoßen. Die Nähe und Ferne eines klassischen Methodenverständnisses zu im weitesten Sinne poststrukturalistischen Denkweisen wird bereits in der Etymologie von Methode deutlich: Methodos bezeichnet einen Weg, mit Hilfe dessen Wahrheiten erzeugt werden sollen. Die Methode wird hier zu einem Hilfsmittel, zu einer Technik der Wahrheitserzeugung und implizit der Wahrheitspolitik. Dieser Weg ist im Grunde linear und teleologisch angelegt: Wer das methodische Rüstzeug beherrscht und die Wegweiser beachtet, wird am Ziel ankommen. Auch der für poststrukturalistische Ansätze wichtige Diskursbegriff verweist auf die Metapher des Wegs: Ein Diskurs bezeichnet aber keineswegs einen klaren und direkten Weg, sondern ein möglicherweise auf den ersten Blick wenig effizientes, aber neugieriges Hin- und Herlaufen (discurrere). Wir haben es hier mit einem unübersichtlichen Geflecht von Wegen zu tun – ja, mit einem topologischen Raum, in dem herkömmliche Wegweiser versagen und in dem Wege in unerwartete Abgründe führen mögen, aber auch überraschende Abkürzungen eröffnen können.[1] Gewiss, diese Gegenüberstellung ist höchst schematisch, und viele Methodenvertreter würden diese von sich weisen. Dennoch wird hier eine methodische Skepsis deutlich, die sich etwa in Foucaults Arbeiten im Verzicht auf den Methodenbegriff – und übrigens auch auf den Theoriebegriff – niedergelegt hat. Foucault entwirft Analytiken der Macht, aber keine Methode zur Machtanalyse und erst recht keine Theorie der Macht. Man mag die „Archäologie des Wissens" (Foucault 1973) als das Methodenbuch der Diskursanalyse lesen – und würde damit gerade den Status dieses großartigen Textes verpassen: Die Archäologie ist ein ironischer Versuch, eine unmögliche Methode der Diskursanalyse zu entwerfen – ein Versuch, der sich einerseits in seinem szientifischen Jargon an der zeitgenössischen Methodendiskussion orientiert und der sich andererseits der Unmöglichkeit seines Unterfangens bewusst ist.[2] Gerade an Foucaults Werk wird aber auch deutlich, dass der Verzicht auf den Entwurf einer eigenen Methode keinen Verzicht auf methodisches Vorgehen bedeutet. Vielmehr entwirft Foucault in actu eine äußerst erfolgreiche analytische Strategie zur Analyse von Macht-Wissen-Komplexen.

Diese Methodenskepsis begleitet auch eine dekonstruktive Systemtheorie – selbst wenn diese an der Möglichkeit von Theorie festhält. Eine der größten Gefahren für theoriegeleitetes empirisches Arbeiten besteht in der Hypostasierung von Theorie. Auch in der Systemtheorie begnügen sich zahlreiche empirische Studien damit, bereits vorgefertigte Klassifikationen aufzufüllen. Empirie wird in diesen Fällen zur bloßen Illustration von Theorie und verliert ihr Überraschungspotential – ja, die Irritationsfähigkeit, welche eigentlich für jedes System von zentraler Bedeutung wäre. Wir können nach diesen kurzen Vorbemerkungen die Frage nach den Methoden der Systemtheorie dahingehend präzisieren, dass die Entwicklung von systemtheoretischen *Analytiken* viel versprechender erscheint als der Entwurf eines systemtheoretischen Methodenschatzes. Ich möchte dieser Frage in vier Schritten nachgehen: Zunächst soll die implizite Analytik in Luhmanns empirischen Arbeiten – den Semantikanalysen – herausgearbeitet werden (1). Vor dem Hintergrund einer dekonstruktiv gewendeten Systemtheorie erfolgen daraus Anforderungen an eine differenztheoretische Analytik (2). Dies dient als Hintergrund für eine analytische Reflexion am Beispiel meiner Studie zur Selbst- und Fremdbeschreibung von Finanzspekulation (3). Schließlich führt mich dies zu einigen Überlegungen zum Status methodischer Arbeit in der Systemtheorie (4).

---

1 Aus diesem Grund nennt Bruno Latour (2005: 19) seine Überlegungen zur Analytik der Actor Network Theory nicht ein Methodenbuch, sondern versteht „Reassembling the Social" als Reiseführer!

2 Dies wird nicht zuletzt im letzten Teil des Buches deutlich, wenn der Autor in einem Selbstgespräch gleichzeitig ein Versteckspiel des Autors inszeniert.

I.

Häufig wird übersehen, dass Luhmanns Arbeiten keineswegs nur abstrakte Theoriekonstruktionen sind, sondern immer auch auf substantiellen empirischen Analysen beruhen. Die vierbändige Reihe „Gesellschaftsstruktur und Semantik" und die Kapitel zu Selbstbeschreibungen in den Monographien zu einzelnen Funktionssystemen sowie dem Gesellschaftssystem enthalten umfangreiche Studien zur historischen Semantik. Anhand dieser Studien verfolgt Luhmann die Ausdifferenzierung einzelner Funktionssysteme und interessiert sich hierbei insbesondere für die ‚Schwelle' zwischen stratifizierter und funktional differenzierter Gesellschaft. Hier kann nicht der Ort für eine ausführliche Erläuterung des Luhmann'schen Semantikkonzepts sein (vgl. Stäheli 2000; Stichweh 2000), einige kurze Anmerkungen müssen genügen. Luhmann (1980) entleiht das Semantikkonzept aus der von Reinhard Koselleck (1978) geprägten Begriffsgeschichte. Diese hatte sich gegen zwei verwandte Ansätze gewandt: Einerseits gegen die Ideengeschichte, welche die Entfaltung von Ideen ohne Berücksichtigung von Sozialstrukturen herausarbeitet; andererseits aber auch gegen ideologiekritische Ansätze, die Ideen und Begriffe nur als Verschleierung sozialstruktureller Widersprüche auffassen. Die doppelte Opposition richtet sich also sowohl gegen eine frei schwebende Ideengeschichte wie auch gegen die Unterordnung von Semantiken unter sozialstrukturelle Dynamiken. Analytisch versucht die Analyse historischer Semantiken möglichst vieldeutige und umstrittene Begriffe auszuwählen. Denn gerade variable und ambivalente Begriffe erweisen sich als besonders interessante Quellen, die unterschiedliche Aspekte und Interessen zu bündeln versuchen. Diese konflikttheoretische Positionierung von Semantikanalysen wird Luhmann aufgeben und stattdessen für eine evolutionäre Sichtweise argumentieren.

Haupteinsatzpunkt für die Analyse von Semantiken sind bei Luhmann Selbstbeschreibungen von Funktionssystemen. Als Semantik bezeichnet Luhmann (1980: 19) „höherstufig generalisierten, relativ situationsunabhängig verfügbaren Sinn", meist kondensiert in reich aufgeladenen Begriffen, die in unterschiedlichen Situationen eingesetzt werden können (z. B. Semantik der Freiheit). Semantiken müssen also wiederholbar sein und kondensieren durch ihre Wiederholung Bedeutung. Luhmanns Semantikanalysen konzentrieren sich ausschließlich auf „ernsthafte" oder „bewahrenswerte" Semantiken, da angenommen wird, dass nur diese als zuverlässiger Indikator für die Transformation von Gesellschaftsstrukturen dienen können. Damit wird allerdings eine weitreichende normative Vorentscheidung für einen spezifischen Materialtypus getroffen, welche den breiten Bereich von populären Semantiken ausschließt, da diese für die Beschreibung von Sozialstrukturen wenig oder nicht aussagekräftig seien (kritisch dazu Stäheli 1997). Ich werde auf diesen Punkt zurückkommen. Dennoch sei bereits hier angemerkt, dass gerade populärkulturelle Quellen eine ‚Frühwarnfunktion' für die Identifizierung von Proble-

men und Katastrophen funktional differenzierter Gesellschaften übernehmen: Man
denke etwa an Terrorismusdarstellungen im Hollywoodfilm (Pethes 2003) oder an
das Genre des Katastrophenfilms (Clarke 2006). Hier werden Szenarien des Schei-
terns funktionaler Differenzierung entworfen und dieses Scheitern als Genuss inszeniert. Gerade unter differenzierungstheoretischen Gesichtspunkten könnte also
die Berücksichtigung populärer Quellen bedeutsam sein. Im Gegensatz zu Kosellecks Interesse an konflikthaften Begriffskonstellationen schreibt Luhmann die
Semantikanalyse in eine evolutionstheoretische Perspektive ein: Mit Hilfe von Semantiken können Möglichkeiten (Variationen) ausprobiert werden, ohne dass diese
Experimente gleich unter Realisierungsdruck stehen – so zum Beispiel im Aus-
testen neuer Liebessemantiken (Luhmann 1982).

Die hier nur in Umrissen skizzierte Semantikanalyse erweist sich aus der Perspektive einer dekonstruktiven Systemtheorie aber in mancherlei Hinsicht als problematisch. Der wichtigste Punkt ist die „Nachträglichkeit der Semantik" (Stäheli
2000: 196). Meist gehen systemtheoretische Arbeiten, insbesondere empirische,
von einer linearen Nachträglichkeit aus: Veränderungen der Sozialstruktur finden
mit mehr oder weniger großer Verspätung Niederschlag in den Semantiken. Dieses
letztlich am klassischen Basis-Überbau-Denken orientierte Modell geht von einer
kausalen Beziehung aus: Die Sozialstruktur schafft Vorgaben, auf welche die Semantik antworten muss. Gegen dieses Modell habe ich vorgeschlagen, einen psy-
choanalytisch gefassten Begriff der Nachträglichkeit zu setzen: Nachträglichkeit
bedeutet nun, dass eine Operation erst durch ihre nachträgliche Beobachtung zur
Operation wird. Dies hat Folgen für die Semantikanalyse: Sozialstrukturen werden
nun nicht mehr einfach vorausgesetzt, sondern es gilt zu verfolgen, auf welche
Weise Semantiken an der Verfertigung von Sozialstrukturen beteiligt sind. Diese
Fassung der Nachträglichkeit hat weitreichende Konsequenzen für die Analyse von
Semantiken: Nun geht es nicht so sehr darum, Semantiken als Sozialindikator für
anderswo ablaufende Prozesse zu verstehen, sondern Semantiken in ihrer konstitu-
tiven Funktion zu erfassen. An Stelle einer Analytik von Korrelationen zwischen
Sozialstruktur und Semantik tritt nun eine Konstitutionsanalytik. Diese beschränkt
sich aber im Idealfall nicht nur auf konstruktivistische Analysen, sondern müsste
auch die Materialität des Operierens in den Blick kriegen. Auf operativer Ebene
wird die Purifizierung von Operationen zentral – also jene semantischen und diskursiven Mechanismen, die zum Beispiel erst eine reine Zahlungsoperation schaffen.

Eine derartige Perspektive gibt also einen einfachen kausalen Zusammenhang
zwischen Semantik und Sozialstruktur auf und verzichtet darauf, Semantiken auf
eine Indikatorenfunktion zu reduzieren. Damit erweitert sich der Rahmen von Semantikanalysen wesentlich: Während klassische Semantikanalysen immer wieder
den Umbruch der stratifizierten zur funktional differenzierten Gesellschaft heraus-
arbeiten, werden nun auch andere Diskontinuitäten sichtbar. Semantikanalyse muss

keineswegs notwendigerweise ein Epochenverständnis voraussetzen, sondern kann gerade auch Verwerfungen und Dynamiken innerhalb angenommener Epochen analysieren. Die Konzentration auf den einen ‚großen' Umbruch hat sich denn auch zunehmend erschöpft – nicht zuletzt, da bereits zu Beginn festzustehen scheint, was durch Semantiken indiziert werden soll.

Die Semantikanalysen sind zudem schriftzentriert, da Semantiken, die für die Selbstreflexion von Systemen eingesetzt werden, im Vordergrund des analytischen Interesses stehen. Wenn man aber die Bestimmung des Semantikbegriffs als wiederholbare und generalisierte Sinnmuster ernst nimmt, dann fallen insbesondere auch visuelle Semantiken unter diese Bestimmung (Stäheli 2006). Gerade für globale Semantiken spielen Bilder eine wichtige Rolle: Sie sind über Sprachgrenzen hinaus wiederholbar. Ikonische Bilder – sei es von globalen Ereignissen wie Terroranschlägen (so etwa das Bild der Twin Towers), seien es aber auch symbolische Alltagsbilder – sind an der Herstellung von lokalen und globalen Semantiken beteiligt. Auch die Architektur etwa von Parlamenten, Börsen, Museen oder Sportstadien übernimmt häufig eine explizite Selbstbeschreibungsfunktion. Schließlich wird der Umfang von Semantikanalysen auch durch ihre Konzentration auf isolierte Begriffe eingeschränkt: Der Rhetorik von Selbstbeschreibung wird allenfalls eine dekorative Funktion eingeräumt, sie wird aber nicht in ihrer eigenen sinnschaffenden Bedeutung beachtet. Gerade wenn man Selbstbeschreibungen nicht als bloße Kombination einzelner semantischer Elemente auffasst, gerät deren Artikulationslogik in den Blick – Logiken, die zum Beispiel durch die Analyse von Rhetoriken diskursiven Strategien (etwa der Argumentation) erfasst werden können. Um die Totalisierungslogik von Selbstbeschreibungen untersuchen zu können, müsste etwa der Einsatz von Einheitsrhetoriken und -bildern beachtet werden: Erst durch diese wird der Effekt einer Totalität geschaffen. Nicht zuletzt für die inklusionsrelevanten Aspekte von Selbstbeschreibungen sind Modi der Persuasion wichtig: Mit persuasiven Mitteln werden Selbstbeschreibungen in attraktive Inklusionsprogramme und Inklusionsfiguren übersetzt.

Auf Grundlage dieser kurzen Skizze von systemtheoretischen Semantikstudien und ihren Einschränkungen lassen sich fünf Anforderungen an eine differenztheoretische Analytik bestimmen. Erstens sollte die *Heterogenität von Selbstbeschreibungen* berücksichtigt werden – diese Heterogenität bezieht sich sowohl auf die Analyse einzelner Dokumente wie auch auf ganze Selbstbeschreibungskomplexe. Das an isolierten Begriffen orientierte Vorgehen löscht häufig die Vieldeutigkeit einzelner Begriffe aus beziehungsweise löst diese in eine diachrone Abfolge unterschiedlicher Bedeutungen auf. Zu beachten wären aber jene Verfahren, die eingesetzt werden, um semantische Inhalte zumindest zeitweilig zu stabilisieren. Selbstbeschreibungen sind ihrerseits nur in seltenen Fällen univokal, sondern weisen häufig heterogene, manchmal sogar widersprüchliche Semantiken auf. Während etwa in diskurstheoretischen Hegemoniekonzeptionen (Laclau/Mouffe 1985) interessiert, wie bestimmte Semantiken zu vorherrschenden werden können, fehlt in systemtheoretischen Studien ein entsprechendes Instrumentarium.

Zweitens gilt es, die Heterogenität auf der Ebene einzelner Dokumente zu erfassen: Die *Unmöglichkeit einer endgültigen Sinnfixierung* hängt nicht nur mit einem nicht abschließbaren Verweisungshorizont zusammen, sondern mit der Grenze von Sinn. Indem Luhmann (1984: 283) einen Sinnbegriff, welcher die Möglichkeit von Nicht-Sinn im Sozialen ausschließt, als „differenzlosen Letztbegriff" einführt, werden auch die Semantikanalysen letztlich an eine hermeneutische Perspektive zurückgebunden. Zu erfassen wäre jedoch das Gleiten und Entgleiten von Bedeutung, gerade um die darauf aufbauenden Stabilisierungsweisen besser verstehen zu können. Dies macht drittens eine *Analytik der Ränder* notwendig, da sich gerade dort wichtige, wenn auch nicht repräsentative Prozesse der Sinnkonstitution abspielen. Zwar versucht die Systemtheorie in ihren Analysen einer Orientierung an kanonisierten Texten zu entgehen, sie konzentriert sich aber häufig auf stark dogmatisierte diskursive Elemente. Gerade das Untypische wäre aber für eine Analytik der Ränder von großer heuristischer Bedeutung: Hier lässt sich der Kampf um Artikulation und Sinnstabilisierung besonders gut nachvollziehen. Orte des Untypischen sind nicht einfach apokryphe Dokumente, sondern finden sich auch in dogmatisierten Texten. Auch hier gälte es, jene Passagen – seien es Beispiele oder auf den ersten Blick unwichtig erscheinende Exkurse – zu berücksichtigen, die zunächst vom erwarteten semantischen Zentralwert abweichen. Damit soll aber nicht für eine kleinteilige Analyse von Trouvaillen argumentiert werden. Vielmehr gälte es, viertens, eine derartige Analyse in übergeordnete *epistemische Strukturen* einzubetten: also in jene bereits erwähnten diskursiven und rhetorischen Artikulationslogiken, mit Hilfe derer aus einzelnen semantischen Bausteinen eine ‚Beschreibung' geschaffen wird. Selbstbeschreibungen funktionieren immer auch als „Problematisierungen" im Foucault'schen Sinne:[3] Sie formulieren die Systemeinheit als ein zu bearbeitendes Problem – und schaffen auf diese Weise auch die Voraussetzung für Kontroll- und Interventionstechniken. Schließlich gälte es, fünftens, die schriftlichen Semantikanalysen durch die Berücksichtigung anderer semantischer Medien zu erweitern. Damit ist nicht nur der Einbezug von weiteren Materialien gemeint, sondern grundlegender geht dies mit der Annahme einher, dass Sinnprozesse selbst medial verfasst sind – und dass diese *Medialität von Semantiken* wiederum für die wiederholten und verbreiteten Bedeutungen von Belang ist. Semantiken sind wegen der Notwendigkeit, situationsunabhängig wiederholt zu werden, immer auch auf

---

3   Für Foucault meint Problematisierung nicht so sehr eine Kritik, sondern die Analyse von sozialen Praktiken der Herstellung und Bearbeitung von Problemen: Eine Geschichte der Wahrheit zu schreiben heißt, „nicht die Verhaltensweisen zu analysieren und nicht die Ideen, nicht die Gesellschaften und nicht ihre ‚Ideologien' sondern die *Problematisierungen*, in denen das Sein sich gibt als eines, das gedacht werden kann und muss, sowie die *Praktiken*, von denen aus sie sich bilden" (Foucault 1986: 19).

Verbreitungsmedien angewiesen. Diese Medien sind aber nicht neutrale Verbreitungsmittel, sondern strukturieren selbst wiederum die von ihnen ‚transportierten‘ Sinngehalte. Auf diese Weise trägt die Strukturierungsleistung von Medien wie Schrift, Bild oder Architektur zur Sinnherstellung selbst bei.

Diese Anforderungen an eine poststrukturalistisch weitergeführte Semantikanalyse lassen sich nicht alleine mit Mitteln der Begriffsgeschichte und ihrer soziologischen Weiterentwicklung erfüllen. Eine Kombination von diskursanalytischen und dekonstruktiven Verfahren erlaubt es, sowohl die Mikrostrukturen einzelner Texte, Bilder oder anderer Artefakte zu erfassen wie auch epistemische Fragen nach der Artikulationsweise von Selbstbeschreibungen zu stellen. Obwohl inzwischen in den Kulturwissenschaften beide Verfahrensweisen weit verbreitet sind und beide im weitesten Sinne als poststrukturalistisch betrachtet werden können, werden diese selten miteinander kombiniert: Dekonstruktive Analysen beziehen sich häufig auf einen recht engen Kanon ‚dekonstruktionswürdiger‘ Werke, während poststrukturalistische Diskursanalysen eine große Materialvielfalt (mit besonderer Gewichtung von populären Quellen und Gebrauchstexten) berücksichtigen. Letztere verzichten aber meist auf die eingehende Analyse einzelner Dokumente und konzentrieren sich stattdessen auf übergreifende diskursive Regelmäßigkeiten. Die Kombination der beiden Analytiken ermöglicht es, größere Dokumentenmengen zu berücksichtigen und gleichzeitig einzelne Dokumente (oder Dokumentpassagen) einem ‚close reading‘ zu unterziehen. So kann exemplarisch herausgearbeitet werden, welche Heterogenitäten und Sinnbrüche auftreten und welche Stabilisierungsstrategien eingesetzt werden. Gleichzeitig bleibt diese dekonstruktive Lektüre aber keine Einzellektüre, sondern wird innerhalb eines Diskurses mit eigenen Regelmäßigkeiten und Strategien verortet. Diese diskursive Einbettung beschränkt sich nicht – wie häufig bei dekonstruktiven Analysen, falls diese überhaupt einen „Kontext“ (so dekonstruktionswürdig dieser Begriff auch immer sein mag) berücksichtigen – auf die Geschichte der Philosophie oder der hohen Literatur, sondern umfasst ganz im Foucault'schen Sinne ein breites Archiv, das auch Gebrauchstexte enthält.

II. Analytik der Spekulationssemantiken

Dieses poststrukturalistische ‚update‘ der Semantikanalysen ermöglicht einen anderen Blick auf Selbst- und Fremdbeschreibungen. Nun geht es nicht nur um Reflexionstheorien (und deren Modi von Identitätsreflexion), sondern darum, wie das ‚Selbst‘ (eines selbstreferentiellen Prozesses) in einem umfassenden Prozess geschaffen wird und stets auch mit dem Scheitern der eigenen Selbstkonstitution konfrontiert ist. Die für systemtheoretische Studien typische Konzentration auf Selbstreflexivität als dem zentralen Element von Einheitskonstrukten wird damit eingeschränkt – Konstrukte der Selbstreflexivität sind eines von vielen identitätsschaffenden Elementen. Die Privilegierung von Selbstreflexivität mag sich nicht zuletzt jenen ‚alteuropäischen' Identitätsbegriffen verdanken, von denen sich die Systemtheorie eigentlich lösen möchte.

Einige analytische Konsequenzen einer derartigen Perspektive möchte ich anhand meiner Studie zu Semantiken der Börsenspekulation in den USA diskutieren (Stäheli 2007). Die Studie zeigte auf, welche semantischen Kämpfe um die Etablierung von Finanzspekulation als legitime ökonomische Praktik zwischen 1870 und 1930 stattgefunden haben. Leitende Annahme war, dass die Finanzökonomie populäre semantische Formen einsetzen muss, um sich zu etablieren. Gleichzeitig erweisen sich diese populären Formen aber auch als Hindernis, durch das die ‚Ernsthaftigkeit' von Spekulation gefährdet wird. Das Populäre erweist sich dabei als Terrain, auf dem der Kampf um die Grenzen des ökonomischen Systems ausgetragen wird.

Diese Fragestellung hat Konsequenzen für die Auswahl des Korpus, da nun nicht nur reflexive Semantiken interessieren. Auf die Frage, mit welchen Dokumenten sich der Diskursanalytiker beschäftigen soll, hat Foucault einmal mit der Aufforderung geantwortet, alles zu lesen. Dieses ‚alles' bezieht sich auf Knotenpunkte von Macht-Wissen-Artikulationen, die jedoch über keine klaren Grenzen verfügen – gerade deshalb gerät ‚alles' in den Blick des Diskursanalytikers. Diese sehr offene Anweisung kann uns aber auch einige Anhaltspunkte für die systemtheoretische Analyse geben. An Stelle von Macht-Wissen-Knotenpunkten interessieren nun Phasen, in denen Systemgrenzen herausgefordert werden, möglicherweise sogar instabil werden und neue Stabilisierungsformen entwickelt werden müssen. Nicht das normale Geschehen von Funktionssystemen bietet damit den Einstieg in die Analyse, sondern Erweiterungen und Veränderungen bestehender Funktionssystemsroutinen. Ganz ähnlich hatte Latour (2005: 75) für die Actor Network Theory betont, dass Erweiterungen und Unfälle von Netzwerken für die ANT-Analyse besonders vielversprechend sind und daher deren Analyse von ‚normal' funktionierenden Abläufen vorzuziehen seien.

Gerade in solchen Zeiträumen der Grenzkämpfe hinken die ‚ernsthaften' Semantiken den populären Semantiken häufig deutlich hinterher. Erste Theorien der Börse wurden erst am Ende des 19. Jahrhunderts entwickelt, während etwa die populäre Ratgeberliteratur, populäre Börsendarstellungen, insbesondere aber auch literarische und künstlerische Darstellungen über eine viel längere Tradition der Thematisierung von Börsenkommunikation verfügen. Die klassischen Reflexionstheorien erscheinen aber auch deshalb als nur eine von vielen Selbstbeschreibungsdokumenten, weil diese in der Regel innerhalb des Wissenschaftssystems – also zum Beispiel als ökonomische Theorie der Börse – verfasst werden und deren Bedeutung für das alltägliche Operieren offen ist.[4] Aus diesem Grunde stehen Börsenratgeber, populäre Börsendarstellungen in Zeitschriften, Börsenromane im Vordergrund. Eine Erweiterung um visuelle Quellen wurde in dieser Studie nicht vorgenommen, wäre aber sehr wünschenswert. Populäre Semantiken eignen sich deshalb besonders gut, weil diese schneller auf aktuelle Probleme reagieren – mehr noch: Probleme ausmalen und vorwegnehmen, noch ehe sie aufgetreten sind. Dies wird dank der geringeren Konsistenzanforderung (etwa im Vergleich zu theoretischen Abhandlungen) von populären Semantiken möglich.

Ausgangspunkt ist die Annahme, dass Selbstbeschreibungen nicht einfach Widerspiegelungen einer vorgelagerten Sozialstruktur sind, sondern selbst *performativ* an deren Herstellung beteiligt sind. Im Sinne einer „monumentarischen" Lektüre (Foucault 1973) bedeutet dies für die Analyse, dass nicht danach gefragt wird, *was* die Selbstbeschreibung ausdrückt oder wofür sie steht. Vielmehr steht die Funktions- und Organisationsweise von Selbstbeschreibungen im Vordergrund. Damit vergrößert sich der Spielraum von Interpretationsmöglichkeiten erheblich, da Selbstbeschreibungen nun nicht mehr nur als ‚sekundäres' Dokument gelesen werden, das Veränderungen auf einer anderen Ebene – der Sozialstruktur – indiziert. Selbstbeschreibungen schaffen erst einen ökonomischen Horizont – eine ökonomische Intelligibilität –, der für die Herstellung und Codierung von finanzökonomischen Operationen wesentlich ist. Die Grenzen des Ökonomischen erwachsen nicht ‚blind' aus dem Operieren ökonomischer Zahlungen, sondern durch Selbstbeschreibungen, welche die Grenzen des Systems ziehen. Dies wird zum Beispiel an den Debatten zur Unterscheidung zwischen Spiel und Spekulation deutlich: Werden finanzökonomische Operationen wie bestimmte Formen des Futures-Handels als nicht-ökonomisches Geldspiel verstanden, dann können diese sogar ihre Anschlussfähigkeit verlieren: So nimmt die rechtliche Diskussion Abgrenzungen zwischen legalen gültigen und illegalen nicht-gültigen Börsenoperationen vor und beruft sich dabei auf ökonomische Konzepte des Tausches, um so die ‚Ökonomizität' dieser Operation zu ‚messen'.

Zudem ist es wichtig, stets vom Plural ‚Selbstbeschreibungen' zu sprechen. Zahlreiche Semantikanalysen gehen, ohne Angabe von Kriterien, davon aus, dass ein System über eine dominante Selbstbeschreibung charakterisiert ist. Das Verhältnis unterschiedlicher Selbstbeschreibungen zueinander wird in der Regel als evolutionäres gedacht – das heißt also als zeitliche Abfolge unterschiedlicher Selbstbeschreibungen. Meist wird aber nicht berücksichtigt, dass unterschiedliche Selbstbeschreibungen gleichzeitig existieren und sich auch gegenseitig konkurrieren können, ohne dass sich ein Selbstbeschreibungsmonopol herausbildet. Hier lohnt

---

4 Hier scheint sich mit der Etablierung der Finanzökonomie allerdings eine wichtige Veränderung vollzogen zu haben: Die Modellentwicklung von Händlern lehnt sich stark an die wissenschaftliche Diskussion an, so dass auch von einer Performativität wissenschaftlichen Wissens gesprochen werden kann (MacKenzie 2006).

sich ein Blick auf die komplexitätstheoretische Organisationssoziologie: Die Komplexität einer Organisation bemisst sich an der Menge von Selbstbeschreibungen, die sich nicht aufeinander reduzieren lassen: „[T]he complexity of a system, as seen by an observer, is directly proportional to the number of inequivalent descriptions" (Tsoukas 2005: 236). Gerade die Koexistenz von Selbstbeschreibungen hat auch Folgen für Grenzziehungsprozesse von Systemen. Wenn es richtig ist, dass der Systemhorizont durch Selbstbeschreibungen aufgespannt wird, dann droht dieser durch plurale und heterogene Selbstbeschreibungen unscharf zu werden: Wir haben es nun mit einer Überblendung unterschiedlicher Horizonte zu tun, wodurch der Rand des Horizonts zu flimmern beginnt. Dies wurde etwa an der Diskussion zum Futures-Handel in den USA deutlich: Beschreibt man das Ökonomische in einer Äquivalenzlogik des Tausches, dann erscheinen Futures in einigen Fällen als ‚unökonomisch', da ein einseitiger Tauschprozess stattfinde: „something for nothing" – so lautete der Schlachtruf der Spekulationskritiker. Fasst man dagegen das Ökonomische des Futures als ‚Risikoarbeit', dann können Futures als ‚Versicherungen' ins ökonomische System integriert werden. Gerade dann wenn Selbstbeschreibungen für die operative Grenzziehung eines Systems relevant werden, kann es zum Zusammenstoß von Semantiken oder gar ganzen Selbstbeschreibungen kommen. Analytisch wichtig wird hier der Umgang mit solchen Unschärfen und heterogenen Semantiken. Damit soll keineswegs ausgeschlossen werden, dass Funktionssysteme über eine hegemoniale Selbstbeschreibung verfügen können. Aber auch eine derartige Annahme bedarf der empirischen Analyse, welche erst aufzuzeigen vermag, auf welche Weise eine Selbstbeschreibung – oder einzelne Semantiken – erfolgreich werden.

Die Pluralitätsannahme bezieht sich nicht nur auf ein Selbstbeschreibungsarchiv, sondern auch auf die Analyse einzelner Dokumente. Auch wenn Selbstbeschreibungsanalysen anstreben, eine Vielzahl von Dokumenten zu erfassen, um auf diese Weise häufig verwendete Sinnmuster herauszuarbeiten, so bleiben die Mikrostrukturen einzelner Dokumente höchst relevant. Denn nur an ihnen lassen sich die häufig subtilen diskursiven Manöver ablesen, welche im Prozess der Selbstbeschreibung anfallen. Aus diesem Grund empfiehlt sich die bereits erwähnte Kombination der Analyse eines größeren Korpus, an dem Regelmäßigkeiten von Selbstbeschreibungen herausgearbeitet werden können, mit einem ‚close reading' einzelner wichtiger Texte oder Bilder. Mit wichtigen Texten sind nicht so sehr kanonische Texte gemeint, sondern Dokumente, an denen sich diskursive Grenzmanöver besonders gut beobachten lassen. Für die Analyse von Spekulationssemantiken bedeutete dies, nach diskursiven Spuren des Umgangs mit dem Nicht-Ökonomischen zu suchen. Ein plötzlich auftretender rhetorischer Exzess kann zum Beispiel eine Markierung dafür sein, dass wir es mit Grenz- und Verteidigungskonflikten zu tun haben. Interessant wird nun nicht nur die Frage nach der Destabilisierung von Grenzen, sondern welche Stabilisierungsstrategien etabliert werden.

Ich habe in diesem Zusammenhang von Purifizierungsstrategien gesprochen, die in umstrittenen Spekulationsdiskursen die Funktion übernehmen, deren ‚Ökonomizität' herzustellen. Spekulation muss erst ‚ökonomisiert' werden, indem ‚nicht-ökonomische' Aspekte kontrolliert oder sogar entfernt werden. Dazu gehört etwa die Diskussion über den illegitimen ‚thrill' der Spekulation, welche diese zu einer unterhaltenden und unterhaltsamen Praktik machen – und gerade dadurch die ökonomische ‚Ernsthaftigkeit' einbüßen könnte. Auch hier wird übrigens deutlich, dass selbst die Austreibung des ‚thrills' umstritten war – so treten etwa ab den 1920er Jahren regelrechte Zelebrationen des ‚thrills' auf und machen diesen gar zum Kriterium für Spekulation schlechthin. Nicht nur der semantische Umgang mit dem Nicht-Ökonomischen interessiert, sondern auch die Artikulation widersprüchlicher diskursiver Elemente innerhalb eines Dokuments oder einer kleinen Dokumentengruppe: So wird der Spekulant – manchmal im gleichen Spekulationsratgeber – zugleich als Automat, Entscheider und Schlafwandler beschrieben, womit ganz unterschiedliche Vorstellungen ökonomischen Handelns und ökonomischer Subjektivität einhergehen. Derart divergierende Vorstellungen werden häufig nicht in erster Linie argumentativ zusammengehalten, sondern durch rhetorische Mittel, die eine assoziative Verknüpfung zunächst inkompatibler Semantiken erlauben.

Bereits wurde angedeutet, dass das Nebeneinander unterschiedlicher Semantiken sich nicht immer als friedliches gestaltet oder sich evolutionär auflöst, sondern häufig semantische Kämpfe stattfinden. Ein ertragreicher Weg, sich mit der umkämpften Natur von Semantiken auseinanderzusetzen, ist William Connollys im Anschluss an Gally entwickelte Konzeption von „essentially contested concepts" (1983). Gerade weil Connolly stark von der Analyse einzelner Begriffe ausgeht, eignet sich diese Analytik für begriffsgeschichtlich orientierte Studien in besonderem Maße. Connolly unterscheidet drei Dimensionen der Umkämpftheit: Ein Begriff entwirft eine umstrittene Definition eines Gegenstandes – in unserem Falle also von Spekulation. Man mag Spekulation als unproduktive und parasitäre Tätigkeit bestimmen, die von der produktiven Arbeit anderer profitiert. Oder man kann Spekulation selbst als produktive Tätigkeit bestimmen: als die Produktion von Preisinformation und damit von wichtigem ökonomischen Wissen. Zweitens ist aber nicht nur die Definition selbst umkämpft, sondern auch deren Pragmatik: Auf welche Gegenstände soll eine bestimmte Semantik angewandt werden? Was von einigen als hochgradig spekulativ eingestuft wird, mag der andere als seriöses Investment verstehen. Hier steht also nicht die Bestimmung von Spekulation zur Debatte, sondern die Verwendungsweise einer etablierten und akzeptierten Definition. Schließlich tritt die normative Umkämpftheit hinzu: Zwar mögen viele Semantiken bereits einen normativen ‚bias' mitführen, dennoch bleibt die jeweilige historische Bewertung von Semantiken offen. Auch dies zeigt sich an Spekulationssemantiken besonders eindringlich: Selbst wenn man sich auf Spekulation als ökonomisches Differenzgeschäft geeinigt hat, bleibt offen, ob dieses als moralisch verwerfliche oder ökonomisch nützliche Praktik eingestuft wird. Während eine derartige Analyse sich vornehmlich auf einzelne Semantiken bezieht, sollte auch die Beziehung zwischen ganzen Selbstbeschreibungen berücksichtigt werden. Hier empfehlen sich Anleihen bei der diskurstheoretischen Hegemoniekonzeption von Laclau/Mouffe – zumindest dann, wenn es sich um agonistische und antagonistische Selbstbeschreibungen handelt. Wichtig wird nun die diskursive Organisationsweise von Selbstbeschreibungen – insbesondere die Frage nach einem organisierenden ‚leeren Signifikanten'. Auf diese Weise lässt sich auch analytisch nachvollziehen, wie Elemente konkurrierender Beschreibungen desartikuliert und in die eigene Selbstbeschreibung artikuliert werden.[5]

Bisher wurde vor allem von Selbstbeschreibungen einzelner Funktionssysteme gesprochen. Die Analytik von Selbstbeschreibungen sollte aber auch deren Positionierung innerhalb unterschiedlicher Selbst- und Fremdbeschreibungen beachten. Selbstbeschreibungen nehmen auf Konstrukte des eigenen Systems durch andere Funktionssysteme und Organisationen Bezug. Sie übernehmen damit nicht nur eine Reflexionsfunktion innerhalb des Systems, sondern auch eine Außendarstellungsfunktion. Gerade diese Funktion kann äußerst bedeutend sein, da auf diese Weise nicht zuletzt auch Eingriffsversuche anderer Systeme präemptiv verhindert werden sollen: So versuchen Spekulationssemantiken, in ihre Bestimmung von Spekulation rechtliche Argumente aufzunehmen oder einer fremden Moralisierung vorzubeugen, indem eigene Semantiken der Systemmoral geschaffen werden (z. B. Spekulation als ökonomische Moral, welche den Markt zu sich selbst bringt). Außendarstellungen sind auch für die Ermöglichung und Kontrolle von Inklusionsprozessen bedeutsam: Inklusionsfiguren wie jene des Spekulanten beruhen auf Semantiken der Spekulation. Ein weiterer Aspekt ist für die relationale Analyse von Selbstbeschreibungen wichtig. Auch wenn einzelne Selbstbeschreibungen innerhalb des jeweiligen Funktionssystems geschaffen werden und auf dessen spezifische Probleme ausgerichtet sind, so bedeutet dies nicht, dass jede Semantik ‚neu' erfunden werden muss. Die Konstruktion von Selbstbeschreibungen folgt einem Prozess, den die neo-institutionalistische Organisationssoziologie auf der Ebene von organisationalen Formen herausgearbeitet hat: Funktionssysteme beobachten sich gegenseitig hinsichtlich ihres ‚Selbstbeschreibungsmanagements'. Dazu gehören zum Beispiel die Schaffung von Einheitsbildern, die Verwendung populären Semantiken, aber auch die Entwicklung von Abwehrstrategien gegenüber von ‚Fehlinterpretationen' durch andere Systeme. Hier flottieren gleichsam einzelne semantische Formen und werden je nach Funktionssystem unterschiedlich artikuliert – man denke zum Beispiel an Überlegenheitssemantiken, welche den privilegierten Status des jeweiligen Funktionssystems glaubhaft machen sollen.

---

5   Für eine ausführlichere Diskussion des Verhältnisses von Laclau'scher Hegemonietheorie und
      Luhmanns Systemtheorie siehe Stäheli (2000).

Schließlich hat sich auch für die Analyse von Spekulationssemantiken die Frage nach den Verbreitungsmedien der Börsenkommunikation als ertragreich erwiesen. Am Beispiel des Ende des 19. Jahrhunderts erfundenen Börsentickers zeige ich, welche Bedeutung dieses frühe ‚Echtzeitmedium' für die Börsenkommunikation und die Selbstbeschreibung der Börse hat (Stäheli 2007: 315-320). Auf dem Tickerband werden laufend Beschreibungen des Börsengeschehens angefertigt, die für den Beobachter kaum von den Operationen unterschieden werden können. Gerade an diesem Beispiel wird deutlich, dass sich Semantikanalyse nicht nur auf gleichsam ‚medienfreie' Inhalte konzentrieren kann, sondern dass die Verbreitungsmedien selbst semantisch wichtig werden. Der Börsenticker wurde denn auch zum ambivalenten Symbol der Finanzökonomie: Das Verbreitungsmedium, das eigentlich nur aktuelle Kurse verbreiten soll, wird (wie z. B. im Brettspiel Monopoly) selbst zum Symbol der Börse. Die Geschwindigkeit des Mediums, sein Lärm, ja auch seine Unberechenbarkeit machen die Börse gleichsam sinnlich erfahrbar und beobachtbar. Die Rede vom „Puls der Börse" ist denn auch kaum denkbar ohne jenes Medium, das diesen Puls global erst fühlbar gemacht hat.

III.

Eine solche Analytik von Selbst- und Fremdbeschreibungen kann und möchte keine Methode im engeren Sinne sein. Auch die geschilderten analytischen Perspektiven können nicht ohne weiteres auf jede beliebige Fragestellung übertragen werden. Die knappen Bemerkungen zur Selbstbeschreibung der Finanzökonomie sollten nicht zuletzt auch deutlich machen, dass sich diese Analytiken dem Zusammentreffen zwischen theoretischer Perspektive und materialem Gegenstand verdanken – ja, dieses Zusammentreffen zu organisieren versuchen. Ein derartiges Zusammentreffen kann nur dann ertragreich werden, wenn dessen Möglichkeiten nicht vorher durch enge theoretische und methodische Zwänge vorherbestimmt sind. Methodisches Arbeiten bedeutet immer auch, dass die „Welt in Klarheit entstellt" (distorted into clarity) wird (Law 2004: 2). Laws Vorschlag zu einer Neubeschreibung des methodischen Arbeitens steht auch den vorherigen Überlegungen nahe: Methoden dienen in diesem Sinne weniger als moralische Reinheitstechniken denn als Techniken, mit deren Hilfe neue Arrangements und Versammlungen sozialer Ereignisse und Dinge geschaffen werden können. Dabei spielt gerade auch die Lust an der Vermischung – die Lust am „mess" (Law 2004) – eine große Rolle, nicht zuletzt auch der theoretischen Offenheit zuliebe. Jedes methodische Arbeiten sollte denn auch, um theoriefähig zu werden, Momente des Ungeklärten, des Durcheinanders und des Singulären nicht nur erdulden, sondern diskursive Umgebungen schaffen, in denen solche Momente beobachtbar werden. Ein derartiges Verständnis von Analytiken sieht diese nicht als neutrale, beliebig anwendbare

Techniken, sondern unterstreicht deren performative Kraft. Methodisches Arbeiten – auch in seiner ,schwachen' Form der Analytiken – schafft Erfahrungswelten und nutzt selbst jene rhetorischen Strategien, für die es sich analytisch interessiert (Norton 2004). Zu häufig wird der inszenatorische Charakter und Wert von Methoden und Analytiken unterschätzt – ganz so als ob die Inszenierungsweisen dem Gegenstand äußerlich bleiben könnten, als ob es nackte soziale Fakten (seien diese sozialstruktureller oder semantischer Art) geben könnte. Zum Arrangement der Dinge und Ereignisse mag denn gerade auch die Kunst des Inszenierens als Darstellungskunst gehören, um überhaupt erst eine Anziehungskraft und Faszination durch das Beobachtete zu schaffen[6] – als eine Kunst, welche es erlaubt, die Dinge und Ereignisse dem faszinierten Blick der Theorie zu präsentieren.

IV. Literatur

Binczek, Natalie (2000): Im Medium der Schrift. Zum dekonstruktiven Anteil in der Systemtheorie Niklas Luhmanns. München: Fink

Clarke, Lee (2006): Worst Cases. Terror and Catastrophe in the Popular Imagination. Chicago: Chicago UP

Connolly, William (1983): The Terms of Political Discourse. Princeton: Princeton UP

Foucault, Michel (1973): Archäologie des Wissens. Frankfurt/M.: Suhrkamp

Foucault, Michel (1986): Der Gebrauch der Lüste. Sexualität und Wahrheit 2. Frankfurt/M.: Suhrkamp

Koschorke, Albrecht/Vissmann, Cornelia (Hrsg.) (1999): Widerstände der Systemtheorie. Kulturtheoretische Überlegungen zum Werk Niklas Luhmanns. Berlin: Akademie Verlag

Koselleck, Reinhart (1978): Historische Semantik und Begriffsgeschichte. Stuttgart: Klett-Cotta

Laclau, Ernesto/Mouffe, Chantal (1985): Hegemony and Socialist Strategy. Towards a Radical Democratic Politics. London: Verso

Latour, Bruno (2005): Reassembling the Social. An Introduction to Actor-Network-Theory. Oxford: Oxford UP

Law, John (2004): After Method. Mess in Social Science Research. London: Routledge

Luhmann, Niklas (1980): Gesellschaftsstruktur und Semantik. Studien zur Wissenssoziologie der modernen Gesellschaft, Bd. 1. Frankfurt/M.: Suhrkamp

Luhmann, Niklas (1982): Liebe als Passion. Frankfurt/M.: Suhrkamp

Luhmann, Niklas (1984): Soziale Systeme. Frankfurt/M.: Suhrkamp

Maasen, Sabine/Mayerhauser, Torsten/Renggli, Cornelia (Hrsg.) (2006): Bilder als Diskurse – Bilderdiskurse. Weilerswist: Velbrück

MacKenzie, Donald (2006): An Engine, not a Camera. How Financial Models Shape Markets. Cambridge: The MIT Press

Norton, Anne (2004): 95 Theses on Politics, Culture & Method. New Haven: Yale UP

Pethes, Nicolas (2003): „Thinking Ahead". Fiction as Prediction in Popular Scripts on Political Scenarios. In: Soziale Systeme 9 (2). 272-284

Stäheli, Urs (1997): Exorcizing the Popular Seriously. Luhmann's Concept of Semantics. In: International Review of Sociology 7 (1). 127-146

---

6   Wissenschaftliches Arbeiten beruht auf der Anziehung von Interesse und Faszination (Stengers 1997).

Stäheli, Urs (2000): Sinnzusammenbrüche. Eine dekonstruktive Lektüre der Luhmann'schen Systemtheorie. Weilerswist: Velbrück

Stäheli, Urs (2006): Normale Chancen? Die Visualisierung von Investmentchancen in der Finanzwerbung. In: Maasen/Mayerhauser/Renggli (2006): 27-52

Stäheli, Urs (2007): Spektakuläre Spekulation. Das Populäre der Ökonomie. Frankfurt/M.: Suhrkamp

Stengers, Isabelle (1997): Die Erfindung der modernen Wissenschaft. Frankfurt: Campus

Stichweh, Rudolf (2000): Semantik und Sozialstruktur. Zur Logik einer Unterscheidung. In: Soziale Systeme 6 (2). 237-250

Tsoukas, Haridimos (2005): Complex Knowledge. Studies in Organizational Epistemology. Oxford: Oxford UP

Wissenssoziologische Diskursanalyse und Systemtheorie

Reiner Keller

Einleitung

Der nachfolgende Beitrag stellt die Grundzüge der Wissenssoziologischen Diskursanalyse (Keller 2001, 2005a) vor.[1] Die WDA ist weder Methodologie noch Methode, sondern ein in wissenssoziologische Traditionen eingebettetes Forschungsprogramm zur Untersuchung der *diskursiven Konstruktion* symbolischer Ordnungen, die in Gestalt konfliktträchtiger gesellschaftlicher Wissensverhältnisse und konkurrierender Wissenspolitiken in Erscheinung tritt. Sie verbindet Grundlegungen der wissenssoziologischen Tradition mit Anregungen Michel Foucaults, entwickelt daraus ein eigenständiges theoretisch-begriffliches Analysegerüst, methodologische Reflexionen und anschließbare methodische Vorgehensweisen der wissenssoziologischen Diskursforschung. Die WDA bezieht sich unter anderem auf das, was in der Luhmann'schen Systemtheorie als „Ideenevolution" (Luhmann 2008) oder „gepflegte Semantik" begriffen und von sozialstrukturellen Differenzierungsprozessen unterschieden wird. Jedoch nimmt sie nicht ‚Ideen' und ‚Semantiken' in den Blick, sondern Diskurse als rekonstruierbare, produktive Aussagepraxen, die in einem konfliktreichen Geflecht von sozialen Akteuren, institutionell-dispositiven Ordnungen und Wissensformierungen Wirklichkeitsordnungen konstituieren sowie Machteffekte hervorrufen. Betont wird die Beschaffenheit von Diskursen als eine *konkrete und materiale,* also *wirkliche gesellschaftliche Praxis.* Der Wissenssoziologischen Diskursanalyse geht es darum, die darin statthabenden Prozesse der sozialen Konstruktion, Objektivation, Kommunikation und Legitimation von Sinn-, das heißt Deutungs- und Handlungsstrukturen auf der Ebene von Institutionen, Organisationen beziehungsweise sozialen Akteuren zu rekonstruieren und die gesellschaftlichen Wirkungen dieser Prozesse zu analysieren. Das schließt unterschiedliche Dimensionen der Rekonstruktion ein: diejenige der Bedeutungsproduktion ebenso wie diejenige von Subjektformierungen, Handlungsweisen, institutionellen/strukturellen Kontexten und gesellschaftlichen Folgen, wie sie beispielsweise in Gestalt von Dispositiven oder alltagsweltlichen Aneignungen und Abweisungen beobachtbar sind. Eine solche Perspektive unterstellt die Normalität der symboli-

---

1   Vgl. zu den Grundlagen weiterhin Keller (1997, 1998, 2003, 2007a, 2007b); zum Überblick über die mittlerweile breite Verwendung beispielsweise Keller/Truschkat (2010) sowie die Webseite des Netzwerkes WDA auf www.diskursanalyse.org.

schen Kämpfe, des Wettstreits der Diskurse, dessen Erscheinungsformen und Effekte in den seltensten (wenn auch vielleicht vorab nicht ausschließbaren) Fällen auf Dominanzen und Intentionen einzelner Diskursakteure zurückgeführt werden können. Die Wissenssoziologische Diskursanalyse fragt sowohl nach sozialen Konventionalisierungen und Strukturierungen symbolischer Ordnungen wie nach symbolischen Strukturierungen sozialer Ordnungen. Sie analysiert institutionell stabilisierte Regeln der Deutungspraxis und interessiert sich für die Definitionsrolle beteiligter Akteure. Sie zielt nicht zuletzt auf die Objektivierungen und Konsequenzen von Diskursen in Gestalt von Artefakten, sozialen Praktiken, Kommunikationsprozessen und Subjektpositionen.

Die WDA eignet sich in besonderem Maße zur Analyse derjenigen Phänomene und Fragen des gegenwärtigen sozialen Wandels, die unter den Begriffen der *Wissensgesellschaft, der Informationsgesellschaft, der Medien- und Kommunikationsgesellschaft, der Risikogesellschaft* etc. diskutiert werden. Diese sozialwissenschaftlichen Gegenwartsbestimmungen und die anschließenden Forschungen nutzen bislang weder die Potenziale der wissenssoziologischen Tradition noch diejenigen der Diskursforschung, obwohl dies doch nahe liegt, da sie ungeachtet ihrer Unterschiedlichkeit durchgängig auf die Bedeutung gesellschaftlicher Wissensverhältnisse, der Informationsflüsse und Kommunikationsprozesse sowie deren Wandel verweisen. Wie wir heute unsere Wirklichkeit(en) wahrnehmen, ist nicht nur – und vielleicht nicht einmal mehr hauptsächlich – durch lebenspraktische Erfahrungen und Begegnungen mit signifikanten Anderen bestimmt. Auch die prägende Kraft tradierter Deutungs- und Handlungsmuster hat deutlich abgenommen. An die Stelle überlieferter symbolischer Ordnungen treten die massenmedial vermittelte, ausgedehnte und beschleunigte Welterfahrung einerseits, die wissenschaftliche und professionelle Wissensproduktion und deren Sedimentierung in die außerwissenschaftliche Deutungs- und Handlungspraxis andererseits. Diese permanente Erzeugung und Verstreuung von Wissen ist zur allgegenwärtigen Tradition der modernen Gesellschaften geworden. Die WDA formuliert hier ein Angebot, wie solche Prozesse aus wissenssoziologischer Perspektive untersucht werden können.[2] Die damit angesprochenen verschiedenen Ebenen der Wissenssoziologischen Diskursanalyse können nachfolgend nur sehr knapp erläutert werden, im Hinblick auf theoretische Grundannahmen, begriffliches Gerüst, Methodologie und methodische Umsetzungen. Abschließend wird auf das Verhältnis von WDA und Systemtheorie eingegangen.

---

2   Weitere exemplarische Anwendungen finden sich inzwischen zu Fragen der Umweltpolitik und -diskussion (Keller 1998), zur Kompetenzdebatte (Truschkat 2008), zu Gesundheitspolitik (Bechmann 2007), zum Satanismus (Schmied-Knittel 2008), zur Produktion von Stadtbildern (Christmann 2004), zu Familienvorstellungen und Familiensoziologie in den USA (Zimmermann 2010), zur identitären Verständigung in sozialen Bewegungen (Ulrich 2008) oder zur wissenschaftlichen Konstruktion von Selbstmordattentätern (Brunner 2010).

1. Grundannahmen

Als Diskurse bezeichne ich im Anschluss an Michel Foucault (vorwiegend institutionell-organisatorisch) regulierte, strukturierte Praktiken des Zeichengebrauchs. Foucaults großer Verdienst besteht in diesem Zusammenhang darin, dass er die Materialität gesellschaftlicher Zeichen- und Ideenproduktion, das heißt ihre konkrete Erscheinungsweise in Praktiken, institutionellen Strukturen, Objekten und textlichen Dokumenten bewusst gemacht und Wege aufgezeigt hat, wie diese ohne Rekurs auf ‚wahre' beziehungsweise ‚verborgene' Gründe und Intentionen einzelner gesellschaftlicher Interessengruppen oder Akteure als emergente Diskursformationen analysiert werden können. Dazu schlug er – zunächst stärker strukturalistisch, später eher macht- beziehungsweise konflikttheoretisch argumentierend – entsprechende Analysedimensionen diskursiver Formationen vor, die soziologisch fruchtbar gemacht werden können, wenn man sie mit historisch situierten Institutionalisierungsprozessen und darin verwobenen Handlungen sozialer Akteure verknüpft.[3] In Diskursen wird von gesellschaftlichen Akteuren im Sprach- beziehungsweise Symbolgebrauch die soziokulturelle Faktizität physikalischer und sozialer Realitäten konstituiert. Die Bedeutung von Zeichen, Symbolen, Bildern, Gesten, Handlungen oder Dingen ist in sozial, räumlich und zeitlich beziehungsweise historisch situierten – deswegen wandelbaren – Zeichenordnungen mehr oder weniger stark festgelegt. Sie wird im konkreten Zeichengebrauch bestätigt, konserviert oder auch verändert. Insoweit ist jede fixierte Bedeutung eine Momentaufnahme in einem sozialen Prozess, der eine unendliche Vielfalt von möglichen Lese- und Interpretationsweisen zu generieren vermag. Diskurse lassen sich als Anstrengungen verstehen, Bedeutungen beziehungsweise allgemeiner: mehr oder weniger weit ausgreifende symbolische Ordnungen einzufrieren, das heißt in der Zeit zu stabilisieren und dadurch einen verbindlichen Sinnzusammenhang, eine Wissensordnung in sozialen Kollektiven zu institutionalisieren. Die Wissenssoziologische Diskursanalyse beschäftigt sich mit diesem Zusammenhang zwischen dem Zeichengebrauch als soziale Praxis und der (Re-)Produktion/Transformation von gesellschaftlichen Wissensordnungen. Von *Wissenssoziologischer* Diskursanalyse wird gesprochen, weil die damit verfolgte diskursorientierte Perspektive aufgrund ihrer Forschungsinteressen in der von Peter Berger und Thomas Luckmann begründeten Tradition soziologischer Wissensanalyse verortet werden kann und von einer Anbindung an diese Tradition profitiert. Spezifischer wird damit ein Konzept der Diskursanalyse vorgestellt, das einen Brückenschlag zwischen *handlungs- und strukturtheoretischen Tra-*

---

3   Foucaults unterschiedliche Akzentuierungen des Diskursbegriffs habe ich an anderer Stelle diskutiert (Keller 2005a, 2008). Die von Jürgen Habermas vorgeschlagene Diskursethik bzw. deren gesellschaftliche Realisierung als ‚Mediationsverfahren', ‚Runder Tisch' oder ‚Konsensgespräch' lässt sich aus der Perspektive der WDA als spezifische Aussagepraxis zum Gegenstand empirischer Analyse machen.

ditionen der Wissenssoziologie anvisiert. Damit wird der unproduktive Gegensatz zwischen Wissensanalysen überwunden, die – wie Foucault in der „Archäologie des Wissens" (Foucault 1988) – auf die Emergenz kollektiver Wissensordnungen fokussieren, und solchen, in denen die Definitionskämpfe gesellschaftlicher Akteure betont werden – etwa bei Foucault (1975) in „Der Fall Rivière" oder in symbolisch-interaktionistischer Tradition beispielsweise Joseph Gusfield (1981) mit seinen Analysen ‚kollektiver Kreuzzüge gegen Alkoholmissbrauch'.

Als gesellschaftlicher ‚Einsatz' von Diskursen beziehungsweise diskursiven Deutungskämpfen können konkurrierende Wirklichkeitsbestimmungen und daran anschließende institutionelle Ordnungen beziehungsweise gesellschaftliche Infrastrukturen (u. a. Dispositive, Sprecherpositionen, Praktiken, Subjektpositionen, Objekte) gelten. Die in diskursiven Kämpfen und entsprechenden Diskursarenen vorhandenen Sprecherpositionen und die darin involvierten sozialen Akteure sind keine ‚Meister des Diskursuniversums',[4] sondern durch bestehende Strukturierungen von diskursiven Ordnungen beziehungsweise Formierungen (mit) konstituiert. Dennoch agieren sie keineswegs als Marionetten der Diskurse, sondern als quirlig interessierte Aussageträger, als Artikulateure mit mehr oder weniger starken Ressourcen- und Kreativitätspotentialen. Die dabei produzierten und sich transformierenden symbolischen Ordnungen stellen aggregierte Effekte ihres Agierens dar; eindeutige temporäre Dominanzen oder Hegemonien sind wohl seltene, freilich empirisch nicht auszuschließende Sonderkonstellationen.

Die Wissensbausteine eines Diskurses – die Begriffe, Theorien, Deutungsmuster, Klassifikationen, Geschichten, die er prozessiert – erhalten ihren Sinngehalt aus dem Relationsgefüge, das durch ihren Gebrauch erzeugt und reproduziert wird und in das sie unweigerlich eingebunden sind. Dazu gehört zum einen die Binnenstruktur der Deutungselemente innerhalb eines Diskurses, zum anderen die Außenbeziehungen, das heißt das, was jeweils die ausgeschlossenen Bezugsdifferenzen bildet. Historische Diskursordnungen sind Effekte von Institutionalisierungsprozessen der Aussageproduktion, die Spielräume für weitere legitime Aussageproduktionen begrenzen und gestalten. Ihre soziohistorisch situierten Regulierungen werden – und dafür liefern Wissenschaften nach wie vor exemplarische Beispiele – von sozialen Akteuren geschaffen, als Zwänge erfahren, als Chancen auf Gehör genutzt und gegebenenfalls auch überschritten. Beispielsweise schreibt Alfred Schütz in seinen Ausführungen über die finite Sinnprovinz der „Welt der wissenschaftlichen Theorie":

---

4   Die pragmatistischen Zeichen- und Symboltheorien sprechen von *Diskurstypus* bezüglich abgrenzbarer Konventionalisierungen des Sprachgebrauchs, von *Diskursuniversum* im Hinblick auf die Stabilisierung von Sinnordnungen als Voraussetzung und Folge des Zeichengebrauchs in sozialen Kollektiven (vgl. Morris 1981).

"All this, however, does not mean that the decision of the scientist in stating the problem is an arbitrary one or that he has the same ‚freedom of discretion' in choosing and solving his problems which the phantasying self has in filling out its anticipations. This is by no means the case. Of course, the theoretical thinker may choose at his discretion, only determined by an inclination rooted in his intimate personality, the scientific field in which he wants to take interest and possibly also the level (in general) upon which he wants to carry on his investigation. But as soon as he has made up his mind in this respect, the scientist enters a preconstituted world of scientific contemplation handed down to him by the historical tradition of his science. *Henceforth, he will participate in a universe of discourse embracing the results obtained by others, methods worked out by others.* (...) The regulative principle of constitution of such a province of meaning, called a special branch of science, can be formulated as follows: Any problem emerging within the scientific field has to partake of the universal style of this field and has to be compatible with the preconstituted problems and their solution by either accepting or refuting them. Thus the latitude for the discretion of the scientist in stating the problem is in fact a very small one" (Schütz 1973b: 250, [1945]; Herv. R. K).

Im Anschluss an die pragmatistischen Grundlagen des Symbolischen Interaktionismus und die wissensphänomenologischen Analysen von Alfred Schütz lassen sich soziale Kollektive ganz allgemein als Kommunikationsgemeinschaften begreifen, die ihre symbolischen Ordnungen in Zeichensystemen typisieren und objektivieren – sie erzeugen ein gemeinsames Diskursuniversum beziehungsweise eine Vielzahl entsprechender, mehr oder weniger überlappender, in einer Art Fließgewicht von Beharrung und Veränderung befindlicher Subuniversen. Die zeichenförmigen Typisierungen – in den Worten von Schütz: die kollektiven Wissensvorräte – werden diskursiv prozessiert und in allgemeinen Sozialisationsprozessen sowie in davon zu unterscheidenden, stärker situativen Positionierungsprozessen von sozialen Akteuren (Individuen, Kollektiven) als potentiellen Inhabern von Sprecherpositionen, Aussageproduzenten oder Diskursadressaten (Subjektpositionen) angeeignet beziehungsweise als „Instruktionen" (Renn 2005) genutzt. Sie funktionieren dann, bezogen auf das individuelle Erleben, gleichzeitig als vernetzte, aufeinander verweisende Schemata der aktiven Erfahrung oder Wahrnehmung (Apperzeption) und als solche der über das Zeichen hinausweisenden Deutung, der Appräsentation, also der Interpretation des Wahrgenommenen und des intervenierenden Deutens/Handelns. Sie bilden „einen Sinnzusammenhang, der unter Umständen als institutionalisiertes, von allen Mitgliedern einer sozialen Gruppierung geteiltes Verweisungsschema diesen zu Gebote steht" (Srubar 1988: 233). Typisierungsvorräte sind nichts anderes als Differenz-Systeme von Zeichen, die durch den praktischen Zeichengebrauch sozialer Kollektive entstehen und sich durch ihren wechselseitigen Bezug beziehungsweise ihre Abgrenzung zugleich unterscheiden und konstituieren. Historisch sind sie dem einzelnen Individuum und Bewusstsein immer schon als mehr oder weniger stark fixierter ‚Bestand' vorgängig. Das wichtigste und allgemeinste Beispiel für ein solches institutionalisiertes Zeichen- und Wissenssystem ist sowohl für Schütz wie für Berger/Luckmann eine Sprache: „Diese Leistung der Sprache beruht auf der Festlegung der Darstellungsfunktion der Zeichen, ihrer semantisch-taxonomischen Erstarrung im System" (Schütz/

Luckmann 1984: 208). Das Bedeutungs-System Sprache ist Voraussetzung der unweigerlich notwendigen ‚Entsubjektivierung' der individuellen Deutungspraxis, das heißt der geschichtlich-gesellschaftlichen Bestimmung der Möglichkeiten einer ‚subjektiven' Orientierung des Einzelnen in der Lebenswelt. Ihre Anwendung setzt immer Interpretationsleistungen der beteiligten Akteure voraus. Jede auf Dauer gestellte Zeichenverwendung ist eine durch soziale Konventionalisierungen geregelte gesellschaftliche Praxis. Solche Konventionalisierungen liegen als instruierende Regeln den diskursiven Praktiken zugrunde und werden im praktischen Gebrauch aktualisiert, also zugleich reproduziert und gegebenenfalls erneuert beziehungsweise verändert.[5]

> „Demnach bestimmt Gesellschaftsstruktur Sprache auf zweifache Weise. Eine besondere geschichtliche Sozialstruktur hat eine besondere Kette typischer kommunikativer Vorgänge gesteuert: diese brachten – über Stabilisierung und Wandel schon vorhandener Elemente – eine bestimmte Sprachstruktur und Schichtung hervor. Zum anderen regelt aber eine gegebene Sozialstruktur mehr oder minder verbindlich und in mehr oder minder funktionsbezogener Weise die typischen Verwendungen der vorhandenen kommunikativen Mittel in typischen Situationen, begonnen mit den frühen Phasen des Spracherwerbs (...) bis zur institutionellen Festlegung semantischer, syntaktischer und rhetorischer Elemente der Kommunikation. (...) Darüber hinaus wird der aktuelle Gebrauch kommunikativer Mittel in konkreten Situationen gesellschaftlich geregelt. Die Regelungen können aus streng bis lose gehandhabten negativen und positiven Selektionsregeln bestehen. Dazu gehören Verbote wie Worttabus, Verpönungen bestimmter Stilvarianten in gewissen Situationen oder gegenüber bestimmten Personentypen, Gebote für den Gebrauch bestimmter Sprachformen oder ganzer Sprachschichten wie in der verbindlichen (symmetrischen oder asymmetrischen) Benutzung statusbedingter Anredeformeln, Stilvarianten usw. (...) Der Gebrauch kommunikativer Mittel ist also sowohl von der geschichtlich verfügbaren Struktur der kommunikativen Mittel wie von der konkreten gesellschaftlichen Regelung kommunikativer Vorgänge bestimmt (...) Der aktuelle Gebrauch kommunikativer Mittel setzt sich ebenfalls aus Regelbefolgung, Routine und aus dem – wenn auch noch so eingegrenzten – Handeln in der Wir-Beziehung zusammen. Daraus ergibt sich Strukturerhaltung und Strukturwandel" (Schütz/Luckmann 1984: 209 f.).

Damit sich die erwähnten Zeichen/Typisierungen zur sprachlichen Gestalt eines komplexen, sozial geteilten „universe of discourse" (Schütz/Luckmann 1984: 327) beziehungsweise eines Diskurses stabilisieren können, ist historisch-genetisch eine gewisse Kongruenz der Handlungsrelevanzen notwendig – das ist nicht zuletzt ein Grundthema der „Gesellschaftlichen Konstruktion der Wirklichkeit" (Berger/Luckmann 1980). Der Gebrauch der Typisierungen ist dann zwar sozial reguliert, aber nicht vollständig determiniert. Es besteht also prinzipiell eine gewisse Freiheit des Deutens und Handelns in konkreten Situationen sowie ein Überangebot an Verständigungsformen und Mustern für Sinnzuschreibungen. Gesellschaf-

---

5   Dabei sind in der Regel kleinere Sinnverschiebungen gemeint, die nur so weit reichen, wie sie noch unter dem Bedeutungshorizont eines typisierenden Schemas gefasst werden können, da ansonsten keine Anschlussmöglichkeiten bestehen. Eine größere Differenz wird eher als etwas ‚komplett Neues' wahrgenommen.

ten unterscheiden sich nach dem bereitgestellten Spektrum und den Produktionsweisen solcher Wahlmöglichkeiten.

2. Konzepte

Diskurse sind Ausdruck und Konstitutionsbedingung des Sozialen zugleich; sie werden durch das Handeln von sozialen Akteuren real, stellen spezifisches Wissen auf Dauer dar und tragen zur Verflüssigung und Auflösung institutionalisierter Deutungen und scheinbarer Unverfügbarkeiten bei. Diskurse kristallisieren und konstituieren Themen in besonderer Form als gesellschaftliche Deutungs- und Handlungsprobleme. Diskursive Formationen sind abgrenzbare Diskursgruppierungen, die weitgehend denselben Formationsregeln folgen. Als Diskursfelder bezeichne ich soziale Arenen, in denen Diskurse wechselweise in Konkurrenz stehen. Der Begriff der Diskursverhältnisse oder Diskursregime bezeichnet die Beziehungsgefüge zwischen Diskursen und/oder Diskursen und Praxisfeldern. Foucault selbst hatte – letztlich vor allem mit Blick auf wissenschaftliche Wissensformationen oder „Wahrheitsspiele" – in der „Archäologie des Wissens" vorgeschlagen, die Formierung der Gegenstände, der Strategien, der Begriffe und der Äußerungsmodalitäten in Diskursen zu untersuchen, aber dazu kaum weitere Hinweise oder Analysekonzepte angeboten (Foucault 1988; vgl. Keller 2008: 74 ff.). Die nachfolgend vorgestellten Begriffe der WDA greifen das von Foucault benutzte Analyseraster auf, ergänzen es jedoch in verschiedener Hinsicht.

Gegenstände der Wissenssoziologischen Diskursanalyse sind sowohl öffentliche Diskurse wie auch institutionelle – also in gewissem Sinne teilöffentliche – Spezialdiskurse im Foucault'schen Verständnis. Sie werden im Hinblick auf ihre Träger, auf übereinstimmende oder unterschiedliche Formationsregeln und inhaltliche Positionierungen sowie deren Effekte untersucht. Sowohl bei der Analyse von Spezialdiskursen wie bei der Analyse öffentlicher Diskurse wird von rekonstruierbaren Regeln und Ressourcen, also Diskurs-Strukturen ausgegangen, die einzelnen diskursiven Ereignissen zugrunde liegen. Auch öffentliche Diskurse bestehen aus unabhängigen Aussageereignissen, die an verschiedensten Orten und zu unterschiedlichen Zeiten erscheinen, typisierbare Regelmäßigkeiten aufweisen und – wenn auch nicht als unmittelbare Interaktionen unter Bedingungen der Kopräsenz – als Aushandlungsprozesse über die „Definition der Situation" (William I. Thomas) begriffen werden können. Damit ist freilich kein argumentativer Konsensbildungsprozess im Sinne der Habermas'schen Diskursethik behauptet. ‚Aushandeln' bezeichnet vielmehr Konfliktkonstellationen, einen Streit über die ‚Wirklichkeit der Wirklichkeit', der im Rückgriff auf unterschiedlichste Ressourcen als symbolischer Kampf ausgetragen wird. Dabei können sich zwar spezifische Diskurskoalitionen und Aussagenträger gegenüber anderen durchsetzen. Dennoch lässt sich die dabei stattfindende diskursive Formierung nicht (oder nur im Grenzfall) als intendierter und kontrollierter Effekt einzelner Akteure verstehen. In solchen Diskursen geht es um die Festlegung der kollektiven symbolischen (Problem-)Ordnung durch die weitestgehende Wiederholung und Stabilisierung gleicher Aussagen in singulären Äußerungen. *Beide Diskursformen, also institutionelle Spezialdiskurse und allgemeinöffentliche Diskurse, werden von der Wissenssoziologischen Diskursanalyse als diskursive Formationen betrachtet und im Hinblick auf ihre Formationsregeln und Verläufe das in ihnen festgeschriebene Wissen und dessen Effekte untersucht.* Die Nachzeichnung der Ausbildung konkurrierender Subdiskurse innerhalb von diskursiven Formationen ist eine Angelegenheit der empirischen Diskursforschung. Ob sich die Analyse auf die gemeinsamen Strukturen konkurrierender Subdiskurse innerhalb einer diskursiven Formation, auf ihre strukturellen Unterschiede oder den Vergleich unterschiedlichster Formationsweisen, auf Verläufe der Diskurse sowie deren Verhältnis zu extradiskursiven Praxisfeldern bezieht, wird nach dem jeweiligen Erkenntnisinteresse zu entscheiden sein – keine dieser Perspektiven ist per se aus dem Forschungsprogramm der Wissenssoziologischen Diskursanalyse ausgeschlossen.

Die WDA schlägt einige Begriffe vor, um die angenommene Existenz einer tatsächlichen Formierung von Äußerungen zur analysierbaren Gestalt eines Diskurses zu untersuchen. Der Begriff *Diskurs* selbst bezeichnet einen Strukturierungszusammenhang, der verstreuten diskursiven Ereignissen zugrunde liegt. Darauf zielt ja gerade das Diskurskonzept – einen Begriff für die Typik disparater empirischer und als Ereignisse singulärer Äußerungen zur Verfügung zu stellen. Die Einheit des Strukturierungszusammenhangs, das heißt des Diskurses ist ein notwendiges Hilfskonstrukt der sozialwissenschaftlichen Beobachtung, eine unumgängliche Forschungshypothese. In der endlichen Abfolge tatsächlicher Äußerungen (Kommunikationen) werden durch die Kontingenz der historisch-situativen Bedingungen und des konkreten Handelns hindurch Diskursstrukturen von sozialen Akteuren reproduziert und transformiert, während sie mehr oder weniger aufgeregt, mehr oder weniger konkurrierend ihren jeweiligen Alltagsgeschäften nachgehen. Diskursive Ordnungen sind Ergebnisse einer *permanenten kommunikativen Produktion* in einzelnen Sprach- und Handlungsereignissen, die aber nicht als spontane und chaotische verstanden werden, sondern als miteinander verflochtene, aufeinander verweisende und strukturierte Praktiken. Mit dieser Definition werden Diskurse als tatsächliche, manifeste, beobachtbare und beschreibbare soziale Praxis bestimmt, die ihren Niederschlag in unterschiedlichsten natürlichen Dokumenten, im mündlichen und schriftlichen Sprach-, Bild-, beziehungsweise allgemeiner: Zeichengebrauch findet. Die Realisierung von Diskursen erfolgt im kommunikativen Handeln sozialer Akteure. Sie liegen diesem Handeln orientierend zugrunde und werden dadurch als Struktur- und Signifikationszusammenhang ‚wirklich'. Ein Flugblatt, ein Zeitungsartikel oder eine Rede im Rahmen einer Demonstration aktualisieren beispielsweise einen umweltpolitischen Diskurs in unterschiedlicher konkreter Gestalt und mit verschiedener empirischer Reichweite, aber mit dem gleichen Aussagewert. Diskurse unterliegen den Bedingungen institutioneller Trägheit: einzelne diskursive Ereignisse aktualisieren und reproduzieren eine Diskursstruktur nie völlig identisch, sondern immer in Form mehr oder weniger weitreichender Abweichungen.[6] ,Aktualisierung' kann also in zweifachem Sinne verstanden werden: als Überführung einer Diskursstruktur in ein tatsächliches Ereignis und als damit einhergehende Modifikation beziehungsweise Einpassung in die aktuellen Bedingungen eines situativen Kontextes. Qualitativ gewichtige Transformationen von Diskursen können in den seltensten Fällen auf ein einzelnes solches Ereignis bezogen werden. Sie entstehen vielmehr aus der Summe von Abweichungen in einer Art Wechsel vom quantitativen zum qualitativen Effekt. *Diskursive Ereignisse, Akteure, Praktiken, Dispositive* und *,Wissensstrukturierungen'* bilden damit letztlich die Bausteine der Materialität von ,Diskursen'. Sie sollen deswegen hier in aller Kürze erläutert werden.[7]

(a) *Diskursive Ereignisse* (Aussageereignisse) bilden die typisierbare materiale Gestalt von Äußerungen, in der ein *Diskurs* in Erscheinung tritt. Eine *Äußerung* ist im Sinne Foucaults das konkrete, für sich genommen je einmalige und unwiederholbare Zeichen- beziehungsweise Kommunikationsereignis. Demgegenüber meint *Aussage* eine Ebene des Typischen und Typisierbaren: Die gleiche Aussage kann in ganz unterschiedlichen Äußerungen und situativ-singulären Gestalten getroffen werden. Einzelne sprachliche Äußerungen enthalten „Diskursfragmente" (Siegfried Jäger). Das Verhältnis von Diskurs und diskursivem Ereignis entspricht dem Verhältnis von Struktur beziehungsweise Strukturierung und einzelner Handlung, das heißt in den Worten von Anthony Giddens (1992): der „Dualität von Struktur". Aus Handlungen entstehen Strukturen, aus Strukturen im Prozess der Strukturierung wiederum Handlungen. Ohne Aussageereignisse gibt es keine Diskurse; ohne Diskurse können Aussageereignisse nicht verstanden, typisiert und interpretiert werden, also nicht kollektive Wirklichkeit konstituieren. Peter Wagner (1990) spricht im Anschluss an Anthony Giddens von „Diskursstrukturierung", wenn sich aus verstreuten Aussageereignissen nach und nach die empirische, typisierbare Gestalt eines solchen diskursiven Strukturzusammenhangs entwickelt. Eine solche Struktur ist strukturiert – also Ergebnis vergangener Prozesse der Strukturbildung – und strukturierend im Hinblick auf die Spielräume zukünftiger diskursiver Ereignisse. Das tatsächliche Geschehen ist keine direkte Folge der Strukturmuster und Regeln, sondern Ergebnis des aktiv-interpretierenden Umgangs sozialer Akteure mit diesen Orientierungsmustern. Die Regeln sichern die Gemeinsamkeit, den Zusammenhang von Interaktions- und Kommunikationsprozessen. Bei ihrer Aktuali-

---

6   Es handelt sich notwendigerweise um eine stetige Balance zwischen Wiederholung und Differenz. Dabei überwiegen die Anteile der Wiederholung, da sonst kein Wiedererkennungswert besteht.

7   Vergleiche zu weiteren Begrifflichkeiten Keller (2005a).

sierung handelt es sich um eine (gewiss: mehr oder weniger) kreative und performative Leistung gesellschaftlicher Akteure, die auf Ressourcen zurückgreifen, sie für ihre praktischen Zwecke, Strategien, Taktiken, Kontexte hin nutzen, auslegen und miterzeugen, um ihre Spielzüge durchzuführen. Diskurse, so lässt sich zusammenfassen,

- stellen normative Regeln für die (formale) Art und Weise der Aussageproduktion bereit (z. B. legitime kommunikative Gattungen),
- bieten Signifikationsregeln für die diskursive Konstitution der Bedeutung von Phänomenen an,
- mobilisieren Handlungsressourcen (Akteurspotenziale) und materiale Ressourcen (Dispositive) für die Erzeugung und Verbreitung von Bedeutungen.

Dadurch und in dieser Hinsicht leiten sie die Praktiken sozialer Akteure an, die konkrete Aussageereignisse ‚material' erzeugen. Diskurskonstitutive Regeln der Selektion von Sprechern und Inhalten sind immer auch Regeln der Exklusion. Nicht jede(r) erfüllt die Kriterien und verfügt über die Ressourcen, die für die Teilnahme an einem spezifischen Diskurs vorausgesetzt sind. Und auch die spezifische Definition der Wirklichkeit, die ein Diskurs vorgibt, schließt andere Varianten aus. Insoweit verweist der Diskursbegriff unmittelbar auf den Begriff der Macht. Diskursstrukturen sind zugleich Machtstrukturen; diskursive Auseinandersetzungen sind machthaltige Konflikte um Deutungsmacht.

(b) *Soziale Akteure greifen* in ihrer diskursiven Praxis die in Gestalt von Diskursen verfügbaren Regeln und Ressourcen der Deutungsproduktion *auf* oder reagieren als *Adressaten* darauf. Erst dann wird verständlich, wie es zur mehr oder weniger kreativen Ausführung von solchen Praktiken kommt. Die Wissenssoziologische Diskursanalyse zielt nicht auf die (sozial-) phänomenologische Rekonstruktion typisierbarer Bewusstseinsleistungen und auch nicht auf ‚eigentliche' Motivationen oder die (innere) Subjektivität von Aussageproduzenten. Stattdessen verbleibt sie auf der Oberfläche des Ausgesagten. Sie verwechselt jedoch nicht vorschnell die Diskursebene als Möglichkeits- und Begrenzungsbedingung von Äußerungen mit den tatsächlichen Deutungs- und Handlungspraktiken sozialer Akteure. Soziale Akteure sind Adressaten von Wissensbeständen und darin eingelassenen Wertungen, aber auch *nach Maßgabe der soziohistorischen und situativen Bedingungen* selbstreflexive Subjekte, die in ihrer alltäglichen Be-Deutungsleistung soziale Wissensbestände als Regelbestände mehr oder weniger eigen-sinnig interpretieren (Hitzler/Reichertz/Schröer 1999: 11 ff.; Schröer 1997).

Soziale Akteure (individueller oder kollektiver Gestalt) sind in zweierlei Weise auf Diskurse bezogen: als Einnehmer von *Sprecherpositionen,* das heißt als *Aussageproduzenten,* die innerhalb eines Diskurses sprechen einerseits, als *Adressaten der Aussagepraxis* andererseits. Die Unterscheidung von sozialen Akteuren, die zunächst unabhängig von beziehungsweise außerhalb von Diskursen ‚existieren', und ihrer ‚diskursspezifischen Konfiguration', die in Gestalt der Einnahme von in Diskursen bereitgestellten oder ‚eroberten' Sprecherpositionen erfolgt, ist für sozialwissenschaftliche Diskursforschungen hilfreich, da erst damit etwa in Rechnung gestellt werden kann, dass Sprecher im Diskurs nicht aus dem Nichts auftauchen, dass sie andererseits darin aber nie in ihrer ‚Ganzheit' involviert sind, oder dass nicht jeder beliebige soziale Akteur eine konkrete Sprecherposition übernehmen kann. Das soziologische Vokabular von Institutionen, Organisationen, Rollen, Strategien individueller oder kollektiver, *immer aber sozialer Akteure* kann für eine entsprechende Analyse der Strukturierungen von Sprecherpositionen in Diskursen genutzt werden. Durch ihre reflexiven und praktischen Interpretationen der strukturellen Bedingungen können sie auch deren Transformation herbeiführen.

Bezüglich der in Diskursen auf der Ebene ihrer Wissensstrukturierung vorgenommenen *Adressierung von menschlichen Handlungsträgern* lässt sich von unterschiedlichen *Subjektpositionen* sprechen. Hier werden soziale Akteure in unterschiedlicher Weise ‚angerufen' – beispielsweise als Problemverursacher, Problemträger, Objekte von notwendigen Interventionen oder potenzielle Nachfrager nach spezifischen Leistungen. Der zeitgenössische Diskurs über ‚erfüllte Sexualität' beispielsweise konturiert die erlebenden Subjekte dieser Sexualität als permanent aktive, über hohe körpertechnische Kompetenzen verfügende, zu wechselseitiger Stimulierung und zu steigerbaren Höhepunkten verpflichtete Interaktionspartner/innen, denen im Bedarfsfall vielfältiger Expertenrat (oder das ein oder andere technische Hilfsmittel) zur Seite steht (Jackson/Scott 1997, 2007; Braun/Gavey/McPhillips 2003; Eder 2010). In welcher Weise die so Adressierten sich entsprechende Subjektpositionen aneignen, sich also entlang ihrer Elemente und Rationalitäten ‚subjektivieren', ist damit nicht vorentschieden, sondern eigene Untersuchungen wert. Zwischen dem diskursiv konstituierten „unternehmerischen Selbst" (Ulrich Bröckling) und den tatsächlichen arbeitsweltlichen, das heißt empirischen Subjektivierungsweisen besteht ein wichtiger Unterschied. Dabei spielen Dispositive eine zentrale Rolle, das heißt institutionelle und organisationelle Infrastrukturen, die in Gestalt von Gebäuden, Trainerinnen, Seminaren, Selbsttechnologien, Praxisanleitungen, Gesetzen, Teilnehmerinnen usw. konkrete situative Settings für entsprechende Programmierungsbemühungen anbieten.

Als Rollenspieler in oder Adressaten der Diskurse verfolgen soziale Akteure dann institutionelle (diskursive) Interessen ebenso wie persönliche ‚Projekte' und ‚Bedürfnisse'. Sie greifen dabei auf legitime und illegitime Strategien, Taktiken und Ressourcen des Handelns zurück. Doch das, was als Interesse, Motiv, Bedürfnis oder Zweck verfolgt wird, ist im selben Maße Ergebnis von kollektiven Wissensvorräten und diskursiven Konfigurationen, wie die Wahrnehmung und Einschätzung der Wege und Mittel, die dabei zum Einsatz kommen. Das alles ist keineswegs mit der Kontrolle der Handlungsfolgen oder der Diskursproduktion durch die Akteure und ihre Intentionen zu verwechseln. Selbstverständlich finden habituell oder bewusst vollzogene Handlungen unter strukturellen Voraussetzungen statt beziehungsweise greifen darauf zurück, die nicht von ihnen selbst erzeugt wurden oder kontrolliert sind, und ebenso selbstverständlich hat Handeln beabsichtigte und unbeabsichtigte, gesehene und ungesehene Konsequenzen, die als Struktureffekte zu Vorbedingungen von Anschlusshandlungen werden. Schon in der Schütz'schen Wissensanalyse bezeichnet der objektivierte kollektive Wissensvorrat keinen von einem einzelnen Bewusstsein intendierten Bestand symbolischer Ordnungen. Es handelt sich vielmehr um ein soziales 'Produkt', das aus untersuchbaren Typisierungs-, Objektivierungs-, Institutionalisierungs- und Legitimierungsprozessen, also aus unzähligen historischen Deutungs- und Handlungsereignissen entstanden ist und deswegen nicht auf einen kollektiven Entwurf zurückgeführt werden kann.

Resümierend ist an dieser Stelle festzuhalten, dass die Wissenssoziologische Diskursanalyse eine dreifache Relationierung von Diskursen und Akteuren vornimmt:

- Sprecherpositionen bezeichnen Orte des legitimen Sprechens innerhalb von Diskursen, die von sozialen Akteuren unter bestimmten Bedingungen (beispielsweise nach Erwerb spezifischer Qualifikationen) als Rollenspieler eingenommen und interpretiert werden können.

- Subjektpositionen/Identitätsangebote bezeichnen Positionierungsprozesse und 'Muster der Subjektivierung', die in Diskursen erzeugt werden und sich auf Adressaten(bereiche) beziehen (beispielsweise die Rolle des Ratsuchenden der humangenetischen Expertise). Selbsttechnologien werden als modellhaft ausgearbeitete, handlungspraktisch verfügbare Anweisungen zur Subjektivierung begriffen.

- Soziale Akteure sind Individuen oder Kollektive, die sich auf die erwähnten Sprecher- oder Subjektpositionen beziehen und diese nach Maßgabe ihrer mehr oder weniger eigen-willigen (Rollen) Interpretationen und -kompetenzen einnehmen, ausführen, übersetzen, aneignen, anwenden, sich ihnen widersetzen, also in einem vielfältigen und empirisch zu präzisierenden Sinne 'realisieren'.

(c) Der Begriff der *Praktiken* bezeichnet ganz allgemein konventionalisierte Handlungsmuster, die in kollektiven Wissensvorräten als Handlungsrepertoire zur Verfügung gestellt werden, das heißt ein mehr oder weniger explizit gewusstes, häufig inkorporiertes Rezept- oder Skript-Wissen über die 'angemessene' Art und Weise von Handlungsvollzügen. Dieses Wissen kann einerseits in gesellschaftlichen Praxisbereichen, also in Bezug auf spezifische Handlungsprobleme oder -anlässe durch experimentierendes und erprobendes Handeln entstehen, sich dort tradieren und (weiter-) entwickeln. Unter modernen Bedingungen gesellschaftlicher Enttraditionalisierung sowie der auf Expertensystemen basierenden Dauerbeobachtung und

Reform gesellschaftlicher Praxis wird es in wesentlichen Elementen auch durch die Ausarbeitung theoretischer Modelle des Handelns angeleitet (Giddens 1991). Für Zwecke der wissenssoziologischen Diskursforschung ist es hilfreich, unterschiedliche Formen von Praktiken zu differenzieren:

Als *diskursive Praktiken* bezeichne ich typische realisierte Kommunikationsmuster, die in einen Diskurszusammenhang eingebunden sind. Sie sind nicht nur, wie in der Gattungsforschung, in Bezug auf ihre formale Ablaufstruktur für die Diskursforschung von Interesse, sondern ebenso sehr im Hinblick auf die von Foucault unterschiedenen Formationsregeln, ihren Einsatz durch soziale Akteure und ihre Funktion in der Diskursproduktion. Diskursive Praktiken sind beobachtbare und beschreibbare typische Handlungsweisen der Aussageproduktion (Kommunikation), deren Ausführung als konkrete Handlung – ähnlich wie im Verhältnis zwischen typisierbarer Aussage und konkret-singulärer Äußerung – der interpretativen Kompetenz sozialer Akteure bedarf und von letzteren aktiv gestaltet wird.

Die WDA unterscheidet davon *diskursgenerierte Modellpraktiken*, das heißt exemplarische Muster für Handlungen, die in Diskursen für deren Adressaten konstituiert werden. Dazu zählen beispielsweise, um beim gerade erwähnten Beispiel der aktuellen Sexualitätsdiskurse zu bleiben, Empfehlungen für luststeigernde ‚Stellungen‘, ‚garantiert wirksame‘ Verführungs- und Stimulierungstechniken, ‚richtige‘ Erregungsverläufe oder das korrekte (weibliche) Vortäuschen des Orgasmus (vgl. etwa Eder 2010; Jackson/Scott 2007). Ähnlich wie bei den weiter oben erwähnten Subjektpositionen sollte auch hier nicht vorschnell von der Modellpraktik auf ihren tatsächlichen Vollzug kurzgeschlossen werden.

Schließlich wird mitunter ein dritter Typus von Praktiken bedeutsam, der sich – bezogen auf einen jeweils interessierenden Diskurs – als *diskursunabhängig* in unterschiedlichen gesellschaftlichen Praxisfeldern entstandenes, *tradiertes* und *vollzogenes Handlungsmuster* beschreiben lässt. Um dies an einem anderen Beispiel zu verdeutlichen: Wenn Tagungen (Vorträge, Diskussionen) eine wichtige Form wissenschaftlicher diskursiver Praktiken sind, so funktionieren sie doch nur, wenn Personen anwesend sein können. Dies setzt beispielsweise umfangreiche Mobilitätstechnologien und darauf bezogene Praktiken (fliegen, Zug fahren, Fahrkarten kaufen usw.) voraus, die jedoch nur schwerlich als Praktiken eines – zumindest des wissenschaftlichen – Diskurses beschrieben werden können. Da solche Praxisformen jedoch in bestimmten Fällen wichtig für Fragen der Diskursforschung sein können (etwa im Übergang der Kommunikationsweisen zur Internetkultur), werden sie von der WDA mit im Blick gehalten.

(d) Diskurse antworten auf (mehr oder weniger) selbst konstituierte Deutungs- und Handlungsprobleme. Im Rahmen ihres eigenen Prozessierens oder angeregt durch diskursexterne Anlässe erzeugen sie ‚Definitionen der Situation‘ und verknüpfen damit Handlungskonzepte. Die sozialen Akteure, die einen Diskurs tragen, schaffen eine entsprechende Infrastruktur der Diskursproduktion und Problembearbeitung, die mit dem Begriff des *Dispositivs* bezeichnet werden kann. Dispositive sind die tatsächlichen Mittel der Machtwirkungen eines Diskurses. *Dispositive vermitteln als ‚Instanzen' der Diskurse zwischen Diskursen und Praxisfeldern (Praktiken).* Ein Dispositiv ist der institutionelle Unterbau, das Gesamt der materiellen, handlungspraktischen, personellen, kognitiven und normativen *Infrastruktur* der Produktion eines Diskurses und der *Umsetzung* seiner angebotenen ‚Problemlösung' in einem spezifischen Praxisfeld. Dazu zählen beispielsweise die rechtliche Fixierung von Zuständigkeiten, formalisierte Vorgehensweisen, spezifische (etwa sakrale) Objekte, Technologien, Sanktionsinstanzen und Ausbildungsgänge. Diese Maßnahmenkomplexe sind einerseits Grundlagen und Bestandteile der (Re-) Produktion eines Diskurses, andererseits die Mittel und Wege, durch die ein Diskurs in der Welt interveniert.[8] Beispielsweise ist das Duale System der Mülltrennung Teil des Dispositivs eines spezifischen Abfalldiskurses (Keller 1998). Bezogen auf die Umsetzung der im Diskurs generierten *Modellpraktiken* gehören dazu die Werbebroschüren, die statistische und prozessbezogene Logistik der Beschreibung und Erfassung des Mülls, die Sammelbehälter, Anweisungen zur Mülltrennung oder Verträge mit den Kommunen. Dazu zählen sowohl die entsprechenden juristischen Verordnungen, die MitarbeiterInnen des DSD, die zahllosen Grünen Punkte, letztlich auch die Praktiken der Mülltrennung und -säuberung, denen sich die Menschen unterwerfen. Mit Bezug auf die Ebene der Diskurs(re)produktion wären die diskursiven Interventionen der verschiedenen Vorstands-, Sprecher- und Pressegremien sowie der Forschungsstellen zu nennen, die mit ihren Stellungnahmen, Broschüren usw. eine bestimmte Konstruktion des Abfallproblems verbreiten und legitimieren. Wissenssoziologische Diskursanalyse ist also nicht nur Kontextanalyse, Kommunikations-, Text- oder Bildforschung; sie ist gleichzeitig *Fallstudie, Beobachtung,* sogar *ethnographische Verdichtung,* die *den Zusammenhang von Aussageereignissen, Praktiken, Akteuren, organisatorischen Arrangements und Objekten* als mehr oder weniger weit historisch und sozial-räumlich ausgreifende Prozesse in den Blick nimmt. Dispositive werden von sozialen Akteuren in dem Maße geschaffen, wie sie einen Diskurs institutionalisieren. Es handelt sich dabei um *Ordnungen der Praxis* beziehungsweise entsprechende *Ordnungsprozesse* und *-bemühungen,* deren tatsächliche Reichweite vermutlich selten dem diskursiv projektierten Modell entspricht und die alle mehr oder weniger transitorischer Natur sind. Erst im Anschluss an die Untersuchung der diskursiven Konstruktion und Vermittlung von Wissensbeständen las-

---

8   Bei Foucault finden sich – wie in der französischen Sprache ganz allgemein – mehrere Verwendungen des Dispositivbegriffs (vgl. Keller 2008). Die Suche nach *der einen* Definition erübrigt sich. Neben der von mir vorgeschlagenen Nutzung des Begriffs für Wissenssoziologische Diskursanalysen lassen sich je nach Forschungsinteresse auch andere Verständnisse von Dispositiven nutzen – beispielsweise als heterogene zusammengesetzte, eher lokale, situativ-konkrete oder eher mesostrukturelle *Hervorbringungskonstellationen,* die spezifische Wahrnehmungs- und Handlungsweisen formieren.

sen sich dann Fragen nach dem Zusammenhang von subjektiver Rezeption beziehungsweise Aneignung und gesellschaftlichen Wissensvorräten angemessen stellen. Die Bearbeitung entsprechender Fragestellungen kann in Gestalt einer *Ethnographie der Diskurse* erfolgen (Keller 2005a).

(d) Sprachwissenschaftliche Diskursanalysen und auch die Kritische Diskursanalyse beschäftigen sich mit Formen des Sprachgebrauchs. Sie nehmen nicht die von Foucault anvisierte Analyse von Wissensformierungen oder die Kontexte der Aussageproduktion in den Blick. Gerade darauf richtet nun die WDA ihr Forschungsinteresse. Jede *wissensanalytisch profilierte Diskursperspektive* benötigt sondierende Konzepte zur Analyse gesellschaftlicher Wissensverhältnisse und Wissenspolitiken. Zur Analyse der inhaltlichen beziehungsweise *Wissensstrukturierung von Diskursen* schlage ich die Unterscheidung von *Deutungsmustern, Klassifikationen, Phänomenstrukturen* und *narrativen Strukturen* vor.[9] Dabei handelt es sich um allgemeine Konzepte, die aus der wissenssoziologischen Tradition stammen beziehungsweise darin eingepasst werden können. Sie eignen sich gleichzeitig in besonderer Weise als Brückenkonzepte, wenn es darum geht, die Auseinandersetzung mit Diskursen in gesellschaftlichen Praxisfeldern bis hin zur Ebene der ‚privaten Lebensführung' zu untersuchen. Als in Diskursen spezifisch prozessierte Strukturierungselemente bilden sie das diskurstypische Interpretationsrepertoire (vgl. Keller 1998: 36).

Der Begriff des *Deutungsmusters* bezeichnet (aus der Beobachterperspektive rekonstruierbare) grundlegende bedeutungs- und handlungsgenerierende Schemata, die durch Diskurse verbreitet werden und nahelegen, worum es sich bei einem Phänomen handelt.[10] Diskurse verknüpfen verschiedene Deutungsmuster zu spezifischen Deutungsarrangements. Sie rekurrieren dabei auf den gesellschaftlich verfügbaren Wissensvorrat solcher Muster; sie vermögen jedoch auch – und gerade das zeichnet Diskurse aus – *neue Deutungsmuster zu generieren* und auf der gesellschaftlichen Agenda zu platzieren. Ein exemplarisches Beispiel dafür ist das Deutungsmuster des „unhintergehbaren Risikos" von komplexen Technologien (Keller 2003), das in und durch die verschiedenen Umweltdiskurse der letzten Jahrzehnte

---

9   Zur hier nicht weiter ausgeführten Analyse der Kontexte und weitere Elemente der Materialität von Diskursen (vgl. Keller 2007a).

10 Der Begriff des Deutungsmusters wird hier weder im Sinne Ulrich Oevermanns noch in der neueren Bestimmung durch Michael Schetsche benutzt. Ich schließe vielmehr an wissenssoziologische Konzepte an, wie sie z. B. der von Yvonne Schütze durchgeführten kulturgeschichtlichen Untersuchung über das Deutungsmuster „Mutterliebe", dessen Entstehung und Entwicklung von der Mitte des 18. Jahrhunderts bis in die Gegenwart zugrunde liegen. Schütze (1992) „entlarvt den ‚Mutterinstinkt' als kulturelles Konstrukt, das sich im Zuge gesellschaftlicher Modernisierungsprozesse mit Beginn der bürgerlichen Gesellschaft herausbildet. (...) In der Deutung der Mutterliebe als natürlicher Eigenschaft der Frau ist mehreres vereint: normative Aufforderung, soziale Platzierung, Legitimierung der Geschlechterordnung und Identitätsentwurf. In dem Maße, in dem Mütter ihre Situation im Rahmen dieses Deutungsmusters wahrnehmen und entsprechend dessen normativem Gehalt handeln, erzeugen sie genau die Wirklichkeit, welche die Gültigkeit des Musters bestätigt." (Lüders/Meuser 1997: 65 f.).

Eingang in die gesellschaftlichen Wissensvorräte gefunden hat. Insbesondere die amerikanische Bewegungsforschung hat darauf hingewiesen, dass soziale Akteure im Rahmen von Diskursen mitunter Deutungsmuster unter strategischen Gesichtspunkten auswählen, um ihr Mobilisierungspotenzial zu vergrößern (Snow/Benford 1988).[11]

Eine zweite, das Konzept der Deutungsmusteranalyse ergänzende inhaltliche Erschließung von Diskursen besteht in der Untersuchung der *Klassifikationen* (und dadurch: der Qualifikationen) von Phänomenen, die in ihnen und durch sie vorgenommen werden. Klassifikationen sind aus der Perspektive der sozialkonstruktivistischen Wissenssoziologie eine mehr oder weniger ausgearbeitete, formalisierte und institutionell stabilisierte Form sozialer Typisierungsprozesse, wie sie von Berger/Luckmann im Anschluss an Schütz beschrieben werden. Im Rückbezug auf diese Analysen der Entstehung und Funktion basaler Typisierungsprozesse wird die performative Wirkung von Klassifikationen deutlich: Sie ordnen nicht – im Sinne einer Repräsentationsperspektive – vorgefundene Wirklichkeit in adäquate Kategorien ein, sondern sie schaffen die Erfahrung dieser Wirklichkeit und ihre Deutung. Der normale Vollzug unserer Alltagsroutinen besteht in einem ununterbrochenen Prozess des Klassifizierens im Rückgriff auf die diskursiv prozessierten und subjektiv angeeigneten kollektiven Wissensvorräte. Es gibt „eine Form der Vertrautheit, in der Gegenstände, Personen, Eigenschaften, Ereignisse zwar nicht als ‚gleich', aber als ‚ähnlich' bestimmter früher erfahrener Gegenstände, Personen, Eigenschaften oder Ereignisse erfasst werden, wobei die in der aktuellen Situation vorherrschenden Relevanzstrukturen keine über diese ‚Ähnlichkeit' hinausgehenden Bestimmungen verlangen. Diese Form von Vertrautheit beruht also auf der im Wissensvorrat angelegten Typik" (Schütz/Luckmann 1979: 277). In der bundesdeutschen Soziologie der letzten Jahrzehnte hat vor allem Niklas Luhmann (1984) darauf hingewiesen, dass jeder Sprach- beziehungsweise Begriffsgebrauch klassifiziert, also Unterscheidungen trifft zwischen dem spezifisch Benannten, seiner mit- und gleichzeitig nicht-benannten ‚Rückseite' und einem unspezifischen Verweisungshorizont des Nicht-Gemeinten'. Wie jeder Sprachgebrauch klassifiziert auch die Sprachverwendung in Diskursen die Welt, teilt sie in bestimmte Kategorien auf, die ihrer Erfahrung, Deutung und Behandlung zugrunde liegen. Zwischen Diskursen finden Wettstreite um solche Klassifikationen statt beispielsweise darüber, wie (potenzielle) technische Katastrophen zu interpretieren sind, welche Identitätsangebote als legitim gelten können, was korrektes und verwerfliches Verhalten ist, ob – man denke an den ‚Fall Rivière' – Täter zurechnungsfähig sind oder nicht. Damit sind je spezifische handlungspraktische Konsequenzen verbunden. Bedeutsam ist in diesem Zusammenhang nicht nur die Kontingenz und Strukturierungsleistung

---

11 Hinweise zur Rekonstruktion von Deutungsmustern finden sich bei Lüders/Meuser (1997) und – in Bezug auf die Diskursanalyse – bei Keller (2003, 2007a, 2007b).

von Klassifikationen, sondern auch ihre performative Wirkung, etwa dann, wenn administrative ethnische Kategorisierungen zur Grundlage von Selbstbeschreibung und Identitätspolitik ethnischer Gruppen werden beziehungsweise solche Gruppen erst durch den Klassifikationsprozess herstellen, wie dies unter anderem in Untersuchungen zur ‚Identitätspolitik' beschrieben wurde (vgl. Keller 2005: 239 ff.; Bowker/Leigh-Star 2000).

Neben Deutungsmustern und Klassifikationen ermöglicht das Konzept der *Phänomenstruktur* einen dritten und komplementären Zugang zur Ebene der inhaltlichen Strukturierung von Diskursen.[12] Beispielsweise erfordert die Konstruktion eines Themas als Problem auf der öffentlichen Agenda die Behandlung verschiedener Dimensionen durch die Protagonisten und im Rückgriff auf argumentative, dramatisierende und bewertende Aussagen: die Bestimmung der Art des Problems oder des Themas einer Aussageeinheit, die Benennung von Merkmalen, kausalen Zusammenhängen (Ursache-Wirkung) und ihre Verknüpfung mit Zuständigkeiten (Verantwortung), Problemdimensionen, Wertimplikationen, moralischen und ästhetischen Wertungen, Folgen, Handlungsmöglichkeiten u. a. Die durch Phänomenstrukturen konstituierten Phänomene müssen keineswegs als ‚Problem' erscheinen, selbst wenn es sich in sehr allgemeiner Hinsicht gewiss immer auch um ‚Deutungs- und Handlungsprobleme' handelt – aber eben keineswegs notwendigerweise um ‚soziale' Probleme. Aus der bisherigen Diskursforschung lassen sich einige wichtige Elemente solcher Phänomenstrukturen gewinnen. Von zentraler Bedeutung sind beispielsweise die *Subjektpositionen*, die ein Diskurs konstituiert, und die in verschiedener Hinsicht differenziert werden können. So nehmen Diskurse *Positionierungen* von sozialen Akteuren als Helden, Retter, Problemfälle, vernünftig und verantwortungsvoll Handelnde, Bösewichte etc. vor. Dies erfolgt jedoch nicht nur im Hinblick auf die ‚Agenten' der angebotenen Erzählung, sondern auch in Bezug auf die verschiedenen Adressaten eines Diskurses. Dazu zählen auch *diskursgenerierte Modellpraktiken*, welche für die durch einen Diskurs definierten Handlungsprobleme Handlungsanweisungen zur Verfügung stellen. Das Konzept der *Phänomenstruktur* greift solche Überlegungen auf und bezieht sie darauf, dass Diskurse in der Konstitution ihres referentiellen Bezuges (also ihres 'Themas') unterschiedliche Elemente oder Dimensionen ihres Gegenstandes benennen und zu einer spezifischen Gestalt, einer Phänomenkonstellation verbinden. Damit sind keine Wesensqualitäten eines Diskurs-Gegenstandes bezeichnet, sondern die entsprechenden diskursiven Zuschreibungen. Die analytische Rekonstruktion der Phänomenstruktur richtet sich auf zwei Aspekte: Die *dimensionale Erschließung* bezieht sich auf die allgemeine Zusammensetzung der Phänomengestalt. Die Dimensionen, aus denen ein Phänomen diskursiv konstituiert wird, können sich in einem diskursiven Feld zwischen verschiedenen, miteinander konkurrierenden Diskursen mehr oder

---

12   Vergleiche dazu auch den Mannheim'schen Begriff der „Aspektstruktur" (Mannheim 1969: 234).

weniger stark gleichen beziehungsweise unterscheiden. Die *inhaltliche Ausführung* der im ersten Schritt rekonstruierten Dimensionen kann nach dem situativen Anlass eines diskursiven Ereignisses und auch zwischen Diskursen erheblich variieren. Die Wissenssoziologische Diskursanalyse zielt hier auf eine Typisierung der Gehalte, auf die Regeln oder Prinzipien dessen, was als Inhalt in Frage kommt und wie dies geschieht, nicht auf die summarische Zusammenstellung all dessen, was in 'Originalzitaten' – die durchaus für Darstellungs- und Illustrationszwecke benutzt werden können – gesagt wurde. Die tatsächlichen Bausteine der Phänomenstruktur eines Diskurses müssen also aus den Daten erschlossen werden. Einzelne Diskursfragmente enthalten dazu in der Regel nur partielle Elemente (vgl. z. B. Keller 1998: 232).

Ein letztes Moment der inhaltlichen Gestalt von Diskursen ist an dieser Stelle zu benennen: Als *narrative Strukturen* können diejenigen strukturierenden Momente von Aussagen und Diskursen bezeichnet werden, durch die verschiedene Deutungsmuster, Klassifikationen und Dimensionen der Phänomenstruktur (z. B. Akteure, Problemdefinitionen) zueinander in spezifischer Weise in Beziehung gesetzt werden. Narrative Strukturen sind nicht einfach nur Techniken der Verknüpfung sprachlicher Elemente, sondern als „mise en intrigue" (Paul Ricoeur), als konfigurativer Akt der Verknüpfung disparater Zeichen und Aussagen in Gestalt von Erzählungen ein Grundmodus der menschlichen Ordnung von Welterfahrung (vgl. vor allem Ricoeur 1988: 57; 1978). Als Aussagen haben sie performativen Charakter: sie konstituieren (bestreitbare) Weltzustände als Erzählungen, in denen es handelnde Akteure, Ereignisse, Herausforderungen, Erfolge und Niederlagen, ‚Gute' und ‚Böse' etc. gibt. Von ‚story lines', plots usw. ist seit Anfang der 1990er Jahre in der Diskursforschung, aber auch in der sonstigen qualitativen Sozialforschung zunehmend die Rede. Die im Diskurs erzeugten oder benutzten Wissens-Bausteine werden in der diskursspezifischen Aussagepraxis zu einer besonderen 'Erzählung' zusammengeführt, über einen *roten Faden*, eine *story line* integriert. Narrative Strukturen umfassen abgrenzbare Episoden, Prozesse, das Personal beziehungsweise die Aktanten und ihre spezifischen Positionierungen, die Raum- und Zeitstrukturen sowie die Dramaturgie (den plot) einer ‚Handlung'. In synchroner Hinsicht verknüpfen sie die unterschiedlichen Deutungselemente eines Diskurses zu einem zusammenhängenden, darstell- und erzählbaren Gebilde. In diachroner Perspektive werden dadurch die Aktualisierungen und Veränderungen der Diskurse im Zeitverlauf verbunden. Sie liefern das Handlungsschema für die Erzählung, mit der sich der Diskurs erst an ein Publikum wenden kann (Poferl 1997) und mit der er seine eigene Kohärenz im Zeitverlauf konstruiert. Durch den Rückgriff auf eine story line können Akteure diskursive Kategorien sehr heterogener Herkunft in einem mehr oder weniger kohärenten Zusammenhang aktualisieren. Dadurch entsteht der für öffentliche Diskurse typische Hybridcharakter. Von Bedeutung ist dabei insbesondere die Herstellung von Kausalzusammenhängen durch „causal stories" (Stone

1989) und die Betonung von Handlungsdringlichkeiten im Rahmen von Dramen und Moralgeschichten. Kollektive Akteure aus unterschiedlichen Kontexten (z. B. aus Wissenschaft, Politik, Wirtschaft) koalieren bei der Auseinandersetzung um öffentliche Problemdefinitionen durch die Benutzung einer gemeinsamen Grunderzählung, in der spezifische Vorstellungen von kausaler und politischer Verantwortung, Problemdringlichkeit, Problemlösung, Opfern und Schuldigen formuliert werden. Probleme lassen sich (ent)dramatisieren, versachlichen, moralisieren, politisieren oder ästhetisieren. Akteure werden aufgewertet, ignoriert oder denunziert. Sagbares trennt sich vom Nicht-Sagbaren.

3. Methodologie und Methoden

Der vorgestellte Begriffskatalog deutet schon darauf hin, dass die WDA multimethodisch ansetzt und unterschiedliche Daten und Zugänge in Beziehung setzt. Die Auswahl der konkreten Erhebungs- und Analyseverfahren muss in Abstimmung mit den spezifischen diskurstheoretischen Grundannahmen und den Forschungsinteressen erfolgen. Die Knappheit von Ressourcenausstattungen, das heißt Personal-, Zeit- und Geldmangel, aber in vielen Fällen auch die (Un-)Möglichkeiten des Datenzugangs zwingen zu Einschränkungen und Schwerpunktbildungen im Forschungsprozess. Deswegen lässt sich kein Standardmodell der Vorgehensweise der Wissenssoziologischen Diskursanalyse vorstellen. Einige Vorschläge zum konkreten Forschungsprozess habe ich an anderer Stelle formuliert (Keller 2006, 2007b). In jedem Fall müssen methodische Umsetzungen prüfen, ob die benutzen Wege der Datenerhebung und der Datenauswertung (einschließlich ihrer konzeptuell angeleiteten Erschließung) mit den skizzierten Grundlagen und dem begrifflichen Instrumentarium der WDA vereinbar sind. Und betont werden soll auch, dass es keineswegs nur um Textforschung geht. Vielmehr greift die WDA auf das gesamte Spektrum qualitativer sozialwissenschaftlicher Methodenzugänge zurück. Neben die Dokumentenanalyse treten so Interviewdaten, Gruppendiskussionen, Ethnographien oder ganz allgemein auch Vorgehensweisen von Fallstudien. Erhebungen und Auswertungen können sich dabei beispielsweise von Vorschlägen der *grounded theory* inspirieren lassen, wenn sie im Auge behalten, dass letztere dann an die Fragestellungen der Diskursforschung angepasst werden müssen. Im Zentrum des Vorgehens stehen bislang überwiegend textförmige Daten, das heißt ‚natürliche' Aussageereignisse beziehungsweise deren Protokolle. In jüngerer Zeit finden sich zunehmend auch Anwendungen auf die Analyse (audio-)visueller Daten (etwa bei Christmann 2004; Brunner 2010). Als *interpretative Analytik* (Keller 2005b) kombiniert die Wissenssoziologische Diskursanalyse eine analytisch genaue Zerlegung von Aussageeignissen mit Schritten ihrer *hermeneutisch* reflektierten und kontrollierten Interpretation. Da Diskursanalysen notwendigerweise hermeneutische Ansätze sind, für die die Welt das „Ensemble der durch Texte eröffneten Bezüge" (Ricoeur 1978: 90) darstellt und sie sich unabkömmlich im „Paradigma der Textinterpretation" (Ricoeur 1977, 1978) bewegen, implizieren sie selbst da Textauslegungen, wo sie sich in erster Linie auf formale Strukturen oder materiale Praktiken konzentrieren. Die von mir an anderer Stelle (Keller 2005) herausgearbeitete Verankerung der Diskursanalyse im Kontext der Hermeneutischen Wissenssoziologie verweist darauf, dass ForscherInnen über ihren Forschungsprozess reflektieren und Auswertungsstrategien wählen, die methodisch kontrollierbar Vorurteile ausschließen sowie die argumentativ begründete Erzeugung und Selektion von Textinterpretationen erlauben. Insoweit vollzieht die Wissenssoziologische Hermeneutik wie die neuere sozialwissenschaftliche Hermeneutik überhaupt unabdingbar einen Prozess der Daten- oder Text-*Dekonstruktion*, also der analytischen Zerlegung und Rekonstruktion. Dies schließt nicht aus, auch quantifizierte Daten einzusetzen, mit denen Aussagen über Typisches kontrolliert, Verbreitungsgrade von Diskursen zugänglich gemacht, Ressourcen eines Diskurses analysiert werden können. In methodologischer Hinsicht möchte ich abschließend vier Momente der Forschungspraxis einer WDA erläutern.

3.1 Ein Diskurs über Diskurse: Selbstreflexivität und Konstruktivismus

Die Wissenssoziologische Diskursanalyse zeichnet sich wie alle diskursorientierten Ansätze durch ein Verhältnis der *Selbstreflexivität* aus. So wie die Wissenssoziologie nicht nur die Standortgebundenheit und soziale beziehungsweise kommunikative Konstruktion von Wissen untersucht, sondern *selbst ein Prozess der standortbezogenen sozialen und kommunikativen Konstruktion von Wissen ist*, so führt auch die Diskursforschung in ihren unterschiedlichen Anwendungen selbst einen beziehungsweise zahlreiche *Diskurse über Diskurse*, die sich nach den Regeln der jeweiligen wissenschaftlichen Disziplinen ausrichten. Deswegen ist zum einen auf die insbesondere von Pierre Bourdieu wiederholt eingeforderte Selbstreflexion der Forschenden im Hinblick auf die Standorte, Zwänge und Vorurteile ihres eigenen Diskurses zu verweisen (z. B. Bourdieu/Wacquant 1996). Darüber hinaus handelt es sich bei der Diskursforschung um Beobachtungsperspektiven auf andere Diskurse, deren Resultate sich über methodisch kontrollierte Zugangsweisen begründen müssen, sofern sie sich der Auseinandersetzung über ihr ‚Zutreffen', ihre Berechtigung und ihren Erkenntniswert im Prozess der weiteren wissenschaftlichen Auseinandersetzungen stellen wollen. Die Wissenssoziologische Diskursanalyse orientiert sich, wie die Hermeneutische Wissenssoziologie insgesamt, an folgenden, im Anschluss an Reichertz (1999: 332 ff.) zusammengefassten Leitideen:

- Die von ihr getroffenen Aussagen über einen Untersuchungsgegenstand müssen begründet werden (können).

- Sie stellen sich einer bewertenden Einschätzung im Hinblick auf ihre Angemessenheit und ihr Zutreffen (deren letzter unerreichbarer Fluchtpunkt die Differenz von wahr und falsch bleibt).
- Verfolgt wird eine Haltung des methodischen Zweifels und der Ernsthaftigkeit in der Bearbeitung der Forschungsfragen.
- Sie unterstellt, dass soziale Akteure keine Marionetten sind, sondern aktiv Handelnde, die sich an Deutungen orientieren.
- Sie zielt auf die Rekonstruktion von typisierbarem und typisiertem Sinn.
- Sie rekurriert dabei, soweit möglich und erforderlich, auf natürliche Daten.
- Sie speist damit eine neue Deutung in die Wissensverhältnisse einer Gesellschaft ein.

Die zusätzlichen Hinweise auf die Unhintergehbarkeit abduktiver Schlüsse durch Reichertz (2002) implizieren, dass auch in der qualitativen (Diskurs-)Forschung die vollständige Transparenz und Kontrolle der Vorgehensweisen eine uneinholbare Messlatte bleibt. Sowohl Aussagen über einzelne Daten als auch generalisierende Hypothesenbildungen und Schlussfolgerungen müssen ausargumentiert und begründet werden.

Wie die bisherigen Ausführungen verdeutlichen, sind die Fragen der *Selbstreflexivität* und des *Konstruktivismus* der Wissenssoziologischen Diskursanalyse eng miteinander verknüpft. Konstruktivismus bedeutet keine Flucht aus der Wirklichkeit und ihrer mitunter schmerzlichen Materialität, auch wenn manche diskurstheoretische Studien solche Assoziationen wecken beziehungsweise zeigen, dass eine gewisse Gefahr der ,Entwirklichung' oder des ,Diskursidealismus' besteht. Diskurse sind zunächst ja tatsächlich und materialiter stattfindende Sprachhandlungen und Kommunikationsprozesse, die (bestreitbare) Aussagen und Wissensbestände prozessieren. Die konkrete Existenz der Diskurse und Dispositive wird also vorausgesetzt – keinesfalls bestritten. Die involvierten Akteure greifen auf unterschiedliche Ressourcen (rhetorische Mittel, Kapitalien, institutionelle Mechanismen u. a.) zurück und sind in praktisch-symbolische Kämpfe um die Legitimität beziehungsweise die Geltungsansprüche ihrer Beiträge bemüht. Konstruktivismus bedeutet als Grundhaltung eines diskurstheoretischen und -analytischen Programms, die Analyse auf die gesellschaftliche Herstellung der ,Ordnung der Dinge' im Medium der diskursiven Wissenspolitiken zu richten, also die Kontingenz der symbolischen Ordnung zum Ausgangspunkt der Fragen nach denjenigen Prozessen zu machen, die sie in vorübergehend fixierte Kristallisationen und Strukturzusammenhänge transformiert. Dabei wird weder die Widerständigkeit von Wirklichkeit noch die unabhängig von Sinnzuweisungen bestehende Existenz von physikalischen Phänomenen und Prozessen geleugnet, wohl aber die Zulässigkeit eines naiven Objektivismus bestritten, der die *Herstellung* von Fakten ausblendet und bei seiner Beru-

fung auf deren Geltung übersieht, welche Bedeutungs-Unterstellungen er immer
schon voraussetzt. Dass die Rekonstruktionsarbeit der WDA ihrerseits unhinter-
gehbar auch *Konstruktionsarbeit* ist, lässt sich nicht von der Hand weisen.
‚Realistisch' ist eine Wissenssoziologische Diskursanalyse also insoweit, wie sie
einem ‚schwachen Realismus' im Sinne der pragmatistischen Tradition anhängt.
Diese verzichtet auf die Annahme, dass Sprache dem Wesen der Dinge entspricht,
unterstellt aber sehr wohl, dass Benennungen, Bedeutungszuschreibungen, Aussagen über die Faktizität von ‚Tatsachen' unterschiedlichsten Evidenz- und Konsis-
tenzprüfungen unterliegen und sich praktisch-pragmatisch bewähren können und
müssen. Diese Position vertritt im Grundsatz bereits der Symbolische Interaktionismus im Anschluss an die pragmatistische Erkenntnistheorie (Blumer 1981). Es
kann also nicht alles über alles in beliebiger Weise *und* handlungspraktisch erfolgreich gesagt und getan werden. Doch die Kriterien der Beurteilung von Evidenzen,
Bewährungen, Inkonsistenzen sind ihrerseits Teil von Diskursen – in diesem Sinne
gibt es kein Entkommen aus dem Netz der Bedeutungen.

3.2 Verstehen und Erklären

Das Programm der Wissenssoziologischen Diskursanalyse zielt in Analogie zu einer Formulierung, mit der Hans-Georg Soeffner (1999) das Anliegen der sozialkonstruktivistischen Wissenssoziologie beschreibt, auf die Rekonstruktion der *diskursiven Konstruktion* der Wirklichkeit. Ein solches Vorhaben impliziert ein Moment
des *Verstehens* und ein Moment des *Erklärens,* die beide jedoch als miteinander
‚verwickelte' Elemente der wissenschaftlichen Rekonstruktion gelten können. Rekonstruiert und verstanden werden sollen zunächst die Erscheinungsweisen und
Verläufe der jeweils untersuchten Diskurse. Dieser Schritt der Diskursanalyse richtet sich auf die Regeln, Akteure und Inhalte der Diskursproduktion. Er erfasst die
Mechanismen der Diskursformation in Gestalt eingesetzter kommunikativer Gattungen, institutioneller Strukturierungen von Sprecherpositionen, die Ausfüllung
dieser Rollen durch tatsächliche ‚Sprecher', die Konstruktion des Wissens und der
Welt, die sie dabei vornehmen, die Kontexte und Diskursfelder, in die Diskurse
einbezogen sind, die Veränderungen der Diskurse, die Diskursverläufe und
-effekte, die daraus beziehungsweise zwischen konfligierenden Diskursen entste-
henden Dispositive der Weltintervention u. a. Eine solche Rekonstruktion impliziert einerseits eine *typisierende Deskription*, andererseits einen Prozess der *Dekonstruktion.* Von typisierender Deskription lässt sich sprechen, weil es nicht um die
Beschreibung der Einmaligkeit diskursiver Ereignisse geht, sondern um das Her-
ausarbeiten typischer ‚Diskursgestalten', allgemeiner Regeln, Aussagen, Subjektpositionen, Entwicklungen und Maßnahmen. Um einen Prozess der Dekonstruktion
im oben erläuterten Sinne handelt es sich deswegen, weil Aussageereignisse in ei-

nem Vorgang interpretativer Erschließung zerlegt, auf allgemeine Kategorien bezogen, auf Muster befragt, auf Konsistenzen, Implikationen u. a. geprüft, also einem kontrollierten Schritt der konstruktiven methodischen De- und Restrukturierung ausgesetzt werden.

Erklärungen oder besser Erklärungshypothesen formuliert die Wissenssoziologische Diskursanalyse in zweierlei Richtung: Zum einen beabsichtigt sie, bezogen auf Diskurse, die Formulierung von Annahmen über Gründe und Zusammenhänge für die rekonstruierten Diskursentwicklungen. Zum anderen geht es um Erklärungen der gesellschaftlichen Folgen oder Effekte von Diskursen. Für beide Erklärungsebenen können verschiedene diskursimmanente oder diskursexterne Faktoren bedeutsam sein. Dazu zählen etwa Konsistenzen der Deutungsproduktion in Diskursen und Erfolge der Stabilisierung sowie Anerkennung der Diskursproduktion, institutionelle Konventionen und Dynamiken gesellschaftlicher Praxisfelder, sozialstrukturelle Entwicklungen und gesellschaftliche Kontexte, divergierende beziehungsweise konfligierende Interessen sozialer Akteure mit unterschiedlichen Diskursressourcen sowie gesellschaftliche Macht- beziehungsweise – genauer – Herrschaftsbeziehungen u. a.. Die Konzentration auf Diskurse impliziert also keinen Verzicht auf die Analyse von Interessen, Strategien, Macht- beziehungsweise Herrschaftsverhältnissen oder sozialstrukturellen Faktoren. Sehr wohl muss sie, um die Produktion und die Wirkung der Worte zu analysieren, institutionelle Rahmenbedingungen, Sprecherressourcen und -positionen etc. berücksichtigen. Ohne die Einseitigkeiten der kritischen Diskursforschung zu übernehmen, kann die wissenssoziologische Analyse von Diskursen gerade danach fragen, wie Interessen mit Deutungen – und letztere wiederum mit Praktiken – verkoppelt werden und inwiefern sich die Rede von Interessen selbst als Deutung und Diskurs erweist. Gerade hierin liegt ein besonderer Reiz des wissenssoziologischen Zugangs. Erst eine solche Perspektive kann so die Sprachzentriertheit der bisherigen Diskursforschung überwinden, gerade weil sie im Unterschied zu sprachwissenschaftlich fundierten Ansätzen in der Lage ist, das von Foucault angesprochene Gefüge diskursiver Formationen nicht nur textimmanent, sondern über verschiedene Datenformate und methodische Triangulationen erschließen zu können.

Die Wissenssoziologische Diskursanalyse folgt also weder den Extremen eines marxistischen Ideologieverdachts, der bereits vor der Analyse die Interessensgebundenheit und Funktionalisierung der Wissenszirkulation kennt, noch dem ethnomethodologischen Verzichtspostulat, das nur gelten lässt, was in einer Interaktion, in einem konkreten Kommunikationsereignis getan und zum Thema, also beobachtbar wird. Sie verweigert sich freilich auch einer systemtheoretisch vorschnell unterstellten Verbindung von „Sozialstruktur und Semantik", die mit der Vermutung von ausschließlich systemisch formatierten Kommunikationsprozessen einhergeht und die Kondensation von der Enttäuschung ausgesetzter Erfahrung nach evolutionstheoretischen Prinzipien denkt. Die WDA entbindet nicht von der

Verpflichtung zur sorgfältigen empirischen Rekonstruktion und Vorsicht gegenüber vorschnellen Pauschalerklärungen für diskursive Prozesse. Zugleich wird darauf bestanden, dass Diskursforschung über entsprechende Generalisierungen und die Berücksichtigung ,diskursexterner' Faktoren Beziehungen zur allgemeinen Soziologie herstellen sowie sich zunehmend der Frage stellen muss, was sie an allgemeineren Erkenntnissen über gesellschaftliche Diskursprozesse und deren Veränderungen in sozialer, zeitlicher und räumlicher Hinsicht formulieren kann, wenn sie vermeiden will, klassifikatorisch-beschreibend Diskursverlauf an Diskursverlauf zu reihen. Nur dadurch kann eine Wissenssoziologische Diskursanalyse als Programm der sozialwissenschaftlichen Theorieentwicklung, Erkenntnisproduktion und Gesellschaftsanalyse erfolgreich auf Dauer gestellt werden (z. B. Keller 2005a: 273 ff.).

3.3 Diskursforschung ist Interpretationsarbeit

Diskursanalyse ist immer und notwendigerweise ein hermeneutischer Prozess der Textauslegung. Die Auseinandersetzung um die Methoden der Diskursforschung war zunächst durch strukturalistische Attacken gegen ,die' Hermeneutik und einen damit explizit verknüpften Überlegenheitsanspruch standardisierter Analyseverfahren meist linguistischer beziehungsweise lexikometrischer Herkunft gegenüber den ,unkontrollierten' hermeneutisch-interpretativen Vorgehensweisen geprägt. Sie reproduzierte insoweit einen wissenschaftlichen Machtkampf im Frankreich der 1960er Jahre. Vor allem die französische *analyse du discours* trat mit dem Anspruch an, über automatisierte quantifizierende Auswertungsverfahren den subjektiven Faktor des Forschers auszuschalten und damit eine genuin wissenschaftliche und objektive Textanalyse erst zu begründen (Williams 1999). Doch Diskursanalysen implizieren selbst da Bedeutungs*auslegungen*, wo sie sich auf formale Strukturen, Dinge oder Praktiken konzentrieren. Auch die erwähnte *analyse du discours* versteht sich nunmehr vielfach als „interpretative Disziplin" (Guilhaumou 2003).

Von Hermeneutik oder Interpretation zu sprechen, bedeutet im Zusammenhang der Diskursanalyse nicht die Suche nach den subjektiven, möglicherweise verborgenen Absichten eines Textautors oder nach seinem Klassenstandpunkt. Es geht auch nicht darum, einem Aussageereignis eine ,wahre', ,absolute' beziehungsweise ,objektive' Bedeutung zuzurechnen. Die neuere sozialwissenschaftliche Hermeneutik beschäftigt sich im Anschluss an die Arbeiten von Hans-Georg Soeffner (1989) mit den Möglichkeiten und Strategien der methodischen Kontrolle von Interpretationsprozessen. Sie wird in genau dieser Hinsicht für die Diskursforschung relevant (Keller 2005b). Sicherlich gibt es – wie schon Ricoeur (1977, 1978) feststellt – keine festen Regeln und kein Rezeptwissen mit Erfolgsgarantie für die Entwicklung überzeugender Deutungshypothesen. Vielmehr spielen abduktive Schlüsse, also Ideen, Einfälle, Geistesblitze, die aus der Auseinandersetzung mit dem jeweiligen Datenmaterial entstehen, eine wichtige Rolle (Reichertz 2002). Konkurrierende Interpretationen und alternative Vorgehensweisen sind immer möglich und – in gewissen Grenzen, mit guten Gründen – legitimierbar. Gerade darin liegt, wie Ricoeur betont, auch die Chance der Generierung ‚besserer' Interpretationen. Dennoch – wenn Soziologie empirische *Wissenschaft*, also eine *spezifisch begründete Form* wirklichkeitsbezogener Analyse, nicht aber Roman oder Reportage sein will – ist der Anspruch an die prinzipielle Offenlegung und Nachvollziehbarkeit der Interpretationsschritte aufrechtzuerhalten. Dies wiederum erfordert eine methodische Systematik des Vorgehens und gilt unabhängig davon, ob subjektive oder kollektive Wissensvorräte beziehungsweise die diese anzeigenden oder dokumentierenden Formen der Entäußerung untersucht werden.

3.4 Die Adaption qualitativer Methoden

Die Diskursforschung stützt sich überwiegend auf natürliche Daten, also mündliche, schriftliche, audiovisuelle Aussageereignisse, beobachtbare Praktiken, seltener auch materiale Objekte aus dem Untersuchungsfeld. Zusätzlich werden durch Interviews oder Fokusgruppen, auch durch fokussierte Ethnographie unter anderem neue Daten erzeugt. Welchen Umfang das empirische Material haben sollte, um gültige Aussagen über den oder die spezifisch interessierenden Diskurs(e) zu treffen, ergibt sich aus den verfolgten Fragestellungen beziehungsweise muss im Hinblick darauf begründet werden. Generell lässt sich das zusammengestellte Material unter zwei Gesichtspunkten betrachten. Zum einen dient es der Information über das Feld. Zum anderen liegt es als Dokument der Rekonstruktion der Diskurse, ihrer materialen sowie sprachlichen Mittel und ihrer inhaltlichen Bedeutungen zugrunde. Dabei muss der Stellenwert der analysierten Dokumente im Hinblick auf den oder die Diskurs(e) begründet werden. Das zusammengetragene Material fungiert als diskursinterner oder diskursexterner Kontext zu den detailliert untersuchten Einzeldaten. Wie die Arbeit am einzelnen Text vollzogen wird, ob beispielsweise sequenzanalytische Vorgehensweisen, die Methode der dokumentarischen Interpretation oder Verfahren kontrollierter Kategorienbildung zum Einsatz kommen und wie sie mit Beschreibungen formaler Strukturen sowie externen Kontextdaten verknüpft werden, kann nicht ex cathedra festgelegt werden.

Die Wissenssoziologische Diskursanalyse begreift Texte, Praktiken oder Artefakte nicht als Produkte subjektiver oder objektiver Fallstrukturen, sondern als Manifestationen gesellschaftlicher Wissensordnungen und -politiken. Sie bilden die wichtigste Grundlage einer wissenssoziologischen Rekonstruktion der diskursiven Produktion, Stabilisierung und Veränderung *kollektiver* Wissensvorräte. Der Gegenstand Diskurs erfordert jedoch eine spezifische Adaption der vorliegenden Methoden qualitativer Sozialforschung und Textauswertung in zweierlei Hinsicht (vgl.

Keller 2007a, 2007b). Ein wichtiger Unterschied zwischen Diskursanalysen und anderen Ansätzen der interpretativen oder qualitativen Sozialforschung liegt in der Annahme textübergreifender Verweisungszusammenhänge in Gestalt von diskursiven Strukturen der Aussageproduktion. Einzelne Aussageereignisse stehen nicht für einzelne Fälle (wie beispielsweise in der Biographieforschung); sie bilden nicht notwendigerweise nur einen Diskurs – und diesen auch noch vollständig – ab. Entsprechend müssen verschiedene Feinanalysen solcher Daten zueinander in Beziehung gesetzt und Diskurse daraus sukzessive rekonstruiert werden. Diese Aggregation von Einzelergebnissen zu Aussagen über ,den' Diskurs markiert den zentralen Unterschied zu den meisten qualitativen Ansätzen, die pro Text (in der Regel Interviews) von einer in sich konsistenten und geschlossenen Sinn- oder Fallstruktur ausgehen, das heißt einen Text als vollständiges Dokument genau eines Falles betrachten. Typisch für die diskursanalytische Perspektive auf ,natürliche' Texte ist gerade die Annahme des heterogenen und partiellen Vorkommens diskursspezifischer Elemente.[13]

Wissenssoziologische Diskursanalysen stehen vor dem Problem großer Textsammlungen. Die qualitativen Verfahren der Datenanalyse kommen meist bei kleinen Textmengen zum Einsatz und eignen sich nur bedingt für die umfangreichen Textkorpora der Diskursforschung. Sie müssen deswegen an diskursanalytische Forschungsinteressen angepasst werden. Dazu können etwa verschiedene Strategien der Korpusreduktion eingesetzt werden, wie zum Beispiel die Auswahl von Schlüsselstellen, Schlüsseltexten oder die theoriegeleitete Reduktion des Materials im Anschluss an die *grounded theory*, um einen bearbeitbaren Datenumfang zu erhalten.

3.5 Mehr als Textanalyse

Die in der Diskursforschung generell und auch in der WDA bislang dominierende Konzentration auf schriftlich fixierte Daten folgt verständlicherweise und begründet aus ihren zentralen Fragestellungen. Daneben greifen Diskursanalysen zu Informations- und Interpretationszwecken auf unterschiedliche Formen des Kontextwissens und zugängliche Materialien über das Forschungsfeld – wissenschaftliche Sekundärliteratur, verfügbares Allgemeinwissen etc. – zurück, um ihre Fragestellungen zu bearbeiten. Angesichts der enormen Bedeutung von audiovisuellen Medienformaten und -inhalten (Fernsehen, Film, Fotografie, Comics, Werbung, Internet) werden sich wissenssoziologische Diskursanalysen zukünftig stärker mit deren Analyse und Interpretation befassen müssen. Eine vergleichbare Erweiterung

---

13   Daraus ergibt sich meines Erachtens zwangsläufig auch die prinzipielle Unvereinbarkeit von Diskursforschung und Objektiver Hermeneutik.

diskursanalytischer Perspektiven erfordert der Einbezug von nicht-textförmigen, aber gleichwohl wichtigen Bestandteilen von Dispositiven sowie der Praxisfelder, auf die Diskurse treffen. Für die Soziologie ergibt sich eher als in den Geschichtswissenschaften die Möglichkeit, die Produktion und Rezeption von Diskursen in actu zu erfassen und zu analysieren. Sie kann sich dazu verschiedener Beobachtungs- und Protokollmethoden, Formen der Gesprächsaufzeichnung sowie darauf bezogener Analysestrategien bedienen. Dadurch wird die Vermeidung text- oder gesprächsidealistischer Fehlschlüsse von ,dem' Diskurs auf ,die' Praxis erleichtert. Im Sinne der *Triangulation* geht es darum, unterschiedliche methodische Perspektivierungen eines Untersuchungsgegenstandes in Beziehung zu setzen. Methodisch lässt sich hier an die sozialwissenschaftliche Tradition umfassender Fallstudien anschließen.

4. Wissenssoziologische Diskursanalyse und Systemtheorie

Wie lässt sich abschließend das Verhältnis von WDA und (Luhmann'scher) Systemtheorie beziehungsweise systemtheoretischer Wissenssoziologie oder auch systemtheoretischer Hermeneutik (Nassehi 1997) aus Sicht der WDA formulieren? Zunächst existieren hier gewiss einige Parallelen, die sich von Seiten der WDA aus der angenommenen Emergenz von Diskursstrukturierungen sowie aus den Entsprechungen von sozialphänomenologischen Grundlegungen und Grundannahmen der Systemtheorie ergeben. Ein erster wichtiger Unterschied liegt wohl in der systemtheoretischen Generalerklärung des Wandels von Semantiken, die ja auf evolutionäre Prinzipien (Variation, Selektion, Restabilisierung) und ,Kondensierung von korrekturfähigen Erfahrungen in Wissen' verweist (Luhmann 2008). Aus der Perspektive der WDA ist jedoch der Generalisierungsgrad eines solchen Erklärungsmusters zu hoch angesetzt, als dass sich damit tatsächlich Aussagen über empirische Wissensverhältnisse und -politiken treffen ließen. Die WDA wählt statt des „Flugs über den Wolken" den Weg in die ,Niederungen' der konkreten Diskurskonflikte und Konstellationen, um zu sehen, wo und wie, vielleicht sogar warum ,Variationen' entstehen und wie Selektionen in diskursiven Praxen prozessiert werden. Die Rede von der Emergenz der Diskursstrukturen darf nicht darüber hinwegtäuschen, dass es sich dabei um konkrete Prozesse der Objektivierung, Institutionalisierung und Legitimierung von Diskursuniversen beziehungsweise diskursiven Formationen handelt.

Damit verbunden ist eine zweite Ablehnung: diejenige der systemtheoretisch vorgenommenen engen Koppelung von Gesellschaftsstruktur und Semantik, die bereits vor einigen Jahren unter anderem von Stäheli (2004) kritisiert worden ist. Die WDA unterstellt keineswegs, dass Diskurse notwendigerweise entlang der konstituierenden binären Codes sozialer Funktionssysteme prozessieren oder dass entsprechende Codierungen darüber richten, welcher Systemumgebung eine konkrete Aussage zugerechnet werden muss. Interessant ist für sie vielmehr gerade die Produktion und Verbindung von Wissenselementen mit sehr unterschiedlichen Herkunftsbezügen in Diskursen. Auch in diesem Fall gilt wieder: Gefragt wird nach der empirischen Gestalt solcher diskursiver Verknüpfungen. In Anlehnung an die Position Foucaults geht es darum, kein theoretisches Vor-Urteil über die Form eines zu untersuchenden Diskurses an das empirische Material heranzutragen. Demgegenüber müsste die Systemtheorie – wie im Übrigen auch die Bourdieu'sche Theorie der Praxis – zeigen, wofür sie empirische Daten und Forschung jenseits einer zirkulär-bestätigenden Belegsuche (der zufolge Forschung die ‚Richtigkeit' der Theorie nachweist) braucht. Denn wenn durch Theorieentscheidungen bereits gewusst wird, wie kommunikative Praxis prozessiert, was kann dann aus empirischer Forschung zusätzlich gewonnen oder als ‚Korrektur' in die Theorie rückgeführt werden?

Ein dritter Punkt betrifft schließlich die Frage nach einer systemtheoretischen oder funktionalen Hermeneutik (Nassehi 1997; Nassehi/Saake 2002). Gewiss beziehen sich Sinnprozessierungen in sozialen Praxisfeldern immer auf Lösungen von Deutungs- und Handlungsproblemen, die sie gleichzeitig selbst herstellen. Diese Selbstreferenz der Praxis kann sicherlich herausgearbeitet und als Praxis der Kontingenzbearbeitung rekonstruiert werden; funktionale Hermeneutik entspricht dann wohl einer qualitativen Typen- oder Deutungsmusterrekonstruktion, die nicht auf tatsächliches Erleben jenseits der Datenerhebungssituation oder des vorliegenden Dokumentes rekurriert. Eine solche Analyseeinstellung ist gewiss mit der Datenanalyse der Diskursforschung vereinbar. Zu Fragen ist jedoch, ob und inwiefern dann systemtheoretische Referenzen überhaupt noch eine Rolle spielen beziehungsweise wie eine solcherart operierende funktionale Hermeneutik mit dem Diskursbegriff selbst umgehen kann, der doch eine übersituativ stabilisierte (institutionalisierte) Aussagepraxis bezeichnet. Daran anschließend wäre zu fragen, ob nicht jenseits der situativen Kontingenzreduktion weitere (funktionale) ‚Sinndimensionen' diskursiver Aussagepraxis bestehen. Denn wie kann in einer solchen Perspektive beschrieben werden, dass Diskurse immer zweierlei zugleich leisten: einerseits ihre Selbstkonstitution und -reproduktion zu betreiben, andererseits in diesem ihrem Prozessieren Wissensordnungen ihnen externer Wirklichkeiten zu setzen, die Folgen in dieser Wirklichkeit haben. Und wie kann jenseits der rekonstruierenden Beschreibung unterschiedlicher Formen der Kontingenzreduktion mit der Frage umgegangen werden, dass sich sehr unterschiedliche Möglichkeiten für das Problem der Diskursstabilisierung beobachten lassen und dass vielfach Diskurskonkurrenzen um Deutungshoheiten vorfindbar sind, das heißt es durchaus unterschiedliche Deutungsmöglichkeiten und Akteure gibt, die in Diskursprozesse involviert sind.

Das Aufwerfen der genannten Fragen sollte nun nicht als Absage an den weiteren Dialog und Austausch verstanden werden, eher als Einladung zur Diskussion. Trotz mancher Parallelen zwischen der Systemtheorie Luhmann'scher Provinienz und diskursanalytischen Perspektiven, wie sie hier in Bezug auf die WDA vorgestellt wurden, vermag ich noch nicht zu sehen, wie Diskursforschung mit ‚Methodologien des Systems' vereinbar ist, wo sie doch in ihren (foucault'schen) Grundlagen gerade das nicht voraussetzen will (oder im Grenzfall erst als Ergebnis empirischer Forschung gelten ließe), was am Ausgangspunkt der neueren Systemtheorie steht: die Annahme von differenzierten Funktionssystemen, die sich historisch entlang binärer Codierungen gebildet haben, nunmehr gleichsam ultrastabil erscheinen und Kommunikationen sowie Semantiken allein innerhalb ihrer Systemgrenzen zu prozessieren vermögen.

5. Literatur

Arbeitsgruppe Bielefelder Soziologen (Hrsg.) (1981): Alltagswissen, Interaktion und gesellschaftliche Wirklichkeit, 2 Bde. Opladen: Westdeutscher Verlag

Bechmann, Sebastian (2007): Gesundheitssemantiken der Moderne. Eine Diskursanalyse der Debatten über die Reform der Krankenversicherung. Berlin: Sigma

Berger, Peter L./Luckmann, Thomas (1980): Die gesellschaftliche Konstruktion der Wirklichkeit. Eine Theorie der Wissenssoziologie. Frankfurt/Main: Fischer [1966]

Blumer, Herbert (1981): Der methodologische Standort des Symbolischen Interaktionismus. In: Arbeitsgruppe Bielefelder Soziologen (1981): 80-146 [1969]

Bourdieu, Pierre/Wacquant, Louic J. D. (1996): Reflexive Anthropologie. Frankfurt/Main: Suhrkamp

Bowker, Geoffrey C./Leigh Star, Susan (2000): Sorting things out. Classification and its consequences. Cambridge: University Press

Brand, Karl-Werner/Eder, Klaus/Poferl, Angelika (Hrsg.) (1997): Ökologische Kommunikation in Deutschland. Opladen: Westdeutscher Verlag

Braun, Virginia/Gavey, Nicola/McPhillips, Kathryn (2003): The 'Fair Deal'? Unpacking Accounts of Reciprocity in Heterosex. In: Sexualities Vol. 6. 237-261

Brunner, Claudia (2010): Wissensobjekt Selbstmordattentat. Epistemische Gewalt und okzidentalistische Selbstvergewisserung in der Terrorismusforschung. Wiesbaden: VS Verlag

Christmann, Gabriela B. (2004): Dresdens Glanz, Stolz der Dresdner. Lokale Kommunikation, Stadtkultur und städtische Identität. Wiesbaden: Westdeutscher Verlag

Eder, Franz (2010): Ideale Vergattung – Populärwissenschaftlicher Sexualdiskurs und Bildtechniken der Selbstführung (1910er bis 1960er Jahre). In: Keller/Meuser (2010)

Foucault, Michel (1988a): Archäologie des Wissens. Frankfurt/Main: Suhrkamp [1969]

Foucault, Michel (Hrsg.) (1975): Der Fall Rivière. Materialien zum Verhältnis von Psychiatrie und Strafjustiz. Frankfurt/Main: Suhrkamp [1973]

Gadamer, Hans-Georg/Boehm, Gottfried (Hrsg.) (1978): Seminar: Die Hermeneutik und die Wissenschaften. Frankfurt/Main: Suhrkamp

Giddens, Anthony (1991): Modernity and Self-Identity. Self and Society in the Late Modern Age. Cambridge: University Press

Giddens, Anthony (1992): Die Konstitution der Gesellschaft. Frankfurt/Main: Suhrkamp

Guilhaumou, Jacques (2003): Geschichte und Sprachwissenschaft. Wege und Stationen (in) der analyse du discours. In: Keller/Hirseland/Schneider/Viehöver (2003): 19-66

Gusfield, Joseph (1981): The Culture of Public Problems: Drinking-Driving and the Symbolic Order. Chicago: University Press

Hitzler, Ronald/ Honer, Anne (Hrsg.) (1997): Sozialwissenschaftliche Hermeneutik. Eine Einführung. Opladen: utb

Hitzler, Ronald/Reichertz, Jo/Schröer, Norbert (Hrsg.) (1999): Hermeneutische Wissenssoziologie. Standpunkte zur Theorie der Interpretation. Konstanz: UVK

Jackson, Stevie/ Scott, Sue (2007): Faking Like a Woman? Towards an Interpretive Theorization of Sexual Pleasure. In: Body & Society, Vol. 13 Nr. 2. 95-116

Jackson, Stevie/Scott, Sue (1997): Gut reactions to matters of the heart: reflections on rationality, irrationality and sexuality. In: The Sociological Review, Vol. 45, Nr. 4. 551-575

Keller, Reiner (1997): Diskursanalyse. In: Hitzler/Honer (1997): 309-334

Keller, Reiner (1998): Müll – Die gesellschaftliche Konstruktion des Wertvollen. Opladen: Westdeutscher Verlag [2. Aufl. 2009 VS Verlag]

Keller, Reiner (2001): Wissenssoziologische Diskursanalyse. In: Keller/Hirseland/Schneider/Viehöver (2001): 113-145

Keller, Reiner (2003a): Der Müll der Gesellschaft. Eine wissenssoziologische Diskursanalyse. In: Keller/Hirseland/Schneider/Viehöver (2003): 197-232

Keller, Reiner (2005): Wissenssoziologische Diskursanalyse. Grundlegung eines Forschungsprogramms. Wiesbaden: VS-Verlag [2. Aufl. 2008]

Keller, Reiner. (2005a): Wissenssoziologische Diskursanalyse als interpretative Analytik. In: Keller/Hirseland/Schneider/Viehöver (2005): 49-76

Keller, Reiner (2007a): Diskursforschung. Eine Einführung für SozialwissenschaftlerInnen. 3. überarb. Auflage. Wiesbaden: VS-Verlag [2003]

Keller, Reiner (2007b): Diskurse und Dispositive analysieren. Die Wissenssoziologische Diskursanalyse als Beitrag zu einer wissensanalytischen Profilierung der Diskursforschung [46 Absätze]. In: Forum Qualitative Sozialforschung 8 (2), Art. 19. http://www.qualitative-research.net/fqs-texte/2-07/07-2-19-d.htm [Zugriff vom 2.6.2007]

Keller, Reiner (2008): Michel Foucault. Konstanz: UVK

Keller, Reiner/Hirseland, Andreas/Schneider, Werner/Viehöver, Willy (2003a): Die vielgestaltige Praxis der Diskursforschung. In: Keller et. al. (2003b): 7-18

Keller, Reiner/Hirseland, Andreas/Schneider, Werner/Viehöver, Willy (Hrsg.) (2001): Handbuch Sozialwissenschaftliche Diskursanalyse Bd. 1: Theorien und Methoden. Opladen: Leske & Budrich [2. aktualisierte und erweiterte Auflage 2006 VS-Verlag]

Keller, Reiner/Hirseland, Andreas/Schneider, Werner/Viehöver, Willy (Hrsg.). (2003b): Handbuch Sozialwissenschaftliche Diskursanalyse Bd. 2: Forschungspraxis. Opladen: Leske & Budrich [3. erweiterte Auflage 2008 VS-Verlag]

Keller, Reiner/Hirseland, Andreas/Schneider, Werner/Viehöver, Willy (Hrsg.). (2005): Die diskursive Konstruktion von Wirklichkeit. Zum Verhältnis von Wissenssoziologie und Diskursforschung. Konstanz: UVK

Keller, Reiner/Truschkat, Inga (Hrsg.) (2010): Wissenssoziologische Diskursanalyse: Methodologie und Forschungspraxis Bd. 1. Wiesbaden: VS-Verlag [im Erscheinen]

Keller, Reiner/Meuser, Michael (Hrsg.) (2010): Körperwissen. Wiesbaden: VS Verlag [im Erscheinen]

Klandermans, Bert/Kriesi, Hans-Peter/Tarrow, Sidney (Hrsg.): From Structure to Action: Comparing Social Movement Research Across Cultures. Greenwich: JAI Press

Lüders, Christian/Meuser, Michael (1997): Deutungsmusteranalyse. In: Hitzler/Honer (1997): 57-80

Luhmann, Niklas (1984): Soziale Systeme. Frankfurt/Main: Suhrkamp

Luhmann, Niklas (2008): Ideenevolution. Beiträge zur Wissenssoziologie. Frankfurt/Main: Suhrkamp

Meuser, Michael/ Sackmann, Reinhold (1992): Analyse sozialer Deutungsmuster. Pfaffenweiler: Centaurus

Mannheim, Karl (1969): Ideologie und Utopie. Frankfurt/Main: Suhrkamp [1929]

Morris, Charles W. (1981): Zeichen, Sprache und Verhalten. Frankfurt/Main: Suhrkamp [1946]

Nassehi, Armin (1997): Kommunikation verstehen. Einige Überlegungen zur empirischen Anwendbarkeit einer systemtheoretisch informierten Hermeneutik. In: Sutter (1997): 134-163

Nassehi, Armin/Saake, Irmhild (2002): Kontingenz: Methodisch verhindert oder beobachtet? Ein Beitrag zur Methodologie der qualitativen Sozialforschung. In: Zeitschrift für Soziologie 31 (1). 66-86

Poferl, Angelika (1997): Der strukturkonservative Risikodiskurs. Eine Analyse der Tschernobyl ‚media story' in der Frankfurter Allgemeinen Zeitung. In: Brand et. al. (1997): 106-154

Reichertz, Jo (1999): Über das Problem der Gültigkeit von Qualitativer Sozialforschung. In: Hitzler/Reichertz/Schröer (1999): 319-346

Reichertz, Jo (2002): Die Abduktion in der qualitativen Sozialforschung. Opladen: Leske & Budrich

Renn, Joachim (2005): Wie ist das Bewusstsein am Diskurs beteiligt? Handlungstheoretische Überlegungen zur performativen Beziehung zwischen Semantik und Intentionalität. In: Keller/Hirseland/Schneider/Viehöver (2005): 101-126

Ricoeur, Paul (1977): Diskurs und Kommunikation. In: Neue Hefte für Philosophie 11. 1-25

Ricoeur, Paul (1978): Der Text als Modell: hermeneutisches Verstehen. In: Gadamer et. al. (1978): 83-117

Ricoeur, Paul (1988): Zeit und Erzählung. Bd. 1: Zeit und historische Erzählung. München: Fink [1983]

Schmied-Knittel, Ina (2008): Satanismus und ritueller Missbrauch. Eine wissenssoziologische Diskursanalyse. Würzburg: Ergon

Schröer, Norbert (1997a): Strukturanalytische Handlungstheorie und subjektive Sinnsetzung. Zur Methodologie und Methode einer hermeneutischen Wissenssoziologie. In: Sutter (1997): 273-302

Schütz, Alfred (1971): Über die mannigfaltigen Wirklichkeiten In: Ders.: Gesammelte Aufsätze Bd. 1: Das Problem der sozialen Wirklichkeit. Den Haag: Nijhoff: 237-298 [dt. Fassung von Schütz 1973]

Schütz, Alfred (1973): On multiple realities. Collected Papers I: The Problem of Social Reality. Hg. von M. Natanson. Den Haag: Nijhoff: 207-259 [1945]

Schütz, Alfred/Luckmann, Thomas (1979): Strukturen der Lebenswelt. Bd. 1. Frankfurt/Main: Suhrkamp

Schütz, Alfred/Luckmann, Thomas (1984): Strukturen der Lebenswelt. Bd. 2. Frankfurt/Main: Suhrkamp

Schütze, Yvonne (1992): Das Deutungsmuster 'Mutterliebe' im historischen Wandel. In: Meuser et. al. (1992): 39-48

Snow, David A./Benford, Robert D. (1988): Ideology, Frame Resonance and Participant Mobilization. In: Klandermans et. al. (1988): 197-217

Soeffner, Hans-Georg (1989): Auslegung des Alltags – Der Alltag der Auslegung. Zur wissenssoziologischen Konzeption einer sozialwissenschaftlichen Hermeneutik. Frankfurt/Main: Suhrkamp

Soeffner, Hans-Georg (1999): Verstehende Soziologie und sozialwissenschaftliche Hermeneutik. Die Rekonstruktion der gesellschaftlichen Konstruktion der Lebenswelt. In: Hitzler/Reichertz/Schröer (1999a): 39-50 [1991]

Srubar, Ilja. (1988): Kosmion. Die Genese der pragmatischen Lebenswelttheorie von Alfed Schütz und ihr anthropologischer Hintergrund. Frankfurt/Main: Suhrkamp

Stäheli, Urs (2004): Semantik und/oder Diskurs: 'Updating' Luhmann mit Foucault? In: Kulturrevolution 47. 14-19

Stone, Debora. A. (1989): Causal Stories and the Formation of Policy Agendas. In: Political Science Quarterly 2. 281-300

Sutter, Tillman (Hrsg.) (1997): Beobachtung verstehen, Verstehen beobachten. Perspektiven einer konstruktivistischen Hermeneutik. Opladen: Westdeutscher Verlag

Truschkat, Inga (2008): Kompetenzdiskurs und Bewerbungsgespräche. Eine Dispositivanalyse (neuer) Rationalitäten sozialer Differenzierung. Wiesbaden: VS-Verlag

Ullrich, Peter (2008): Die Linke, Israel und Palästina. Nahostdiskurse in Großbritannien und Deutschland. Berlin: dietz

Wagner, Peter (1990): Sozialwissenschaften und Staat. Frankreich, Italien, Deutschland 1870-1980. Frankfurt/Main: Campus

Williams, Glyn (1999). French Discourse Analysis: The method of post-structuralism. London: Rout-
    ledge
Zimmermann, Christine (2010): Familie als Konfliktfeld im amerikanischen Kulturkampf. Eine Dis-
    kursanalyse. Wiesbaden: VS-Verlag

Das Subjekt der Gesellschaft und die Gesellschaft der Subjekte[1]

Hubert Knoblauch

1. Einleitung

Wie immer man zur Systemtheorie stehen mag, besteht ihr Beitrag doch sicherlich darin, die soziologische Bedeutung der Kommunikation zur Konstruktion der Gesellschaft hervorgehoben zu haben. Zwar hatte schon etwa Mead in den 1930er Jahren oder auch Goffman in den 1950er Jahren auf die zentrale Rolle dieses Begriffes aufmerksam gemacht;[2] auch in der interpretativen Sozialforschung spielt sie eine ganz entscheidende Rolle, führt sie doch zu einer „kommunikativen Wende" der Wissenssoziologie und damit auch zum „kommunikativen Konstruktivismus.[3] Doch ist es vor allen Dingen die Systemtheorie, die den zentralen Stellenwert der Kommunikation bis hin zur Konstitution der Weltgesellschaft theoretisch nachgezeichnet hat (Luhmann 1984; Luhmann 1997). So eindrücklich das analytische Gerüst ist, bleibt indessen das Verhältnis der Systemtheorie zur Empirie gestört. So äußert sich Luhmann (1997) selbst sehr distanziert zur Möglichkeit der empirischen Analyse von Kommunikation – eine Distanz, die auch andere systemtheoretische Autoren zur empirischen Erforschung kommunikativer Prozesse beibehalten.[4]

Die Offenheit der Theorie für empirische Forschung ist indessen selbst eine Leistung der Theorie (Kalthoff 2008). Ich gehe hier davon aus, dass die Distanz der Systemtheorie zur Empirie auf einem theoretischen Defizit beruht, nämlich ihrer Unfähigkeit zur Berücksichtigung des Subjekts. Darin ist die These impliziert, dass eine Analyse der menschlichen Kommunikation ohne die Annahme eines

---

[1] Für Kommentare und Hinweise möchte ich mich bei René Tuma bedanken. Der Beitrag führt Gedanken fort, die in früheren Arbeiten (Knoblauch 2008a, 2008b) gründen.

[2] Vergleiche etwa Mead (1981) und Goffman (1979); man sollte betonen, dass die Liste der soziologischen Arbeiten, die den Begriff der Kommunikation im Zentrum haben, sehr lang und recht durchgängig ist.

[3] Vergleiche dazu Knoblauch (1995, 2000) sowie z. B. Bergmann und Luckmann (1999). Die Wendung von der Sprache zur Kommunikation ist auch der Grund, dass Habermas Theorie eine geringere Rolle spielt als Luhmanns, da er sein kommunikatives Handeln ganz entscheidend durch Sprache bestimmt.

[4] Das zeigt sich etwa an der Arbeit von Kieserling (1999), dessen vorzügliche Aufarbeitung der systemtheoretischen Analyse der kommunikativen Interaktion die empirische Erforschung kaum berücksichtigt. Noch deutlicher zeigt sich dieses Defizit, wenn man die empirischen Analysen zu den Formen der Kommunikation, wie sie etwa Günthner und Knoblauch (1994) durchgeführt haben, mit den empirisch nicht fassbaren „Formen" vergleicht, wie sie etwa Baecker (2005) behandelt.

Subjektes zwar prinzipiell möglich ist, aber (um einen sehr nützlichen Amerikanismus zu verwenden) wenig Sinn macht. Freilich ist Luhmann keineswegs allein in seiner Geringschätzung des Subjekts. Schon spätestens seit Nietzsche ist das Subjekt in Verruf gekommen, und seit dem Erfolg des Strukturalismus ist das Subjekt auch in den Sozialwissenschaften als Problem erkannt worden. Während jedoch der Poststrukturalismus etwa bei Foucault (2004) vor einer vollständigen Abschaffung zurückschreckt, kritisiert Luhmann nicht mehr nur das Subjekt, er will es vollständig abschaffen, wenn er trocken fordert: „Wir können damit auch den Subjektbegriff aufgeben" (Luhmann 1984: 11).

Luhmanns Forderung wendet sich sehr entschieden gegen substantialistische Begriffe des Subjekts, die gegen alle Versuche, die Eigengesetzlichkeit des Sozialen (und damit der Begründung einer reinen Soziologie), auf Eigenheiten des Subjekts verweisen. Weil diese Eigenheiten nun wieder so vielfältig und subjektiv seien, dass sie nicht als Grundstein der Soziologie dienen könnten, sollte der Versuch einer Begründung der Soziologie im Subjekt aufgegeben werden. So plausibel dieses Argument klingt, so möchte ich (1) argumentieren, dass das Subjekt aus der Sicht einer empirischen Sozialforschung unerlässlich ist, die sich (wie ja auch das soziale System und damit die Soziologie systemtheoretischer Prägung) mit Sinn beschäftigt, also interpretativ ist.[5] Dieses Argument werde ich hier sehr knapp vorstellen, kann dabei aber auf eine extensive eigene empirische Arbeit verweisen und eine Vorarbeit (Knoblauch 2008a). Etwas ausführlicher möchte ich dagegen das zweite Argument vorbringen, dass (2) das Subjekt in Luhmanns Theorie selbst einen Platz findet. Auf der Grundlage seiner Diskussion der Phänomenologie möchte ich einen gleichsam funktionalistischen Begriff des Subjekts entwickeln, der auch die Grundlage für eine gegenwärtige phänomenologische Soziologie darstellen kann (Knoblauch 2007, 2008b). Schließlich möchte ich im dritten Teil kurz skizzieren, dass (3) der Begriff des Subjekts nicht nur aus grundlagen- beziehungsweise sozialtheoretischen Gründen eine Rolle spielt, sondern gerade in der gegenwärtigen Gesellschaft (also gesellschaftstheoretisch) von Relevanz ist.

2.   Abstrakte und konkrete Subjektivität und der Sinn

Die qualitativen Methoden, die wir in den Sozialwissenschaften anwenden, beruhen zu weiten Teilen auf einer Theorie der verstehenden Soziologie. Verstehende Soziologie bedeutet dabei in der Regel sinnverstehende Soziologie, hat also den Begriff des Sinns als Ausgangspunkt.

---

5   Anstelle der unseligen politischen Unterscheidung zwischen qualitativer und quantitativer Forschung möchte ich besser zwischen interpretativer und normativer Forschung unterscheiden (vgl. Knoblauch 2009).

Seit Webers Konzeption der verstehenden Soziologie ist der Begriff des Sinns in der Soziologie weitgehend etabliert. Allerdings weist gerade Webers Sinnbegriff eine Doppelseitigkeit auf, die mit den Begriffen des subjektiven und des objektiven Sinns gefasst werden kann. Auf der einen Seite ist nach Weber die Orientierung am subjektiven Sinn grundlegend für die Soziologie. Diese aus dem Historismus entlehnte Kategorie fasst die Besonderheit des einzelnen Handelns, das eben ein „sei es auch mehr oder minder unbemerkt, ‚gehabten' oder ‚gemeinten' (*subjektiven*) *Sinn* spezifiziertes Sichverhalten zu ‚Objekten'" (Weber 1988: 429, Herv. im Orig.) besitzt. Die Soziologie hat diesen Sinn zwar zu verstehen, ihre vornehmliche Aufgabe aber besteht darin, die „typischen *sinn*haften (…) Bezogenheiten des Handelns" (ebd.: 430) zu identifizieren und diesen subjektiven Sinn in einen erklärungskräftigen Sinnzusammenhang zu stellen.

Die nähere Bestimmung dessen, was Weber Sinn nennt, war bekanntlich die selbstgestellte Aufgabe von Alfred Schütz. Schütz sieht denn auch das Subjekt – oder besser: sein Bewusstsein – gleichsam als den Generator des Sinns an. Sinn besteht hier in der „spezifische[n] Zuwendung zu einem abgelaufenen Erlebnis […], durch welche dieses aus dem Dauerablauf herausgehoben und zu einem „solchen", nämlich einem so-und-nicht-anders-beschaffenen Erlebnis wird" (Schütz 1974: 307). Wenn also von Sinn die Rede ist, so lautet das Argument von Schütz, dann haben wir es mit etwas zu tun, was grundsätzlich nur von einem Bewusstsein gemacht werden kann. Schütz steht mit seiner Auffassung ja keineswegs allein. Ein guter Teil der qualitativen Sozialforschung beruft sich auf Schütz, wie etwa die lebensweltliche Ethnographie (Honer 1993) oder die Gattungsforschung (Knoblauch/Luckmann 2000), die das subjektive Verstehen noch immer als lebensweltlichen Ausgangspunkt jeder weiteren wissenschaftlichen Tätigkeit ansieht. Auch die sozialwissenschaftliche Hermeneutik beruft sich keineswegs nur auf Schütz, sondern auch auf sein „subjektives Postulat". Sie unterscheidet sich von der objektiven Hermeneutik ja gerade durch die Berücksichtigung der in Texten „aufscheinenden und sich dem Interpreten aufdrängenden subjektiven Intentionalität, die die Sprecher für sich in Anspruch nehmen und der sie eine subjektive Ausdruckqualität verleihen" (Soeffner 1991: 83).

Subjektivität ist also ein wesentliches Merkmal des Sinns, das, wenn ich es recht verstehe, der Philosoph Nagel (1974) mit dem Begriff der Qualia hervorhebt. Während Nagel jedoch davon ausgeht, dass diese Subjektivität prinzipiell unaussprechbar, also (wie es im Zusammenhang mit der religiösen Erfahrung häufig heißt) „ineffabel" ist, geht die verstehende Soziologie von einer Verstehbarkeit aus. Wie wird nun der Bezug auf das Subjekt in der verstehenden Soziologie hergestellt? Schon Weber (1988) betont jedoch, dass sich der subjektive Sinn immer nur in seiner Typik erfassen lässt. Diese Typisierungen des Subjektiven ist bei Weber entscheidend von begrifflichen und theoretischen, also „idealen" Vorgaben geleitet, wie sie etwa in der idealtypischen subjektiven Orientierung des „kapitalistischen

Geistes" zum Ausdruck kommt. Auch Schütz sieht dieses Problem, wenn er fragt: „Wie sind Wissenschaften vom subjektiven Sinnzusammenhang überhaupt möglich?" (Weber 1974: 317). Schütz' Antwort auf diese Frage lautet bekanntlich, dass es der Wissenschaft nicht um das Nachverstehen des subjektiven Sinns geht, wie dies in der unmittelbaren Interaktion von Menschen und damit in der „umweltlichen Sozialbeziehung" gelingt. Der Wissenschaft geht es vielmehr um eine Rekonstruktion des typischen Sinns, wie er sich aus einer „mitweltlichen" Beobachterperspektive ergibt. Es geht, mit anderen Worten, um den typischen Sinn, den Schütz dann auch nicht dem Subjekt, sondern einem „Homunculus" zuschreibt. Typisch ist der Sinn weder für den einzelnen Handelnden noch für den Handelnden insgesamt, sondern für ein wissenschaftliches Konstrukt eines Akteurs.

Diese methodologische Vorgehensweise wird auch in der praktischen Methodik entsprechend umgesetzt. Trotz seiner radikal subjektivistischen Forderung nach Einbeziehung der „egologisch-monothetischen Perspektive" verlangt auch Soeffner einen zweiten Schritt, um diese subjektive Intentionalität „mit der Perspektivenneutralität, den objektiv möglichen Bedeutungen zu konfrontieren" (Soeffner 1991: 70). Hierdurch wird das Erste zu einem Fall für diese Bedeutungen. Ähnlich geht es in einem anderen, vergleichsweise radikal subjektivistischen Ansatz zu, den Hitzler und Honer als „lebensweltliche Ethnographie" bezeichnen: Auch hier wird die subjektive Perspektive eingenommen, um daraus jedoch einen typischen Sinn zu gewinnen: Der Sinn kann für bestimmte Akteure (und damit Akteurstypen) typisch sein (etwa Heimwerker); er kann auch für bestimme Handlungsarten typisch sein: In jedem Fall handelt es sich bei dem Subjektiven um etwas, das – aus methodischen Gründen – generalisiert ist (Honer 1993; Honer/Hitzler 1988).

Simmel schon hat auf diese Art zu denken hingewiesen, indem er Kant einen „abstrakten Individualismus" attestierte. „Abstrakt, weil er den ganzen Wert, die ganze absolute Bedeutung an den Allgemeinbegriff Mensch heftet und ihn erst von diesem auf das einzelne Exemplar der Gattung überleitet" (Simmel 1900: 493). Diese Abstraktheit finden wir auch in der Phänomenologie Husserls. Husserl ging es ja nie darum, das einzelne Ego zu bestimmen, vielmehr suchte er die Prozesse, die für jede Art des Bewusstseins gelten. Diese Abstraktheit finden wir noch in Schütz' und Luckmanns „Strukturen der Lebenswelt" (2003) wieder, die ja – als *mathesis universalis* – eine allen Menschen eigene allgemeine Matrix darstellen sollten. Allerdings kann man hier nicht mehr vom „Individualismus" sprechen, geht es doch um Handelnde, aber eben auch Subjekte des Erlebens und Erfahrens. Passender wäre es also, von einer *abstrakten Subjektivität* zu sprechen.[6]

Diese abstrakte Subjektivität ist keineswegs nur „reine Theorie", sondern spielt in der empirischen Praxis eine deutliche Rolle. So tritt sie in vielen qualitativen Ver-

---

6   Im Anschluss an Schleiermacher schlagen die Theologen Assel und Mildenberger (1995) dafür
     auch den Begriff kollektive Subjektivität vor.

fahren dadurch auf, dass sie die Vielfalt der Beobachtungsdaten reduziert und in dieser Vielfalt der Daten eine Allgemeinheit identifiziert. Im Unterschied zu den dokumentarischen Verfahren gehen die qualitativen Verfahren meistens nicht von einer bestimmten theoretischen Vorannahme über die Ordnung der Vielfalt der Daten aus, sondern zeichnen sich dadurch aus, dass sie die Ordnung in und mit den Daten selbst nachweisen möchten. In diesem Sinne erweist diese qualitative Forschung den Subjekten ihre Reverenz, deren Handlungen Quelle der Daten sind. Zugleich aber löst sich diese subjektorientierte Forschung in einer verallgemeinernden Absicht von diesen einzelnen Akteuren auf. Um keine Missverständnisse zu erzeugen, sollte man betonen, dass die qualitative Verfahrensweise nicht nur rechtens, sondern vermutlich die redlichste unter den geläufigen wissenschaftlichen Verfahren ist. Dennoch zeigt sich gerade bei diesen so subjektnahen Verfahren die andere Seite dessen, was abstrakte Subjektivität genannt wurde.

Und wenn hier von „Zeigen" gesprochen wird, ist durchaus die höchst empirische Evidenz der forschenden Praxis gemeint. Nehmen wir dazu ein einfaches Beispiel: Wir führen eine größere Zahl narrativer Interviews zu einem relativ standardisierten Thema durch. Wir transkribieren diese Interviews, gehen sie durch und identifizieren allmählich bestimmte typische Elemente, zum Beispiel bestimmte Vorstellungen, bestimmte Handlungsweisen, bestimmte Stile des Rekonstruieren usw.. Diese „typischen Elemente" allerdings sind selten einfach da. Sie „liegen" auch nicht einfach vor. Vielmehr schaffen (oder „erkennen") wir sie vor allem dadurch, dass wir von einer Unzahl anderer Elemente absehen: die Art, wie gesprochen wurde, die Wortwahl, die Abfolge von Äußerungen, die Stimme usw. Selbst die vermeintlich standardisiertesten Themen, zu denen man stark stereotypisierte Antworten erwartet, erweisen sich in aller Regel als nicht besonders geregelt. Ganz im Gegenteil wird jeder redliche Interpret eingestehen müssen, dass in aller Regel die Vielfalt eben viel größer ist als die Regel, die wir durch die Auswahl von Codes, Ethnokategorien, Exzerpten und Datenausschnitten erst herstellen.

Wie gesagt, ist es ja die Aufgabe der Wissenschaft, Ähnlichkeiten herauszustellen, Typisierungen vorzunehmen und Regeln aufzustellen. Reflektiert wird in der Methodologie denn auch, dass und wie wir Typisieren, Kategorisieren oder Codieren. Damit wird dem Umstand zwar Rechnung getragen, dass diese Verfahren von der Vielfalt der Daten abstrahieren. Es scheint, dass diese Vielfalt, die doch eines der ersten und der grundlegendsten methodischen Probleme qualitativen Arbeitens ist, kaum der Erwähnung Wert ist. Dabei sollte jedoch das Offenkundige nicht einfach übersehen werden: Die zentrale Beobachtung der qualitativen Forschung besteht darin, dass jedes Datum sich vom anderen *unterscheidet* – und dass es bei allen Ähnlichkeiten, Typiken und Regeln immer Unterschiede gibt. Damit soll auch nicht übersehen werden, dass wir Daten schon angleichen, indem wir sie auf ähnliche Weise (Fragebögen, Interviews, Aufzeichnungen) herstellen und auf ähnliche Inhalte ausrichten. Doch selbst wenn wir uns mit diesen einander schon angeähnelten Daten – etwa mit Interviewäußerungen – beschäftigen, ist es durchaus relevant, ob (z. B. biographische) Geschichten wirklich gleich sind, oder ob wir beim Entdecken von Ähnlichkeit über Unterschiede der Geschichten als Geschichten hinwegsehen müssen. Und wenn wir aufgezeichnete Handlungsmuster betrachten, spielt es durchaus eine Rolle, ob wir diese Muster dadurch entdecken, dass wir „kontingente" Elemente unerwähnt lassen oder nicht. Im Entdecken von Ähnlichkeiten vergessen oder übersehen wir nicht nur Differenz; wir übergehen auch die grundlegende Beobachtung, dass sich Einzeldaten eben wesentlich *nicht* gleichen – sondern unterscheiden.

Als mögliche Erklärung für dieses bislang kaum beobachtete Phänomen bieten sich, soweit ich sehe, zwei Kandidaten an. Auf der einen Seite kann man sie der Situation zuschreiben, also den Kontingenzen des besonderen Ablaufs, der Umstände und anderer Kontingenzen. Eine zweite Möglichkeit zur Erklärung dieser Variation ist die Subjektivität, genauer, die *konkrete Subjektivität*. Damit meine ich nicht, dass sich die Substanz eines konkreten Subjektes hinter den je verschiedenen Äußerungen verbirgt; konkrete Subjektivität bedeutet vielmehr, dass sich die Besonderheit einzelner Interviewter in der Besonderheit einzelner Interviews ausdrückt. Ich meine damit auch den Umstand, dass sich die Besonderheit von Personen in einzelnen Situationen in der Besonderheit dieser Äußerungen ausdrückt – selbst dann, wenn solche Situationen hochgradig ritualisiert sind. Die konkrete Subjektivität bezieht sich auf die Besonderheit einzelner Handelnder – und die ihrer situativen Handlungen, die sich in der Vielfalt der Daten zeigt. Dennoch darf diese Besonderheit nicht dokumentarisch als „Jemeinigkeit des Seins" verstanden werden, das ein Allgemeineres im Besonderen partikularisiert.[7] Denn die Vielfalt der Daten steht hier nicht für etwas anderes, sondern eben für eine Vielfalt derer, die durch die Daten repräsentiert werden.[8] Der Begriff der Subjektivität bezeichnet dabei lediglich den Umstand, dass ein Datum sich vom anderen unterscheidet, also eine Differenz aufweist. Mit diesem Begriff ist auch nicht Individualität gemeint. Es geht also nicht darum, einen Kern zu postulieren, den das Subjekt aufweist und als Identität zeitlich durchhält. Eher ist das gemeint, was Schimank als „ansonsten lediglich als jederzeit aktualisierbares, latentes Potential bereitgehaltener Individualität" (Schimank 2002: 156) bezeichnet: Allein dass dieses Potential eben nicht potentiell und aktualisierbar ist, sondern sich in jedem empirischen Datum offensichtlich aktualisiert.

---

7   Die Heidegger'sche Fassung des principio individuationis wird in jüngerer Zeit wieder von der Soziologie unter dem Begriff des „Jemeinigkeit" aufgenommen (vgl. Weiß 2001).

8   Es ist eine Selbstverständlichkeit einer reflexiven Methodologie, dass die Forschenden selbst die Daten durch ihre Praktiken als bestimmte Datensorten produzieren (Knoblauch 2003), doch gehen sie wie auch wir alle davon aus, dass die Daten nicht nur ihre Praktiken, sondern auch die repräsentieren, die untersucht werden. (Das Repräsentationsverhältnis wird ganz entscheidend durch die Praktiken der Erhebung und Analyse definiert.)

Die konkrete Subjektivität darf noch weniger mit dem methodologischen Individualismus gleichgesetzt werden: Sie ist nicht die Folge einer abstrakten methodologischen Forderung, die abstrakte allgemeine Handlungsregeln auf ein ebenso abstraktes Individuum zuschreibt, das es mit von den Forschenden zu benennenden „Motiven", „Kalkülen" und „Zielen" gemein hat. Die konkrete Subjektivität ist, wie der Begriff sagt, eine offenkundige Beobachtung an konkreten empirischen Daten.

Wenn es nach den soziologischen Ansätzen von Durkheim über Luhmann bis zu den gegenwärtigen Praxistheorien geht, entzieht sich das Subjekt einer soziologischen Betrachtung und wird kategorisch aus dem gleichsam hermetischen Zuständigkeitsbereich der Soziologie ausgeklammert. Wenn sich allerdings bei der empirischen Betrachtung der Daten, die zur Verifizierung oder Entdeckung soziologischer Regeln, Gesetze oder Systeme dienen, eine Vielfalt zeigt, dann werden auch diese Ansätze kaum darum herumkommen, ihre Grenzen weniger eng zu setzen, als dies die Begriffsysteme wünschen lassen. (Wäre der soziologische Gegenstand so hermetisch, könnten wir sicherlich auch tragfähigere empirische Verallgemeinerungen vornehmen.)

Das konkret Subjektive ist ein guter Kandidat zur Erklärung dieser Vielfalt, denn man darf bezweifeln, dass andere „abstrakt individuelle" Erklärungsmodelle, wie etwa psychologische oder neurologische, solche konkreten Differenzen erklären können.[9] Sicherlich könnte man, wie schon erwähnt, auch die Situationalität des Forschens als Grund für die Varianz anführen – ein Merkmal, das auch Goffman (1963) schon breit erläutert hat. Allerdings bezieht sich die Differenz, die hier gemeint ist, ebenso auf die Unterschiede von situierten Aktivitätssystemen: Auch situative Handlungsweisen variieren eben von einer zur anderen und mit den Beteiligten: die Varianzen gehen also selbst über das Situative hinaus.[10] Wie Daten in ethnomethodologisch-situationalistischen Untersuchungen zeigen, weisen auch „typisch gleiche" Situationen eben Unterschiede auf, die durch den Situationalismus selbst nicht erklärt werden können.

---

9   Eines der empirischen Beispiele für die hier vorgelegte These stellt meine Analyse von Nahtoderfahrungen dar (vgl. Knoblauch 2007a): Trotz der aufgezeigten kulturellen Typik der Erfahrungsberichte und trotz der vermeintlich starken physiologischen Ursachen für ihre Inhalte weisen die Erfahrungsbeschreibungen eine Varianz auf, die umso mehr überrascht, als selbst die dafür verfügbaren sprachlichen Mittel und Gestaltungsmöglichkeiten in unserer Kultur und Sprache sehr stark begrenzt sind. Dennoch unterscheiden sich selbst einander „ähnliche" Begriffe in zentralen Aspekten.

10   In der Tat sollte man die raumzeitliche Besonderheit als Situationalität von der Subjektivität unterscheiden; zur Situationalität kann man aber auf die Arbeiten Goffmans (z. B. 1963) verweisen, dem die grundlegende Unterscheidung zwischen situativen und situierten Elementen zu verdanken ist. Situationalistisch radikalisiert wird diese Position als situated action von Suchman (1987). Auch Haraways (1995) Versuche der Anerkennung von Partialität kann so verstanden werden. Eine subjekt-orientierte Alternative zu diesem „objektivistischen" beziehungsweise „interaktionistischen" Situationsbegriff schlagen schon Hitzler/Honer (1984) vor.

3. Die Funktion des Subjekts – Analytische Konturen der Subjektivität

Das Subjekt, von dem ich hier rede, ist keine substantielle Einheit. Man sollte an-
merken, dass dies auch für die reflektierten Teile der phänomenologisch orientierten Soziologie gilt. Der häufig wiederholte Vorwurf der Letztbegründung durch
das subjektive Bewusstsein, der noch durch die neueste Phänomenologie-kritische
Literatur des Poststrukturalismus geistert (und das Individuum, Identität und Subjektivität durchgängig verwirrt), wurde von der phänomenologisch orientierten Soziologie spätestens seit der Bezugnahme auf die Anthropologie aufgegeben – also
spätestens seit dem späten Schütz. Die anthropologische Triangulation mit der
Phänomenologie etwa bei Luckmann folgt dem abstrakten Begriff der Subjektivität, das die Subjektivität selbst nicht inhaltlich füllt. Es geht dieser Phänomenologie
also schon lange nicht mehr um die Letztbegründung durch das Subjekt,[11] sondern
um die Beschreibung der subjektiven Erfahrungen – und ihrer Anerkennung als
eigene, „vorwissenschaftliche" Form der Beschreibung. In der Tat handelt es sich
bei der Subjektivität, wie ich zu zeigen versuche, um ein analytisches Konstrukt,
das allerdings für die sozialwissenschaftliche Empirie notwendig ist. Seine Konturen lassen sich denn auch nicht substantiell bestimmen, sondern aus der Perspektive des Sozialen.

Lassen Sie mich nun aufzeigen, dass ich durchaus einen systematischen Ort für
dieses Subjekt in der Systemtheorie sehe – ja, dass die Systemtheorie sogar einen
günstigen Ausgangspunkt bietet, um das Subjekt der Empirie theoretisch festzu-
machen. Den Ausgangspunkt dabei bildet nicht zufällig Luhmanns Wiener Vorle-
sung, in der er sich so grundsätzlich mit der Phänomenologie auseinandersetzte,
dass deutlich wurde, wie sehr seine Systemtheorie als subjektlose Phänomenologie
verstanden werden kann. Auch Luhmann (1996) erkennt Sinn und seine prozedu-
rale Fassung durch Husserl als Intentionalität als Grundlage seiner Theoriekon-
struktion. Wenn hier von Intentionalität gesprochen wird, dann ist etwas gemeint,
was in der Interaktion ebenso impliziert ist wie in der Kommunikation. Es ist das,
was wir als Sinn bezeichnen, wenn wir Sinn nicht nur als Gehalt, sondern als Prozess auffassen.

In Luhmanns Augen könnten wir die Unterscheidung zwischen „Selbst-" und
„Fremdreferenz" als die ursprünglichste Operation der Intentionalität ansehen.
Wie bekannt, hält Luhmann das Subjekt dabei für überflüssig und identifiziert die
subjektlose Intentionalität, die „Oszillation selbst" als die Sinn (also zentrale, Un-
terscheidungen) schaffende Operation. So ganz aber geht diese Annahme selbst bei
Luhmann nicht auf, kann er doch die wesentliche Asymmetrie der Operation selbst

---

11 Vergleiche Reckwitz (2008). Es muss sehr verwundern, dass diese an Husserl geübte Kritik noch
    immer gegen eine Phänomenologie vorgebracht wird, die sich schon mit Schütz vom Letzt-
    begründungsanspruch gelöst hat.

nicht aus der Operation der Intentionalität alleine begründen: Auch bei ihm ist „Selbstreferenz" etwas anderes als „Fremdreferenz". Selbst wenn man davon ausgeht, dass diese Unterscheidung erst in der Operation entsteht, macht es doch einen wesentlichen Unterschied, ob es sich bei der Intentionalität um eine Operation des „Selbst" oder eben des „Fremden" (phänomenologisch: des „Anderen") handelt. Für diesen Unterschied gebraucht Husserl recht zutreffend den Begriff „Index": Erfahrungen treten mit einem „Ich-Index" auf, also gleichsam einer Markierung, dass sie jeweils meine Erfahrungen sind. Die Intentionalität macht also fortwährend eine Unterscheidung zwischen dem, was die Erfahrung macht, und dem, wovon die Erfahrung ist.[12] Dieser Index setzt keine substantielle Füllung des „Ich" voraus – weist aber auf etwas hin, das ich mit dem Begriff der Positionalität unten weiter erläutern möchte. Hier ist festzuhalten: Konstitutionslogisch ist Subjektivität der Fremdheit oder Andersheit keineswegs zeitlich nachgeordnet, sondern „gleichursprünglich". In dem Moment, in dem Intentionalität „Anderes" als Anderes erfährt (wahrnimmt, handelnd beabsichtigt), ist das, was intentional ist, als Subjekt gesetzt.[13]

Das „Andere" ist die andere Seite der Intentionalität, also das, was Luhmann „Fremdreferenz" nennt. Nur in der phänomenologischen Reduktion kann diese Fremdreferenz als bloßes „Noema" verstanden werden: als das, was intentional (wie es in der Phänomenologie heißt:) „vermeint" ist. Zumindest für den Fall der aktiven Bezugnahme auf Fremdes dürfte es keineswegs selten sein, dass dem Fremden selbst Intentionalität zugeschrieben wird. Das gilt nicht nur für Menschen und hochkomplexe Gerätschaften. Wie Luckmann (1980a) argumentiert (und wie jede/r, der Kleinkinder hat, weiß), dürfte die „universale Projektion" der Intentionalität zumindest ontologisch am Anfang der menschlichen Interaktionsfähigkeit stehen, und auch phylogenetisch dürften Weltbilder früher sein, in denen Intentionales und Nichtintentionales nicht untergliedert sind. Gerade daran zeigt sich die Asymmetrie der Intentionalität ganz deutlich: Während diese zugeschriebene Intentionalität aber zurückgenommen (oder in Termini der Kausalität u. a. gefasst) werden kann, so dass aus „Anderem" „Fremdes" oder „Dinghaftes" wird, gelingt dies für die Selbstreferenz nicht. (Selbst wenn wir uns die Intentionalität absprechen, zum Beispiel zum Zeitpunkt A nicht zurechnungsfähig gewesen zu sein –

---

12 Husserl (1977: §§ 31 ff.) unterscheidet das identische Ich, das in den Bewusstseinserlebnissen enthalten und an den Konstitutionsprozessen beteiligt ist, von einem personalen Ich, das durch die Habitualitäten konstituiert wird, die die Konstitutionsprozesse des identischen Ich aufweist. Schließlich kennt er noch das Ego, das als Gesamt der Bewusstseinsprozesse umfasst. Das Subjekt hier ist noch grundlegender und überschneidet sich eher mit dem „Ego-Pol" Husserls.

13 Ich teile damit Franks (1988) Vorschlag, Subjektivität als allgemeine Struktur einer Spontaneität anzusehen, sehe seine „Selbstbewusstheit" jedoch erst als einen Effekt ihrer Operation, die zugleich immer auch das Andere des „Selbst" erzeugt.

müssen wir wenigstens zum Zeitpunkt des Absprechens intentional sein.) Die Intentionalität hat immer eine subjektive Seite – das macht ihre Positionalität aus.

Freilich: Wenn wir über kommunizierende Subjekte reden, dann liegt der Begriff der Identität (und des kommunikativen Handelns)[14] näher als der des Subjekts. Was unterscheidet also das Subjekt von der Identität? Folgt man Luckmann, dann kann man unter persönlicher Identität die jeweils soziohistorisch geschaffene Möglichkeit verstehen, die aus dem Organismus einen zu längerfristiger Handlungssteuerung befähigten Akteur machen. Persönliche Identität ist eine soziale Konstruktion, die für das Funktionieren der institutionellen Ordnung notwendig ist. Das Subjekt nun ist keine zweite Instanz neben der Identität; es handelt sich vielmehr um etwas, das einen Aspekt bezeichnet, der sich mit dem der Identität überschneidet, aber nicht deckt – der im Begriff der Identität vorausgesetzt wird. Subjektivität bezeichnet nicht die historische Weise der intersubjektiv anerkannten Selbstbestimmung. Sie lässt sich vielmehr als das darin vorausgesetzte Diesseits der Intersubjektivität bestimmen. Im Zuge der Interaktion mit Anderen bildet sich ja nicht nur eine Vorstellung der Anderen (ihre Perspektiven, Rollen und Relevanzen) aus, sondern auch etwas, das man (wie schon erwähnt) die Positionalität diesseits der Anderen bezeichnen kann.

Mit *Positionalität* meine ich hier nicht jene Besonderheit der im Hier-und-Jetzt aufgehenden tierischen Lebensform, wie sie von Plessner (1975) beschrieben wurde. Positionalität bezeichnet vielmehr die eine Seite dessen, was Plessner als exzentrische Positionalität fasst und das das „Subjekt seines Erlebens, seiner Wahrnehmungen und seiner Aktionen" umfasst. Positionalität bezieht sich auf den Tatbestand, dass das Subjekt im Zentrum des zeiträumlichen Koordinatensystems der Wahrnehmung und des Handelns steht.

Allerdings ist die Bezeichnung „Koordinatensystem" bei weitem zu rationalistisch und objektivistisch; wesentlich für die Subjektivität ist vielmehr die *Zentralität*. Aufgrund dieser Zentralität sind auch alle nichtsprachlichen Referenzen für das Subjekt indexikal: Das Hier, das Jetzt setzen ein Ich voraus, auf das bezogen diese indexikalen Begriffe erst als indexikal erscheinen: mein „Hier", mein „Jetzt". Positionalität bezieht sich damit auch auf die Leiblichkeit, die mit der Indexikalität verbunden ist. Leiblichkeit bedeutet nicht nur, dass *meine* Hand etwas anderes ist als *die* Hand, dass *mein* Schmerz etwas anderes als der Schmerz – und *mein* Tod etwas anderes ist als der Tod anderer. (Er subjektiviert damit vieles von dem, was als „kulturelle Codes" oder Zeichen gilt.) In diesem Sinne muss das Subjekt kein Individuum sein: Es kann sich als Teil eines Größeren ansehen, es kann seinen Schmerz zugunsten der Familie, des Hofes, des Reiches zurückstellen – doch bleibt auch das Erleben und Handeln selbst des kollektivistischen Subjekts mit einem Index des

---

14   Kommunikatives Handeln ist nicht sprachlich rationales Handeln, sondern ein Handeln, das sich der Struktur von Zeichen bedient (Knoblauch 1995).

Eigenen verhaftet. (Ohne dass daraus gleich der große Eigene Stirners – oder gar der große Einzelne Nietzsches werden müsste.) Wenn schon nicht individuell, so muss das Subjekt doch zumindest individuiert sein: Nicht als Subjekt, aber als Leib, der von anderen als Besonderer angesprochen und dessen Positionalität von den anderen entsprechend wahrgenommen wird.

Individuation ist keineswegs Subjektivität, Subjektivität ist auch keineswegs Individuation, sondern eine *Perspektivität*, die mit der Position verknüpft ist. Die subjektive Perspektive muss keineswegs eine „einzigartige“, höchst individuelle, das subjektive Handeln keineswegs notwendig ein „autonomes“, selbstbestimmtes sein (das den Angriffspunkt derjenigen Kritiker der Subjektivität darstellt, die sie mit ihrer antiquierten bürgerlichen Form identifizieren) – es ist jedoch eines, das aus der besonderen Perspektive erfolgt, eben der subjektiven Perspektive.

Aus der Perspektive des Subjekts lässt sich die Intentionalität als Bezüglichkeit verstehen, die strukturell auf ein Anderes zielt. (Deswegen führt sie im Falle der Selbstreferenz entsprechend zu Verdoppelungen, wie „Leib“ und „Körper“.) Man beachte, dass dabei weder das Andere noch das Selbst ontologisch angenommen werden muss, sondern sich lediglich als Positionalität und Perspektivität der Erfahrung zeigt. Sofern etwas als anderes intendiert wird, erhält der intentionale Akt auf der einen Seite den Index des Subjekts, auf der anderen Seite den des „Anderen“. Diese Seite der Asymmetrie kann als der zweite Aspekt der „exzentrischen Positionalität“ verstanden werden, dass wir als Menschen also immer eine reflexive Bezüglichkeit auf uns selbst haben, gleichsam uns von außerhalb beobachten. Während der Akt die Positionalität aufscheinen lässt, hat er eine exzentrische Bezüglichkeit, auf der das Andere steht. Genauer könnte man die Richtung der Bezüglichkeit auch als Transzendenz bezeichnen: Die Grundstruktur der Intentionalität ist auf etwas anderes gerichtet, das auf durch die Positionalität und Perspektivität als Anderes erscheint.

Dieser Überschuss der Intentionalität ist die *Transzendenz*: das, was aus dem Noema, das intendiert ist, das „Andere“ macht. Auch hier ist keineswegs eine „ontologische Setzung“ im Sinne eines kognitiven Aktes gemeint. Es kann sich lediglich um die pragmatische Unterstellung handeln, dass auf etwas zugehandelt wird: Ich schlage auf eine rote Rolle ein, die ich als etwas erfahren habe, das mich auf die Nase geschlagen hat. Möglicherweise im Akt des Erfahrens, auf jeden Fall im Akt des Handelns setze ich pragmatisch das Intendierte als etwas, worauf ich handeln kann – und mich als jemanden, der handelt (und mit der Erfahrung des Geschlagenen halbwegs identisch ist). In jedem Fall gilt mir (nun als dem Subjekt) damit etwas (zumindest pragmatisch) als die andere Seite der Intentionalität. Dass ich das Andere voraussetze, möchte ich als Transzendenz bezeichnen.

Ich sollte betonen, dass ich damit an den Begriff der Transzendenz bei Schütz und Luckmann (2003) sowie bei Luckmann (1991) anschließe. Für Luckmann vollzieht sich das Transzendieren als Ablösung von der Unmittelbarkeit der eigenen

Erfahrung im interaktiven Umgang mit anderen Menschen, sie wird „in der Face-to-face-Situation möglich", indem ein „äußerer Blickwinkel importiert" (Luckmann 1991: 36) wird. Weil dies in der Interaktion geschieht, stellen diese Prozesse die Grundlage für die Ausbildung einer gesellschaftlichen Identität dar. Erst indem ich Andere erfahre, kann ich auch mich selbst als etwas erfahren, das eben von den Anderen systematisch geschieden ist. Erst durch die Erfahrung des Anderen entsteht ein Abstand von der eigenen Erfahrung, eine Asymmetrie, die es erlaubt, dass eigene unmittelbare Erfahrungen von vergangenen Erfahrungen unterschieden und damit zum Teil eines individuellen Gedächtnisses werden. Und erst auf derselben Grundlage können zukünftige Erfahrungen als Handlungen entworfen und langfristige Handlungsplanungen durchgeführt werden. Sozialität ist also die Voraussetzung für die Ausbildung einer persönlichen Identität als einer Form der langfristigen Integration von Erfahrungen und der dauerhaften Kontrolle der körperlichen Verhaltensweisen.[15] *Transzendenz* jedoch, so möchte ich betonen, ist noch grundsätzlicher: Sie bezieht sich nicht nur auf ein anthropologisches Überschreiten des Organismus oder auf das Überschreiten der Unmittelbarkeit des Erfahrens, sondern bezeichnet schon das in jedem Handeln implizierte, also pragmatische „Gelten" des Erfahrenen oder Behandelten. Transzendenz ist also durchaus Metaphysik, aber eine Metaphysik der Annahme von Seiendem, die wir in jedem Handeln schlichtweg voraussetzen.

Indem die asymmetrische Intentionalität das Andere als etwas setzt, auf das sie hin orientiert ist, entwirft sie auch einen anderen Standpunkt als ihren eigenen: sie ist reflexiv. Und genau das ist der Kern der Exzentrizität, von der Plessner spricht. Für Plessner hat diese Exzentrizität mit einem „Doppelcharakter" zu tun, den wir heute (etwa bei Giddens 1991) auch als Reflexivität bezeichnen: Wir erfahren und handeln nicht nur, wir wissen auch, dass wir erfahren und handeln. (Wir sind nicht nur, wir wissen auch, dass wir sind.)

Hat man die Transzendenz erst einmal ins Spiel gebracht, wäre es natürlich reizvoll, weltanschauliche oder religiöse Fragen anzugehen und das „Religiöse" ein für allemal zu klären oder einen konstitutionslogischen Begriff des Anderen festzulegen, der dann „anerkennungstheoretisch" zur moralischen Grundlage des sozialen Handelns gemacht werden kann. So könnte man etwa fragen, ob sich das Andere deswegen von mir (dem Subjekt) systematisch unterscheidet, weil es das Andere der Intentionalität ist. Könnte man etwa die Unterscheidung zwischen einem „Innen" und einem „Außen" (einerlei, auf welcher Seite) aus dem bisher Gesagten ableiten?

---

15 Diese These der Sozialität und Interaktion als Vorgängigkeit der Identität findet sich innerhalb der phänomenologischen Tradition etwa bei Luckmann (1967), der implizit ein Argument seines Lehrers Löwith (1928) aufnimmt.

Soweit ich sehe, gibt es dafür keinen phänomenologischen Grund. Denn um die Unterscheidung zwischen „Innen" und „Außen" treffen zu können, genügt die Annahme der „Intentionalität" nicht. Eine Trennung von Innen und Außen lässt sich wohl erst treffen, wenn wir von Körpern, von Interaktion und, dann genauer, von Kommunikation reden – also auch von Körpern (Schütz 2003). Das Andere ist dann nicht einfach da, sondern ein Ausdruck von etwas, und zwar dank und kraft des Körpers, weil es mehr Ausdrücke sind: Schreien und Schweigen, Gehen und Stehen, Handbewegungen und Kopfbewegungen. Gleichzeitig wird diese Struktur auch am Subjekt auftreten, das nun selbst verdoppelt werden kann – und an sich selbst orientiert sein kann. Erst an dieser empirisch viel voraussetzungsvolleren Stufe kommt das Selbst Meads (1981) ins Spiel, das man als soziohistorische Identität bezeichnen kann: Es ist das Selbst („Me"), das über die Rollenübernahme konstituiert wurde und selbst als sozialisierter Akteur auftritt. Erst für diese soziohistorische empirische Identitäten kann das „Innen" kulturell ausgestattet werden: Als „innerer" Mensch im gnostischen, romantischen oder cartesianischen Sinne. Wir aber haben es hier mit dem Subjekt, der Voraussetzung für die Kommunikation zu tun, von der wir nur annehmen können, dass sich von Anderen durch ihre entschiedene Positionalität auszeichnet. Das Subjekt ist also keine Substanz, sondern gleichsam eine markierte Leerstelle der Intentionalität, deren Markierung mit den Merkmalen der Zentralität, Positionalität und Transzendenz umschrieben ist.

4. Die Subjektivierung der Gesellschaft

Spätestens an dieser Stelle ist eine Bemerkung zum Subjektbegriff sicherlich vonnöten. Traditionell wird dieser Begriff in der Philosophie, auch in der Phänomenologie verwendet, während in der Soziologie bevorzugt von der Person, der Identität oder dem Individuum gesprochen wird (Abels 2006). Dass der Begriff des Subjekts Einzug in die Soziologie hält, ist nicht nur Folge einer transdisziplinären Entgrenzung der Soziologie hin zur Kulturwissenschaft (Reckwitz 2006), die sich um den Begriff der Identität nicht mehr kümmert. Der lexikalische Wechsel bringt auch eine neue Entwicklung zum Ausdruck: Während die „persona" klassisch einem rollentragenden Proteus ähnelt, ist auch die Identität im soziologischen Sinne Ergebnis der Internalisierung sozialer Vorgaben (Berger/Luckmann 1980, Kap. III). In seiner entsubstantialisierten Leere vermeidet der Begriff des Subjekts aber auch die klassisch bürgerliche Vorstellung eines autonomen, handlungsmächtigen Akteurs (Luhmann 1993). Die Verwendung des Subjektbegriffes macht so auf einen Wandel aufmerksam, der nicht nur die Theorie, sondern die gesamte Gesellschaft betrifft. Werfen wir also einen Blick auf die Subjektivierung.

In der Soziologie wird der Begriff von Gehlen (1957) verwendet, der in seiner kulturkritischen „Seele im technischen Zeitalter" einen neuen Subjektivismus erkannte. Damit meint er nicht nur die schwindende Bedeutung der Institutionen, die Privatisierung, sondern eine „Psychisierung", eine Verlagerung des Umgangs mit der Welt durch Innenverarbeitung. Auch Ulrich Beck (1986) lenkte das Augenmerk auf die subjektive Seite der Individualisierung, die ihren Ausdruck vor allem darin finde, dass die Einzelnen zu den Planungsbüros ihres eigenen Lebens würden. Diese Art der Subjektivierung findet sich deswegen nicht nur im Bereich der Arbeit, die das Subjekt erst erschaffe, das die Arbeit dann verrichte.[16] In einem sehr dezidierten Sinne aber wird das Subjekt als ein Thema der neueren poststrukturalistischen Soziologie in der Nachfolge Foucaults behandelt.[17] Auch hier wird das Subjekt zwar als leer betrachtet, doch wird auch dem Subjekt eine entscheidende Funktion als Bezugspunkt gesellschaftlicher Aktivitäten verliehen.

Die Beobachtung der Subjektivierung beschränkt sich jedoch keineswegs auf die Theorie. So werden die entscheidenden Veränderungen der gegenwärtigen Arbeitsformen mit dem Begriff der Subjektivierung beschrieben: Das Subjekt wird nicht nur zum Gegenstand der Bearbeitung (Traue im Druck), sondern auch zu einer ökonomischen Ressource etwa in Gestalt ihrer unberechenbaren Kreativität (Bröckling 2007). Zunehmend werden auch organisatorische Koordinationsleistungen im Einzelnen verankert. Je höher die Qualifikation, umso mehr wird die Fähigkeit zur Eigenmotivation, zur Selbstentwicklung und zu eigenständigem Lernen gefordert. Besonders im Bereich „wissensbasierter Produktionsarbeit" werden die Potentiale des „subjektivierenden Arbeitshandelns" wachsen.

Naheliegend ist, dass die Subjektivierung der Produktion auch auf den *Konsum* ausstrahlt. Im Konsum wird der Mensch als Einzelner kraft dessen angesprochen, was er als sein Ureigenes ansehen möchte und damit erst recht zum Subjekt gemacht. Dies gelingt zum einen durch eine „Romantisierung" der Waren selbst, die nun mit dem Gehalt dessen ausgestattet werden, was das Subjekt noch als Wunsch und Begehren erfahren kann. Im Kauf und Konsum von Objekten scheint sich das Subjekt von den Fesseln des Alltags befreien und „echte Gefühle" etwa der Liebe erfahren zu können (Illouz 1997). Diese Subjektivierung ist durch die individuierende Ansprache auf dem kapitalistischen Markt, der einzelne Konsumenten identifizieren muss, bedingt. Sie wird verstärkt durch die neuen interaktiven *Medien*, die

---

16 Eine besondere Verwendung des Subjekts findet sich bei Touraine, der es – ähnlich wie etwa Habermas die Lebenswelt – als eine Art Gegenprinzip zur Rationalisierung ansieht. Die allmähliche Auflösung der Gesellschaft ist verbunden mit der Reduktion des Subjekts zur instrumentellen Vernunft. „Das Drama unserer Modernität ist, dass sie sich entwickelt, indem sie die Hälfte ihrer selbst bekämpft, indem sie im Namen der Wissenschaft Jagd auf das Subjekt macht. (…) Während es Modernität nur durch die wachsende Interaktion von Subjekt und Vernunft gibt, von Bewusstsein und Wissenschaft, wollte man uns die Idee aufzwingen, dass man auf die Idee des Subjekts verzichten müsste, um die Wissenschaft triumphieren zu lassen, dass man Gefühl und Vorstellungskraft ersticken müsste, um die Vernunft zu befreien" (Touraine 1992: 162, übers. v. Hubert Knoblauch).

17 Natürlich im Anschluss an die berühmte Trilogie zur „Sexualität und Wahrheit" Foucaults.

ebenso eine Ausgliederung der Subjekte aus ihren sozialen Kontexten herbeiführen. So bemerkt Appadurai, dass die elektronischen Medien die "instability in the production of modern subjectivities" ausgleichen, indem sie eine Form der Imagination erlauben, in der sich die Subjekte selbst erschaffen können, nicht nur die Avatare im Internet, sondern die Adressierbarkeit der Einzelnen als Einzelner in den unterschiedlichen Rollen (als Spieler, Emailadressaten oder Chat-Partner) schafft die Subjektivität „dahinter" (Appadurai 1996).

Das Subjekt spielt auch in verschiedenen sozialen Bewegungen eine Rolle, wie etwa in der *Frauenbewegung*. Beim Versuch, sich gegen Unterordnung unter die als universal ausgegebene Sicht- und Handlungsweise des weißen bürgerlichen Mannes zu wehren, führt etwa Haraway (1995) die Subjektivität als eines der Merkmale an, das verteidigt werden müsse. Haraway sieht eine Dominanz des männlichen Blicks, der die Definition von Erkenntnis dominiert. Doch nicht allein die Dominanz ist das Problem, sondern die Partikularität dieses Standpunktes, wenn er Anspruch auf Allgemeingültigkeit und Universalität erhebt. Wissen und Erkenntnis ist nicht nur standortgebunden, die Standpunkte haben auch ihre jeweilige Berechtigung. Deswegen fordert sie eine Partikularisierung der Erkenntnis, die den jeweiligen Besonderheiten der Erkennenden zugute kommt; und sie fordert eine Situationalisierung der Erkenntnis, die den besonderen Situationen des Erkennens Rechnung trägt. Subjektivität ist dann in der Partikularität der jeweiligen Situation und der darin befindlichen verankert. Nicht nur die Weiblichkeit, auch die anderen unterdrückten Gruppen (Homosexuelle, Transsexuelle, Migranten etc.) erscheinen als „Subjektivitäten", die sich durch ihre besonderen, partikularen Perspektiven vom umfassenden Macht-Anspruch der Objektivität unterschieden.

Besonders ausgeprägt findet sich diese Subjektivierung im Bereich der Religion. Zwar ist hier die religiöse Erfahrung schon immer ein Thema; neu aber ist die Breite der Entwicklung, in der die besondere Erfahrung des Religiösen zur Aufgabe jedes Einzelnen wird. Nicht als Individuum, sondern als Subjekt einer Transzendenzerfahrung wird man zum Mitglied der wachsenden neuen religiösen Bewegungen, handele es sich um die erfahrungsintensiven evangelikalen, charismatischen und pfingstlerischen Bewegungen (mit ihren Konversionen, Glaubensheilungen oder Visionen) oder um die alternativ-religiösen Bewegungen, die ihre abweichende Form der subjektivierten Religion bezeichnenderweise als „Spiritualität" bezeichnen. Dabei sollte man betonen, dass es sich dabei um die Bewegungen handelt, die den Kern des religiösen Wachstums ausmachen – sowohl innerhalb wie außerhalb Europas.

Die „Subjektivierung" der Religion besteht nicht nur in der Entinstitutionalisierung, also der Entfernung von herkömmlichen religiösen Organisationsformen, sondern vor allem in der Anforderung, das Transzendente, das geglaubt werden soll, am eigenen Leib erfahren zu müssen und die eigene Erfahrung als letzten Grund des religiösen Glaubens anzusehen: Die Akteure sind gezwungen, ihre Subjektivität unter Beweis zu stellen, indem sie das Religiöse subjektivieren. Diese subjektivierte Form der Religion wird dann auch häufig in Spiritualität umbenannt (Knoblauch 2009).

Die Debatte über die Subjektivierung macht deutlich, dass das Subjekt durchaus eine gesellschaftstheoretische Bedeutung hat, ja, dass gerade einige der jüngsten gesellschaftlichen Entwicklungen unter diesem Titel umschrieben werden können. Die Luhmann'schen Kritik an der Phänomenologie macht zwar deutlich, wie problematisch die Husserl'sche Annahme eines substantialistischen Kerns des Subjekts ist; zugleich aber zeigt sich auch die Notwendigkeit eines nicht-substantialistischen, funktionalistischen Begriff des Subjekts, wie er hier skizziert wurde. Dieser Begriff ist nicht nur theoretisch notwendig, sondern erweist sich auch als etwas, das in der empirischen Forschung jedenfalls im Rahmen des interpretativen (am Sinn orientierten) Paradigma immer vorausgesetzt werden muss. Und schließlich nimmt die Subjektivität in der gegenwärtigen Gesellschaft eine wachsende Bedeutung an, die sich empirisch an den verschiedensten sozialen Bewegungen zur Subjektivierungen zeigt. Um zu vermeiden, dass die Wissenschaft einfach den ideologischen Subjektbegriff dieser Bewegungen übernimmt und damit die Wissenschaft „spiritualisiert" (Todres 2007), ist eine theoretische Klärung des Subjektbegriffes notwendig, wie sie hier skizziert wurde, aber sicherlich noch weitergeführt werden muss.

5. Literatur

Abels, Heinz (2006): Identität. Wiesbaden: VS Verlag

Appadurai, Arjun (1996): Modernity at Large. Cultural Dimensions of Globalization. Minneapolis, London: UMP

Assel, Heinrich/Mildenberger, Friedrich (1995): Grundwissen der Dogmatik. Ein Arbeitsbuch. Stuttgart: Kohlhammer

Baecker, Dirk (2005): Form und Formen der Kommunikation. Frankfurt am Main: Suhrkamp

Beck, Ulrich (1986): Individualisierung, Institutionalisierung und Standardisierung von Lebenslagen und Biographiemustern. In: Ders.: Risikogesellschaft. Frankfurt am Main: Suhrkamp: 205-219, 212 ff.

Berger, Peter L./Luckmann Thomas (1980). Die gesellschaftliche Konstruktion der Wirklichkeit. Frankfurt am Main. Fischer

Bergmann, Jörg/Luckmann, Thomas (Hrsg.) (1999): Kommunikative Konstruktion von Moral. Bd. 1: Struktur und Dynamik der Formen moralischer Kommunikation. Wiesbaden: Westdeutscher Verlag

Bröckling, Ulrich (2007): Das unternehmerische Selbst. Soziologie einer Subjektivierungsform. Frankfurt am Main: Suhrkamp

Flick, Uwe/Kardoff, Ernst v./Steinke, Ines (Hrsg.) (2008): Qualitative Forschung: Ein Handbuch. Hamburg: Rowohlt

Foucault, Michel (2004): Die Hermeneutik des Subjekts. Frankfurt am Main: Suhrkamp

Frank, Manfred (1988): Subjekt, Person, Individuum. In: Frank et. al. (1988): 7-28

Frank, Manfred/Raulet, Gérard/van Reijen, Willem (Hrsg.) (1988): Die Frage nach dem Subjekt. Frankfurt am Main: Suhrkamp

Gehlen, Arnold (1957): Die Seele im technischen Zeitalter. Sozialpsychologische Probleme in der industriellen Gesellschaft. Reinbek: Rowohlt

Goffman, Erving (1963): Behavior in Public Places. Notes on the Social Organization of Gatherings. New York: Free Press

Goffman, Erving (1979): The Presentation of Self in Everyday Life. Harmondsworth: Penguin

Günthner, Susanne/Knoblauch, Hubert (1994): "Forms are the Food of Faith". Gattungen als Muster kommunikativen Handelns. In: Kölner Zeitschrift für Soziologie und Sozialpsychologie 4. 693-723

Haraway, Donna (1995): Die Neuerfindung der Natur. Primaten, Cyborgs und Frauen. Frankfurt am Main: Campus

Hitzler, Ronald/Honer, Anne (1984): Lebenswelt-Milieu-Situation. In: Kölner Zeitschrift für Soziologie und Sozialpsychologie 36,1. 56-74

Honer, Anne/Hitzler, Ronald (1988): Der lebensweltliche Forschungsansatz. In: Neue Praxis 6. 496-501

Honer, Anne (1993): Lebensweltliche Ethnographie. Wiesbaden: DUV

Husserl, Edmund (1977): Cartesianische Meditationen, hrsg. von Elisabeth Ströker, Hamburg: Meiner

Illouz, Eva (1997): Der Konsum der Romantik. Liebe und die kulturellen Widersprüche des Kapitalismus. Frankfurt am Main: Campus

Kalthoff, Herbert (2008): Einleitung: Zur Dialektik von qualitativer Forschung und soziologischer Theoriebildung. In: Kalthoff et. al. (2008): 8-34

Kalthoff, Herbert/Hirschauer, Stefan/Lindemann, Gesa (Hrsg.) (2008): Theoretische Empirie. Zur Relevanz qualitativer Forschung. Frankfurt am Main: Suhrkamp

Kieserling, André (1999): Kommunikation unter Anwesenden. Studien über Interaktionssysteme. Frankfurt am Main: Suhrkamp

Knoblauch, Hubert (1995): Kommunikationskultur. Die kommunikative Konstruktion kultureller Kontexte. Berlin und New York: De Gruyter

Knoblauch, Hubert/Luckmann, Thomas (2000): Gattungsanalyse. In: Flick et. al. (2000): 538-545

Knoblauch, Hubert (2000): Das Ende der linguistischen Wende. Sprache und empirische Wissenssoziologie. In: Soziologie 2. 16-28

Knoblauch, Hubert (2003): Qualitative Religionsforschung. Paderborn: Schöningh

Knoblauch, Hubert (2007): Phänomenologisch fundierte Soziologie. In: Schützeichel (2007): 118-126

Knoblauch, Hubert (2007a): Zwischen Natur und Kultur: Das Subjekt der Nahtoderfahrung und die Grenzen der Konstruktion. In: Rehberg (im Druck)

Knoblauch, Hubert (2008a): Sinn und Subjektivität in der qualitativen Forschung. In: Kalthoff et. al. (2008): 210-233

Knoblauch, Hubert (2008b): Transzendentale Intersubjektivität. In: Raab et. al. (2008): 65-75

Knoblauch, Hubert (2009): Populäre Religion. Auf dem Weg in eine spirituelle Gesellschaft. Frankfurt am Main: Campus

Knoblauch, Hubert (Im Druck): Quali und Quanti – zu den seltsamen Folgen des interpretativen Paradigmas. In: Möbius (im Druck)

Löwith, Karl (1928): Das Individuum in der Rolle des Mitmenschen. München: Drei Masken

Luckmann, Thomas (1967): The Invisible Religion. New York: Free Press

Luckmann, Thomas (1980): Über die Grenzen der Sozialwelt. In: Ders.: Lebenswelt und Gesellschaft. Paderborn: Schönigh: 56-92

Luckmann, Thomas (1991): Die unsichtbare Religion. Frankfurt am Main: Suhrkamp

Luhmann, Niklas (1984): Soziale Systeme. Frankfurt am Main: Suhrkamp

Luhmann, Niklas (1993): Individuum, Individualität, Individualismus. In: Ders.: Gesellschaftsstruktur und Semantik. Studien zur Wissenssoziologie der modernen Gesellschaft. Frankfurt am Main: Suhrkamp: 149-258

Luhmann, Niklas (1996): Die neuzeitlichen Wissenschaften und die Phänomenologie. Wien: Picus

Luhmann, Niklas (1997): Die Gesellschaft der Gesellschaft. Frankfurt am Main: Suhrkamp

Mead, George Herbert (1981): Geist, Identität und Gesellschaft. Frankfurt am Main: Suhrkamp

Moebius, Stephan/Reckwitz, Andreas (Hrsg.) (2008): Poststrukturalistische Sozialwissenschaften. Frankfurt am Main: Suhrkamp

Möbius, Stephan (Hrsg.) (im Druck): Konflikte in der Soziologie (Arbeitstitel). Frankfurt am Main: Suhrkamp

Nagel, Thomas (1974): What is it like to be a bat? In: Philosophical Review 83,4. 435-450

Plessner, Helmuth (1975): Die Stufen des Organischen und der Mensch. Berlin und New York: De Gruyter

Schützeichel, Rainer (Hrsg.) (2007): Handbuch Wissenssoziologie und Wissensforschung. Konstanz: UVK.

Raab, Jürgen/Pfadenhauer, Michaela/Stegmaier, Peter/Dreher, Jochen/Schnettler, Bernt (Hrsg.) (2008): Phänomenologie und Soziologie. Theoretische Positionen, aktuelle Problemfelder und empirische Umsetzungen. Wiesbaden: VS-Verlag

Reckwitz, Andreas (2006): Das hybride Subjekt. Weilerswist: Velbrück

Reckwitz, Andreas (2008): Subjekt/Identität: Die Produktion und Subversion des Individuums. In: Moebius et. al. (2008): 75-92

Rehberg, Karl-Siegberg (Hrsg.) (Im Druck): Die Natur der Gesellschaft. Verhandlungen des Deutschen Soziologienkongresses Kassel 2006

Schimank, Uwe (2002): Das zwiespältige Individuum. Opladen: Leske & Budrich

Schütz, Alfred (1971): Das Problem der transzendentalen Intersubjektivität bei Husserl. In: Ders.: Gesammelte Aufsätze Bd. III: Studien zur phänomenologischen Philosophie. Den Haag: Nijhoff: 86-126

Schütz, Alfred (1974): Der sinnhafte Aufbau der sozialen Welt. Frankfurt am Main: Suhrkamp [1932]

Schütz, Alfred (2003): Die kommunikative Ordnung der Lebenswelt. Alfred Schütz Werkausgabe Band V: Theorie der Lebenswelt 2. Konstanz: Universitätsverlag

Schütz, Alfred/Luckmann Thomas (2003): Strukturen der Lebenswelt. Konstanz: UVK/UTB [1979]

Simmel, Georg (1900): Die beiden Formen des Individualismus. In: Ders.: Aufsätze und Abhandlungen 1901-1908 (GA 7), Band 1. Frankfurt am Main: Suhrkamp

Soeffner, Hans-Georg (1991): Auslegung des Alltags – der Alltag der Auslegung. Frankfurt am Main: Suhrkamp

Suchman, Lucy (1987): Plans and Situated Actions. The Problem of Human machine Communication. Cambridge: CUP

Todres, Les (2007): Embodied Enquiry: Phenomenological Touchstones for Research, Psychotherapy and Spirituality. Hampshire und New York: Palgrave

Touraine, Alain (1992): Critique de la modernité. Paris: Fayard

Traue, Boris (2008): Coaching. Sozialtechnologie der Subjektivität. Eine wissenssoziologisch-diskursanalytische Untersuchung. Dissertation. TU Berlin

Van Maanen, Max (Hrsg.) (2002): Writing in the Dark. Phenomenological Studies in Interpretive Inquiry. London: Althouse Press

Weber, Max (1988/1922): Über einige Kategorien der verstehenden Soziologie. In: Ders.: Gesammelte Aufsätze zur Wissenschaftslehre. Tübingen: Mohr: 427-474

Weiß, Johannes (Hrsg.) (2001): Die Jemeinigkeit des Miteins. Die Daseinsanalytik Martin Heideggers und die Kritik der soziologischen Vernunft. Konstanz: UVK

Dokumentarische Methode und Typenbildung – Bezüge zur Systemtheorie

Ralf Bohnsack

Die neueren qualitativen Verfahren und mit ihr die dokumentarische Methode sind nicht aus Theorien oder methodologischen Reflexionen deduziert worden. Ihre Genese ist primär in der Forschungspraxis zu suchen. Niklas Luhmann spricht mit Bezug auf diese epistemologische Grundhaltung von einer „naturalistischen Epistemologie" (1987: 10) und einem „methodologischen Pragmatismus" und bezeichnet diese Position – indem er sich selbst mit ihren Grundlinien identifiziert – als „die Erkenntnistheorie dieses Jahrhunderts" (ebd.). Und bei Karl Mannheim (1964a: 248) heißt es bereits 50 Jahre zuvor mit Bezug auf das Verhältnis von Erkenntnistheorie und Empirie: „Die Entwicklung der Prinzipienwissenschaft vollzieht sich im Element der Empirie".

Im Sinne eines derartigen „naturalistischen" Verständnisses von Epistemologie werden die Methoden und ihre Standards nicht – wie dies der konventionellen epistemologischen Sichtweise entspricht – aus erkenntnistheoretischen Prinzipien deduziert, deren Geltung von den Ergebnissen empirischer Forschung völlig unabhängig zu sein hat.[1] Vielmehr sind Methodologien und Methoden selbst Gegenstand und zum Teil auch Ergebnis empirischer *Rekonstruktion*, und auch Metatheorien werden in jedem Fall in der Auseinandersetzung mit den Erfahrungen empirischer Forschung weiterentwickelt und differenziert.

Vor dem Hintergrund kann deutlich werden, dass Grundlagentheorien (Metatheorien) und erkenntnistheoretische Reflexionen, wie sie uns unter anderem die Systemtheorie und die Wissenssoziologie zu bieten haben, in ihrer Bedeutung für die Methodenentwicklung nicht überschätzt (allerdings auch nicht unterschätzt) werden sollten. Die dokumentarische Methode ist von ihrem Begründer Karl Mannheim (1964a) nicht eigentlich als Methode, als forschungspraktisches Verfahren also, sondern als Methodologie ausgearbeitet worden. In der Bundesrepublik allgemein wie auch in meinen eigenen Arbeiten (Bohnsack 1973, 1983) hat sie zunächst als „Rückimport"[2] amerikanischer Literatur Bedeutung gewonnen, indem sie

---

1   In diesem Sinne einer konventionellen Epistemologie argumentiert beispielsweise Hartmut Esser (1985: 262): „Kurz: Wissenschaftstheorie ist eine analytische Disziplin, deren Resultate (...) von empirischen Sachverhalten völlig unabhängig sind."

2   So der Begriff von Niklas Luhmann (1983) in seinem Gutachten zu meiner Dissertation „Handeln als dokumentarische Interpretation", veröffentlicht unter dem Titel „Alltagsinterpretation und soziologische Rekonstruktion".

im Kontext der Arbeiten von Harold Garfinkel, dem Begründer der Ethnomethodologie, an zentraler Stelle aufgriffen und in dieser Weise auch in Deutschland rezipiert worden ist. Die Ethnomethodologie ist dem Wechsel der Analyseeinstellung beziehungsweise Beobachterhaltung gefolgt, welche für die dokumentarische Methode im Sinne von Karl Mannheim wesentlich ist. Allerdings hat sie zum einen das mit der dokumentarischen Methode beziehungsweise der Wissenssoziologie von Mannheim verbundene konstruktivistische Programm nur teilweise beziehungsweise nur ‚zur Hälfte' eingelöst (dazu Bohnsack 2001, 2006). Zum anderen hat die Ethnomethodologie, wie ihr Name bereits nahelegt, die dokumentarische Methode – in sehr erfolgreicher Weise – als kritisches methodologisches Reflexionspotential genutzt, aber auch sie hat diese nicht als eine die Forschungspraxis orientierende Methodik ausgearbeitet.

Die dokumentarische Methode im heutigen Verständnis einer Methodologie wie zugleich Methodik qualitativer Sozialforschung (vgl. u. a. Bohnsack/Nentwig-Gesemann/Nohl 2007 sowie Bohnsack/Pfaff/Weller 2009) ist, abgesehen von den erkenntnistheoretischen und wissenssoziologischen Arbeiten von Karl Mannheim, durch die Ethnomethodologie, die Wissenssoziologie von Pierre Bourdieu, die Chicagoer Schule und nicht zuletzt die Systemtheorie von Niklas Luhmann, insbesondere durch deren frühe Phase, beeinflusst worden.

Im Folgenden werde ich das Programm der dokumentarischen Methode mit Bezug auf eines ihrer Kernbereiche, die Typenbildung, erläutern. Dabei versuche ich, an einigen Stellen Einflüsse der Systemtheorie auf die dokumentarische Methode beziehungsweise Korrespondenzen oder Konvergenzen mit ihr sichtbar werden zu lassen. Schließlich hoffe ich, Anschlüsse für eine Empirie der Systemtheorie an diejenige der dokumentarischen Methode aufzeigen zu können.

1. Konstruktionen zweiten Grades und Beobachtungen zweiter Ordnung

Eine der zentralen Gemeinsamkeiten der dokumentarischen Methode mit der Systemtheorie von Niklas Luhmann betrifft die Transzendenz der Theorie- und Typenbildung des *Common Sense* durch die sozialwissenschaftliche Theorie- und Typenbildung, die Transzendenz der Beobachterhaltung *erster Ordnung* durch diejenige *zweiter Ordnung* (Luhmann 1990: 86 ff.). Mit seiner dokumentarischen Methode hat Karl Mannheim (1964a, 1980) in den 20er Jahren des 20. Jahrhunderts wohl zuerst in den Sozialwissenschaften in pointierter Weise Umrisse dieses Programms aufgezeigt (dazu auch Bohnsack 2001, 2008a: Kap. 12).

Die Gegenüberstellung der „Typenbildungen des Common Sense", welche von Seiten der phänomenologischen Soziologie am umfassendsten und in präziser Weise rekonstruiert worden sind, mit der Typenbildung der dokumentarischen Methode, die ich auch als „praxeologische Typenbildung" bezeichnet habe, dient mir sozusagen als Leitdifferenz für die Darstellung der dokumentarischen Methode. Diese beiden unterschiedlichen Zugänge zur Typenbildung, welche im Übrigen beide den Anschluss an den Idealtypus von Max Weber[3] suchen, sind ein Beispiel für die Aspekthaftigkeit der Theoriebildung, genauer für deren *Paradigmenabhängigkeit* (im Sinne von Thomas Kuhn 1973). Damit ist gemeint, dass bereits die Wahl der Grundbegrifflichkeiten und der methodologischen Grundlagen den Blick selektiv auf bestimmte Bereiche sozialen Handelns lenkt. Diese grundlegende Differenz in der Beobachterhaltung liegt, da sie paradigmatisch bedingt ist, noch vor der jeweiligen empirischen Analyse und vermag durch diese nicht kontrolliert zu werden.

Paradigmatisch differente Zugänge schließen in der Regel einander aus. In der empirischen Forschung im Rahmen der dokumentarischen Methode verstehen wir diese beiden Wege jedoch nicht als einander ausschließende, sondern als einander ergänzende. Dies ist deshalb möglich, weil sie auch paradigmatische Gemeinsamkeiten aufweisen, sodass sie in ein übergreifendes Modell integriert werden können, wie dies im Folgenden dargelegt wird. Beiden Wegen der Typenbildung gemeinsam ist ihr *rekonstruktiver* Charakter. Dieser ist auch der Chicagoer Schule und der in dieser Tradition stehenden Methodologie der Grounded Theory von Glaser/Strauss (1967) eigen, unterscheidet sie aber von anderen Ansätzen zur Typenbildung.[4]

Der rekonstruktive Charakter besteht darin, dass die wissenschaftlichen Konstruktionen als Rekonstruktionen von Alltagskonstruktionen verstanden werden. Sie stellen somit „*Konstruktionen zweiten Grades*" dar, wie Alfred Schütz (1971: 7) dies genannt hat, dem wir bis dahin folgen können, auch wenn wir dann über den von ihm gemeinten Begriff der Konstruktion hinausgehen, um ihn in ein weitergreifendes Modell zu integrieren, welches sich auf dem Niveau der *Beobachtungen zweiter*

---

3   Neben der bekannten Interpretation des Idealtypus von Alfred Schütz (1971, 1974) stehen die beiden anderen – weniger bekannten – von Karl Mannheim (u. a. 1980) und Pierre Bourdieu (u. a. 1970). Beide gehen dort, wo sie auf Weber Bezug nehmen, weniger – wie Schütz und die meisten Weber-Interpreten und Interpretinnen – von Webers „Wissenschaftslehre" aus, also von seinen erkenntnistheoretischen Schriften. Vielmehr beziehen sie sich primär auf seine eher forschungspraktischen, hier vor allem seine historischen Arbeiten.

4   So etwa von dem vielzitierten nach Kluge/Kelle (1999). Dies lässt sich an einem Beispiel verdeutlichen, an dem Kluge/Kelle (1999: 86 ff.) selbst ihren Weg der Typenbildung demonstrieren. „Ausgangspunkt bildeten also die zwei Kategorien ‚beruflicher Verlauf' und ‚Delinquenzverhalten'", heißt es dort. Diese „beiden zentralen Untersuchungskategorien" werden dann „dimensionalisiert", um zu „einer vier Typen umfassenden (…) Typologie" zu gelangen (u. a. zum Typus: „durchgängige Delinquenz" (ebd.: 89). Aus der Sicht einer rekonstruktiven Methodologie besteht hier das Problem darin, dass – um es an der Kategorie „Delinquenzverhalten" zu erläutern – nicht die (begrifflichen) Typenbildungen oder Konstruktionen der Erforschten als „Konstruktionen ersten Grades" zur grundlegenden Kategorisierung herangezogen werden (so reden, um ein Beispiel aus eigenen Untersuchungen – Bohnsack et al. 1995 – anzuführen, Hooligans mit Bezug auf ihre Aktivitäten nicht von „Delinquenz", sondern vom „fairen fight"), sondern Kategorien der Forscher/innen selbst, die nicht systematisch auf der Grundlage der Erfahrungen der Proband(inn)en gewonnen worden sind.

Ordnung bewegt. Denn die Konstruktionen zweiten Grades im Sinne von Alfred Schütz sind immer noch Beobachtungen erster Ordnung im Sinne der Systemtheorie und der dokumentarischen Methode. In dieser Hinsicht weisen die letzteren beiden Theorietraditionen bereits grundlegende paradigmatische Gemeinsamkeiten auf.

2. Typenbildungen des Common Sense

Die Rekonstruktionen der Typenbildungen des Common Sense, wie sie von Seiten der phänomenologischen Soziologie ausgearbeitet worden sind, nehmen in direktem Anschluss an Max Weber (1964) den subjektiv gemeinten Sinn zum Grundbaustein der mit ihnen verbundenen Handlungstheorie. Dieser wird im Sinne von Alfred Schütz (1971, 1974) als der das Handeln orientierende Entwurf verstanden. Der grundlegend zweckrationale Entwurf ist immer bereits insofern ein idealtypischer, als ihm die Handlungspraxis niemals vollständig entspricht. Schütz (1971) hat – in Erweiterung des Weber'schen Verständnisses von Idealtypus – dem dann die (rekonstruktive) Wendung gegeben, dass nicht nur der *wissenschaftliche* Interpret Idealtypen von Akten und Akteuren bildet, sondern dass wir dies auch im Common Sense, in der *Alltagsinterpretation* tun. An diesen idealtypischen Konstruktionen der Handlungsentwürfe anderer orientieren die Akteure, diesem Modell zufolge, ihr eigenes Handeln, genauer: ihre eigenen Handlungsentwürfe. Alfred Schütz hat diese Entwürfe auch als Motive, genauer: als Um-zu-Motive, bezeichnet.

Er erläutert den Charakter dieser Entwürfe am Beispiel des Postbeamten: „Ich halte es für selbstverständlich, dass mein Handeln (sagen wir, das Einwerfen eines frankierten und richtig adressierten Briefes in einen Postkasten) anonyme Mitmenschen (Postbeamte) veranlassen wird, typische Handlungen auszuführen (die Post zu befördern), und zwar in Übereinstimmung mit typischen Um-zu-Motiven (um ihre beruflichen Pflichten zu erfüllen)" (Schütz 1971: 29).

Die Geltung dieser typischen Handlungen und Typen von Handelnden basiert also auf reziproken Verhaltenswartungen. Generalisierung betrifft zum einen die sachliche und zeitliche Verallgemeinerbarkeit des Entwurfs und zum anderen – in sozialer Hinsicht – die Verallgemeinerbarkeit der (auf den Entwurf bezogenen) Erwartungserwartungen. Insgesamt gesehen weist die Konstruktion von Common Sense-Typisierungen – knapp skizziert – folgende kritische Eigenschaften auf.

2.1 Kritische Eigenschaften der Typenbildungen des Common Sense

Die Konstruktion basiert, wie dies eben für den Alltag, den Common Sense charakteristisch ist, auf der Unterstellung von Intentionen, von subjektiven Entwürfen.

Niklas Luhmann hatte bereits 1971 in konsequenter Weise die Loslösung der Soziologie vom Grundbegriff des subjektiv gemeinten Sinns und damit vom Common Sense gefordert: „Der Sinnbegriff ist primär, also ohne Bezug auf den Subjektbegriff zu definieren, weil dieser als sinnhaft konstituierte Identität den Sinnbegriff schon voraussetzt" (Luhmann 1971: 28).[5]

Aus methodisch-methodologischer Perspektive muss geltend gemacht werden, dass die subjektiven Intentionen und Entwürfe von den Interpretierenden nicht *beobachtet*, sondern lediglich *attribuiert* werden können. Diese fehlende empirische Basis ist nur dort unproblematisch, wo wir es mit *institutionalisierten* und *rollenförmigen* Verhaltensweisen zu tun haben. Schütz selbst (1971: 30) schreibt: „Es gibt eine gewisse Chance (…), dass der Beobachter im Alltag den subjektiv gemeinten Sinn der Handlung des Handelnden erfassen kann. Diese Chance wächst mit dem Grad der Anonymisierung des beobachteten Handelns", also mit dem Grad der Institutionalisierung und der Rollenförmigkeit. Dort, wo dies nicht der Fall ist, bleiben der Interpret oder die Interpretin auf Introspektion angewiesen. Bourdieu (1976: 153) zufolge begibt sich eine derartige Deutung, „verfügt sie über kein weiteres Hilfsmittel als die (…) ‚intentionale Einfühlung in den Anderen', in die Gefahr, nur eine besonders musterhafte Form des Ethnozentrismus abzugeben". Die Typenbildung gibt uns dann eher Aufschlüsse über das Relevanzsystem des Interpreten als über die Relevanzen der Erforschten. Diese konstruktivistische Kritik ist auch von Seiten der Ethnomethodologie vorgebracht worden ist (siehe McHugh 1970 sowie Bohnsack 1983: Kap. 2). Während Alfred Schütz selbst die Grenzen der Motivzuschreibungen klar erkannt hat, ist dies in seiner Nachfolge bei Vertretern der interpretativen Sozialforschung nicht immer der Fall.

Eine weitere kritische Eigenschaft der Typenbildung des Common Sense ist darin zu sehen, dass der wissenschaftliche Beobachter im Sinne von Schütz (1971: 50) sich den Zugang zum subjektiv gemeinten Sinn derart methodisch sichern muss, dass er sich an der „Modellkonstruktion von rationalen Handlungsmustern" orientiert. Es handelt sich dabei um das zweckrationale Modell, welches auch der Architektur von Common Sense-Theorien zugrunde liegt.

Das Handeln wird als ein Bewirken jener Wirkungen verstanden, auf die mit dem Zweck Bezug genommen wird. Wie Luhmann bereits 1973 herausgearbeitet hat, weist die Konstruktion von Zwecken eine Selektivität auf, die im Dienste der *Legitimation* des Handelns steht: „Der Zweckbegriff bezeichnet diejenige Wirkung beziehungsweise den Komplex von Wirkungen, die das Handeln rechtfertigen sollen, also stets nur einen Ausschnitt aus dem Gesamtkomplex von Wirkungen" (Luhmann 1973: 44). Die Attribuierung von Motiven im Sinne zweckrationaler

---

5   Dieser Text, welcher als unveröffentlichtes Papier bereits vor 1971 an der Universität Münster kursierte, an der ich damals zunächst studierte, um danach nach Bielefeld zu wechseln, stellte für mich die erste Begegnung mit den Arbeiten von Niklas Luhmann dar.

Um-zu-Motive jenseits des rollenförmigen, institutionalisierten Handelns ist in ihrer Selektivität damit auch in dieser Hinsicht in hohem Maße abhängig von den legitimatorischen Erfordernissen der Konstrukteure und von deren Definitionsmacht (genauer dazu Bohnsack 1983: Kap. 2).

Niklas Luhmann hat in seinen frühen Arbeiten zur „Legitimation durch Verfahren" (1968) und zum Machtbegriff (Luhmann 1975b) in beeindruckender Weise die Systematik von Entscheidungen und Interpretationen vor Augen geführt, nach welcher die Äußerungen und Praktiken der Akteure nicht in deren eigenem Relevanzrahmen, sondern in demjenigen des Verfahrens respektive der Organisation in entscheidungsrelevanter Weise aufgeordnet und interpretiert werden (vgl. Bohnsack 1983).

In der Rekonstruktion derartiger verfahrensmäßiger Wirklichkeitskonstruktionen und Interpretationen, wie sie auch von Garfinkel (1967b) herausgearbeitet worden sind, kann die Architektur von Common Sense-Konstruktionen in besonders pointierter Weise zur Explikation gebracht werden, sodass vor diesem Gegenhorizont die dokumentarische Methode (so, wie wir sie heute als qualitative Methodik verstehen) in konturierter Weise ausgearbeitet werden konnte als ein Weg methodisch kontrollierter Fremdinterpretation, der konsequent im Erfahrungswissen der Erforschten fundiert ist und einen Zugang zu deren (konjunktiven) Erfahrungsräumen sucht. Auch Methodologien konstituieren, bewähren und konturieren sich nach dem Prinzip von Leitdifferenzen.

Im Zusammenhang mit der Bindung der Typenbildungen des Common Sense an das Modell der Zweckrationalität steht – als eine weitere kritische Eigenschaft – die Bindung an die deduktive Logik: Das Handeln ist in der Weise durch den Entwurf motiviert, dass es (wie Alfred Schütz wiederum am Beispiel des Postbeamten präzise darlegt) in seinen einzelnen Schritten aus diesem Entwurf deduktiv abgeleitet wird. So wie das Handeln aus dem Entwurf abgeleitet ist, so ist dieser wiederum aus einem übergreifenden Entwurf deduziert. *Generalisierung* bedeutet dann die Konstruktion verallgemeinerbarer Entwürfe als Zwecke, unter denen sich die Entwürfe unterschiedlicher Akteure als Mittel subsumieren lassen. Generalisierung vollzieht sich nach dem Prinzip der Bildung von Ober- und Unterbegriffen, von Kategorien und Subkategorien, nach dem Prinzip „genus proximum, differentia specifica", von dem Max Weber (1988: 30) sich mit seinem Idealtypus bereits dezidiert abgegrenzt hatte.

Dieses Modell der Typenbildung stellt also eine adäquate Rekonstruktion einerseits des institutionalisierten und rollenförmigen Handelns dar und andererseits der Theoriekonstruktionen des Common Sense mit ihrer legitimatorischen Funktion. Deren Architektur kann in der phänomenologischen Soziologie und den qualitativen Methoden in dieser Tradition genauestens rekonstruiert, allerdings nicht transzendiert, nicht überwunden werden.

2.2 Typenbildungen des Common Sense und Wissenschaftlichkeit

Hierin ist ein wesentlicher Grund dafür zu sehen, dass Methodologien, die in dieser Tradition stehen, zunehmend in Probleme geraten, wenn es darum geht, ihre eigenen Methoden von denjenigen des Alltags, vom Common Sense zu differenzieren und somit die eigene Methodik in ihrer Wissenschaftlichkeit zu begründen. Dies gilt für einige Bereiche der qualitativen Sozialforschung in den Vereinigten Staaten, die sich wesentlich dem *interpretativen Paradigma* verpflichtet sehen. Prominente Vertreter der qualitativen Sozialforschung, wie sie unter anderem in dem von Norman K. Denzin und Yvonna S. Lincoln (1994a) herausgegebenen und viel zitierten „Handbook of Qualitative Research" versammelt sind, verstehen ihre Position zugleich als interpretative wie als konstruktivistische und definieren diese als eine „postmoderne" (Denzin/Lincoln 1994b: 6).

An dieser amerikanischen Diskussion orientiert sich auch hierzulande in weiten Bereichen die Auseinandersetzung um Standards, Qualitäts- oder Gütekriterien qualitativer Sozialforschung. Da die Autor(inn)en überwiegend der Aspekthaftigkeit dieses Paradigmas verhaftet bleiben, arbeitet sich die Methodendiskussion wesentlich daran ab, ob und inwieweit überhaupt eine Differenz zum Common Sense gezogen werden kann. Die Autorinnen und Autoren lehnen zu Recht und mit guten Argumenten jene konventionellen erkenntnistheoretischen Positionen ab, die – im Sinne einer „Hierarchisierung des Besserwissens", wie Niklas Luhmann (1990: 510) dies kritisch genannt hat – von einer höheren Rationalität der wissenschaftlichen Methodik ausgehen. Diese begründete Ablehnung führt bei ihnen dann aber dazu, Unterschiede zwischen einer wissenschaftlichen Beobachtung und dem Common Sense gleich insgesamt einzuebnen. Es gelingt ihnen nur schwer, die Negation derartiger konventioneller Positionen zu einer positiven Bestimmung sozialwissenschaftlicher Rationalität und ihrer Geltungs- oder Gütekriterien hin zu führen (genauer dazu Bohnsack 2005a, 2009). So wird bei Guba und Lincoln in ihrem einflussreichen Buch „Naturalistic Inquiry" (1989: 110) das Problem der Generalisierung in einem Kapitel mit der Überschrift abgehandelt: „The Only Generalization is: There is No Generalization". Als einzig generalisierungsfähig erscheint ihnen also die Aussage, dass es keine Generalisierungsfähigkeit gibt.

Das Problem, die Wissenschaftlichkeit der eigenen Methodik und der eigenen Theorien in ihrer Differenz zu den Common Sense-Theorien zu begründen, ohne Ansprüche auf einen privilegierten Zugang zu erheben, kann dann bewältigt werden, wenn wir die Differenz zum Common Sense nicht in einer *höheren*, wohl aber in einer *anderen* Rationalität sehen, genauer: in einer *anderen Analyseeinstellung*. Einer der methodisch-theoretischen Zugänge zur Realität, der dies zu leisten imstande ist, geht dahin, die Oberflächenebene der Common Sense-Theorien in Richtung auf die tiefer liegende Semantik der *Handlungspraxis*, der praktisch-existentiellen Ebene, in empirisch fundierter Weise zu transzendieren.

3. Praxeologische Methodologie: die handlungspraktische Herstellung von Realität

Das Modell der Typenbildung und der Konstruktion von Motiven auf der Ebene von Common Sense-Theorien ist dann zwar ein zentraler *Gegenstand* wissenschaftlichen Interpretierens, nicht aber – wie in Bereichen des interpretativen Paradigmas – zugleich auch deren eigene *Methode*. Die Typenbildungen des Common Sense stellen somit lediglich die eine Ebene der Wirklichkeit dar, die wir mit Mannheim (1980: 285 ff.) auch als die *kommunikative* Ebene bezeichnen können. Die andere Ebene ist diejenige der *handlungspraktischen*, der *habituellen* Herstellung von Realität. Zentraler Gegenstand ist hier nicht der Entwurf des Handelns, der gemeinte, der intendierte Sinngehalt, sondern der modus operandi, die generative Formel, welche als handlungspraktisches Wissen der Herstellung der Praxis insgesamt zugrunde liegt.

3.1 Atheoretisches, implizites und inkorporiertes Wissen

Karl Mannheim (1980: 73) hat den Charakter dieses handlungspraktischen oder handlungsleitenden Wissens bekanntlich am Beispiel der Herstellung eines Knotens erläutert. Das handlungsleitende Wissen, welches mir ermöglicht, einen Knoten zu knüpfen, ist ein *atheoretisches* Wissen. Diese Handlungspraxis vollzieht sich intuitiv und vorreflexiv. Das, was ein Knoten ist, *verstehe* ich, indem ich mir jenen Bewegungsablauf (von Fingerfertigkeiten) einschließlich der motorischen Empfindungen vergegenwärtige, „als dessen ‚Resultat‘ der Knoten vor uns liegt" (Mannheim 1980: 73). Im Sinne von Heidegger (1986: 67) geht es hier um das auf der existentiellen Ebene angesiedelte „hantierende, gebrauchende Besorgen, das seine eigene ‚Erkenntnis' hat", die sich vom „theoretischen Welt-Erkennen" erheblich unterscheidet.

Es erscheint ausgesprochen kompliziert, wenn nicht sogar unmöglich, diesen Herstellungsprozess, das genetische Prinzip also, in adäquater Weise *begrifflich-theoretisch zu explizieren*. Wesentlich unkomplizierter ist es, den Knoten auf dem Wege der *Abbildung*, also der bildlichen Demonstration des Herstellungsprozesses, zu vermitteln. Das Bild erscheint also in besonderer Weise geeignet für eine Verständigung im Medium des atheoretischen oder impliziten Wissens.

Solange und soweit ich mir im Prozess des Knüpfens eines Knotens dessen Herstellungsprozess, also die Bewegungsabläufe des Knüpfens, bildhaft – das heißt in Form von materialen (äußeren) oder mentalen (inneren) Bildern – vergegenwärtigen muss, um in der Habitualisierung der Praxis erfolgreich zu sein, habe ich den Prozess des Knüpfens eines Knotens allerdings noch nicht vollständig *inkorporiert* und automatisiert. Der Habitus ist im Falle der bildhaften, der imaginativen Vergegenwärtigung das Produkt eines modus operandi, welcher auf *impliziten* Wissensbeständen basiert. In diesem Falle führt die empirische Analyse über die empirische Rekonstruktion von metaphorischen Darstellungen, von Erzählungen und Beschreibungen der Handlungspraktiken durch die Akteure, also über die Rekonstruktion ihrer eigenen *mentalen* Bilder.

Der Habitus kann aber auch das Produkt *inkorporierter* – gleichsam automatisierter – Praktiken sein. In diesem Falle ist der Habitus auf dem Wege der direkten Beobachtung der Performanz von Interaktionen und Gesprächen und in der Vergegenwärtigung von körperlichen Gebärden im Medium *materialer* Bilder, wie unter anderem Fotografien, in methodisch kontrollierter Weise zugänglich (siehe genauer Bohnsack 2009a). Das atheoretische Wissen, welches in Form materialer (Ab-) Bilder empirisch-methodisch in valider Weise zugänglich ist, wie auch das implizite oder metaphorische Wissen im Medium, für welches mentale Bilder von zentraler Bedeutung sind. Im Sinne von Gregory und Mary Bateson ist die *Metaphorik* „das Hauptcharakteristikum und der organisierende Leim dieser Welt geistiger Prozesse" und das ihr zugrunde liegende logische Prinzip ist die „*Homologie*" (Bateson/Bateson 1993: 50).[6]

3.2 *Exkurs: Der Grundbegriff des konjunktiven Erfahrungsraums und das Systemgedächtnis*

Diejenigen, die über Gemeinsamkeiten des atheoretischen handlungsleitenden Erfahrungswissens und somit über Gemeinsamkeiten des Habitus verfügen, sind durch eine fundamentale Sozialität miteinander verbunden, die wir im Sinne von Mannheim (1980: 211 ff.) auch als „*konjunktive*" Erfahrung bezeichnen. Milieus und Klassen konstituieren sich somit auf der Grundlage konjunktiver Erfahrungsräume, einer konjunktiven Verständigung, eines *unmittelbaren Verstehens*, welches wir von der *kommunikativen* Verständigung abgrenzen. Letztere sichert – auf der Ebene gesellschaftlicher *Institutionen* – die Verständigung über die Grenzen konjunktiver Erfahrungsräume hinweg. Mannheim spricht hier auch von einer „überkonjunktiven Generalisierung" oder einer auf „Definitionen hinauslaufenden Generalisierung" (Mannheim 1980: 225). Deren Logik entspricht den Typenbildungen des Common Sense.

Die Relation der beiden Ebenen des kommunikativen und des konjunktiven Wissens beziehungsweise die Differenz zwischen ihnen lässt sich auf unterschiedlichen Ebenen des sozialen Handelns identifizieren, so auch auf den bei Luhmann

---

6   Das „Denken in Homologien" ist nach Mannheim (1964a: 121) „etwas Eigentümliches, das (...) nicht mit bloßer Abstraktion gemeinsamer Merkmale verwechselt werden darf". Beeinflusst durch Mannheim haben Erwin Panofsky (1975: 48), der hier von „synthetischer Intuition" und in seiner Tradition wiederum Pierre Bourdieu, der von der „vernunftgetragenen Intuition" spricht, umfassende empirische Analysen vorgelegt.

(1975a) ausdifferenzierten Ebenen der *Gesellschaft*, der *Organisation* und der *Interakti-on* beziehungsweise des „einfachen Sozialsystems". Letzteres ist dann in der Luh-mann-Rezeption zur Kategorie der Gruppe hin noch erweitert worden.

Auf der Ebene der *Gesellschaft* ist die *kommunikative* Ebene durch die gesell-schaftlichen Institutionen und die an die Institutionen gebundenen Rollenbezie-hungen repräsentiert (beispielsweise diejenigen der Institution Familie), die *kon-junktive* Ebene umfasst die Erfahrungsräume auf gesellschaftlicher Ebene: die ge-sellschaftlichen, also sozialstrukturellen Milieus oder auch politischen Milieus (vgl. u. a. Mannheim 1984), die generationsspezifischen Erfahrungsräume (vgl. u. a. Mannheim 1964b und Bohnsack/Schäffer 2002) und diejenigen der Geschlechter-verhältnisse (vgl. Bohnsack/Loos/Przyborski 2002), also – wie man auch sagen könnte – die Generations- und Geschlechtermilieus.

Auf der Ebene der *Organisation* umfasst die *kommunikative* Ebene die formellen Rollenbeziehungen, einschließlich der geregelten Mitgliedschaften, mit ihren kontrafaktischen Erwartungserwartungen sowie die verfahrensspezifischen Codes. Diese stehen in einem Spannungsverhältnis zu den habitualisierten Handlungs-praktiken der Mitglieder untereinander und der Mitglieder in Interaktion mit der organisationsspezifischen Klientel. Aus der Handlungspraxis heraus entfalten sich auf der Grundlage des kollektiven Gedächtnisses der Organisation und teilweise in Anknüpfung an die gesellschaftlichen (Herkunfts-) Milieus der Mitglieder auf der *konjunktiven Ebene* die organisationsinternen Erfahrungsräume, Handlungspraktiken und Milieus (siehe dazu Kubisch 2008; Mensching 2008; Vogd 2004, 2006). Letz-tere müssen nicht unbedingt lokal und an die face-to-face-Interaktion gebunden sein, da sich – aufgrund translokal sich konstituierender Handlungsprobleme und Handlungspraktiken (seien es beispielsweise solche der chirurgischen, der polizei-lichen oder der sozialarbeiterischen Alltagspraxis) – die dazugehörigen Orientie-rungsrahmen auch translokal finden lassen.

Für die Ebene der *Gesellschaft* wie auch der *Organisation* gilt gleichermaßen, dass sowohl die bruchlose Tradierung von Orientierungen, welche zur Reproduktion der milieu-, geschlechts- und generationsspezifischen Erfahrungsräume führt, wie auch das gemeinsame Erleben von Tradierungsbrüchen, also von *Diskontinuitäten*, welches zur Emergenz neuer Erlebnisschichtung und neuen Wissens führt, im Modus des vorbegrifflichen oder atheoretischen konjunktiven Erfahrungswissens fundiert sind. Beide konstituieren auf gesellschaftlicher wie auch auf organisatori-scher Ebene das kollektive Gedächtnis oder Systemgedächtnis, führen zur Bildung konjunktiver Erfahrungsräume und ermöglichen (unter den hiervon Betroffenen) ein unmittelbares Verstehen, da beide auf einem in der Handlungspraxis selbst er-worbenen Erfahrungswissen basieren, welches sich von dem kommunikativ ange-eigneten Wissen kategorial unterscheidet. Die Konstitution konjunktiver Erfah-rungsräume ist also nicht an das Vorhandensein *traditionsfester* Wissensbestände ge-bunden.

Auf der Ebene der *Interaktion,* des einfachen Sozialsystems, hat jede Situation des alltäglichen Gesprächs, jedes „encounter" im Sinne von Goffman (1961), seine eigene Geschichte: „Im Moment der Zusammenkunft und der Konstitution eines gemeinsamen Themas beginnt für das System eine eigene Geschichte, die sich von der allgemeinen Weltgeschichte unterscheidet" (Luhmann 1975b: 26). Vorausset-zung für die Konstitution der Geschichte ist im Sinne von Luhmann (ebd.) das „Systemgedächtnis" als „aufbewahrte Selektivität". Hieraus resultiert eine emer-gente, *in dieser Situation selbst* sich konstituierende Sinndimension. Bei der Interpre-tation von Gesprächen tragen wir, wie dargelegt, dem dadurch Rechnung, dass – im Zuge der Sequenzanalyse – die jeweilige Äußerung lediglich vor dem Hinter-grund des bisherigen – in der wechselseitigen Bezugnahme der Gesprächsbeteilig-ten sich entfaltenden – Gesprächsverlaufs in ihrem weitergehenden, ihrem doku-mentarischen Sinngehalt zu erschließen ist. Solange wir auf der Ebene des imma-nenten, des wörtlichen Sinngehalts verbleiben, sind wir auf diese systematischen Rückgriffe, auf die ‚Interaktionsgeschichte', also das „Systemgedächtnis" nicht an-gewiesen.

Das einfache Interaktionssystem selbst mit seiner im Gespräch, in der Interak-tion emergenten Sinndimension bildet noch keinen konjunktiven Erfahrungsraum. Es kann jedoch in unterschiedlicher Weise *Träger* konjunktiver Erfahrungsräume sein, die ihre je eigenen Systemgedächtnisse aufweisen. Diese werden im Gespräch allerdings nicht *konstituiert,* sondern lediglich *aktualisiert.* In jeder Gesprächsanalyse haben wir es mit einer Überlagerung und wechselseitigen Durchdringung dieser unterschiedlichen Erfahrungsräume zu tun, die sich zunächst vor allem in die *grup-pen-* und die *milieuspezifischen* (inklusive der generations- und geschlechtstypischen) konjunktiven Erfahrungsräume unterscheiden lassen, und sowohl organisationsin-terne beziehungsweise organisationsbezogene wie auch gesellschaftliche konjunk-tive Erfahrungsräume umfassen.[7]

In der Systemtheorie von Luhmann fehlt für beide Phänomene – die Gruppe wie auch das Milieu – eine systematische Begrifflichkeit. In Bezug auf die Gruppe haben hierauf Friedhelm Neidhardt (1979) und Hartmann Tyrell (1983) hingewie-sen, die an die Kategorie des einfachen Sozialsystems bei Luhmann anzuschließen suchen. Die Gruppe ist im Unterschied zum einfachen Sozialsystem, wie Neidhardt (1979: 643) definiert, durch „relative Dauerhaftigkeit" gekennzeichnet. Entschei-dend für die Konstitution einer Gruppe ist dabei in unserer Definition nicht die wiederholte Begegnung allein, als vielmehr die damit verbundene Verdichtung der sich entfaltenden Sinnstruktur zu einem konjunktiven Erfahrungsraum und einem kollektiven Orientierungsrahmen, welcher dann – sowohl innerhalb formalorga-

---

7   Das bedeutet dann auch, das dieselbe Gesprächssequenz, „daß ein und dieselbe Interaktion
     gleichzeitig allen drei Systemen (also der Interaktion, Organisation und Gesellschaft; R. B.)
     zugleich angehören kann, was dazu führt, daß die wechselseitige Beeinflussung globaler und loka-
     ler Zusammenhänge an der einzelnen Interaktion ablesbar sein muß" (Stichweh 2000: 16 f.).

nisatorischer Bedingungen und Rollenbeziehungen, aber auch jenseits von ihnen und in der Auseinandersetzung mit diesen – zur Grundlage der Interaktion wird.

Diese Verdichtung ist wesentlich damit verbunden, dass in der Gruppe im Unterschied zum einfachen Sozialsystem das Sinnsystem mit den persönlichen Identitäten und Biografien und dem individuellen Habitus der dadurch als Gruppenmitglieder anerkannten anderen, also sozusagen mit deren individuellen Erfahrungsräumen, verknüpft wird. Dies unterscheidet die Gruppe, die „Realgruppe", wie sie in der Methodologie des Gruppendiskussionsverfahrens genannt wird, vom einfachen Sozialsystem, mit dem sie die face-to-face-Interaktion wiederum verbindet. Sowohl die Fundierung in der face-to-face-Beziehung als auch die Anbindung an die persönlichen Identitäten und individuellen Habitus der anderen unterscheidet die Gruppe ihrerseits vom Milieu als konjunktiven Erfahrungsraum. Das bedeutet auch, dass die Konstitution der Gruppe, des gruppenspezifischen konjunktiven Erfahrungsraums, an gemeinsames, an *identisches* Erleben gebunden ist, an eine *gemeinsame* Sozialisationsgeschichte. Die Konstitution des milieuspezifischen konjunktiven Erfahrungsraums basiert demgegenüber auf *struktur*identischem Erleben, einer strukturidentischen Sozialisationsgeschichte. So muss beispielsweise das Erleben des Zusammenbruchs alltäglicher Ordnung und teilweise moralischer Orientierungen direkt nach dem Ende des Zweiten Weltkriegs nicht an gemeinsames, an identisches Erleben gebunden sein, um einen generationsspezifischen Erfahrungsraum, einen Generationszusammenhang (vgl. Mannheim 1964b) zu konstituieren. Das *struktur*identische Erleben derjenigen, die einander nicht zu kennen und nicht in direkter Kommunikation zu stehen brauchen, bildet eine ausreichende Basis für die Konstitution des Generationszusammenhangs (beispielsweise der ‚Kriegskinder').

Da bereits das einfache Interaktionssystem, das Gespräch, Träger konjunktiver Erfahrungsräume ist, ist die Identifikation von Gruppen, genauer von Realgruppen, für die empirische Analyse, also für die Analyse von Gesprächen und Gruppendiskussionen, zwar nicht notwendige Bedingung, kann aber forschungsökonomisch sinnvoll und erkenntnisgenerierend sein, weil die Bildung von Gruppen auf die Existenz sowohl von Gemeinsamkeiten im Bereich gesellschaftsbezogener wie auch organisationsbezogener (milieu-, generations- und geschlechtsspezifischer) konjunktiver Erfahrungsräume und entsprechender Systemgedächtnisse verweist und somit in der Regel einen schnellen empirischen Zugang zu diesen Erfahrungsräumen eröffnet, die ja häufig im Zentrum des Erkenntnisinteresses stehen. Die dokumentarische Gesprächsanalyse ist allerdings nicht – wie etwa bereits der Begriff des Gruppendiskussionsverfahrens suggeriert – für eine empirische Rekonstruktion der unterschiedlichen Erfahrungsräume darauf angewiesen, dass es sich bei den Interaktions- oder Gesprächsbeteiligten um eine *Gruppe* handelt.

3.3 Sinnkonstitution durch Kontextuierung

Der konjunktive Erfahrungsraum stellt einen der Grundbegriffe der dokumentarischen Methode und der praxeologischen Typenbildungen dar. In den Unterschieden zwischen Typenbildungen des Common Sense einerseits und praxeologischen Typenbildungen andererseits zeigt sich die Paradigmenabhängigkeit der Typenbildung. Vom Standpunkt der praxeologischen Wissenssoziologie beziehungsweise der dokumentarischen Methode lassen sich, wie bereits gesagt, diese beiden Aspekte oder Paradigmata integrieren, indem sie als unterschiedliche Ebenen des Falles Bedeutung gewinnen. Ihr Verhältnis ist zum einen dasjenige der Eigentheorien der Erforschten versus den Theorien der Forscher/innen. Zum anderen ist dieses Verhältnis dasjenige von *Norm* versus *Habitus*. „Normen sind kontrafaktisch stabilisierte Erwartungen, die sowohl auf der Verhaltenserwartung als auch auf der Ebene der Erwartungserwartungen gegen die symbolisch diskreditierenden Implikationen eines Enttäuschungsfalles abgesichert sind" (Luhmann 1971: 65 f.). Demgegenüber basiert der *Habitus* nicht auf (seitens der Akteure) erwarteten Handlungsentwürfen und somit auf der Regel*befolgung*, sondern auf einer (seitens der Beobachter/innen) identifizierbaren Regel*haftigkeit* inkorporierter Praktiken.

In der empirischen Forschungspraxis im Sinne der dokumentarischen Methode gehen wir durch die Eigentheorien des Falles und dessen Orientierung an der Norm, also durch die Semantik einer Typenbildung des Common Sense, hindurch, um dann zur praxeologischen Typenbildung, zur Typisierung der Praxis zu gelangen.

Die Methodologie einer praxeologischen Interpretation und Typenbildung folgt nicht dem Prinzip der Zuschreibung von Intentionen und Motiven. Die Bedeutung einer Handlung bestimmt sich hier vielmehr von der Relation zu jenem *Kontext* her, wie er von den Akteuren und Akteurinnen in ihrer Handlungspraxis selbst hergestellt wird. Dies ist im Falle der *Text*-Interpretation die sequentielle Relation der jeweils zu interpretierenden Äußerung oder Geste zu den ihr nachfolgenden. Auf diese Weise verleihen die Äußerungen oder Gesten – durchaus im Sinne von George Herbert Mead (1968) – einander wechselseitig ihre Signifikanz. Diese konstituiert sich nicht auf der Grundlage subjektiver Intentionen, sondern als *System,* als „Geschichte von Selektionsleistungen, die im System erbracht und in ihrer Selektivität präsent gehalten werden" (Luhmann 1975c: 26).[8] Das Gespräch

---

8 Jenseits aller Unterschiede der dokumentarischen Methode zur Konversationsanalyse (dazu auch: Bohnsack 2008b sowie Bohnsack/Przyborski 2006: 233) zeigen sich Übereinstimmungen dahingehend, dass auch dort das Gespräch als sich selbst steuerndes System verstanden wird, indem es nämlich in der Konversationsanalyse, wie Harvey Sacks (1995e: 536) betonte, darum geht, „to see what the system itself provides as bases, motives, or what have you, for doing something essential to the system". Einer der Unterschiede zwischen der Konversationsanalyse und der Gesprächsanalyse auf der Basis der dokumentarischen Methode besteht darin, dass es letzterer im Unter-

als ein sich selbst steuerndes Kommunikationssystem zu verstehen, ist Voraussetzung dafür, zu jenen Sinnschichten vorzudringen, die im Gespräch unabhängig von
den Intentionen der einzelnen Individuen und überhaupt unabhängig von deren
Bewusstsein repräsentiert werden. In späteren Arbeiten hat Luhmann (1990, 2005)
die voneinander unabhängige Existenz von Kommunikation und Bewusstsein, von
psychischen und sozialen Systemen weiter ausgearbeitet.

Die Relation von Einzelelement und Gesamtkontext, wie sie bei der systemischen Betrachtung im Zentrum steht, ist im Falle der *Bild*-Interpretation nicht
eine *sequentielle* wie in der Gesprächsanalyse, sondern eine *simultane* Relation (siehe
genauer Bohnsack 2009a). Auch Bilder verstehen wir als sich selbst steuernde Systeme beziehungsweise wir können Bilder nur verstehen, wenn wir uns ihnen als
sich selbst steuernde Systeme nähern. Wir können dabei an den Kunsthistoriker
Imdahl anschließen. Dieser charakterisiert das Bild als „ein nach immanenten Gesetzen konstruiertes und in seiner Eigengesetzlichkeit evidentes System" (Imdahl
1979: 190).

Die Relation von Kontext einerseits und Einzeläußerung respektive Einzelelement andererseits – sei sie nun eine simultane oder sequentielle – ist in jedem
Fall eine *reflexive*, wie die Ethnomethodologen dies bezeichnet haben (vgl. Garfinkel 1961, 1967a: 7 f.). Der Begriff der Reflexivität in der Ethnomethodologie unterscheidet sich aber noch einmal von demjenigen in der Systemtheorie von Luhmann
(dazu 3.2).

Während Typenbildungen des Common Sense sich also nach Art von *Hierarchien* – also im Sinne von Ober- und Untertypen beziehungsweise von Typus und
Dimensionen des Typus – konstituieren und somit in einer deduktiven Beziehung
zueinander stehen (und die empirische Methodologie in ihrer hypothetisch-deduktiven Logik ihnen hierin folgt), konstituieren sich praxeologische Typen nach einer
Logik der *Reflexivität*. Der Typus und seine Elemente stehen in einem Verhältnis
von *Teil und Ganzem* zueinander: Die einzelnen Elemente, also beispielsweise Handlungen, formieren sich zu Kontexten und erhalten erst durch diese Kontextuierungen, deren Teile sie darstellen, wiederum ihre besondere Bedeutung. Das
zirkelhafte Oszillieren zwischen den Einzelelementen und der Sinnstruktur des Gesamtkontextes stellt eine der Ausprägungen des klassischen hermeneutischen Zirkels im Sinne von Dilthey (1924: 330) dar: „Aus den einzelnen Worten und deren
Verbindungen soll das Ganze eines Werkes verstanden werden, und doch setzt das
volle Verständnis des einzelnen schon das Ganze voraus."

Dabei begegnen uns diese zirkelhaft sich entfaltenden Kontextuierungen
grundsätzlich auf zwei Ebenen: zum einen auf der *performativen* (der „formalen")

---

schied zu ersterer nicht primär um das Kommunikationssystem, um das „einfache Sozialsystem"
(Luhmann 1975c) selbst geht, sondern um die hier repräsentierten Erfahrungsräume, die ebenfalls
als sich selbst steuernde Systeme verstanden werden können.

Ebene, in der sich – beispielsweise in der Gesprächsanalyse – die Kontextuierung durch den wechselseitigen Reaktionszusammenhang der einzelnen Beiträge formiert, die dadurch einander ihre je spezifische Signifikanz verleihen (siehe auch Bohnsack 2007b). Zum anderen begegnet uns die Kontextuierung auf der *propositionalen* (der ,inhaltlichen') Ebene dahingehend, *worüber* geredet beziehungsweise *was dargestellt* oder erzählt wird. Auch hier werden einzelne Handlungen oder Gesten durch die Erzählung oder Darstellung entsprechend kontextuiert.[9]

Beispielsweise ist damit gemeint, dass in einer Gruppendiskussion einer Familie auf der *performativen* Ebene, also in der Praxis des Diskutierens, eine *Diskursorganisation* zu beobachten ist, welche machtstrukturierte Elemente seitens der Großmutter aufweist. Zugleich werden in der Gruppendiskussion aber auch gemeinsame Erzählungen erbracht, in denen – auf der *propositionalen* Ebene – die Machtposition der Großmutter selbst Gegenstand der Darstellungen ist. Auf beiden Ebenen – der propositionalen wie der performativen – dokumentiert sich in der je spezifischen Relationierung und Kontextuierung das implizite handlungsleitende Wissen der Akteure. Die beiden Ebenen vermögen einander wechselseitig zu validieren.

3.4 Praxeologische Typenbildung: Methodologie und Forschungspraxis

Das Sinnmuster des handlungsleitenden Wissens, welches sich aus den Relationierungen oder Kontextuierungen konstituiert, bezeichnen wir als *Orientierungsrahmen* beziehungsweise als *Habitus*. Eine *Typenbildung* beginnt dort, wo der Orientierungsrahmen als homologes Muster an *unterschiedlichen* Fällen identifizierbar ist, sich also von der fallspezifischen Besonderheit gelöst hat. Entsprechend der Differenzierung in die propositionale und die performative Kontextuierung alltäglichen Handelns konstituieren sich auch praxeologische Typen auf diesen beiden Ebenen. Die performative Kontextuierung des Typus betrifft die Formalstruktur von Gesprächen und Darstellungen. Im Fall der Gesprächsanalyse beispielsweise sind dies die Modi der Diskursorganisation im Sinne der dokumentarischen Methode (siehe Bohnsack 1989, 2008b; Bohnsack/Przyborski 2006; Przyborski 2004), im Falle von Einzelinterviews die Textsortenanalyse im Sinne von Fritz Schütze (1987). Die Validität des Orientierungsrahmens oder Typus hängt, wie gesagt, unter anderem auch davon ab, inwieweit *Homologien* zwischen der propositionalen und der perfomativen Ebene herausgearbeitet werden können.

Um eine genaue Identifikation jener spezifischen Konstellation von Relationierungen und Kontextuierungen leisten zu können, in denen der Orientierungsrah-

---

9   Im Bereich der Bildinterpretation ist die zentrale Relation, in der uns das Verhältnis von propositionaler und performativer Dimension begegnet, diejenige von abgebildetem (,propositionalem') und abbildendem (,performativem') Bildproduzenten (siehe Bohnsack 2009a: Kap. 3.2).

men beziehungsweise der Typus sich dokumentiert, müssen sie von anderen derartigen Konstellationen unterscheidbar sein. Vorausgesetzt werden also kontrastierende Vergleichshorizonte solcher Kontextuierungen. Dies ist die Leistung der *reflektierenden Interpretation* im Bereich der dokumentarischen Methode (siehe auch 3.2). Reflexion setzt nach Luhmann (1975b: 74) „einen ‚Horizont' anderer Möglichkeiten voraus und erschließt einen geordneten Zugang zu diesen Möglichkeiten". Die Rekonstruktion des Orientierungsrahmens setzt voraus, dass ich ihn systematisch und konturiert von anderen Orientierungsrahmen zu unterscheiden vermag, innerhalb derer dasselbe Thema ebenso hätte bearbeitet werden können oder – empirisch fundiert – bereits bearbeitet worden ist. Die methodische Kontrolle von Reflexionsprozessen setzt die Kenntnis *empirisch fundierter* Vergleichshorizonte voraus. Dies lässt sich auch als Suche nach (idealerweise empirisch fundierten) funktionalen Äquivalenten im Sinne von Luhmann (1970) fassen (genauer dazu Werner Vogd in diesem Band). Eine derartige *komparative Analyse* ist wesentlicher Bestandteil der dokumentarischen Methode.[10]

Dabei ist allerdings immer auch noch ein weiterer Vergleichshorizont vorausgesetzt. Denn diese Suche nach funktional äquivalenten, das heißt zu selben Klasse gehörigen Rahmungen oder Kontextuierungen setzt immer auch einen Vergleichshorizont nicht dazugehöriger, kontrastierender, das heißt zu anderen Klassen gehörender Rahmungen oder Kontextuierungen voraus, einen Vergleichshorizont, der jeweils implizit bleibt: „Alles Beobachten ist Benutzen einer Unterscheidung zur Bezeichnung der einen (und nicht der anderen) Seite. Die Unterscheidung bleibt dabei unbeobachtet" (Luhmann 1990: 91). Dieser „blinde Fleck" (ebd.: 85) bezeichnet das, was Karl Mannheim (1952: 229 f.) als die Standortgebundenheit oder Seinsverbundenheit der Interpretation bezeichnet (siehe dazu Bohnsack 2001, 2008a: Kap. 10 und 11).

Nun gibt es prinzipiell zwei Möglichkeiten der Interpretation auf dem Wege der Rekonstruktion von Kontextuierungen: In dem einen Fall stützt sich der Interpret auf ein ihm zumindest intuitiv bereits bekanntes Vor-Wissen um typische Kontextuierungen und interpretiert die jeweils beobachteten Äußerungen vor der Kontrastfolie dieses typenhaften Wissens. Er gelangt dann zu einer Interpretation, in welcher *fallspezifische Besonderheiten* herausgearbeitet werden. Typen werden dabei nicht *generiert*, sondern bereits vorausgesetzt. Diese Verfahrensweise, bei der von einer bereits bekannten Regel auf den „Fall" geschlossen wird, entspricht der *qua-*

---

10 Die komparative Analyse der dokumentarischen Methode (siehe auch: Bohnsack 2008c; Nohl 2007) ist grundlagen- und erkenntnistheoretisch durch die Systemtheorie inspiriert und fundiert sowie forschungspraktisch durch die Grounded Theory (Glaser/Strauss 1967; Glaser 1965). In dieser Hinsicht haben wir der Grounded Theory in ihrer ursprünglichen Fassung einiges zu verdanken. Allerdings eröffnet das Modell der Theorie- oder Typengenerierung im Sinne von Glaser/Strauss keine Möglichkeit zu einer mehrdimensionalen Typenbildung (siehe dazu Bohnsack/Nentwig-Gesemann 2006 sowie Nentwig-Gesemann 2007).

litativen Induktion im Sinne von Charles Peirce (1967). Davon zu unterscheiden ist die logische Schlussform im Sinne der *Abduktion* nach Peirce, indem ausgehend von der Beobachtung überraschender Phänomene nach einer Regel gefahndet wird, die diese zu plausibilisieren und somit zu interpretieren vermag (vgl. auch Reichertz 2003).

Bei der Abduktion geht es in unserer Sprache darum, jenes implizite handlungsleitende Wissen der Akteure zur Explikation zu bringen, welches in der je spezifischen Relationierung und Kontextuierung sich dokumentiert, also den in der Handlungspraxis der Kontextuierung sich dokumentierenden modus operandi. Damit wird – entsprechend dem Modell der Abduktion von Peirce (1967) – eine dem Interpreten bisher nicht bekannte Regelhaftigkeit herausgearbeitet (siehe dazu auch Bohnsack 2008c).

Lediglich im letzteren Fall – demjenigen der Abduktion – kann von Theorie- oder Typen*generierung* gesprochen werden. Denn die einzelne Äußerung wird hier nicht primär vor der Kontrastfolie des typenhaften Vorwissens interpretiert, sondern vor dem Gegenhorizont von empirischen Fallvergleichen, wie dies auch in der ursprünglichen Fassung der „Grounded Theory" im Sinne von Glaser/Strauss (1967) von zentraler Bedeutung ist. Je mehr dies gelingt, desto mehr können die zunächst impliziten Vergleichshorizonte zunehmend einer methodischen Kontrolle zugeführt werden (siehe dazu auch Bohnsack 2008c).

3.5 Die praxeologische Typenbildung und ihre unterschiedlichen Ebenen

Im Prozess der Interpretation und Typenbildung auf der Basis der dokumentarischen Methode ist die elementare Kontextuierung diejenige, welche durch das *Thema* der Textpassagen vorgegeben ist. Das Thema ist auf der Ebene des wörtlichen Sinngehalts identifizierbar.

Auf dieser Stufe der komparativen Analyse erhält zunächst das jeweilige *Thema* die Funktion des tertium comparationis, also die Funktion des den Vergleich strukturierenden Dritten. Die Identifikation des Themas, die *Thematisierung des Themas* also, bewegt sich auf der Ebene der *formulierenden Interpretation* (siehe dazu auch den Beitrag von Werner Vogd in diesem Band) und stellt wie diese eine Leistung der „*Reflexivität*" im Sinne von Luhmann (1970) dar. Sie könnte somit auch als reflexive Interpretation bezeichnet werden.[11]

---

11 Mit dem Begriff der formulierenden Interpretation schließe ich an die von Harold Garfinkel und Harvey Sacks (1970: 350 ff.) so genannten Praktiken des „formulating" an, mit der diese reflexive Interpretationsleistungen von Sprechern bezeichnet haben. „,Formulations' im Sinne von Garfinkel/Sacks (1970) lassen sich als Reflexivität des Sprechens und als Vorstufen von Reflexion auch systemtheoretisch ‚formulieren'" (Luhmann 1975d: 35).

Im Vergleich unterschiedlicher – aber thematisch ähnlicher – Kontexte, also etwa thematisch ähnlicher Passagen von Gesprächen, wird in der fallinternen und fallübergreifenden komparativen Analyse im Zuge der *reflektierenden Interpretation* herausgearbeitet, *wie*, das heißt in welchem Orientierungsrahmen das Thema bearbeitet wird.

3.5.1 Sinngenetische Typenbildung

Sobald der rekonstruierte Orientierungsrahmen nicht mehr nur auf einer fall*internen* komparativen Analyse basiert, sondern auch eine fall*übergreifende* umfasst, sich also von der fallspezifischen Besonderheit löst, reden wir von Typus (genauer Bohnsack 2007a). Wir leisten auf diese Weise eine *sinngenetische Typenbildung* auf einer allerersten Stufe.

Auf der nächsten Stufe einer sinngenetischen Typenbildung wird der derart abstrahierte Orientierungsrahmen oder Typus selbst zum tertium comparationis. So haben wir Jugendliche, deren Eltern oder Großeltern aus der Türkei nach Deutschland migriert sind, am Ende der Adoleszenzphase dahingehend untersucht, ob ihnen ein Orientierungsrahmen oder Erfahrungsraum gemeinsam ist (Bohnsack 2003; Bohnsack/Nohl 2001; Nohl 2001). Das Erkenntnisinteresse zielt also auf die Rekonstruktion eines möglichen migrationsspezifischen Erfahrungsraums, einer möglichen Migrationstypik. Eine derartige Typik, die im Zentrum des Erkenntnisinteresses steht, nennen wir auch *Basistypik*. In einer komparativen Analyse auf der Grundlage von mehr als 30 Gruppendiskussionen und 20 biografischen Interviews konnte der Orientierungsrahmen der so genannten *Sphärendifferenz* herausgearbeitet werden. Dieser zeichnet sich aus durch die Erfahrung einer mehr oder weniger tief greifenden *Differenz* zwischen der Sphäre der Familie und türkischen Community, die wir als *innere* Sphäre bezeichnet haben, einerseits, und der Sphäre der Schule, Ausbildung und gesellschaftlichen Öffentlichkeit, die wir als *äußere* Sphäre bezeichnet haben, andererseits.

Die Konstruktion des Typus ist auch in dieser Hinsicht das Produkt eines reflexiven Wechselspiels, eines komplexen hermeneutischen Zirkels: *Zum einen* vermag die Analyse in einander aufbauenden Stufen der Abstraktion auf der Grundlage der fallinternen und fallübergreifenden komparativen Analyse – nach Art der Rekonstruktion von *Gemeinsamkeiten im Kontrast* und von *Kontrasten in der Gemeinsamkeit* (ursprünglich: Bohnsack 1989) – schrittweise jenes Orientierungsproblem in abstrakter Weise zu definieren, welches den von uns untersuchten unterschiedlichen Fällen gemeinsam ist: also das Problem der Sphärendifferenz. Je mehr dieser Orientierungsrahmen in der *Abstraktion* sich präzisiert, desto mehr kann – sozusagen in einer gegenläufigen, aber synchronen Bewegung, derjenigen der *Spezifizierung* – rekonstruiert werden, in welcher Weise diese Gemeinsamkeit der Sphärendifferenz in unterschiedlichen Gruppen wiederum unterschiedlich bearbeitet und bewältigt wird: Innerhalb des übergreifenden Erfahrungsraums der Sphärendifferenz und eingelagert in diesen konnten somit unterschiedliche spezifische Erfahrungsräume oder Milieus der Migrant(inn)en identifiziert werden.

3.5.2 Soziogenetische Typenbildung: Mehrdimensionalität und Generalisierung

Bis hierher hatten wir es mit der so genannten sinngenetischen Typenbildung zu tun. Sie begibt sich auf dem Wege der Abduktion auf die Suche nach dem genetischen Prinzip, nach dem modus operandi, welcher die Alltagspraxis in deren unterschiedlichen Bereichen in homologer Weise strukturiert.

Sobald wir jedoch mit Bezug auf das Beispiel der Sphärendifferenz von einer Migrationstypik oder einem migrationstypischen Erfahrungsraum sprechen, treffen wir – streng genommen – bereits Aussagen zur Genese dieses genetischen Prinzips. Mit der Frage nach der Genese der Sinngenese begeben wir uns auf die Suche nach der Soziogenese (als einer Art Metagenese). Mit Bourdieu können wir auch sagen, dass das genetische Prinzip nicht nur eine „strukturierende Struktur", sondern auch eine „strukturierte Struktur" ist. Aber wodurch ist das sinngenetische Prinzip seinerseits strukturiert oder anders formuliert: In welchem Erfahrungsraum ist die Soziogenese des sinngenetischen Prinzips, des modus operandi, des Habitus zu suchen?

Diese Frage können wir in valider Weise erst dann beantworten, wenn wir die Relation des migrationstypischen Erfahrungsraums zu anderen Erfahrungsräumen herausgearbeitet haben. Dies setzt zunächst die Abgrenzung von den Erfahrungsräumen derjenigen voraus, die nicht über eine familiale Migrationsgeschichte verfügen. Es gilt aber auch zu zeigen, ob und wie das Phänomen der Sphärendifferenz als genetisches Prinzip des migrationstypischen Erfahrungsraums in der Überlagerung mit anderen Erfahrungsräumen und anderen genetischen Prinzipien modifiziert wird, aber dennoch seine Gültigkeit behält. Derartige andere Erfahrungsräume oder Typiken sind unter anderem solche des Geschlechts, des Alters, der Generation und des Bildungsmilieus. Die Migrationstypik als ‚reiner Typus' muss immer erst aus ihrer Überlagerung durch andere Typiken ‚herausabstrahiert' oder ‚herausdestilliert' werden, um von anderen Typiken unterschieden und valide bestimmt werden zu können.

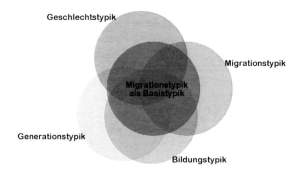

Abbildung 1

Es ist also erst dann in valider Weise möglich, einen beobachteten und typenhaft rekonstruierten Orientierungsrahmen dem ‚migrationstypischen Erfahrungsraum' zuzuordnen[12] und ihn somit als eine *migrationstypische* Orientierung zu generalisieren, nachdem in *komparativer Analyse* kontrolliert wurde, ob diese Orientierung bei Jugendlichen unterschiedlichen Alters, Geschlechts und unterschiedlicher Milieuzugehörigkeit – also durch milieu- und entwicklungsspezifische Variationen oder Modifikationen von Erfahrungsräumen hindurch beziehungsweise in der Überlagerung durch andere Dimensionen oder Erfahrungsräume – auf einer abstrakten Ebene als Gemeinsamkeit identifizierbar bleibt. Das Niveau der *Validität* der einzelnen Typik ist davon abhängig, inwieweit sie von anderen, auf der Grundlage der fallspezifischen Beobachtungen ebenfalls möglichen, Typiken unterscheidbar ist, wie vielfältig, das heißt mehrdimensional sie innerhalb einer ganzen Typologie verortet werden kann.

---

12   Die Zuordnung eines Orientierungsrahmens zu einem Erfahrungsraum ist nicht nur auf dem Wege der mehrdimensionalen soziogenetischen Typenbildung möglich, sondern auch auf demjenigen der *soziogenetischen Interpretation.* Die Rekonstruktion der Soziogenese als der Genese des genetischen Prinzips, also der Genese des Habitus oder Orientierungsrahmens (hier also desjenigen der Sphärendifferenz), in soziogenetischer Interpretation meint dann in unserem Beispiel die Rekonstruktion jenes Sozialisationsprozesses bzw. dessen interaktiver Struktur und dessen interaktiver Schlüsselszenen (in unserem Beispiel u. a. in der Interaktion mit den Eltern), als dessen Produkt der Orientierungsrahmen der Sphärendifferenz anzusehen ist. Soziogenetische Typenbildung und soziogenetische Interpretation ergänzen und validieren einander. In diesem Beitrag gehe ich, da hier die Typenbildung im Zentrum steht, in der gebotenen Kürze nicht näher auf die soziogenetische Interpretation ein und verweise hierzu auf Bohnsack (2007a: Kap. 6).

Zugleich ist aber auch das Niveau der *Generalisierung* der einzelnen Typik davon abhängig, inwieweit es gelingt, zu demonstrieren, dass sie auch unter den Bedingungen anderer – auf der Grundlage der fallspezifischen Beobachtungen ebenfalls möglicher – konjunktiver Erfahrungsräume und Typiken ihre Gültigkeit behält und unter welchen Bedingungen, das heißt in Relation zu welchen anderen Typiken dies nicht der Fall ist. In unserem Beispiel deutete sich eine *Einschränkung der Generalisierungsfähigkeit* der Migrationstypik durch die Generationstypik an, da die Orientierungsfigur der Sphärendifferenz innerhalb des konjunktiven Erfahrungsraums der jüngeren, der dritten Migrationsgeneration, kaum noch Relevanz gewinnt.

Das Niveau der Generalisierbarkeit eines Typus, des typenhaft erfassten genetischen Prinzips, ist also abhängig von seiner Reproduzierbarkeit in der Kombination mit diesen anderen Typen und genetischen Prinzipien beziehungsweise in der wechselseitigen Durchdringung mit diesen. Da die Generalisierung auf der Basis von Homologien und Grenzziehungen zwischen *konjunktiven Erfahrungsräumen* operiert, möchte ich sie als *konjunktive Generalisierung* bezeichnen.[13] Das Niveau der Validität wie auch der Generalisierung einer Typik ist somit davon abhängig, wie vielfältig, das heißt mehrdimensional diese Typik innerhalb einer ganzen Typologie verortet werden kann.

Die unterschiedlichen Erfahrungsräume stehen in einem Verhältnis der wechselseitigen Rahmung zueinander, in einem Verhältnis von primärer, sekundärer, tertiärer Rahmung etc. Die gesamte Typologie ändert sich je nachdem, welche Typik – in Abhängigkeit von meinem Erkenntnisinteresse – für mich den primären Rahmen bildet, und somit die Basistypik darstellt.

---

13   Eine gewisse (methodologische) Nähe zum Konzept der konjunktiven Generalisierung weist dasjenige der „naturalistischen Generalisierung" (naturalistic generalization) von Robert Stake (1978) auf, einer der großen Namen der qualitativen Evaluationsforschung in den Vereinigten Staaten (siehe Bohnsack 2009b). Derartige Generalisierungen basieren nach Stake auf dem stillschweigenden Wissen, dem „tacit knowledge" im Sinne von Michael Polanyi (Stake 1978: 6), und sind handlungsleitend: „They guide action, in fact they are inseperable from action" (siehe auch Stake/Trumbull 1982).

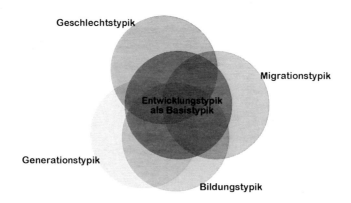

Abbildung 2

In früheren Untersuchungen sind wir beispielsweise nicht von der Migrationstypik, sondern von der Entwicklungstypik, der Typik der Adoleszenzentwicklung bei Jugendlichen aus den bildungsfernen Milieus als Basistypik ausgegangen (Bohnsack 1989 sowie Bohnsack et al. 1995). Der migrationstypische Orientierungsrahmen und Erfahrungsraum der Sphärendiskrepanz tritt unter diesen Vorzeichen – wenn überhaupt – dann lediglich in seinen Konsequenzen für die Modifikation des primären Rahmens der Entwicklungstypik in Erscheinung, also als ein spezifischer Weg oder Modus der Bewältigung der Adoleszenzentwicklung in den bildungsfernen Milieus.

Am Anfang der Entwicklung von Typologien auf der Grundlage der dokumentarischen Methode und der praxeologischen Wissenssoziologie stand ein von Werner Mangold und mir geleitetes Projekt zu Lebensorientierungen von Jugendlichen in einer fränkischen Kleinstadt und umliegenden Dörfern (siehe Bohnsack 1989). Hier ist eine komplexe Typologie erarbeitet worden mit der Überlagerung der Dimensionen des Bildungsmilieus (Gymnasiast(inn)en und Lehrlinge), des sozialräumlichen Milieus (Arbeiternachbarschaft, Notwohngebiet, Dorf), des Geschlechts, der Generation (Vergleich mit Vertretern der Elterngeneration) und vor allem der Adoleszenzentwicklung mit ihrer Phasentypik, welche als Basistypik und somit als zentrales tertium comparationis den primären Rahmen der gesamten Typologie bildete. – Inzwischen ist die praxeologische Typenbildung in mehr als vierzig Dissertationen, Habilitationsschriften und anderen Projekten vielfach erprobt.[14]

3.5.3 Individuum und Typik

Mehrdimensional ist nicht nur die jeweilige Typik in der Weise, dass sie durch andere Typiken überlagert und modifiziert wird. Mehrdimensional ist zugleich auch der einzelne Fall, das Individuum, indem an ihm unterschiedliche Typiken aufweisbar sind. Analog hat Assmann (1997: 36) im Anschluss an Halbwachs (1985) mit Bezug auf das Individuum und das individuelle Gedächtnis formuliert: „Individuell ist es im Sinne einer je einzigartigen Verbindung von Kollektivgedächtnissen als Ort der verschiedenen gruppenbezogenen Kollektivgedächtnisse und ihrer je spezifischen Verbindung". Der Fall, das Individuum – sei dies nun eine Person oder eine Gruppe – repräsentiert unterschiedliche Typiken und dies nicht in additiver Weise, sondern in ihrer logischen Beziehung zueinander, die nicht lediglich theoretisch postulierbar, sondern in methodisch kontrollierter Weise empirisch rekonstruierbar ist.

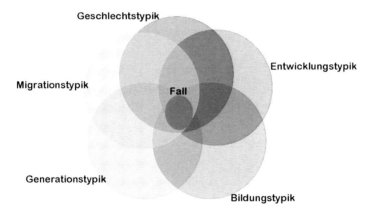

Abbildung 3

---

14   Siehe dazu neben Bohnsack (1989, 2003, 2007a), Bohnsack et al. (1995) unter anderem: Nentwesemann (1999, 2007), Schäffer (2003), Weller (2003), Vogd (2004), Nohl (2006a), Schittenhelm (2005), Asbrand (2009), Mensching (2008), Kubisch (2008) und in Kombination mit quantitativen Methoden auch Pfaff (2006).

Diese methodische Kontrolle ist in der systematischen Auswahl von Vergleichshorizonten fundiert. Wenn aber jede Interpretation in ihrer Ausrichtung durch die explizite oder implizite Wahl von Vergleichshorizonten gelenkt wird, ergibt sich daraus allerdings die Konsequenz, dass *jede* Interpretation den Fall lediglich typenhaft oder dimensional – im günstigen Fall: mehrdimensional – erfasst, also, wie Max Weber bereits klargestellt hatte, in idealtypischer Weise. Damit müssen sich dann auch Forschungen auseinandersetzen, die sich dezidiert als Einzelfallanalysen verstehen. Wenn wir mit Mannheim (1964a) in unserer Analyse auf die „Totalität der Weltanschauung" zielen, so ist damit keineswegs die Totalität eines Individuums, einer Person oder einer konkreten Gruppe gemeint, sondern vielmehr die Totalität der unterschiedlichen Erfahrungsräume, an denen das Individuum teilhat. Denn diese konstituiert sich immer erst in der Überlagerung unterschiedlicher Weltanschauungen, das heißt unterschiedlicher (konjunktiver) Erfahrungsräume, als deren (einzigartige) Kombination oder Konstellation.[15]

3.5.4 Die Aspekthaftigkeit der Typenbildung: Dimensionen-, Standort- und Paradigmengebundenheit

Indem je nach Erkenntnisinteresse die Basistypik und das tertium comparationis der Forschung wechseln, werden andere Vergleichshorizonte und Vergleichsfälle herangezogen, die interpretierten Texte oder auch Bilder erscheinen in einem anderen Kontext oder Erfahrungsraum, und die Typologie wird von einer ganz anderen Seite beziehungsweise Dimension her betrachtet und aufgerollt. Dieser Dimensionengebundenheit der Typenbildung wird lediglich seitens der Systemtheorie beziehungsweise Kybernetik Rechnung getragen – und zwar mit dem Konzept der „Polykontexturalität" (vgl. u. a. Luhmann 1992: 84 f., 1997: 1141; siehe auch Vogd 2005: Kap. 3; Vogd 2009). Auch die der dokumentarischen Methode in mancher Hinsicht verwandten Analysen von Bourdieu bleiben in bemerkenswerter Weise eindimensional (zur Kritik siehe auch Bohnsack 2008a: Kap. 8.2).

Die Dimensionengebundenheit der Analyse und Typenbildung stellt *eine* der Ausprägungen der Aspekthaftigkeit oder „Aspektstruktur" (Mannheim 1952: 234) der Erkenntnis und Typenbildung dar. Die von Roland Barthes (1990: 34) insbesondere auf das Bild bezogene „Polysemie", die Vieldeutigkeit der Interpretation (siehe dazu auch Bohnsack 2009a: Kap. 3 und 5) erscheint dann nicht mehr als Hindernis für deren Methodisierung, sondern als deren Ausgangspunkt. Wie Werner Vogd (2009) darlegt, „verlassen wir hier die klassische Entweder-oder-Logik im

---

15 Analog konstituiert sich die persönliche Identität im Sinne von Goffman (1963: Kap. 2) als eine (einzigartige) Kombination von Aspekten sozialer Identität. Allerdings gilt es hier, jenseits dieser Analogien die kategorialen Unterschiede von Identität und Habitus zu berücksichtigen (siehe Bohnsack 2003 sowie Bohnsack/Nohl 2001).

Sinne des Gesetzes vom ausgeschlossenen Dritten und gelangen zu einem post-ontologischen Sowohl-als-Auch der Gleichzeitigkeit verschiedener Kontexturen". In der gegenwärtigen Forschungslandschaft dominiert allerdings die binäre Logik, die Eindimensionalität oder Monokontexturalität.

In der alltäglichen intuitiven Interpretationspraxis ist die Wahl der Vergleichs-horizonte von meinem existentiell-milieuspezifischen Standort abhängig. Es ist dies, was neben der Dimensionengebundenheit der Typen- und Erkenntnisgenerie-rung eine weitere Ausprägung ihrer Aspekthaftigkeit darstellt. Diese Ausprägung möchte ich mit Karl Mannheim (1952: 229 f.) als *„Standortgebundenheit"* oder auch *„Seinsverbundenheit"* bezeichnen. Je mehr ich die von meinem Standort abhängigen (intuitiven) Vergleichshorizonte durch empirische Vergleichsfälle ersetze, desto mehr wird meine Interpretation und Typenbildung intersubjektiv überprüfbar.

Zugleich gelange ich aber auch zunehmend zu einer Reflexion auf meine (bis-her impliziten) Vergleichshorizonte und somit meinen existentiell-milieuspezifi-schen Standort. Diese Rekonstruktion und Explikation der Vergleichshorizonte stellt eine der Möglichkeiten des Beobachters dar, seine eigene *Standortgebundenheit* und den damit verbundenen „blinden Fleck" (Luhmann 1990: 85) selbstreflexiv in den Blick zu nehmen. „Bezieht sich der Beobachter in den Prozeß der Beobach-tung mit ein und wird so zum Anteil der Beobachtung, erhält er den Spielraum, durch jeweiligen Wechsel seiner Position die von ihm geschaffenen Verdeckungen zu entdecken", wie im Bereich der Kybernetik formuliert wird (Kaehr 1993: 18 f.).

Bei der Standortgebundenheit der Erkenntnis handelt es sich nach Mannheim (1952: 254) um „jenen unaufhebbaren Rest von willensmäßigem Wissen, der auch dann noch vorhanden ist, wenn man alle bewussten und expliziten Wertungen und Stellungnahmen abgebaut hat." Diese existentielle Bindung geht nicht nur in die ,Wahl' der Vergleichshorizonte mit ein und strukturiert somit (auf dem Wege über das Erkenntnisinteresse) die Dimensionengebundenheit der Typenbildung, son-dern auch in die ,Wahl' des Paradigmas und beeinflusst somit das, was ich als *Para-digmenabhängigkeit* (im Sinne von Thomas Kuhn 1973) bezeichnen möchte.

4. Schluss

Im Zuge der Entwicklung der Methodik dokumentarischer Interpretation und pra-xeologischer Typenbildung hat neben dem Werk von Karl Mannheim, einigen Ar-beiten von Harold Garfinkel und Pierre Bourdieu nicht zuletzt auch die System-theorie von Niklas Luhmann wichtige Anregungen im Bereich der (meta-) theore-tischen Fundierung und methodologischen Reflexionen geliefert, auf die ich in ei-nigen Punkten aufmerksam machen wollte. Dennoch sollten – und damit kehre ich zum Ausgangspunkt meiner Ausführungen zurück – im Sinne eines „methodolo-gischen Pragmatismus" (Luhmann 1990: 509) Metatheorien und erkenntnistheoretische Reflexionen in ihrer Bedeutung für die Methodenentwicklung nicht über-schätzt werden. Die Methodik dokumentarischer Interpretation und praxeolo-gischer Typenbildung ist ganz wesentlich in der Forschungspraxis und deren *Re-konstruktion* entstanden, für welche die methodologische und metatheoretische Re-flexion allerdings ohne Zweifel von entscheidender Bedeutung ist.

Auch in diesem Sinne ist die hier vertretene Methodologie somit zugleich eine *rekonstruktive* wie *praxeologische* (siehe auch Bohnsack 2008c). Sie ist dies also nicht nur deshalb, weil sie auf die Rekonstruktion der Praxis der Erforschten zielt, son-dern auch deshalb, weil sie dies gleichermaßen auf die *eigene Praxis*, also diejenige der Forscher und Beobachter, anwendet. Den „'Ethnozentrismus des Gelehrten', der darin besteht, alles zu ignorieren, was den spezifischen Unterschied zwischen Theorie und Praxis ausmacht" (Bourdieu 1993: 370), gilt es somit in doppelter Hinsicht zu überwinden: im Bezug auf die Praxis der Erforschten wie auch in Be-zug auf diejenige der Forscher.

5. Literatur

Asbrand, Barbara (2009): Wissen und Handlungskompetenz in der Weltgesellschaft. Münster: Waxmann Verlag

Assmann, Jan (1997): Das kulturelle Gedächtnis. Schrift, Erinnerung und politische Identität in frühen Hochkulturen. München: C. H. Beck

Baecker, Dirk (1993) (Hrsg.): Kalkül der Form. Frankfurt a. M.: Suhrkamp

Barthes, Roland (1990): Der entgegenkommende und der stumpfe Sinn. Kritische Essays III. Frankfurt a. M.: Suhrkamp (Original: 1982)

Bateson, Gregory/Bateson, Mary Catherine (1993): Wo Engel zögern. Unterwegs zu einer Epistemolo-gie des Heiligen. Frankfurt a. M.: Suhrkamp

Berg, Eberhard/Fuchs, Martin (Hrsg.) (1993): Kultur, soziale Praxis. Text. In: Die Krise der ethnogra-phischen Repräsentation. Frankfurt a. M.: Suhrkamp

Berger, Peter L./Luckmann, Thomas (1969): Die gesellschaftliche Konstruktion der Wirklichkeit. Frankfurt a. M.: Fischer

Bohnsack, Ralf (1973): Handlungskompetenz und Jugendkriminalität. Neuwied und Berlin: Luchterhand

Bohnsack, Ralf (1983): Alltagsinterpretation und soziologische Rekonstruktion. Opladen: Westdeutscher Verlag

Bohnsack, Ralf (1989): Generation, Milieu und Geschlecht. Ergebnisse aus Gruppendiskussionen mit Jugendlichen. Opladen: Leske und Budrich

Bohnsack, Ralf (2001): Dokumentarische Methode. Theorie und Praxis wissenssoziologischer Interpre-tation. In: Hug (2001): 326-345

Bohnsack, Ralf (2003): Differenzerfahrungen der Identität und des Habitus. Eine empirische Untersu-chung auf der Basis der dokumentarischen Methode. In: Burkhard et. al. (2003): 136-160

Bohnsack, Ralf (2005a): Standards nicht-standardisierter Forschung in den Erziehungs- und Sozialwis-senschaften. In: Zeitschrift für Erziehungswissenschaft (ZfE) 7, Beiheft Nr. 3: 65-83

Bohnsack, Ralf (2005b): „Social Worlds" und „Natural Histories". Zum Forschungsstil der Chicagoer Schule anhand zweier klassischer Studien. In: ZBBS (Zeitschrift für qualitative Bildungs-, Bera-tungs- und Sozialforschung) 1: 105-127

Bohnsack, Ralf (2006): Mannheims Wissenssoziologie als Methode. In: Tänzler et. al. (2006): 271-291

Bohnsack, Ralf (2007a): Typenbildung, Generalisierung und komparative Analyse. Grundprinzipien dokumentarischer Interpretation. In: Bohnsack/Nentwig-Gesemann/Nohl (2007): 225-252

Bohnsack, Ralf (2007b): Performativität, Performanz und dokumentarische Methode. In: Wulf et. al. (2007): 200-212

Bohnsack, Ralf (2008a): Rekonstruktive Sozialforschung. Einführung in qualitative Methoden. Opladen & Farmington Hills: Budrich

Bohnsack, Ralf (2008b): Gruppendiskussionsverfahren und Gesprächsanalyse. In: Ders.: Rekonstruktive Sozialforschung. Einführung in qualitative Methoden. Opladen & Farmington Hills: Budrich: 187-206

Bohnsack, Ralf (2008c): Praxeologische Methodologie. In: Ders.: Rekonstruktive Sozialforschung. Einführung in qualitative Methoden. Opladen & Farmington Hills: Budrich: 187-206

Bohnsack, Ralf (2009a): Qualitative Bild- und Videoanalyse. Die dokumentarische Methode. Opladen & Farmington Hills: Budrich

Bohnsack, Ralf (2009b): Qualitative Evaluationsforschung und dokumentarische Methode. In: Bohnsack/Nentwig-Gesemann (2009)

Bohnsack, Ralf/Loos, Peter/Przyborski, Aglaja (2002): „Male Honor". Towards an Understanding of the construction of Gender Relations Among Youths of Turkish Origin. In: Kotthof et. al. (2002): 175-207

Bohnsack, Ralf/Loos, Peter/Schäffer, Burkhard/Städtler, Klaus/Wild, Bodo (1995): Die Suche nach Gemeinsamkeit und die Gewalt der Gruppe. Hooligans, Musikgruppen und andere Jugendcliquen. Opladen: Leske und Budrich

Bohnsack, Ralf/Marotzki, Winfried/Meuser, Michael (Hrsg.) (2006): Hauptbegriffe Qualitativer Sozialforschung. Opladen: Budrich

Bohnsack, Ralf /Nentwig-Gesemann, Iris (2006): Typenbildung. In: Bohnsack/Martzki/Meuser (2006): 162-166

Bohnsack, Ralf/Nentwig-Gesemann, Iris (Hrsg.) (2009): Dokumentarische Evaluationsforschung. Theoretische Grundlagen und Beispiele aus der Praxis. Opladen & Farmington Hills: Budrich

Bohnsack, Ralf/Nentwig-Gesemann, Iris/Nohl, Arnd-Michael (2007): Die dokumentarische Methode und ihre Forschungspraxis. Grundlagen qualitativer Sozialforschung. Wiesbaden: VS-Verlag für Sozialwissenschaften

Bohnsack, Ralf/Nohl, Arnd-Michael (2001): Ethnisierung und Differenzerfahrung. Fremdheit als alltägliches und als methodologisches Problem. In: ZBBS (Zeitschrift für qualitative Bildungs-, Beratungs- und Sozialforschung) 3: 15-36

Bohnsack, Ralf/Pfaff, Nicolle/ Weller, Wivian (2009) (eds.): Qualitative Analysis and Documentary Method in International Educational Research. Opladen & Farmington Hills: Budrich

Bohnsack, Ralf/Przyborski, Aglaja (2006): Diskursorganisation, Gesprächsanalyse und die Methode der Gruppendiskussion. In: Bohnsack/Przyborski/Schäffer (2006): 233-248

Bohnsack, Ralf/Przyborski, Aglaja/Schäffer, Burkhard (Hrsg.) (2006): Das Gruppendiskussionsverfahren in der Forschungspraxis. Opladen: Budrich

Bohnsack, Ralf/Schäffer, Burkhard (2002): Generation als konjunktiver Erfahrungsraum. Eine empirische Analyse generationsspezifischer Medienpraxiskulturen. In: Burkhard et. al. (2002): 249-273

Bourdieu, Pierre (1970): Der Habitus als Vermittlung zwischen Struktur und Praxis. In: Ders.: Zur Soziologie symbolischer Formen. Frankfurt a. M.: Suhrkamp: 125-158

Bourdieu, Pierre (1976): Entwurf einer Theorie der Praxis. Frankfurt a. M.: Suhrkamp

Bourdieu, Pierre (1984): Die feinen Unterschiede. Kritik der gesellschaftlichen Urteilskraft. Frankfurt a. M.: Suhrkamp

Bourdieu, Pierre (1993): Narzißtische Reflexivität und wissenschaftliche Reflexivität. In: Berg et. al. (1993)

Burkart, Günter/Wolf, Jürgen (Hrsg.) (2002): Lebenszeiten. Erkundungen zur Soziologie der Generationen. Opladen: Leske und Budrich

Denzin, Norman K./Lincoln, Yvonna S. (eds.) (1994a): Handbook of Qualitative Research. Thousand Oakes/London/New Delhi: Sage

Denzin, Norman K./Lincoln, Yvonna S. (1994b): Introduction: Entering the Field of Qualitative Research. In: Dies. (eds.) (1994a): 1-18

Dilthey, Wilhelm (1924): Die Entstehung der Hermeneutik. In: Ders.: Gesammelte Schriften. 5. Band: Die geistige Welt. Leipzig/Berlin: Teubner: 317-338

Douglas, Jack D. (1970a): Deviance and Respectability. The Social Construction of Moral Meanings. In: Ders. (Hrsg.): Deviance and Respectability. New York/London: Basic Books: 3-30

Douglas, Jack D. (Hrsg) (1970b): Deviance and Respectability. New York/London: Basic Books

Esser, Hartmut (1985): Logik oder Metaphysik der Forschung? Bemerkungen zur Popper-Interpretation von Elias. In: Zeitschrift für Soziologie 14 (4). 257-264

Garfinkel, Harold (1961): Aspects of Common Sense Knowledge of Social Structures. In: Transactions of the Fourth World Congress of Sociology IV. 51–65

Garfinkel, Harold (1967a): What is Ethnomethodology? In: Ders.: Studies in Ethnomethodology. Englewood Cliffs/New Jersey: Prentice-Hall: 1-34

Garfinkel, Harold (1967b): Conditions of Successful Degradation Ceremonies. In: Manis et. al. (1967) 205-212

Garfinkel, Harold/Sacks, Harvey (1970): On Formal Structures of Practical Actions. In: McKinney et. al. (1970)

Glaser, Barney G. (1965): The Constant Comparative Method of Qualitative Analysis. In: Social Problems 12 (4). 436-445

Glaser, Barney G./Strauss, Anselm (1967): The Discovery of Grounded Theory. Strategies for Qualitative Research. Chicago: Aldine Publ. Co.

Goffman, Erving (1961): Asylums. Essays on the Social Situation of Mental Patients and other Inmates. Garden City : Doubleday

Goffman, Erving (1963): Stigma. Notes on the Management of Spoiled Identity. Englewood Cliffs /N. J: Prentice-Hall

Guba, Egon G./Lincoln, Yvonna S. (1989): Fourth Generation Evaluation. Newbury Park, CA: Sage

Habermas, Jürgen/Luhmann, Niklas: Theorie der Gesellschaft oder Sozialtechnologie. Was leistet die Systemforschung? Frankfurt a. M.: Suhrkamp

Halbwachs, Maurice (1985): Das Gedächtnis und seine sozialen Bedingungen. Frankfurt a. M.: Suhrkamp

Heidegger, Martin (1986): Sein und Zeit. Tübingen: Niemeyer

Hug, Theo (Hrsg.) (2001): Wie kommt Wissenschaft zu Wissen? Bd. 3: Einführung in die Methodologie der Kultur- und Sozialwissenschaften. Baltmannsweiler: Schneider-Verlag Hohengehren

Imdahl, Max (1979): Überlegungen zur Identität des Bildes. In: Marquard et. al. (1979): 187-211

Imdahl, Max (1996): Giotto – Arenafresken. Ikonographie – Ikonologie – Ikonik. München: Fink

Kaehr, Rudolf (1993): Disseminatorik: Zur Logik der ‚Second Order Cybernetics'. Von den ‚Law of Forms' zur Logik der Reflexionsformen. In: Baecker (1993): 152-196

Kluge, Susann/Kelle, Udo (1999): Vom Einzelfall zum Typus. Fallvergleich und Fallkontrastierung in der qualitativen Sozialforschung. Opladen: Leske + Budrich

Kotthoff, Helga/Baron, Bettina (eds.) (2002): Gender in Interaction. Amsterdam: John Benjamins Publishing Co.

Kubisch, Sonja (2008): Habituelle Konstruktion sozialer Differenz. Eine rekonstruktive Studie am Beispiel von Organisationen der Wohlfahrtspflege. Wiesbaden: VS Verlag für Sozialwissenschaften

Kuhn, Thomas (1973): Die Struktur wissenschaftlicher Revolutionen. Frankfurt a. M.: Suhrkamp

Liebsch, Burkhard/Straub, Jürgen (Hrsg.) (2003): Lebensformen im Widerstreit. Integrations- und Identitätskonflikte in pluralen Gesellschaften. Frankfurt a. M.: Campus-Verlag

Luhmann, Niklas (1970a): Funktion und Kausalität. S. 11-38 in: Ders.: Soziologische Aufklärung. Aufsätze zur Theorie sozialer Systeme. Köln und Opladen: Westdeutscher Verlag

Luhmann, Niklas (1968): Legitimation durch Verfahren. Neuwied und Berlin: Luchterhand

Luhmann, Niklas (1971): Sinn als Grundbegriff der Soziologie. In: Habermas et. al. (1971): 25-100

Luhmann, Niklas (1973): Zweckbegriff und Systemrationalität. Frankfurt a. M.: Suhrkamp

Luhmann, Niklas (1975a): Interaktion, Organisation und Gesellschaft. In: Ders.: Soziologische Aufklärung 2. Aufsätze zur Theorie der Gesellschaft. Opladen: Westdeutscher Verlag: 9-20

Luhmann, Niklas (1975b): Macht. Stuttgart: Enke

Luhmann, Niklas (1975c): Einfache Sozialsysteme. In: Ders.: Soziologische Aufklärung 2. Aufsätze zur Theorie der Gesellschaft. Opladen: Westdeutscher Verlag: 21-38

Luhmann, Niklas (1975d): Selbst-Thematisierungen des Gesellschaftssystems. In: Ders.: Soziologische Aufklärung 2. Aufsätze zur Theorie der Gesellschaft. Opladen: Westdeutscher Verlag: 72-102

Luhmann, Niklas (1987): Soziale Systeme: Grundriß einer allgemeinen Theorie. Frankfurt a. M.: Suhrkamp

Luhmann, Niklas (1990): Die Wissenschaft der Gesellschaft. Frankfurt a. M.: Suhrkamp

Luhmann, Niklas (1992): Beobachtungen der Moderne. Opladen: Westdeutscher Verlag

Luhmann, Niklas (1997): Die Gesellschaft der Gesellschaft. Frankfurt a. M.: Suhrkamp

Luhmann, Niklas (2005): Die operative Geschlossenheit psychischer und sozialer Systeme. In: Ders.: Soziologische Aufklärung 6. Die Soziologie und der Mensch. Opladen: VS Verlag für Sozialwissenschaften: 26-37

Manis, Jerome G./Meltzer, Bernard N. (1967) (Hrsg.): Symbolic Interaction. A Reader in Social Psychology. Boston: Allyn & Bacon

Mannheim, Karl (1952): Wissenssoziologie. In: Ders.: Ideologie und Utopie. Frankfurt a. M.: Schulte-Bulmke: 227-267

Mannheim, Karl (1964a): Beiträge zur Theorie der Weltanschauungsinterpretation. In: Ders.: Wissenssoziologie. Berlin : Luchterhand: 91–154

Mannheim, Karl (1964b): Das Problem der Generationen. In: Ders.: Wissenssoziologie. Berlin : Luchterhand: 509–565

Mannheim, Karl (1980): Strukturen des Denkens. – Frankfurt a. M.: Suhrkamp

Mannheim, Karl (1984): Konservatismus. Ein Beitrag zur Soziologie des Wissens, Frankfurt a. M.: Suhrkamp

Marquard, Odo/Stierle, Karlheinz (1979) (Hrsg.): Identität. München: Fink

McHugh, Peter (1970): A Common Sense Conception of Deviance. In: Douglas (1970b)

McKinney, John C./Tiryakian, Edward A. (1970) (Hrsg.): Theoretical Sociology. Perspectives and Developments. New York: Appleton-Century-Crofts

Mead, George Herbert (1968): Geist, Identität und Gesellschaft. Frankfurt a. M.: Suhrkamp

Mensching, Anja (2008): Gelebte Hierarchien. Mikropolitische Arrangements und organisationskulturelle Praktiken am Beispiel der Polizei. Wiesbaden: VS Verlag für Sozialwissenschaften

Neidhardt, Friedhelm (1979): Das innere System sozialer Gruppen. In: Kölner Zeitschrift für Soziologie und Sozialpsychologie 31

Nentwig-Gesemann, Iris (1999): Krippenerziehung in der DDR. Alltagspraxis und Orientierungen von Erzieherinnen im Wandel. Opladen: Leske und Budrich

Nentwig-Gesemann, Iris (2007): Die Typenbildung der dokumentarischen Methode. In: Bohnsack/Nentwig-Gesemann/Nohl (2007): 275-302

Nohl, Arnd-Michael (2001): Migration und Differenzerfahrung. Junge Einheimische und Migranten im Milieuvergleich. Opladen: Leske und Budrich

Nohl, Arnd-Michael (2006a): Bildung und Spontaneität. Phasen biographischer Wandlungsprozesse in drei Lebensaltern. Empirische Rekonstruktionen und pragmatistische Reflexionen. Opladen: Budrich

Nohl, Arnd-Michael (2007): Komparative Analyse: Forschungspraxis und Methodologie dokumentarischer Interpretation. In: Bohnsack/Nentwig-Gesemann/Nohl (2007): 253–273

Panofsky, Erwin (1975): Ikonographie und Ikonologie. Eine Einführung in die Kunst der Renaissance. In: Ders.: Sinn und Deutung in der bildenden Kunst. Köln: DuMont Schauberg: 36-67

Peirce, Charles S. (1967): Schriften zum Pragmatismus und Pragmatizismus. Frankfurt a. M.: Suhrkamp

Pfaff, Nicolle (2006): Jugendkultur und Politisierung. Eine multimethodische Studie zur Entwicklung politischer Orientierungen im Jugendalter. Wiesbaden: VS Verlag für Sozialwissenschaften

Przyborski, Aglaja (2004): Gesprächsanalyse und dokumentarische Methode. Qualitative Auswertung von Gesprächen, Gruppendiskussionen und anderen Diskursen. Wiesbaden: VS Verlag für Sozialwissenschaften

Reichertz, Jo (2003): Die Abduktion in der qualitativen Sozialforschung. Opladen: Leske und Budrich

Sacks, Harvey (1995): Lectures on Conversation. Volumes I & II. Oxford (UK) and Cambridge (USA): Blackwell

Schäffer, Burkhard (2003). Generation – Medien – Bildung. Medienpraxiskulturen im Generationenvergleich. Opladen: Leske und Budrich

Schütze, Fritz (1987): Das narrative Interview in Interaktionsfeldstudien: Erzähltheoretische Grundlagen. Studienbrief der Fernuniversität Hagen. Teil I: Merkmale von Alltagserzählungen und was wir mit ihrer Hilfe erkennen können. Hagen: Fernuniversität-Gesamthochschule

Schütz, Alfred (1971): Gesammelte Aufsätze. Bd. 1: Das Problem der sozialen Wirklichkeit. Den Haag: Nijhoff

Schütz, Alfred (1974): Der sinnhafte Aufbau der sozialen Welt. Eine Einleitung in die verstehende Soziologie. Frankfurt a. M.: Suhrkamp

Schittenhelm, Karin (2005): Soziale Lagen im Übergang. Junge Migrantinnen und Einheimische zwischen Schule und Berufsausbildung. Wiesbaden: VS Verlag für Sozialwissenschaften

Stake, Robert E. (1978): The Case Study Method of Social Inquiry. In: Educational Researcher 7 (2). 5-8

Stake, Robert E./Trumbull, D.J. (1982): Naturalistic generalizations. Review. In: Journal of Philosophy and Social Science 7. 1-12

Stichweh, Rudolf (2000): Die Weltgesellschaft. Soziologische Analysen. Frankfurt/Main: Suhrkamp

Tänzler, Dirk/Knoblauch, Hubert/Soeffner, Hans-Georg (Hrsg) (2006): Neue Perspektiven der Wissenssoziologie. Konstanz: UVK

Tyrell, Hartmann (1983): Familie als Gruppe. In: Kölner Zeitschrift für Soziologie und Sozialpsychologie, Sonderheft 25. 362-390

Vogd, Werner (2004): Ärztliche Entscheidungsprozesse des Krankenhauses im Spannungsfeld von System- und Zweckrationalität. Eine qualitativ-rekonstruktive Studie. Berlin: VWF

Vogd, Werner (2005): Systemtheorie und rekonstruktive Sozialforschung. Eine empirische Versöhnung unterschiedlicher theoretischer Perspektiven. Opladen: Budrich

Vogd, Werner (2006): Die Organisation Krankenhaus im Wandel. Eine dokumentarische Evaluation aus der Sicht der ärztlichen Akteure. Bern: Huber-Verlag

Vogd, Werner (2009): Systemtheorie und Methode? Zum komplexen Verhältnis von Theoriearbeit und Empirie in der Organisationsforschung. In: Soziale Systeme 15 (1)

Weber, Max (1964): Wirtschaft und Gesellschaft. Grundriss der verstehenden Soziologie. Erster Halbband. Köln/Berlin: Kiepenheuer und Witsch

Weber, Max (1988): Gesammelte Aufsätze zur Religionssoziologie I. Tübingen: Mohr

Weller, Wivian (2003): Hip Hop in Berlin und São Paulo. Ästhetische Praxis und Ausgrenzungserfahrungen junger Schwarzer und Migranten. Opladen: Leske und Budrich

Wulf, Christoph/Zirfas, Jörg (Hrsg.) (2007): Pädagogik des Performativen. Theorien, Methoden, Perspektiven. Weinheim

Systemtheoretisch Beobachten

René John, Anna Henkel und Jana Rückert-John

Die in diesem Sammelband angestrebte theorieübergreifende Debatte verhandelt die Leistungsfähigkeit der Systemtheorie für die empirische Beobachtung. Diese Debatte findet ihren Anlass beim Vorwurf der Empirievergessenheit der Systemtheorie, der sich unter anderem in mangelnder Transparenz systemtheoretisch angeleiteter empirischer Forschung äußert. Von vordringlichem Interesse ist hier nicht die empiristische Kritik selbst, sondern die dahinter verborgene epistemologische Frage nach den Zugriffsmöglichkeiten auf die Welt, die das methodologische Problem der Vermittlung von Theorie und Empirie begründen. Es geht in der Debatte deshalb nicht um die Frage, ob Empirie unter systemtheoretischen Prämissen möglich ist, sondern wie. Die Beantwortung dieser Frage fordert zur Entscheidung auf, sich dieser Möglichkeit der Weltbeobachtung zu bedienen oder nicht, je nachdem, welche Chancen man ihr bei der Herstellung überzeugender Argumente einräumt. Dazu finden sich in diesem Sammelband Stimmen für und wider dieser Chancen. Im Folgenden werden die wichtigsten Ergebnisse der geführten Debatte zusammengestellt und diskutiert.

Nach einleitenden Bemerkungen zum Verhältnis von Theorie, Empirie und Methodologie werden die in den Beiträgen herausgearbeiteten Konsequenzen epistemologischer Prämissen der Systemtheorie zusammengefasst. Die Beiträge im ersten Teil des Bandes untersuchen die Luhmann'sche Systemtheorie auf ihre methodologischen Leitfragen hin. Hierbei lässt sich einerseits ein methodologischer Kernbestand ausmachen, der vor allem in der funktionalen Analyse und der Form des Fragens (nicht Was, sondern Wie) zu sehen ist. Andererseits lassen sich Differenzen als unterschiedliche Lesarten interpretieren, die alternative Zugänge zur empirischen Operationalisierung der Systemtheorie darstellen. Aus dieser Auseinandersetzung mit den Methodologien der Systemtheorie ergibt sich dann die Frage, wie empirisch interessierte systemtheoretische Forschung kontrolliert derart erfolgen kann, dass man nicht der Gefahr theoriebestätigender Empirie anheim fällt, sondern für Überraschungen offen bleibt. Hierzu zeigen vor allem die Beiträge im zweiten Teil des Bandes zwei mögliche Umgangsweisen auf: die Verwendung systemtheoretischer Konzepte als analytische Beobachtungsstrategien einerseits und die Kontrolle der Forschung über spezifische Verfahren der empirischen Sozialforschung andererseits. Neben den vorgestellten Anschlussmöglichkeiten treten bei den Verwendungen bestimmter Methoden aber auch Inkompatibilitäten und methodologische Probleme hervor. Daraus ergeben sich Fragen nach den

Grenzen und der Belastbarkeit methodologischer Vermittlungen. Insbesondere die Zentralstellung des Kommunikationsbegriffs in der Theoriearchitektur der Systemtheorie scheint einigen Autoren nicht vereinbar mit Methoden, die auf die Beobachtung von subjektiv gemeinten Sinns ausgerichtet sind. Abschließend wird vor dem Hintergrund entfalteter Potenziale systemtheoretisch inspirierter Empirie nach weiteren, zukünftigen Perspektiven gefragt werden. Diese eröffnen sich in methodologischer Hinsicht durch explizierte empirische Analysen, wenn systemtheoretische Elemente dem Realitätstest ausgesetzt und so weiter entwickelt werden.

Zum Verhältnis von Theorie, Empirie und Methodologie

Wissenschaft zeichnet sich nicht nur durch bloße Wahrheitsbehauptungen aus, die in möglichst widerspruchsfreie Sätze formuliert werden. Worauf es ankommt, ist, die Geltung der Wahrheitsbehauptungen mit Argumenten zu versorgen, die sich einem Realitätstest unterziehen lassen. Solche Geltung beschaffen sich die immer theoretisch gefassten Wahrheitsaussagen über Empirie, die sich der Welt mit Methoden, nämlich regelgeleiteter Beobachtung nähert. Theorie und Empirie erscheinen mit Rudolf Stichweh (1996) als zwei Pole wissenschaftlicher Weltbeobachtung, die die Wissenschaft durch das dabei entspannte Verhältnis von Kritik immer weiter treibt. In der Methodologie bündelt sich dieses Verhältnis von konkreter Beobachtung und abstraktem Theoretisieren. Es gilt dabei, einerseits die konkrete Wahrheit der Beobachtung in eine abstrakte der Theorie zu übersetzen, um den Geltungsanspruch von Wahrheit zu postulieren. Dieser muss sich andererseits in seiner Allgemeinheit bei konkreter Beobachtung bewähren.[1] Jede Beobachtung wird dabei nicht nur in ihrem Ergebnis bewertet, sie muss auch methodisch hinsichtlich ihrer Regeln expliziert werden. Doch werden schon die Regeln zum Streitfall, was das Methoden-Schisma quantitativer und qualitativer Sozialforschung verdeutlicht. Klar wird jenseits aller methodischen Blasiertheit, dass es keine Theorie ohne Empirie, aber dass es umgekehrt auch keine Empirie, keine rechtfertigungsfähige Beobachtung geben kann ohne theoretische Begründung ihrer Regeln.

Empirie ist ein Teil der Praxis der Theorie. Erst daran beweist sie ihre Praktikabilität. Damit wird aber nur eine weitere Frage nach der Art der Praxis aufgeworfen. Diese kann für Luhmann (2005: 370) nicht einfach in der Anwendbarkeit von

---

1   An letzterem schließt die an naturwissenschaftliche Technisierung orientierte Methodologie des kritischen Rationalismus und der rationalen Wahl von Individuen an, die auf die Extremselektion weniger Kausalitäten aufruht. Dass dies trotz immer raffinierterer statistischer Verfahren unterkomplex bleibt, zeigt die Fehlerdiskussion und die mit Hinweis auf ceteris paribus allenthalben betriebene Suche nach weiteren Variablen. Und so beschränkt sich die Beobachtung auf kleine Sonderausschnitte in Rücksichtnahme auf die Grenze der Methode (Luhmann 2005: 324). Relevanz wird dann nur noch über die Faktizität von Kennziffern suggeriert (hierzu Esposito 2007).

Theorie bei der Lösung von Problemen außerhalb der Wissenschaft liegen. Nur die wenigsten wissenschaftlichen Wahrheiten dienen als unmittelbare Lösungen für andere Belange. Es verlangt Zeit, bis sich Irritationsdruck als Bedarf formuliert und Lösungen auch in der Wissenschaft gesucht werden, über deren Anwendung in der Regel jedoch nicht Wissenschaftler entscheiden.[2] Wissenschaft ist mithin kein Instrument zur Realisierung einer besseren Welt, wenngleich sich Sozialtechnologie im Gewand von Hilfe für manchen als Möglichkeit der Selbstmotivation darstellt.

Die Praxis der Theorie ist die Arbeit an sich selbst. Sie bezeichnet damit aber mehr als bloße Selbstreflexion über ihre Konsistenz, sie weist auch auf ihr wahrheitsfähiges Verhältnis innerhalb der Wissenschaft und ihre Beziehung zu den gesellschaftlichen Belangen außerhalb der Wissenschaft. Dabei kommt die Praxis der Theorie allein in der Wissenschaft vor. Nur von dieser Warte aus kann sich Theorie – und natürlich auch Systemtheorie – ihrer Relevanz vergewissern. Dabei muss die Theorie zu einem pragmatischen Umgang mit struktureller Komplexität finden. Die Mittel zur Reduktion von Komplexität kann sie dabei nicht vom jeweiligen Objektbereich beziehen. Wie jede andere Praxis muss Theorie ihr Problem von sich aus bestimmen und von dort der Komplexität mit ihrer eigenen begegnen. Es ist nicht zu erwarten, dass Theorie als eine Praxis der Auslegung selbst geschaffener Probleme mit der außerwissenschaftlichen Praxis korreliert. Eine Theorie ist darum nicht einfach schon immer praktisch, sondern eben eine Praxis, die sich in ihrer Praktikabilität, also in ihrer problembezogenen Reduktionsfähigkeit von Komplexität erst erweisen muss. Das sich darin ausdrückende Verhältnis zu sich selbst, zur Wissenschaft und zur Gesellschaft kann auf eine explizite empirische Perspektive nicht verzichten. Es ist daher zu klären, was Empirie ist. Empirische Befunde gelten gemeinhin als wesentlicher Wahrheitsausweis. Das geht über die Frage der Art der Beobachtung hinaus, denn jede beginnt mit der Konstruktion des Beobachtungsrahmens. Insofern berührt die Frage nach den Beobachtungsregeln epistemologische Prämissen, in der letztlich auch Theorie wurzelt, und verlangt nach methodologischer Vermittlung. Mit Blick auf die Systemtheorie gilt es, deshalb nach ihren epistemologischen Prämissen zu fragen.

---

2   So ist so genannte Innovation nicht zufällig von der Invention, der Erfindung, unterschieden. Unter evolutionärer Perspektive aber erscheint die Strukturrevision „Neuheit" erst recht unwahrscheinlich und kommt doch vor (Luhmann 1999: 413 ff.); sie braucht jedoch einen langen Atem (ein Beispiel bei John 2005).

Methodologische Konsequenzen epistemologischer Prämissen der Systemtheorie

Systemtheoretisch angeleitete empirische Forschung impliziert nicht, die Gesamtheit des Luhmann'schen Theorieapparates und etwaiger Weiterentwicklungen zugrunde zu legen. Die Aneignung systemtheoretischer Konzepte für die Forschung besteht – ganz im Sinne des modularen Aufbaus der Systemtheorie – vielmehr in der Auseinandersetzung bestimmter Annahmen, die in eine empirische Problemstellung mündet. Diese zeichnet sich zuallererst in ihrer kontingenten Form aus, die ihr die Teilnehmer aufgrund ihrer unterschiedlichen Kontexte verleihen. So sind immer eine Vielzahl weiterer Anschlussmöglichkeiten vorhanden. Doch nur bestimmte – und nicht andere, ebenfalls mögliche – Strukturen entstehen. Diese Ausdifferenzierung und der Fortbestand dieser Strukturen bilden das eigentliche Faszinosum und das genuin erklärungsbedürftige Phänomen der Soziologie. Die grundlegende Perspektive systemtheoretischer Forschung liegt somit in der Verwunderung über das Bestehen bestimmter Strukturen, was die Frage nach den Bedingungen der Möglichkeit dieser Strukturen impliziert.

Stellt man die Verwunderung über den Bestand kontingenter Strukturen an den Anfang von Forschung, resultiert daraus die Anforderung, diese Kontingenz methodologisch handhabbar zu machen. Systemtheorie impliziert deshalb primär, eine bestimmte Art von Fragen zu stellen. Die Frage nach dem Wie und nicht nach dem Was ist folgenreich, denn der Vorrang wird nicht der Ontologie, sondern der Konstruktivität eingeräumt. Dieser Fragentypus findet seine erste Ausformulierung im Konzept der funktionalen Analyse. Wenn Strukturen immer auch anders möglich und in ihrer Komplexität nie abschließend erfassbar sind, so muss die Strukturierung der Untersuchung über die Kontrolle der analytischen Leitfragen erfolgen. Die funktionale Analyse macht Unterschiedliches durch die Festlegung eines abstrakten Bezugspunktes vergleichbar. Daran anschließende divergente Aspekte werden in einer Problemstufenordnung der funktionalen Analyse überführt. Gewonnen wird mit dieser Reduktion eine Verdichtung im Hinblick auf zwar ihrerseits kontingente, aber explizit bestimmte und damit kontrollierbare Leitfragen. In der Beobachtungs- und der Unterscheidungstheorie wird dieses methodologische Grundprinzip variiert und weiterentwickelt. Gleichwohl bleibt es bei dem Ausgangsproblem der Beobachtung und Erklärung kontingenter Strukturen.

Die Konsequenz, die aus anfänglicher Verwunderung über die Möglichkeit von Strukturen folgt, scheint zunächst auf eine methodologische Vorgehensweise beschränkt. Es wird jedoch schnell deutlich, dass bereits dieser Ausgangspunkt eine fundamentale Verschiebung des soziologischen Interesses impliziert: Statt um das Verstehen subjektiven Sinns geht es um die Rekonstruktion kontingenter Strukturen; eine Umstellung, die in die Frage über die Verwendung bestimmter Beobachtungsverfahren mündet. Das Fundament soziologischen Beobachtens ist damit nicht mehr der Akteur, sondern die soziale Struktur. Diese wird von aneinander anschließenden Kommunikationen fortlaufend aktualisiert oder sie endet, wenn das nicht passiert. Akteure erscheinen aus dieser Perspektive selbst als soziale Strukturen, als Zurechnungsadressen und Erwartungsbündel, die als solche aktualisierbar und insofern kontingent sind. Der Akteur wird mit dem Ende der Kommunikation suspendiert. Das Bewusstsein kann das Akteurserlebnis freilich mittels Gedächtnis kontinuieren und auf Fortsetzung hoffen. Es bleibt auch deshalb für Kommunikation eine wesentliche Voraussetzung, dessen Untersuchung liegt jedoch außerhalb des Beobachtungsbereichs der Soziologie.

Die an sich harmlose Verwunderung über den Fortbestand kontingenter Strukturen als epistemologischer Anlass hat somit verschiedene methodologische Konsequenzen. Die Grundarchitektur und Weiterentwicklung der Systemtheorie kann auf diese Anfänge zurückgeführt werden. Für die Verwendung der Systemtheorie insbesondere für die Operationalisierung empirischer Forschungsfragen, genügt es aber gerade deshalb, allein die Verwunderung über den Bestand kontingenter Strukturen an den Anfang zu stellen. Es bedarf keineswegs der Verwendung der gesamten Theoriearchitektur. Im Gegenteil kann man sich ohne ein solches, leitendes Interesse leicht in den weitreichenden und zirkulär aufeinander verweisenden Voraussetzungen systemtheoretischer Konzepte verirren. Hierbei besteht dann die Gefahr, dass sich empirische Studien damit begnügen, vorgefertigte Klassifikationen lediglich aufzufüllen und Empirie auf die Illustration von Theorie zu reduzieren. Die Verführung dazu mag in dem abstrakten und in seiner Weiterentwicklung abstrakter werdenden Theorieapparat liegen. Dennoch ist es eine Fehlverwendung der Systemtheorie wie jeder anderen Theorie auch.

Methodologie – Kontrolle und Offenheit empirischer Forschung

Insofern erstaunliche Alltagsbeobachtungen allein noch keine wissenschaftlichen Beobachtungen sind, sondern erst der Theoretisierung bedürfen, erscheint Empirie keinesfalls letzte Prüfinstanz. Sie ist nur ein Mittel zur Provokation realistischen Widerspruchs, wobei sie dann noch sagen können muss, worauf sich der Widerspruch bezieht. Dabei liegt zum einen die Bestätigung von Hypothesen immer näher am Erfolg wissenschaftlicher Unternehmungen als deren Revision oder gar Rücknahme. Diese Aussicht verführt leicht zu ersterem. Widersteht man, ist das Beobachtungsinstrument jedoch selbst immer schon in seiner Regelhaftigkeit theoretisch bestimmt, es determiniert die Perspektive auf die Welt und schafft zudem erst die zu beobachtenden Phänomene. Davor ist auch die entdeckende und theoriegenerierende Empirie nicht gefeit: Der Blick auf die Welt ist nie voraussetzungslos, sondern immer schon theoretisch. In Hinblick auf die epistemologischen Prämissen der Systemtheorie ergibt sich angesichts der Gefahr theoriebestätigender

Empirie die Frage, wie empirisch interessierte systemtheoretische Forschung kontrolliert derart erfolgen kann, dass man am Ende mehr sieht, als man vorher schon gewusst hat. Wie kann sich Beobachtung kontrolliert überraschen?

Die vorliegenden Beiträge des Sammelbandes verweisen diesbezüglich auf zwei Möglichkeiten: die Verwendung systemtheoretischer Konzepte als analytische Beobachtungsstrategien einerseits und die Kontrolle der Forschung über spezifische Verfahren der empirischen Sozialforschung andererseits. Es sind vor allem systemtheoretische Konzepte wie die Semantik-, Differenzierungs- und Medienanalyse sowie Unterscheidungen wie Medium/Form, die von einigen Autoren als analytische Strategien verwendet werden. Diese Umgangsweise mit der Theorie schließt unmittelbar an die methodologische Forderung von funktionaler Analyse sowie Beobachtungs- und Unterscheidungstheorie an, nämlich Unterscheidungen explizit zu treffen und für die Analyse zu verwenden. Die empirische Beobachtung ist dann nicht mehr auf die Hypothesenprüfung ausgerichtet, wenn die theoretischen Konzepte als analytische Strategien zur Generierung von Leitfragen dienen, mit denen das empirische Material zu ordnen ist. Gerade dies kann dazu führen, angewandte Konzepte aufgrund der empirisch erzeugten Reibung zu variieren oder weiterzuentwickeln. Die Verwendung systemtheoretischer Konzepte als analytische Strategien kann als kreativer Umgang mit der Theorie gesehen werden, da hierbei die systemtheoretischen Prämissen als Ausgangsfragen zugrunde gelegt werden, ohne dass die systemtheoretische Architektur als sakrosanktes Gesamtgebäude importiert wird. Es dient vielmehr als Anleitung und Irritation empirischer Beobachtung.

Die zweite Möglichkeit, die sich zur Kontrolle systemtheoretisch angeleiteter, empirischer Forschung anbietet, ist die Strukturierung durch ausgearbeitete Verfahren der empirischen Sozialforschung. Wie eine solche Kontrolle von Methoden aussehen kann, wird in einigen Beiträgen vorgeführt. Die konkreten Verfahrensweisen, wie sie sowohl von den Vertretern der dokumentarischen Methode als auch jenen der Objektiven Hermeneutik ausgearbeitet wurden, sind geeignet, Kontingenz zu ordnen. Zugleich bieten beide Methoden Raum für die Anknüpfung weiterer systemtheoretischer Anschlussfragen. Die Unterscheidung spezifischer Systemreferenzen, aber auch teilsystemischer Logiken eröffnet Analysepotentiale. Sowohl die Verwendung systemtheoretischer Konzepte als analytische Strategien als auch die Verwendung spezifischer methodischer Verfahrensweisen hinsichtlich systemtheoretischer Problemstellungen ermöglichen für sich oder in Kombination einer Verabsolutierung theoretischer Fluchtpunkte zu entgehen.

Grenzen und Belastbarkeit methodologischer Vermittlung

Die Vereinbarkeit der Systemtheorie mit der dokumentarischen Methode oder der Objektiven Hermeneutik wurde in mehreren Aufsätzen theoretisch begründet und empirisch vorgeführt.[3] Vertretern dieser Forschungsmethoden geht es darum, die Kompatibilität der Methoden mit systemtheoretischen Prämissen über Parallelen im Kommunikations- beziehungsweise Sinnbegriff oder über die analoge Verwendung der funktionalen Analyse zu begründen. Dieser Begründungsbedarf aber wirft für andere Autoren in diesem Band die Frage, ob Systemtheorie mit ihrer Zentralstellung des Kommunikationsbegriffs konzeptionell dazu legitimiert ist, Methoden zu verwenden, die auf die Beobachtung von subjektiv gemeintem Sinn ausgerichtet sind.

Im Rahmen der Systemtheorie erlauben die hier versammelten Beiträge drei Antworten auf die grundsätzliche Frage nach der Möglichkeit der Beobachtung von subjektiv gemeintem Sinn. Eine erste geht davon aus, dass die Verwendung üblicher Methoden der empirischen Sozialforschung wie Experteninterviews oder auch teilnehmende Beobachtung grundsätzlich unproblematisch ist und keiner weiteren Begründung bedarf. Die zweite Position sieht einen Begründungsbedarf und liefert diesen durch Aufzeigen der Kompatibilität der Systemtheorie mit der jeweiligen Methode auf einer epistemologisch-theoriearchitektonischen Ebene. Die dritte Position schließlich geht von einer prinzipiellen Inkompatibilität der auf dem Kommunikationsbegriff beruhenden Systemtheorie mit auf dem Akteurskonzept beruhenden Methoden der qualitativen Sozialforschung aus.

Die theoretischen Entscheidungen geben einmal mehr verschiedene Grundhaltungen gegenüber der Welt vor und lassen sich so – wie oben gezeigt – auf epistemologische Prämissen zurückführen. Aber was hat es mit dieser scheinbar prinzipiellen Inkompatibilität auf sich? Zunächst ist zu konstatieren, dass der Widerspruch zwischen beiden Positionen zu groß ist, um ihn ignorieren zu können. Eine Umfundierung der Systemtheorie in Konzepte des Akteurs oder Subjekts statt in der Kommunikation würde die Theorie selbst auflösen. Denn dann stellte sich die Frage nach der spezifischen Unterscheidbarkeit der Systemtheorie, nach der Möglichkeit von Informationsgewinn mittels dieser Perspektive. Einzelne Theoriestücke – beispielsweise die Unterscheidung der Sinndimensionen in sachlichem, zeitlichem und sozialem Bezug – könnten weiterhin Verwendung finden, wie sie auch heute unbefangen als Reimporte in anderen Theorien genutzt werden. Aber deren spezifischer Begründungszusammenhang und damit ihre spezifische Unterscheidungsschärfe ginge damit verloren.[4] Darüber hinaus ist es hilfreich gerade zur

---

3   So zum Beispiel von Schneider (1992) und Bora (1991).
4   Dabei ist der Unterschied zur Husserl'schen Phänomenologie entscheidend, den Luhmann an verschiedener Stelle (1971, 1996) unter anderem anhand des Sinnbegriffs herausgearbeitet hat.

Beobachtung von Phänomenen der modernen Gesellschaft, wie formale Organisation, Standardisierung von Prozessen und die Entstehung weltweit analoger Sozialstrukturen, zur humanen Akteurszentrierung eine Alternative zu haben, mit der kontingente Strukturen in den Blick genommen werden können.

Systemtheoretische Argumentation beginnt da, wo von der Prämisse ausgegangen wird, dass das Grundelement des Sozialen Kommunikation als Einheit von Information, Mitteilung und Verstehen ist. Das von der empirischen Sozialforschung, zum Beispiel durch Interviews, teilnehmende Beobachtungen oder Artefakte-Sammlungen generierte Analysematerial wird in den meisten Fällen verursachenden Akteuren zugerechnet, die in humanistischer Tradition als Menschen verstanden werden. Deren mit-gemeintes Bewusstsein ist aus systemtheoretischer Perspektive jedoch der Umwelt von Kommunikation zuzurechnen.

Dabei aber stellt sich die Frage, ob dieses generierte Analysematerial, nämlich Texte in Form transkribierter Interviews oder die Feldnotizen, systemtheoretisch kohärent verwendet werden können. Wenn die Systemtheorie allein Kommunikation im Sinne des operativen Konstruktivismus als realitätsrelevant akzeptiert, wie kann sie dann die Aussagen von Menschen, als die Interviewpartner zweifellos gesehen werden müssen, als Datengrundlage verwenden?

Die auf diesen Zweifeln ansetzende Kritik beruht auf einem Missverständnis. Zweifellos nimmt die Systemtheorie sinnhafte Kommunikation als Grundelement des Sozialen an. Doch damit ist Kommunikation keineswegs zugleich auch der Beobachtungsgegenstand. Kommunikation beobachtet sich selbst nicht als Kommunikation, sondern als Handlung, die auf personalisierte Adressen fungibel zugerechnet oder ihnen zugewiesen wird. Teilnahme am Straßenverkehr als Fußgänger bei der Überquerung einer Straße oder an Wirtschaft beim Verkauf von Aktien sind Kommunikationen, die Personen als Handlung zugerechnet werden, indem ihnen Intentionen, Motive und Verantwortung im Rahmen begrenzter Möglichkeiten unterstellt werden, gerade dann, wenn die Ampel auf Rot steht oder der Kurs der Aktien abstürzt. Kommunikation wird somit kommunikativ mittels Zurechnung auf Personen als Handlung beobachtbar. Doch auch das ist in der Perspektive der Systemtheorie noch nicht Gegenstand soziologischer Analyse, sondern die hierbei generierte soziale Struktur. Als beobachtete Kommunikation ist Handlung zeitlich angelegt, sie verschwindet mit ihrem Entstehen. Soziologisch beobachtbar aber sind die Erwartungen und erwarteten Erwartungen an die als Handeln beobachteten Kommunikationen. Diese machen die sozialen Strukturen aus. Im Unterschied zu Kommunikation und Handlung werden Strukturen aktualisierend wiederholt und in ihrem Andauern beobachtet. Die Beobachtung der Strukturen in ihrer kommunikativen prozessierten Reaktualisierung weist dabei auf weitere Möglichkeiten und Bedingungen und eröffnet den Blick auf die gesellschaftliche Komplexität, die nur in ihrer Kontingenz erfahrbar ist. Die ordnende Reduktion dieser Kontigenz kann bei der empirischen Beobachtung nur mittels einer aus

Theorie gezogenen Ordnung gelingen. Dabei kann man sich begnügend die theoretische Ordnung quasi extramundan, also von einer transzendentalen Position aus an die Phänomene anlegen oder aber konstruktivistisch konsequent diese Ordnung als nur eine weitere Möglichkeit gesellschaftlicher Struktur begreifen und so ebenfalls zum empirischen Gegenstand machen.

Häufig reicht es der empirischen Forschung heute aus, sich kontrafaktisch aus dem Beobachteten selbst herauszunehmen und die empirische Selbstthematisierung als Methodenkritik an anderer Stelle zu reflektieren. Auch einer systemtheoretisch inspirierten Forschung kann das bereits genügen. Jedoch ist dieses Vorgehen keineswegs ungefährlich, kann es doch in den endlosen Regress und die theoretische Selbstbefriedigung führen. Konsequenter verfährt solche Empirie, die aus den rekursiven Schleifen der Systemtheorie empirischen Gewinn schöpft, wie dies Ansätze der paradoxen Intervention, der systemischen Beratung, der Methodisierung der Kontingenz[5] oder der Beobachtung der Beobachtung in der Beobachtung praktizieren. Allein von Methodologie gesteuerte Beobachtung mittels theoretisch rechtfertigungsfähiger Methoden kann Stopp-Regeln und Exit-Optionen aus dem Erkenntniszirkel weisen und diesen für Überraschungen öffnen.

Zukunft systemtheoretisch inspirierter Empirie

Die Perspektiven systemtheoretisch inspirierter Empirie liegen in der Entwicklung theoretisch begründeter Fragen für die empirische Untersuchung und weniger in der Entwicklung spezifisch systemtheoretischer Methoden im Sinne eines verfahrenstechnischen Handwerkzeugs. Viel eher kann man hier von Wahlverwandtschaften sprechen, deren Bund methodologisch immer wieder begründet und auf Tragfähigkeit getestet wird.

Für die Systemtheorie liegt in der fortlaufenden Revision ihrer Theorie im Hinblick auf empirische Forschungskonzepte der Vorteil, ihre eigene Komplexität präziser kontrollieren und weiterentwickeln zu können. Als ein solches Instrument der theoretischen Selbstkontrolle wurde bereits seit Anfang der 1960er Jahre von Luhmann die funktionale Analyse angelegt. Systemtheorie war so von Anfang an derart konzipiert, dass sie als aussagekräftige Sozialtheorie und die funktionale Analyse als Methodologie Hand in Hand gehen. Diese Orientierung ist in der Weiterentwicklung mit zusätzlichen methodologischen Konzepten wie der Beobachtung zweiter Ordnung und der Formanalyse ergänzt worden. Die Systemtheorie kann ihr Potenzial jedoch nur ausschöpfen, wenn alle praktischen Aspekte der Theorie verbunden werden – die Theorieentwicklung an sich und im Bezug auf andere

---

5   Dazu haben Nassehi und Saake wiederholt Beträge geliefert (siehe nur Nassehi/Saake 2002 und Nassehi 2008).

Theorien sowie die Referenz auf gesellschaftliche Realität mittels empirischer Fragestellungen. Der Blick für diesen Zusammenhang kann geschärft werden, wenn die Systemtheorie auf ihre methodologische Verwendbarkeit hin beobachtet wird. Einzelne Theorieabschnitte wie Organisationstheorie, Wirtschaftssoziologie oder Kunstsoziologie leisten dann nicht nur gesellschaftstheoretische Aussagen, sondern interessieren auch hinsichtlich der zur Generierung dieser Aussagen verwendeten methodologischen Prinzipien als interdisziplinäre Vergleiche selbstbeobachtender Komplexitäten in ihrer Temporalisierung. Eine Reflexion über die Differenz oder Indifferenz von funktionaler Analyse, Beobachtung zweiter Ordnung, Formtheorie sowie der Unterscheidung von Medium und Form und wie sie mit sachlichen Unterscheidungen wie Interaktion/Organisation/Gesellschaft zu einer Varietät an Aussagen kommen, wäre eine Perspektive, die sowohl innerhalb des konzeptionellen Reichtums der Systemtheorie als auch im Hinblick auf systemtheoretisch angeleitete empirische Sozialforschung mehr Klarheit schaffen kann. Bei dieser in methodologischer Absicht zu leistenden Theoriearbeit kann die Brücke zwischen Theorie und Empirie als ein vielfältiges und darum tragfähiges Geflecht entdeckt werden. Daran mitzuwirken lohnt sich allein schon wegen der in Aussicht gestellten robusten Argumentation.

Literatur

Aderhold, Jens/John, René (Hrsg.) (2005): Innovation. Sozialwissenschaftliche Perspektiven. Konstanz: UVK
Bora, Alfons (1991): Die Konstitution sozialer Ordnung. Pfaffenweiler: Centaurus-Verlagsgesellschaft
Esposito, Elena (2007): Die Fiktion der wahrscheinlichen Realität. Frankfurt (Main): Suhrkamp
Hoffmeyer-Zlotnik, Jürgen H. P. (Hrsg.) (1992): Analyse verbaler Daten. Über den Umgang mit qualitativen Daten. Opladen: Westdeutscher Verlag
John, René (2005): Repolitisierung des Theaters. Der Wille zur Innovation im Spiegel der Medien. In: Aderhold, John (Hrsg.) (2005): 191-212
Kalthoff, Herbert/Hirschauer, Stefan/Lindemann, Gesa (Hrsg.) (2008): Theoretische Empirie. Zur Relevanz qualitativer Forschung. Frankfurt (Main): Suhrkamp
Luhmann, Niklas (1971) Sinn als Grundbegriff der Soziologie. In: Luhmann, Habermas (1971): 25-100
Luhmann, Niklas (1996): Die neuzeitlichen Wissenschaften und die Phänomenologie. Wien: Picus
Luhmann, Niklas (1997): Die Gesellschaft der Gesellschaft. Frankfurt (Main): Suhrkamp
Luhmann, Niklas (2005): Soziologische Aufklärung 3. Wiesbaden: VS-Verlag für Sozialwissenschaften
Luhmann, Niklas/Habermas, Jürgen (1971): Theorie der Gesellschaft oder Sozialtechnologie. Was leistet die Systemforschung? Frankfurt (Main): Suhrkamp
Nassehi, Armin (2008): Rethinking Functionalism. Zur Empiriefähigkeit systemtheoretischer Soziologie. In: Kalthoff/Hirschauer/Lindemann (Hrsg.) (2008): 79-106
Nassehi, Arnim/Saake, Irmhild (2002): Kontingenz: Methodisch verhindert oder beobachtet? Ein Beitrag zur Methodologie der qualitativen Sozialforschung. In: Zeitschrift für Soziologie 31: 66-86.
Schneider, Wolfgang Ludwig (1992): Hermeneutische Einzelfallrekonstruktion und funktionalanalytische Theoriebildung – Ein Versuch ihrer Verknüpfung, dargestellt am Beispiel der Interpretation eines Interviewprotokolls. In: Hoffmeyer-Zlotnik (1992): 168-215
Stichweh, Rudolf (1996): Variationsmechanismen im Wissenschaftssystem der Moderne. In: Soziale Systeme 2. 73-89

Autorenverzeichnis

Niels Åkerstrøm Andersen, Prof. Ph. D., Professor am Department für Management, Politik und Philosophie der Copenhagen Business School

Ralf Bohnsack, Prof. Dr., Professor für Qualitative Bildungsforschung an der Freien Universität Berlin

Stephan Fuchs, Prof. Ph. D., Professor für Soziologie an der Universität Virginia

Anna Henkel, Dipl. Oec., Post-Doktorandin am Institut für Wissenschafts- und Technikforschung der Universität Bielefeld

René John, Dr. rer. soc., wissenschaftlicher Mitarbeiter am Institut für pädagogische Psychologie der Leibniz Universität Hannover

Reiner Keller, Prof. Dr., Professor für Allgemeine Soziologie an der Universität Koblenz Landau

Hubert Knoblauch, Prof. Dr., Professor für allgemeine Soziologie und Theorie moderner Gesellschaften an der Technischen Universität Berlin

Irmhild Saake, Dr., wissenschaftliche Assisentin am Institut für Soziologie der Ludwig Maximilians Universität München

Thomas Scheffer, Dr., Heisenberg-Stipendiat und Lehrbeauftragter am Institut für Europäische Enthnologie der Humboldt-Universität Berlin

Wolfgang Ludwig Schneider, Prof. Dr., Professor für allgemeine Soziologie und soziologische Theorie an der Universität Osnabrück

Urs Stäheli, Prof. Dr., Professor für soziologische Theorie an der Universität Basel

Rudolf Stichweh, Prof. Dr., Professor für soziologische Theorie und allgemeine Soziologie an der geisteswissenschaftlichen Fakultät der Universität Luzern

Jana Rückert-John, Dr. rer. soc., wissenschaftliche Mitarbeiterin im Fachgebiet Gender und Ernährung der Universität Hohenheim

Werner Vogd, Prof. Dr., Professor für Soziologie an der Universität Witten/Herdecke